高职高专“十二五”规划教材

财务会计

主编　杨　琨　唐纯斌
副主编　梁富洲　王　晶　秦　佳　张　雯

北京航空航天大学出版社

内容简介

本书从高职高专教育人才培养模式特点出发，针对财务会计及经济管理专业的人才培养目标，结合当前社会经济发展的特点，以实际会计工作任务的逻辑顺序来整合和序化教材内容，科学设计了财务会计的七项工作情境中十二个工作过程的学习任务，全面介绍了出纳业务、往来业务、材料业务、投资业务、资产业务、负债业务、损益业务、所有者权益业务及财务报表编制等相关内容。每一个工作过程均以案例导入，知识结构按“必学内容”和“知识拓展”两个层次设计。学习项目结束后配有本学习过程的“知识结构图”及“重点知识回顾”，最后附有针对性强、多角度、多形式的课后练习。书中常见的经济业务附有仿真原始凭证，图文并茂，内容通俗易懂。

本书可作为高等职业院校、高等专科院校、成人高校及其他院校经济管理类专业的教学用书，也适用于在职人员的岗位培训、自学进修和岗位职称考试。

图书在版编目(CIP)数据

财务会计 / 杨琨，唐纯斌主编. -- 北京 ：北京航空航天大学出版社，2013.3

ISBN 978-7-5124-1063-3

Ⅰ. ①财… Ⅱ. ①杨… ②唐… Ⅲ. ①财务会计 Ⅳ. ①F234.4

中国版本图书馆 CIP 数据核字(2013)第 027448 号

财务会计

主编 杨 琨 唐纯斌

副主编 梁富洲 王 晶 秦 佳 张 雯

责任编辑 宋淑娟

*

北京航空航天大学出版社出版发行

北京市海淀区学院路 37 号(邮编 100191) http://www.buaapress.com.cn

发行部电话：(010)82317024 传真：(010)82328026

读者信箱：goodtextbook@126.com 邮购电话：(010)82316936

北京时代华都印刷有限公司印装 各地书店经销

*

开本：787×1 092 1/16 印张：23 字数：589 千字

2013 年 3 月第 1 版 2013 年 3 月第 1 次印刷 印数：3 000 册

ISBN 978-7-5124-1063-3 定价：39.80 元

前　言

高职高专经过六年的示范性建设，不断探索适合高职办学特色的方法及手段，取得了一批丰硕的成果。目前，高职高专示范性建设已进入进一步完善和深化阶段。在高职高专人才培养总体目标的指引下，应进一步细化专业培养目标，努力实现经济管理类专业“能力型、应用型、对接型”的培养目标，以适应经济管理领域对人才培养的更高要求。正是在这样的背景下，北京航空航天大学出版社组织了众多教学一线的教师及专家，编写了这本体现教学改革理念、依据国家最新的相关法规制度、适应高职高专最新要求的《财务会计》教材。

本书的主要特点体现在以下几个方面：

第一，内容系统、完整。本书在充分体现高职高专人才培养特色的基础上，注重知识的延伸性及对接性。全书以实际会计工作任务的逻辑顺序来整合、序化教材内容，科学设计了财务会计的七项工作情境中十二个工作过程的学习任务。每一个工作过程均以案例导入，知识结构按“必学内容”及“知识拓展”两个层次设计。“必学内容”主要是满足“具备会计基本职业岗位能力，取得初级会计专业技术资格认证”的培养目标；“知识拓展”可为学生进一步学习“高级财务会计”、取得“中级会计专业技术资格认证”奠定基础。学习项目结束后配有本学习过程的“知识结构图”及“重点知识回顾”，最后附有针对性强、多角度、多形式的课后练习，学生可根据自身需要有针对性地练习。

第二，内容新颖。本书以2008年出版的《企业会计准则》及2008年1月1日起施行的《中华人民共和国企业所得税法》、2009年1月1日起施行的《中华人民共和国增值税暂行条例》为基础进行编写，内容与时俱进。

第三，业务仿真。书中常见的经济业务附有仿真原始凭证，图文并茂，内容通俗易懂。

本书作者均为教学及科研一线的“双师型”教师，具有丰富的教学及实践经验。本书由四川航天职业技术学院高级会计师杨琨老师担任第一主编，负责对全书进行统稿、总纂，并编写了情境一和情境二；成都信息工程学院客座教授、四川航天神坤装备有限公司财务总监唐纯斌担任第二主编，并编写了情境三中的工作过程3～6；成都信息工程学院教授梁富洲老师编写了情境三中的工作过程7及情境七；四川航天职业技术学院秦佳老师编写了情境四中的工作过程8，张雯老师编写了情境四中的工作过程9，王晶老师编写了情境五及情境六。

本书可作为高等职业院校、高等专科院校、成人高校及其他院校经济管理类专业的教学用书，也适用于在职人员的岗位培训、自学进修和专业职称考试。

本书在编写过程中查阅了大量文献，在此对相关作者表示衷心的感谢。限于编者认知水平及能力，书中难免有不足之处，敬请专家和广大读者批评指正。

目 录

情境四　负债业务的核算

情境五　损益业务的核算

情境六 所有者权益业务的核算

情境七 主要报表的编制

情境一

财务会计基本认知

工作过程 1　财务会计基本认知

能力目标

能根据不同规模的企业开设会计科目和设立凭证、账簿。

知识目标

1. 掌握会计要素的具体内容；

2. 熟悉上市公司新会计制度涉及的会计科目、会计账簿和会计报告；

3. 理解财务会计和会计基本假设的含义，理解会计等式及其含义，理解会计信息的计量要求。

案例导入

安然事件——会计造假和诚信危机

美国安然能源公司——一个居世界500强第7位，2000年营业规模过千亿美元，让世人赫然的能源巨人，几乎在一瞬间倒塌了……

1985年7月成立的安然公司，以中小型地区能源供应商起家，总部设在休斯敦，曾被认为是新经济时代传统产业发展的典范，做着实在的生意，有着良好的创新机制。其资产膨胀速度如滚雪球般快速壮大，直到破产前，公司的营运业务已覆盖全球40个国家和地区，共有雇员2.1万人，资产额高达620亿美元，总收入达1 000亿美元，而下属公司（包括合作项目）更是达到3 000多个。

安然主要营销电力和天然气。1990年，安然收入的80%来自天然气传输服务业，而到了2000年，其收入的95%来自能源交易与批发业务。

壮大后的安然已不满足于传统的经营方式，它开始把目光投向能源证券。安然管理层认为，为任何一个大宗商品创造衍生证券市场都是可能的，安然公司不断开发能源商品的期货、期权和其他金融衍生工具，把本来不流动或流动性很差的资产"盘活"，在能源证券交易中获得垄断地位，至20世纪90年代末，安然已从一家实体性的生产企业摇身一变成为一家类似于对冲基金的华尔街式的公司；另外，安然通过运用巧妙的会计手段，创造了一套十分复杂的财务结构，用于资本运作。90年代末期至2001年夏天，安然在金融运作上获得了极大成功，1995年，安然公司被经济界权威杂志《财富》评为"最富创新能力的公司"，连续6年都排在微软和英特尔公司之前，它的最主要的"成就"就是对金融工具的创新运用，由于它的"出色表现"，安然公司的管理人员被业界认为是资本运营的高手。

可是，安然的成功毕竟是个泡沫，这个泡沫导致安然的股价从2000年的每股90美元跌至不到1美元，安然最终于2001年12月2日申请破产保护，成为美国历史上最大的破产案。

2001年11月下旬，美国最大的能源交易商安然首次公开承认自1997年至今，通过复杂的财务合伙形式虚报盈余5.86亿美元，在与关联公司的内部交易中，隐藏债务25.85亿美元，通过大约3 000家SPE(其中有900家设在避税天堂)进行自我交易、表外融资和编造利润，管理层从中非法获益。消息传出后，立刻引起美国金融与商品交易市场的巨大动荡，负责对安然财务报表进行审计的安达信公司也成为传媒焦点，人们指责其没有尽到审查职责。

2002年12月4日，安然公司正式宣布申请破产。安然公司董事会特别委员会于2002年2月2日在纽约联邦破产法院公布了一份长达218页的报告。报告揭露，安然公司从20世纪90年代末期到2002年夏天的金融成功都是虚幻的泡沫。多年来，安然公司一直虚报巨额利润。一些高级经理不但隐瞒上一个财政年度(2000年9月到2001年9月)安然公司高达10亿美元的亏损，并且还出售了价值数百万美元的安然股票。

报告还揭露，安然公司内部的高层经理们成立了许多复杂的机构，并和公司外部人员勾结，操纵安然的财务报表，从中赚取了数千万美元本不该属于他们的黑心钱。

案例思考：

1. 分析安然公司破产的原因。
2. 安然破产对我们有什么警示？
3. 如何防止企业会计信息造假？

学习任务1.1　财务会计概述

一、会计的定义、产生和发展

会计是以货币为主要计量单位，来反映和监督一个单位经济管理的工作。在企业，会计主要反映企业的财务状况、经营成果和现金流量，并对企业的经营活动和财务收支进行监督。

会计作为一项记录、计算和考核收支的工作，在公元前1 000年左右就已经出现了。会计是随着人类社会生产的发展和经济管理的需要而产生、发展并不断完善起来的一项工作。人类在进行生产活动时，为了获得一定的劳动成果，必然要耗费一定的人力、物力和财力。人们一方面关心劳动成果的多少，一方面也注重劳动耗费的高低。因此，人类在进行生产活动的同时，还需要对劳动成果和劳动耗费进行记录、计量和计算，并对所取得的成果与耗费进行比较、分析，据此总结经验、改进方法、提高效率，正是因此才产生了会计。

1494年，卢卡·帕乔利在《算术、几何、比与比例概要》中系统阐述了复式记账的基本原理，该书成为最早论述复式簿记发展的总结性文献。

20世纪，随着社会经济的发展，企业所有权与管理相分离，企业管理越来越专业，这对会计提出了更高的要求。20世纪50年代，企业管理层为了加强对企业经济活动的控制，对会计的职能提出了新的要求，即会计不仅要事后核算、分析和检查，更要利用已有的信息进行各种预测、决策及控制活动。因此，在会计的基础上，又分离出管理会计，它与财务会计成为会计的两大分支。

虽然财务会计与管理会计的侧重点有所不同，但两者都是为实现企业内部的经营管理目标，满足外部相关利益者的要求而服务的。并且，随着信息技术与网络技术的迅猛发展，现代技术在会计中的应用也日益广泛，这使财务会计与管理会计进一步融合，并在企业管理系统中发挥着重要作用，使两者能够更好地为企业管理服务。

二、财务会计的作用

财务会计的作用主要包括以下几个方面。

（一）有助于提供对决策有用的信息

财务会计可以提供企业的财务状况、经营成果和现金流量方面的信息。企业决策者正是利用这些信息，对企业内外进行全方位分析，正确制定企业生产与销售、资金投入与退出等经营决策，使企业在市场上掌握主动、占得先机，提高经济效益；投资人利用这些信息可以了解企业的财务状况和获利能力；债权人利用这些信息可以了解企业的偿债能力，以及企业所处行业的基本情况和在同行业中的地位等，从而对股权投资或债权投资风险做出判断。

（二）有助于企业加强经营管理

现代会计已经渗透到企业内部经营管理的各个方面。财务会计可以为企业管理者提供采购、生产、销售等各个环节的信息资料，有助于企业管理者掌握内部的生产经营情况，并对这些情况做出分析、判断，从而合理地利用资源，加强财务、成本、资金、质量等各方面的管理工作，提高企业的经济效益和市场竞争力。

（三）有助于考核企业领导人经济责任的履行情况

企业接受了所有投资人和债权人的投资，就有责任按照预定的目标和要求，合理利用资源，加强经营管理，提高经济效益，接受考核和评价。会计信息有助于评价企业的业绩，有助于考核企业领导人经济责任的履行情况。

三、企业会计准则概述

随着企业公司制的建立和所有权、经营权的分离及资本市场的发展，财务会计需要服务于外部信息使用者，因此迫切需要一套社会公认的、统一的会计原则来规范其行为。在这种情况下，会计准则应运而生。其核心是通过规范财务会计的确认、计量和报告内容，来提高会计信息的质量，降低资金成本，提高资源的配置效果。

我国多年来一直重视会计准则的建设。1992 年，我国发布了第一项会计准则，即《企业会计准则》，之后又发布了包括“关联方关系及其交易的披露”、“现金流量表”、“非货币交易”、“长期股权投资”、“收入”、“建造合同”、“或有事项”、“资产负债表日后事项”、“会计政策”、“会计估计变更的会计差错更正”、“借款费用”、“债务重组”、“固定资产”、“无形资产”、“存货”和“中期财务报告”等在内的 16 项具体准则。

之后，为适应我国市场经济发展的经济全球化需要，财政部对上述准则做了系统修改，于 2006 年 2 月 15 日发布了包括《企业会计准则——基本准则》和 38 项具体准则在内的企业会计准则体系，2006 年 10 月 30 日又发布了《企业会计准则应用指南》，从而实现了我国会计准则与国际财务报告准则的实质性趋同，2007 年 11 月 16 日和 2008 年 8 月 7 日，财政部又分别印发了第 1 号和第 2 号“企业会计准则解释”。

四、财务会计的目标

财务会计的目标也称财务报告目标，是向财务报告使用者提供与企业财务状况、经营成果和现金流量等有关的会计信息，反映企业管理层受托责任的履行情况，以帮助财务报告使用者做出经济决策。

学习任务1.2　会计信息质量要求

会计信息质量要求是对企业财务报告中所提供的会计信息质量的基本要求，是使财务报告中所提供的会计信息对投资者等财务报告使用者具有决策价值所应具备的基本特征。它主要包括可靠性、相关性、可理解性、可比性、实质重于形式、重要性、谨慎性和及时性等。

一、可靠性

企业应以实际发生的交易或事项为依据进行确认、计量和报告，如实反映符合确认和计量要求的各项会计要素及其他相关信息，以保证会计信息真实可靠、内容完整。

企业在进行会计核算时应当做到：

第一，以实际发生的交易或事项为依据，如实反映会计信息，不得虚构误导信息使用者。

第二，在符合重要性与成本效益性原则的前提下，与使用者决策相关的信息都应充分披露。

第三，财务报告中的会计信息应当客观中立。

二、相关性

企业提供的会计信息应与投资者等财务报告使用者的经济决策需要相关，以帮助投资者等财务报告使用者对企业过去、现在或未来的情况做出评价或预测。例如，区分收入和利得、费用和损失，区分流动资产和非流动资产、流动负债和非流动负债及适度引入公允价值等，这样就可以提高会计信息的预测价值，进而提升会计信息的相关性。

三、可理解性

企业提供的会计信息应清晰明了，以便于投资者等财务报告使用者理解和使用。

企业编制财务报告和提供会计信息的目的在于使用，而要想使使用者能够有效使用会计信息，就应使其了解会计信息的含义，理解会计信息的内容。这样就要求财务报告所提供的会计信息清晰明了、易于理解。只有这样，才能提高会计信息的有用性。

四、可比性

可比性包括两层含义：

第一，同一企业不同时期可比。同一企业不同时期发生的相同或相似的交易或事项，应当采用一致的会计政策，不得随意变更，对于确需变更的，应当在附注中说明。如企业对固定资产的折旧方法一经选用便不得随意变更，若变更后可以提供更可靠、更相关的会计信息，则应当在附注中予以说明。

第二，不同企业相同会计期间可比。不同企业同一会计期间发生的相似交易或事项，应当采用规定的会计政策，以确保会计信息中口径一致、相互可比。

五、实质重于形式

企业应按交易或事项的经济实质进行会计确认、计量和报告，而不仅仅以交易或事项的法律形式为依据。

企业发生的交易或事项在多数情况下，其经济实质与法律形式是一致的。但在有些情况下会出现不一致。例如，以融租赁方式租入的资产虽然从法律形式来说并不拥有所有权，但由于租赁合同中所规定的租赁期间相当长，接近于该资产的使用寿命，租赁期间内承租企业有权控制该资产并从中受益，因此，从经济实质上看，融资租赁的资产应视为企业的资产。

六、重要性

企业提供的会计信息应当反映与财务状况、经营成果和现金流量有关的所有重要交易或事项。

凡是财务报告中提供的、能够影响投资者等财务报告使用者做出决策的信息省略或错报信息，就称其具有重要性。重要性的应用需要依赖职业判断，企业应根据其所处的环境和实际情况，从项目性质和金额大小两方面加以判断。例如，企业发生的某些支出，对于金额较小的，从支出受益期来看，可能需要在若干会计期间进行分摊；但根据重要性要求，可以一次性计入当期损益。

七、谨慎性

企业对交易或事项进行会计确认、计量和报告时须保持应有的谨慎，不应高估资产或收益、低估负债或费用。

在市场经济环境下，企业的生产经营活动面临着许多风险和不确定性。如应收款项的可收回性、固定资产的使用寿命、售出存货可能发生的退货或返修等。会计信息的谨慎性，要求企业在面临不确定性因素情况下做出职业判断时，应持有应有的谨慎，充分估计到各种风险和损失，既不高估资产或收益，也不低估负债或费用。例如，对于企业发生的或有事项，通常不能确认或有资产，只有当相关经济利益基本确定能够流入企业时，才能作为资产予以确认；相反，当相关经济利益很可能流出企业而且构成现时义务时，就应当及时确认预计负债。

谨慎性的应用不允许企业设置秘密准备，故意低估资产或收入、高估负债或费用。

八、及时性

企业对于已经发生的交易或事项，应当及时进行确认、计量和报告，不得提前或延后。

在会计、计量和报告过程中贯彻及时性，一是要求及时收集会计信息，二是要求及时处理会计信息，三是要求及时传递会计信息。

学习任务 1.3　会计要素、会计等式和会计计量

一、会计要素

会计要素是根据交易或事项的经济特征对所确定的会计对象进行的基本分类。基本准则规定,会计要素按照其性质分为资产、负债、所有者权益、收入、费用和利润,其中,资产、负债和所有者权益要素侧重于反映企业的财务状况,收入、费用和利润要素侧重于反映企业的经营成果。

(一) 资产的定义及其确认条件

1. 资产的定义

资产指由企业过去的交易或事项形成的,并由企业拥有或控制的,预期会给企业带来经济利益的资源。资产具有以下三个方面的特征。

(1) 资产应为企业拥有或控制的资源

资产作为一项资源,应当由企业拥有或控制,具体指企业享有某项资源的所有权,或者虽然不享有某项资源的所有权,但该资源能够被企业所控制。

企业享有某项资源的所有权,通常表明企业能够排他性地从该资产中获取经济利益。有些资产虽然不为企业所拥有,但企业控制了这些资源,企业同样可以排他性地从中获取利益,因此也属于企业的资产。例如,以融资租赁方式租入的资产,尽管企业并不拥有其所有权,但是企业控制了该资产的使用及其所带来的经济利益,因此应当将其作为企业资产予以核算。

(2) 资产预期会给企业带来经济利益

资产预期会给企业带来经济利益,指资产直接或间接导致现金和现金等价物流入企业的潜力。资产预期会给企业带来经济利益是资产的重要特征。如果某一项目预期不能给企业带来经济利益,那么就不能将其确认为企业的资产;如果前期已经确认了资产预期不能给企业带来经济利益,那么就不能再次确认为企业的资产。例如,待处理的财务损失及某些财务挂账等,由于不符合资产的定义,所以均不应确认为资产。

(3) 资产是由企业过去的交易或事项形成的

资产应当由企业过去的交易或事项来形成。过去的交易或事项包括购买、生产、建造行为,或者其他交易或事项。换句话说,只有过去的交易或事项才能产生资产,企业预期在未来发生的交易或事项不能形成资产。例如,企业有购买某存货的意愿或计划,但购买行为尚未发生,就不符合资产的定义,故不能因此确认为存货资产。

2. 资产的确认条件

将一项资源确认为资产,需要符合资产的定义,同时还应满足以下两个条件。

(1) 与该资源相关的经济利益很可能流入企业

如果根据编制财务报表时所取得的证据,与资源有关的经济利益很可能流入企业,那么就应当将其作为资产予以确认;反之则不能确认为资产。

(2) 该资源的成本或价值能够可靠地计量

可计量性是所有会计要素确认的重要前提,资产的确认也是如此。只有当有关资源的成本或价值能够可靠计量时,才能确认其为资产。

3. 资产的分类

资产按其流动性的强弱，可以分为流动资产和非流动资产。流动资产通常包括货币资金、交易性金融资产、应收票据、应收账款、预付账款、应收利息、应收股利、其他应收款、存货和一年内到期的非流动资产等。流动资产以外的资产归类为非流动资产，并应按其性质分类列示，如长期股权投资、固定资产、在建工程、无形资产和商誉等。

（二）负　债

1. 负债的定义

负债指由企业过去的交易或事项形成的，预期会导致经济利益流出企业的现时义务。它具有以下三个方面的特征。

(1) 负债是企业承担的现时义务

现时义务指企业在现行条件下已承担的义务。未来发生的交易或事项所形成的义务，不属于现时义务，不应确认为负债。例如，企业购买原材料，款项未支付，企业形成的应付账款就是企业承担的现时义务。

(2) 负债预期会导致经济利益流出企业

企业在将来履行义务清偿负债时，会导致经济利益流出企业。这种经济利益的流出表现为多种形式。例如，以现金偿还或以实物资产形式偿还，以提供劳务形式偿还，以部分转移资产、部分提供劳务形式偿还，将负债转为资本等。

(3) 负债是由过去的交易或事项形成的

只有过去的交易或事项才能形成负债。企业在未来发生的承诺、签订的合同等交易或事项上不能形成负债。例如，企业与银行达成了2个月后借入2 000万元的借款意向书，该交易就不属于过去的交易或事项，因而不应形成企业的负债。

2. 负债的确认条件

确认一项负债，除了需要符合负债的定义外，还要同时满足以下两个条件。

(1) 与该义务有关的经济利益很可能流出企业

如果有确凿的证据表明，与现时义务有关的经济利益很可能流出企业，那么就应当将其作为负债予以确认；反之，就不符合负债的确认条件，不应将其作为负债予以确认。

(2) 未来流出的经济利益的金额能够可靠地计量

负债的确认在考虑经济利益流出企业的同时，对于未来流出的经济利益的金额应能够可靠地计量。

3. 负债的分类

负债按其偿付期限的长短，可以分为流动负债和非流动负债。流动负债项目通常包括短期借款、应付票据、应付账款、预收账款、应付职工薪酬、应交税费、应付利息、应付股利、其他应付款和一年内到期的非流动负债等。流动负债以外的负债归类为非流动负债，并应按其性质分类列示，包括长期借款、应付债券、长期应付款等。

（三）所有者权益

1. 所有者权益的定义

所有者权益指企业扣除负债后由所有者享有的剩余权益。公司的所有者权益又称股东权益，是所有者对企业资产的剩余索取权。

所有者权益包括所有者投入的资本、直接计入所有者权益的利得和损失及留存收益等，通常由实收资本(或股本)、资本公积、盈余公积和未分配利润构成。

2. 所有者权益的确认条件

所有者权益是从企业资产总额中扣除债权人权益后的净额。因此，对所有者权益的确认和计量主要取决于对资产、负债、收入和费用等其他会计要素的确认和计量。通常当企业收入增加时，会导致资产的增加，相应会增加所有者权益；当企业发生费用时，会导致负债的增加，相应会减少所有者权益。因此，日常经营的好坏和资产负债的质量，直接决定着企业所有者权益的增减变化和资本的保值、增值。

(四) 收　入

1. 收入的定义

收入指企业在日常活动中形成的、会导致所有者权益增加的、与所有者投资资本无关的经济利益的总流入。收入具有以下特征。

(1) 收入是企业在日常活动中形成的

日常活动指企业为完成其经营目标所从事的经常性活动及与之相关的活动。如，工业企业制造并销售产品、商业企业销售商品、商业银行对外贷款、保险公司签发保单、安装公司提供安装服务和租赁公司出租资产等，均属于企业的日常活动。明确界定日常活动是为了将收入与利得相区分，凡是日常活动所形成的经济利益的流入应当确认为收入；反之，非日常活动所形成的经济利益的流入不能确认为收入，而应当计入利得。比如，处置固定资产属于非日常活动，故就不应将其所形成的利益确认为收入，而应确认为利得。有些活动虽然并不经常发生，但因其与日常活动有关，故也属于收入，如企业出售原材料所形成的利益也属于收入。

(2) 收入会导致所有者权益增加

与收入相关的经济利益的流入会导致所有者权益的增加。不会导致所有者权益增加的经济利益的流入不符合收入的定义，不应确认为收入。例如，企业向银行借入款项，尽管也导致了企业经济利益的流入，但该流入不会导致所有者权益的增加，反而使企业承担了一项现时义务，故不应将其确认为收入，而应确认为一项负债。

(3) 收入是与所有者权益投入资本无关的经济利益的总流入

所有者投入资本也会使企业经济利益流入，但增加的所有者权益并不能增加收入。如，某企业接受某人投入资本 100 万元，这时，增加的是企业的所有者权益而不是收入。

2. 收入的确认条件

企业收入来源的渠道多种多样，不同收入来源的特征不同，其收入确认条件也往往存在一些差别。一般而言，收入的确认至少应该符合以下条件：

一是与收入相关的经济利益应当很可能流入企业；

二是经济利益流入企业的结果会导致资产的增加或负债的减少；

三是经济利益的流入额能够可靠计量。

3. 收入的分类

收入按照企业所从事日常活动的性质不同可分为销售商品收入、提供劳务收入和让渡资产使用权收入。收入按其在经营业务中的主次不同，分为主营业务收入和其他业务收入。主营业务收入指企业为完成其经营目标所从事的经常性活动而实现的收入。其他业务收入指企业所从事的与经营活动相关的活动而实现的收入。

（五）费 用

1. 费用的定义

费用指企业在日常活动中发生的、会导致所有者权益减少的、与所有者分配利润无关的经济利益总流出。费用具有以下特征。

(1) 费用是企业在日常活动中形成的

费用必须是企业在其日常活动中形成的。这些日常活动的界定与收入定义中涉及的日常活动的界定相一致。日常活动所产生的费用通常包括销售成本（营业成本）、管理费用和销售费用等。将费用界定为日常活动中形成的，是为了将其与损失相区分，企业非日常活动所形成的经济利益的流出不能确认为费用，而应当计入损失，如处置固定资产所形成的净损失就不应确认为费用，而应当确认为损失。

(2) 费用会导致所有者权益减少

与费用相关的经济利益的流出应当导致所有者权益的减少，不会导致所有者权益减少的经济利益的流出不符合费用的定义，不应确认为费用。用银行存款购买材料时，在一项资产减少的同时，另一项资产增加，并不会导致所有者权益的减少，因此不符合费用确认的条件；如果用银行存款支付广告费，则在资产减少的同时，也会最终减少所有者权益，因此就符合费用确认的条件。

(3) 费用导致的经济利益总流出与向所有者分配的利润无关

费用的发生会导致经济利益的流出，从而导致资产的减少或负债的增加（最终会导致资产的减少）。其表现形式包括货币资金的流出，存货、固定资产和无形资产等的流出或消耗等。企业向所有者分配利润也会导致经济利益的流出，而该经济利益的流出属于投资者投资回报的分配，是所有者权益的直接抵减项目，故不应确认为费用。

2. 费用的确认条件

费用的确认除应符合其定义外，也应满足严格的条件。费用的确认至少应符合如下条件：
一是与费用相关的经济利益应当很可能流出企业；
二是经济利益流出企业的结果会导致资产的减少或负债的增加；
三是经济利益的流出额能够可靠地计量。

3. 费用的分类

费用具体包括成本费用和期间费用。企业为了生产产品和提供劳务等发生可归属于产品成本和劳务成本等的费用，应当在确认销售商品收入和提供劳务收入等时，将已销售商品和已提供劳务的成本等计入当期损益。成本费用主要包括主营业务成本、其他业务成本、营业税金及附加等。期间费用指企业日常活动中发生的不能计入特定核算对象、而应计入当期损益的费用，主要包括：销售费用、管理费用和财务费用。

（六）利 润

1. 利润的定义

利润指企业在一定会计期间的经营成果。利润包括收入减去费用的净额，以及直接计入当期利润的利得和损失等。直接计入当期利润的利得和损失，指应当计入当期损益、最终会引起所有者权益发生增减变动的、与所有者投入资本或向所有者分配利润无关的利得或损失。

2. 利润的确认条件

由于利润包括收入减去费用，以及直接计入当期利润的利得和损失。因此，利润的确认主要依赖于收入和费用，以及利得和损失的确认。

上述收入、费用和利润之间的关系可用公式表示为

收入－费用＋利得－损失＝利润

二、会计等式

会计等式是表明各会计要素之间基本关系的恒等式。它是复式记账、试算平衡及编制财务报表的理论依据。

（一）等式1（资产＝负债＋所有者权益＋收入－费用）

等式1表明企业在会计期末结账之前，资产、负债、所有者权益、收入、费用五个要素之间的等量关系。它动态地反映了企业财务状况与经营成果之间的关系，被称为会计等式的扩展等式。

（二）等式2（资产＝负债＋所有者权益）

等式2表明企业在会计期末收支结转后，计算出一定期间实现的利润或发生的亏损，并按程序进行分配后，归入所有者权益项目后的会计基本等式。它反映了某一特定时点资产、负债、所有者权益之间的基本关系。它是编制资产负债表的基础。

（三）等式3（利润＝收入－费用＋利得－损失）

等式3表明经营成果与相应期间的收入和费用的关系。它是编制利润表的基础。

三、会计要素的计量属性

会计计量是在一定的计量尺度下，运用特定的计量单位，选择合理的计量属性，确定应予记录的经济事项金额的会计记录过程。会计计量包括计量尺度、计量单位、计量对象和计量属性。其中，计量属性指计量客体的特征或外在的表现形式。

企业在将符合确认条件的会计要素登记入账并列报于财务报表时，应当按照规定的会计计量属性进行计量，确定其金额。

（一）会计计量属性的构成

1. 历史成本

在历史成本计量下，资产按照购置时支付的现金或现金等价物的金额，或者按照购置资产时所付出的对价的公允价值来计量。负债按照因承担现时义务而实际收到的款项或资产的金额，或者按照承担现时义务的合同金额，或者按照日常活动中为偿还负债的预期需要支付的现金或现金等价物的金额计量。在实务中，历史成本是基本的、首要的、首选的计量属性。

2. 重置成本

重置成本指企业重新取得与其所拥有的某项资产相同或与其功能相当的资产需要支付的现金或现金等价物。一般情况下，重置成本可分为复原重置成本和更新重置成本。

复原重置成本指运用原来相同的材料、建筑或制造标准、设计、格式及技术等，以现行市价复原构建原来某项全新资产所发生的支出。

更新重置成本指利用新型材料，并根据现行建筑或制造标准设计及格式，以现行市价生产或建造具有相同功能的全新资产所发生的支出。

在重置成本计量下，资产按照现在购买相同或相似资产所需支付的现金或现金等价物的金额计量。在实务中，重置成本多应用盘盈固定资产的计量等。

3. 可变现净值

可变现净值指在正常生产经营过程中，以资产预计售价减去预计销售费用及进一步加工相关税费后的净值。在可变现净值计量下，资产按照其正常对外销售所能收到现金或现金等价物的金额扣减该资产至完工时估计将要发生的成本、估计的销售费用及相关税费后的金额计量。可变现净值通常运用于存货减值情况下的后续计量。

4. 现　值

在现值计量下，资产按照预计从其持续使用和最终所产生的未来净现金流入量的折现金额来计量，负债按照预计期限内需要偿还的未来净现金流出量的折现金额来计量。现值通常用于确定非流动资产可收回金额和以摊余成本计量的金融资产价值等。在实务中，当要确定固定资产、无形资产等可收回金额时，通常需要计算资产预计未来现金流量的现值；对于持有至到期投资等以摊余成本计量的金融资产，通常需要使用实际利率法将这些资产在预期存续期间或适用的更短期间内的未来现金流量折现，再通过相应的调整确定其摊余成本。

5. 公允价值

在公允价值计量下，资产和负债按照在公平交易中熟悉情况的交易双方自愿进行资产交换或债务清偿的金额计量。在实务中，公允价值主要应用于交易性金融资产和可供出售金融资产的计量等。

（二）会计计量属性的应用原则

《企业会计准则》明确规定，企业在对会计要素进行计量时，以历史成本为主要计量属性，但又不限于历史成本。在某些情况下为了提高会计信息质量，实现财务报告目标，《企业会计准则》允许采用重置成本、可变现净值、现值和公允价值计量的，应当保证所确定的会计要素金额能够取得并可靠地计量，如果这些金额无法取得或可靠地计量，则不允许采用历史成本之外的其他计量属性。考虑到我国市场发展的现状，新会计准则体系中主要在金融工具、投资性房地产、非共同控制的企业合并、债务重组和非货币交易等方面采用了公允价值。

学习任务1.4　会计核算内容和会计核算方法

一、会计核算内容

各单位必须按照会计规范的规定，及时、如实地组织会计核算。财务会计核算的内容具体表现为生产经营过程中的各种经济业务，包括如下内容。

（一）款项和有价证券的收付

款项是作为支付手段的货币资金，主要包括现金、银行存款，以及其他视同银行存款使用的外埠存款、银行汇票存款、银行本票存款、存出投资款、信用卡存款和信用保证金存款等。有价证券表示具有一定财务拥有权或支配权的证券，如国库券、股票、企业债券和其他债券等。款项和有价证券是单位流动性最强的资产。

（二）财物的收发、增减和使用

财务物资是反映一个单位进行或维持经营活动的具有实物形态的经济资源，一般包括原材料、燃料、包装物、低值易耗品、在产品、产成品等流动资产，以及房屋建筑物、机器、设备、设施、运输工具等固定资产。财物的收发、增减和使用是会计核算中发生的经常性业务。

（三）债权债务的发生和结算

债权是单位收取款项的权利，一般包括应收和预付款项等。债务指单位承担的、能以货币计量的、需要以资产或劳务偿付的义务，一般包括各项借款、应付和预收款项及应交款项等。

（四）资本、基金的增减

资本是投资者为开展经营活动而投入的本钱。这里的资本仅指所有者权益中的投入资本。基金是各单位按照国家法律、法规的规定而设置或筹集的、具有特定用途的专项基金，如政府基金、社会保险基金、教育基金等。资本、基金的利益关系人比较明确，用途基本定向。

（五）收入、支出、费用、成本的计算

收入指企业在销售商品、提供劳务及让渡资产使用权等日常活动中所形成的经济利益的总流入。支出指行政事业单位和社会团体在履行法定职责、发挥特定功能时所发生的各项开支；企业在正常经营活动以外所发生的支出或损失。费用指企业在销售商品、提供劳务等日常活动中所发生的经济利益流出。成本指企业为生产某种产品而发生的费用，它与一定种类和数量的产品相联系，是对象化了的费用。

（六）财务成果的计算和处理

财务成果指企业在一定时期内通过从事经营活动而在财务上所取得的结果，具体表现为盈利或亏损。财务成果的计算和处理一般表现为利润的计算、所得税的计算和交纳、利润分配或亏损弥补等。财务成果的计算和处理，涉及所有者、国家等方面的利益及法规制度的规定，因此，要正确计算和处理财务成果。

（七）需要办理会计手续、进行会计核算的其他事项

其他事项指除上述六项经济业务事项外的，按照国家统一会计规范的规定，应当办理会计手续进行会计核算的其他经济业务事项。

二、会计核算方法

会计核算是一个连续、系统和完整的过程，在会计核算的全过程中，需要运用一系列会计核算方法。会计核算主要包括以下几种方法。

（一）设置账户

设置账户是对会计核算的具体内容进行分类核算和监督的一种专门方法。由于会计对象的具体内容复杂多样，要想对其进行系统的核算和监督，就必须对经济业务进行科学的分类，以便分门别类地、连续地记录，据以取得多种不同性质、符合经营管理所需要的信息和指标。

（二）复式记账

复式记账是对所发生的每项经济业务，以相等的金额，同时在两个或两个以上相互联系的账户中进行登记的一种记账方法。采用复式记账方法，可以全面反映每一笔经济业务的来龙去脉，而且可以防止差错和便于检查账簿记录的正确性和完整性，是一种比较科学的记账方法。

（三）填制和审核原始凭证

会计凭证是记录经济业务、明确经济责任、作为记账依据的书面证明。正确地填制和审核会计凭证，是核算和监督经济活动财务收支的基础，是做好会计工作的前提。

（四）登记会计账簿

记账是以审核无误的会计凭证为依据，在账簿中分类、连续地、完整地记录各项经济业务，以便为经济管理提供完整、系统的会计核算资料。账簿记录是重要的会计资料，是进行会计分析、会计检查的重要依据。

（五）成本计算

成本计算是按照一定对象来归集和分配生产经营过程中发生的各种费用，以便确定该对象的总成本和单位成本的一种专门方法。产品成本是综合反映企业生产经营活动的一项重要指标。正确进行成本计算，可以考核生产经营过程的费用支出水平，同时又是确定企业盈亏和制定产品价格的基础，并为企业生产经营决策提供重要数据。

（六）财务清查

财务清查是通过盘点实物、核对账目，以查明各项财产物资实有数额的一种专门方法。通过财务清查，可以提高会计记录的正确性，保证账实相符。同时还可查明各项财务物资的保管和使用情况及各种结算款项的执行情况，以便对积压或损毁的物资和逾期未收到的款项及时采取措施，进行清理和加强对财产物资的管理。

（七）编制会计报表

编制会计报表是以特定表格的形式，定期并总括地反映企业、行政事业单位的经济活动情况和结果的一种专门方法。会计报表主要以账簿中的记录为依据，经过一定形式的加工整理而产生一套完整的核算指标，用来考核、分析财务计划和预算执行情况，为编制下期财务和预算计划提供重要依据。

以上七种会计核算的方法并不是独立的，而是相互联系、相互依存、彼此制约的。它们构成了一套完整的方法体系：一般在经济业务发生后，按规定的手续填制和审核凭证，并应用复式记账法在有关账簿中进行登记；在一定期末时还要对生产经营过程中发生的费用进行成本计算和财务清查，在账证、账账、账实相符的基础上，根据账簿记录编制会计报表。

重点回顾

工作过程 1 主要讲述了财务会计的基本知识，其重点内容概括于图 1－1 中。

1. 财务会计概述

(1) 会计的定义、产生和发展

会计是以货币为主要计量单位，来反映和监督一个单位经济管理的工作。在企业，会计主要反映企业的财务状况、经营成果和现金流量，并对企业的经营活动和财务收支进行监督。

1494 年，卢卡·帕乔利在《算术、几何、比与比例概要》中系统阐述了复式记账的基本原理，该书成为最早论述复式簿记发展的总结性文献。20 世纪 50 年代，在会计的基础上，又分离出管理会计，它与财务会计成为会计的两大分支。

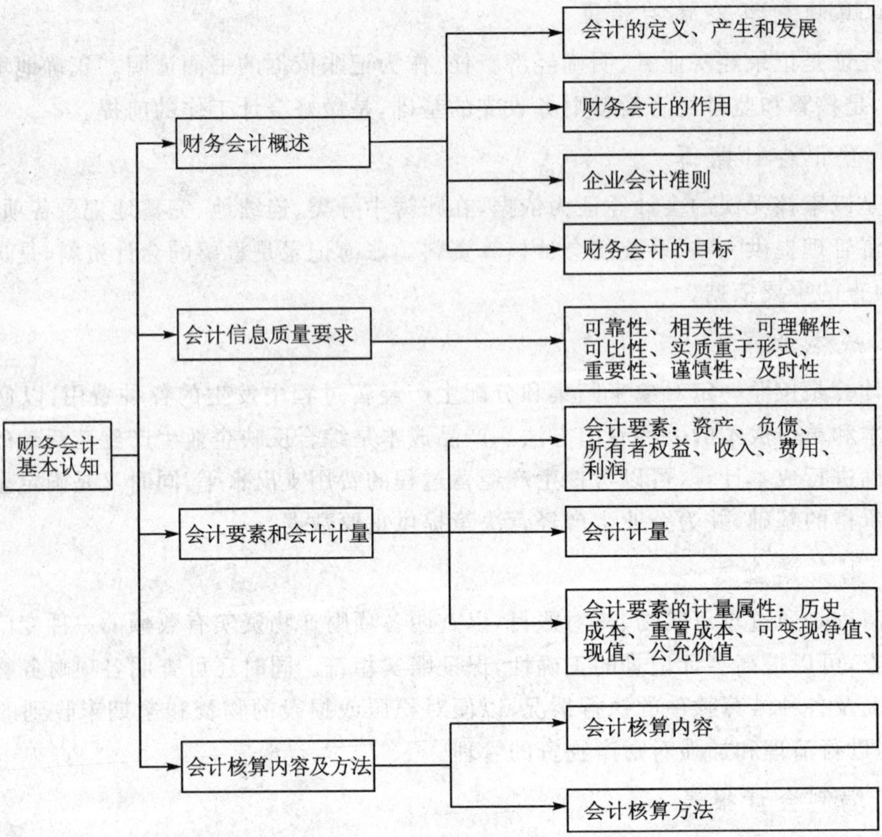

图 1－1　财务会计基本认知

(2) 财务会计的作用

财务会计有助于提供对决策有用的信息，有助于企业加强经营管理，有助于考核企业领导人经济责任的履行情况。

(3) 企业会计准则

1992 年，我国发布了第一项会计准则，即《企业会计准则》；2006 年 2 月 15 日，发布了包括《企业会计准则——基本准则》和 38 项具体准则在内的企业会计准则体系，2006 年 10 月 30 日，又发布了《企业会计准则应用指南》，从而实现了我国会计准则与国际财务报告准则的实质性趋同；2007 年 11 月 16 日和 2008 年 8 月 7 日，财政部又分别印发了第 1 号和第 2 号《企业会计准则解释》。

(4) 财务会计的目标

财务会计的目标是向财务报告使用者提供与企业财务状况、经营成果和现金流量等有关的会计信息，反映企业管理层受托责任的履行情况，以助于财务报告使用者做出经济决策。

2. 会计信息质量要求

第一，可靠性。企业应以实际发生的交易或事项为依据进行确认、计量和报告，如实反映符合确认和计量要求的各项会计要素及其他相关信息，以保证会计信息真实可靠、内容完整。

第二，相关性。企业提供的会计信息应与投资者等财务报告使用者的经济决策需要相关，以助于投资者等财务报告使用者对企业过去、现在或未来的情况做出评价或预测。

第三,可理解性。企业提供的会计信息应清晰明了,以便于投资者等财务报告使用者理解和使用。

第四,可比性。包括两层含义:同一企业不同时期可比,不同企业相同会计期间可比。

第五,实质重于形式。企业应按交易或事项的经济实质进行会计确认、计量和报告,而不仅仅以交易或事项的法律形式为依据。

第六,重要性。企业提供的会计信息应当反映与财务状况、经营成果和现金流量有关的所有重要交易或事项。

第七,谨慎性。企业对交易或事项进行会计确认、计量和报告时须保持应有的谨慎,不应高估资产或收益、低估负债或费用。

第八,及时性。企业对于已经发生的交易或事项,应当及时进行确认、计量和报告,不得提前或延后。

3. 会计要素、会计等式和会计计量

(1) 会计要素

1) 资　产

资产指由企业过去的交易或事项形成的、由企业拥有或控制的、预期会给企业带来经济利益的资源。

2) 负　债

负债指由企业过去的交易或事项形成的、预期会导致经济利益流出企业的现时义务。

3) 所有者权益

所有者权益指企业扣除负债后由所有者享有的剩余权益。公司的所有者权益又称股东权益,是所有者对企业资产的剩余索取权。

4) 收　入

收入指企业在日常活动中形成的、会导致所有者权益增加的、与所有者投资资本无关的经济利益的总流入。

5) 费　用

费用指企业在日常活动中发生的、会导致所有者权益减少的、与所有者分配利润无关的经济利益总流出。

6) 利　润

利润指企业在一定会计期间的经营成果。利润包括收入减去费用的净额,以及直接计入当期利润的利得和损失等。

(2) 会计等式

等式1为

资产＝负债＋所有者权益＋收入－费用

等式2为

资产＝负债＋所有者权益

等式3为

利润＝收入－费用＋利得－损失

(3) 会计要素的计量属性

1) 构　成

计量属性包括历史成本、重置成本、可变现净值、现值和公允价值。

2) 应用原则

应用原则是以历史成本为主要计量属性，在金融工具、投资性房地产、非共同控制的企业合并、债务重组和非货币交易等方面采用公允价值。

4. 会计核算内容和会计核算方法

(1) 会计核算内容

会计核算内容包括：款项和有价证券的收付，财物的收发、增减和使用，债权债务的发生和结算，资本、基金的增减，收入、支出、费用、成本的计算，财务成果的计算和处理，以及其他事项。

(2) 会计核算方法

会计核算方法包括设置账户、复式记账、填制和审核原始凭证、登记会计账簿、成本计算、财务清查和编制会计报表。

知识拓展

一般企业如何建账

新建单位或原有单位在年度开始时，会计人员均应根据核算工作的需要设置应用账簿，这叫明“建账”。一般情况下，一个企业至少应设置四册账：现金日记账、银行存款日记账、总分类账和明细分类账。

1. 现金日记账和银行存款日记账

会计人员在购买时，两种账本各购一本足矣。但如果企业开立了两个以上的银行存款账号，那么账本的需要量就要视企业的具体情况确定了。若使用完毕，再购入新账本也不迟。首先根据账簿的启用要求将扉页要求填制的内容填好，根据企业的第一笔现金来源和银行存款的来源登记入现金日记账和银行存款日记账，即根据第一笔现金的付款凭证登记现金日记账和银行存款日记账；以后即可根据日常现金及银行存款业务逐日逐笔登记现金日记账和银行存款日记账了。

2. 总分类账

企业可根据业务量的多少购买一本或几本总分类账（一般情况下无须一个科目设一本总账）。根据企业涉及的业务和会计科目来设置总账。原则上讲，只要是企业涉及的会计科目都要有相应的总账账簿（账页）与之对应。会计人员应估计每一种业务的业务量大小，将每一种业务用口取纸分开，并在口取纸上写明每一种业务的会计科目名称，以便在登记时能够及时找到应登记的账页。在将总账分页使用时，假如总账账页从第 1～10 页登记现金业务，那么就在目录中写清楚“现金……1～10”，并且在总账账页的第 1 页贴上口取纸，口取纸上写清楚“现金”；若第 11～20 页为银行存款业务，则就在目录中写清楚“银行存款……11～20”，并在总账账页的第 11 页贴上写有“银行存款”的口取纸。依此类推，总账就建好了。

为了便于登记总账，在总账账页分页使用时，最好按资产、负债、所有者权益、收入和费用的顺序来分页，在口取纸的选择上也可将资产、负债、所有者权益、收入、费用按不同颜色区分开，以便于登记。

3. 明细分类账

在企业里，明细分类账的设置是根据企业自身的管理需要和外界各部门对企业信息资料的需要来设置的。需设置的明细分类账有短期投资（根据投资种类和对象设置）、应收账款（根据客户名称设置）、其他应收款（根据应收部门、个人、项目设置）、待摊费用（根据费用种类设置）、长期投资（根据投资对象或根据面值、溢价、折价、相关费用设置）、固定资产（根据固定资产的类型设置。另外，对于固定资产明细账账页，每年可不必更换新的账页）、短期借款（根据短期借款的种类或对象设置）、应付账款（根据应付账款的对象设置）、其他应付款（根据应付款的内容设置）、应付工资（根据应付部门设置）、应付福利费（根据福利费的构成内容设置）、应交税金（根据税金的种类设置），以及产品销售费用、管理费用和财务费用（均按照费用的构成设置）。企业可根据自身需要增减明细分类账的设置。日常根据原始凭证、汇总原始凭证及记账凭证登记各种明细分类账。明细分类账无论按怎样的方法分类，各个账户明细分类账的期末余额之和都应与其总账的期末余额相等。

4. 其他问题

因企业的成本计算比较复杂，所以在企业建账时，为了便于凭证的编制，应设计一些计算用的表格，如材料费用分配表、领料单、工资费用计算表、折旧费用分配表、废品损失计算表、辅助生产费用分配表、产品成本计算单等相关成本计算表格。

思考与练习

一、单项选择题

1. 企业提供的会计信息应有助于财务会计报告使用者对企业过去、现在或未来的情况做出评价或预测，这体现了会计信息质量要求中的（　　）要求。

A. 相关性　　B. 可靠性　　C. 可理解性　　D. 可比性

2. 以下各项业务，适用于会计核算可比性要求的是（　　）。

A. 公司对融资租入固定资产视为自有资产核算

B. 因欠款企业的现金周转出现严重困难，公司在年末提高了坏账百分比

C. 公司根据经济利益预期的实现方式，将折旧方式由平均年限法改为双倍余额递减法

D. 因下一年度的经营需要大量资金，公司将股利分配的形式由现金股利改为股票股利

3. 企业将融资租入固定资产按自有固定资产的折旧方法计提折旧，遵循的是（　　）要求。

A. 谨慎性　　B. 实质重于形式　　C. 重要性　　D. 可比性

4. 下列项目中，符合资产定义的是（　　）。

A. 购入某项专利权　　B. 经营租入的设备

C. 待处理的财务损失　　D. 计划购买的某项设备

5. 某企业2011年1月购入一批材料，会计人员4月份才入账，该事项违背的会计信息质量要求是（　　）。

A. 谨慎性　　B. 相关性　　C. 客观性　　D. 及时性

6. 下列各项中,不属于企业收入要素范围的是(　　)。

A. 销售商品收入　　B. 出租无形资产收入

C. 债券投资取得的利息收入　　D. 接受现金捐赠收入

7. 根据负债的特征,下列不属于负债的是(　　)。

A. 应付账款　　B. 预收账款　　C. 其他应付款　　D. 预付账款

8. 资产按照预计从其连续使用和最终处置中所产生的未来净现金流入量的折现金额计量,其会计计量属性是(　　)。

A. 历史成本　　B. 可变现净值　　C. 现值　　D. 公允价值

9. 依据企业会计准则的规定,在下列有关收入和利得的表述中,正确的是(　　)。

A. 收入源于日常活动,利得也可能源于日常活动

B. 收入会影响利润,利得也一定会影响利润

C. 收入源于日常活动,利得源于非日常活动

D. 收入会导致所有者权益增加,利得不一定会导致所有者权益增加

10. 下列各项中,企业能够确认为资产的有(　　)。

A. 经营租入的生产线

B. 将要融资租入的设备

C. 已收到发票,但尚未到达企业的原材料

D. 由于技术更新,不再有使用价值的专利技术

二、多项选择题

1. 下列各项中属于我国财务报告目标的有(　　)。

A. 向财务报告使用者提供决策有用的信息

B. 反映企业管理层受托责任的履行情况

C. 与同行业信息进行比较

D. 客观反映企业的财务和经营状况

2. 下列可比性要求说法正确的有(　　)。

A. 企业对于已经发生的交易或事项,应当及时进行会计确认、计量和报告,不得提前或延后

B. 同一企业不同时期发生的相同或相似的交易或事项,应当采用一致的会计政策,不得随意变更

C. 不同企业发生的相同或相似的交易或事项,应当采用一致的会计政策,不得随意变更

D. 企业提供的会计信息应清晰明了,以便于财务报告使用者理解和使用

3. 根据可靠性要求,企业会计核算应当做到(　　)。

A. 满足会计信息使用者决策的需要　　B. 以实际发生的交易和事项为依据

C. 如实反映交易事项的真实情况　　D. 保证企业会计信息的完整

4. 下列各项中,符合收入定义的是(　　)。

A. 出租无形资产的租金收入　　B. 出售无形资产的净收益

C. 出售固定资产的净收益　　D. 出售材料的收入

5. 下列各项中,企业能够确认为资产的有(　　)。

A. 盘亏的存货　　B. 经营租赁方式租入的设备

C. 经营租赁方式租出的设备　　　　　　D. 预付的购货款

6. 下列组织可以作为一个会计主体进行核算的有(　　)。

A. 某一独立核算的生产车间　　　　　　B. 销售部门

C. 分公司　　　　　　　　　　　　　　D. 母公司及其子公司组成的企业集团

7. 下列事项中,可以引起所有者权益减少的是(　　)。

A. 以低于成本价销售产品　　　　　　　B. 用盈余公积弥补亏损

C. 宣告分配利润　　　　　　　　　　　D. 宣布发放股票股利

8. 关于会计确认,下列说法中正确的有(　　)。

A. 会计确认的条件之一是与该项目有关的经济利益很可能流入或流出企业

B. 如果公司所售的商品完全满足合同的要求,同时没有其他例外情况发生,公司能够在未来某一时日完全收回款项,则表明该项应收款项所包含的经济利益很可能流入企业

C. 若与某项目有关的经济利益能够可靠地计量,则意味着该项目不需要进行估计

D. 企业自创的商誉应作为无形资产核算

三、判断题

1. 某一会计事项是否具有重要性,在很大程度上取决于会计人员的职业判断。对于同一会计事项,在某一企业具有重要性,在另一企业则不一定具有重要性。(　　)

2. 企业采用的会计政策前后各期应保持一致,一经选定则不得变更。(　　)

3. 明确会计主体可确定会计核算的范围。(　　)

4. 企业在一定期间发生亏损,则企业在这一会计期间的所有者权益总额一定减少。(　　)

5. 如果某项资产不能再为企业带来经济利益,那么即使该资产是企业拥有或控制的,也不能作为企业的资产在资产负债中列示。(　　)

6. 利润是企业在日常活动中取得的经营成果,因此它不应包括企业在偶发事件中产生的利得和损失。(　　)

7. 由企业过去的交易或事项形成的、预期会导致经济利益流出企业的现时义务就是负债。(　　)

情境二

出纳业务的核算

工作过程 2　出纳业务的核算

能力目标

1. 能够正确识别并按规范填写票据和结算凭证；

2. 基本会办理出纳岗位的现金及票据结算业务；

3. 能够按照规范流程和方法进行库存现金、银行存款和其他货币资金等业务的账务处理。

知识目标

1. 熟悉货币资金的管理制度；

2. 熟悉各类银行结算方式的结算程序和票据的结算与传递方法；

3. 掌握货币资金收支业务的会计核算方法；

4. 熟悉库存现金清查和银行存款对账的处理方法。

案例导入

出纳岗位基础

小王刚刚进入一家服务业的小公司做出纳。她在出纳岗位上还没有什么经验，急于知道未来的工作需要她来做什么。在她的印象中，出纳就是管钱，收钱付账。这种理解正确吗？

在"出纳"一词中，"出"即支出的意思，"纳"即收入的意思，这两个字合二为一则非常准确地表明了出纳业务的核心要义，也就是资金货币的收入与支出。一般而言，"出纳"一词有两层含义：一是出纳业务，二是出纳人员。

出纳业务是按照有关规定和制度，办理本单位的现金收付、银行结算及有关账务，保管现金、有价证券、财务印章及有关票据等工作的总称。出纳工作有广义和狭义之分。广义的出纳工作既包括各单位会计部门专设出纳机构的各项票据、货币资金及有价证券收付业务的处理、整理、保管、核算等各项工作，也包括各单位业务部门的货币资金收付和保管等工作。狭义的出纳工作则仅指各单位会计部门专设的出纳岗位或人员的各项工作。

从广义上讲，出纳既包括会计部门的出纳工作人员，也包括业务部门的各类收款员、工资发放员等。从狭义上讲，出纳人员仅指单位会计部门从事资金收付和核算工作的出纳。一般情况下所称的出纳人员指的是狭义的出纳人员。

案例思考：

1. 作为单位的出纳人员，需要具备哪些方面的基本知识，才能成为一名合格的出纳人员？

2. 作为从事货币资金收付和核算工作的出纳，需要遵循货币资金管理的哪些规定？

3. 如何从事货币资金的收付及核算工作？

学习任务2.1　库存现金

库存现金指存放于企业财会部门、由出纳人员经管的货币。库存现金是企业流动性最强的一种货币性资产，保证库存现金的安全并加强库存现金的管理是企业的一项重要工作。为此，企业应依照《现金管理暂行条例》等相关制度的规定对库存现金进行管理。

一、现金管理规定

（一）现金的适用范围

按照国务院颁布的《现金管理暂行条利》规定，开户单位可在下列范围内使用现金：

① 职工工资、津贴。

② 个人劳务报酬。

③ 根据国家规定颁发给个人的科学技术、文化艺术、体育等各种奖金。

④ 各种劳保、福利费用及国家规定的对个人的其他支出。

⑤ 向个人收购农副产品和其他物资的价款。

⑥ 出差人员必须随身携带的差旅费。

⑦ 结算起点以下的零星支出。

⑧ 中国人民银行确定需要支付现金的其他支出。

（二）库存现金的限额

库存现金限额指国家规定由开户银行给各单位核定的一个保留现金的最高额度。核定原则是：既要保证企业日常零星现金支付的合理需要，又要尽量减少现金的使用。库存现金限额由开户银行和开户单位根据具体情况商定，一般情况下，按照单位3～5天日常零星开支所需的现金确定。边远地区如交通不便地区的开户单位，其库存现金限额的核定天数可以适当放宽，但最多不得超过15天日常零星开支的需要量。

（三）现金的日常收支管理

现金的日常收支管理规定主要有以下几条：

① 开户单位不得从本单位的现金收入中直接支现，即不得“坐支”现金。当需要支付现金时，可从本单位的库存现金限额中支付或从开户银行提取。因特殊情况需要坐支现金的，应事先报经开户银行审查批准，由开户银行核定坐支范围和限额。开户单位当日的现金收入应于当日送存银行，如果送存有困难，则由开户银行确定送存时间。

② 不准用不符合会计制度的凭证顶替库存现金，即不得“白条抵库”。所谓白条指行为人开具或索取的不符合会计制度规定的非正式单据。例如，以收据代替正规发票或直接“打白条”。

③ 从开户银行提取现金，应当写明用途，由本单位财会部门负责人签字盖章，经开户银行审核后，予以支付现金。

④ 不准谎报用途套取现金；不准保留账外公款，即不得设置“小金库”。

⑤ 因采购地点不确定、交通不便、抢险救灾及其他特殊情况，办理转账结算不够方便，必须使用现金的开户单位，应向开户银行提出书面申请，由本单位财会部门负责人签字盖章，开户银行审查批准后，予以支付现金。

二、库存现金的核算

为了总括反映库存现金的收、付变动和结存情况，企业应设置“库存现金”总分类账户。在该账户上，借方登记库存现金的增加数，贷方登记库存现金的减少数，期末余额在借方，反映企业库存现金的实有数。

同时，企业还应设置“库存现金日记账”，由出纳人员按照库存现金收支业务的先后顺序，根据审核无误的收付款凭证，逐日逐笔进行顺序登记，并逐日结出余额，做到日清月结、账款相符。月末，应将“库存现金日记账”余额与“库存现金”总分类账余额核对，保证账账相符。当企业发生库存现金收入业务时，应借记“库存现金”科目，贷记有关科目；当企业发生库存现金支出业务时，贷记“库存现金”科目，借记有关科目。

【例 2－1】　神方有限公司 2011 年 3 月发生下列库存现金收付业务。

① 3 月 15 日，签发现金支票从银行提取现金 1 000 元备用。依据现金支票存根（图 2－1），做如下账务处理：

借：库存现金　　1 000

　贷：银行存款　　1 000

② 3 月 16 日，将当日销售零星废旧物资收到的现金 3 000元存入银行。做如下账务处理：

借：银行存款　　3 000

　贷：库存现金　　3 000

③ 3 月 20 日，厂办李明预借差旅费 1 000 元，25 日出差回来，向财务科报销差旅费 900 元，交回现金 100 元。依据借款单（图 2－2），做如下账务处理：

借：其他应收款—李明　　1 000

　贷：库存现金　　1 000

无锡市工商银行
现金支票存根（苏）
VI0342789034
附加信息

出票日期　2011 年 3 月 15 日

收款人：	神方有限公司
金　额：	￥1000.00
用　途：	备用

单位主管　　　　会计

图 2－1　现金支票存根

2011 年 3 月 20 日

借款单位	厂办李明		
用　　途	出差预借差旅费		
金额（大写）人民币壹仟元整		￥1000.00	
还款计划	2011 年 3 月 25 日		
领导批准	洪凯生	借款人签字（盖章）	王强

现金付讫

图 2－2　借款申请单

④ 3 月 25 日依据差旅费报销单（图 2－3）及交款单（图 2－4），做如下账务处理：

借：管理费用　　900

　　库存现金　　100

　贷：其他应收款—李明　　1 000

神方有限公司　出差费用报销单

出差事由	南京订货会	填报日期：2011 年 3 月 25 日	附原始凭证 8 张

月/日	起止时间	起讫地点	车船费		途中补贴	住勤补贴		误餐补贴			旅馆费	市内交通费	行李搬运费	其他
			车次	金额	金额	天数	金额	中	晚	金额				
4/10	午 时 分 午 时 分	无锡至南京		135										
4/15	午 时 分 午 时 分	南京至无锡		135		6	120				450	60		
	午 时 分 午 时 分	至												
	午 时 分 午 时 分	至												
支出小计				270			120				450	60		

预支金额	1000	应付（退）金额	100	支出金额（大写）	壹仟元整
领导审核	洪凯生	报销人签章	李明	说明	转账讫

图 2-3　差旅费报销单

收　据　　No　0034056

2011 年 3 月 25 日

交款单位　李明　　　　收款方式　现金

人民币（大写）壹佰元整　　¥100.00　　现金收讫

收款事由　收回多余借款

2011 年 3 月 25 日

财会主管：　　记账：　　出纳：肖敏　　审核：　　经办：刘永生

图 2-4　交款单

三、库存现金清查的核算

企业应定期和不定期对库存现金进行清查，以确保库存现金的安全和完整。根据实地清查的结果编制“库存现金盘点报告单”，填写库存现金实存数、账存数与盈亏情况，如果发现账实不符，应及时查明原因，并进行相应的会计处理。

企业发生现金盘盈时，应按实际溢余的金额借记“库存现金”科目，贷记“待处理财产损益—待处理流动资产损益”科目；待查明原因后，再转入相应科目。如果属于应支付给有关个人或单位的库存现金溢余，则转入“其他应付款”科目；如果属于无法查明原因的库存现金溢余，则转入“营业外收入”科目。

企业发生现金盘亏时，应按实际短缺数，借记“待处理财产损益—待处理流动资产损益”科目，贷记“库存现金”科目；待查明原因后，再转入相应科目。如果属于应由责任人赔偿的库存现金短缺，则应转入“其他应收款”科目；如果属于无法查明原因的库存现金短缺，则应转入“管理费用”科目。

【例 2-2】 神方有限公司 2011 年 6 月 30 日对库存现金进行了清查，发现库存现金短少 120 元，仔细调查后确认属出纳员个人过失，经厂部研究决定要求出纳员肖敏赔偿。

① 发现库存现金短缺时，依据库存现金盘点报告单(图 2-5)，做如下账务处理：

借：待处理财产损益—待处理流动资产损益　　120

　贷：库存现金　　120

单位名称：神方有限公司　　　　2011年6月30日

实存金额	账存金额	实存与账存对比结果		备　注
		盘　盈	盘　亏	
1 580.00	1 700.00		120.00	

盘点人签章：李志　　　　出纳员签章：肖敏

图 2-5　库存现金盘点报告单

② 查明原因后，依据厂部研究决定书(图 2-6)，做如下账务处理：

借：其他应收款—肖敏　　120

　贷：待处理财产损益—待处理流动资产损益　　120

批　复

盘亏现金由出纳肖敏赔偿

主管领导：洪凯生

2011年6月30日

图 2-6　厂部研究决定书

【例 2-3】 神方有限公司在清查库存现金时，发现库存现金溢余 100 元，核查后原因不明，经批准做营业外收入处理。

① 库存现金溢余时，依据库存现金盘点报告单(略)，做如下账务处理：

借：库存现金　　100

　贷：待处理财产损益—待处理流动资产损益　　100

② 原因不明，依据批准做营业外收入处理，账务处理如下：

借:待处理财产损益—待处理流动资产损益　　100

　贷:营业外收入　　100

学习任务2.2　银行存款

一、银行存款概述

银行存款是企业存放在银行或其他金融机构的货币资金。凡是独立核算的企业都必须在当地银行开设账户。企业在银行开设账户以后,除了在规定范围内可以用现金直接支付的款项外,在生产经营活动中发生的一切货币收支业务都必须通过银行存款账户进行核算。

(一)银行结算账户的管理

企业应当严格执行《支付结算办法》,并按照《人民币银行结算账户管理办法》的规定开立和使用基本存款账户、一般存款账户、专用存款账户和临时存款账户。一个企业只能选择一家银行的一个营业机构开立一个基本存款账户,不得在多家银行机构开立基本存款账户;不得在同一家银行的几个分支机构开立一般存款账户。

(二)银行结算方式

企业除按照规定的现金使用范围使用现金进行结算外,其余都必须通过银行进行转账结算。转账结算方式主要有支票、银行本票、银行汇票、商业汇票、汇兑、托收承付、委托收款、信用卡和信用证等几种方式。

1. 支　票

转账支票票样如图2-7所示。

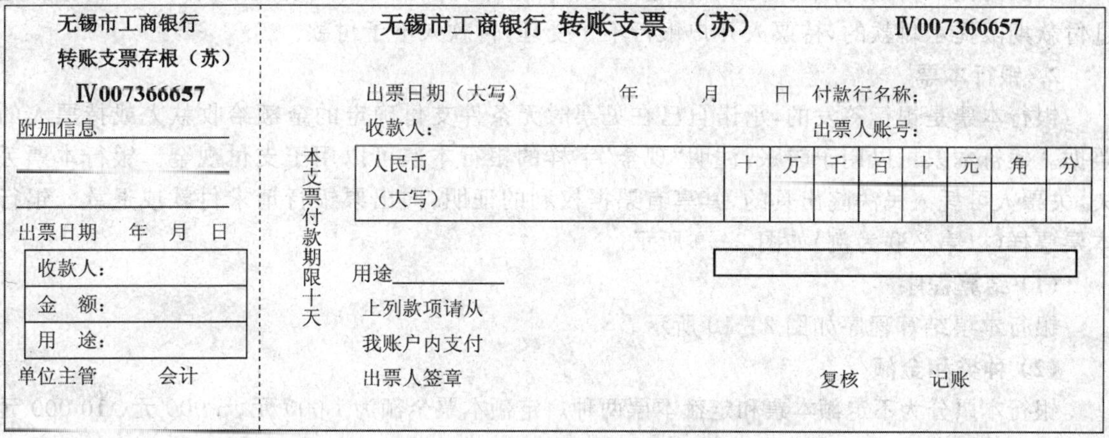
无锡市工商银行
转账支票存根(苏)
Ⅳ007366657
附加信息
出票日期　年　月　日
收款人:
金　额:
用　途:
单位主管　　会计

无锡市工商银行 转账支票 (苏)　　Ⅳ007366657
出票日期(大写)　年　月　日　付款行名称:
收款人:　　出票人账号:
本支票付款期限十天

人民币(大写)	十	万	千	百	十	元	角	分

用途
上列款项请从
我账户内支付
出票人签章　　复核　记账

图2-7　转账支票票样

支票是由出票人签发的,委托办理支票存款业务的银行在见票时无条件支付确定的金额给收款人或持票人的票据。

(1) 结算程序

支票结算程序如图2-8所示。

付款人向收款人签发支票时,签发的支票必须记载下列事项:表明支票的字样、无条件支付的委托、确定的金额、付款人名称、出票日期、出票人签章。签发支票应使用碳素墨水或墨汁填写，中国人民银行另有规定的除外。支票的出票人签发支票的金额不得超过付款时在付款人处实有的存款金额，即禁止签发空头支票。出票人不得签发与其预留银行签章不符的支票；使用支付密码的，出票人不得签发支付密码错误的支票。

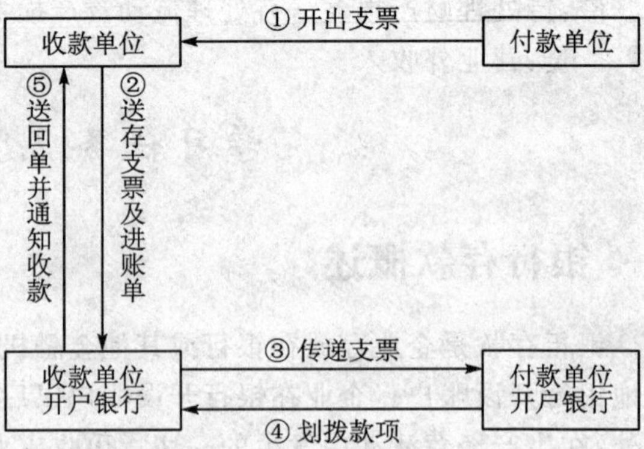

图 2－8　支票结算程序

持票人委托开户银行收款时，应做委托收款背书，在支票背面背书人签章栏签章，记载委托收款字样及背书日期，在被背书人栏记载开户银行名称，并将支票和填制的进账单送交开户银行。收款人持用于支取现金的支票向付款人提示付款时，应在支票背面“收款人签章”处签章。

(2) 种　类

支票的种类包括：

① 现金支票。支票上印有“现金”字样的为现金支票，现金支票只能用于支取现金。

② 转账支票。支票上印有“转账”字样的为转账支票，转账支票只能用于转账。

③ 普通支票。支票上未印有“现金”或“转账”字样的为普通支票，普通支票可用于支取现金，也可用于转账。在普通支票左上角划两条平行线的，为划线支票，划线支票只能用于转账，不得支取现金。

(3) 付款期限

支票的提示付款期限为自出票日起 10 日内，但中国人民银行另有规定的除外。持票人超过付款期限提示付款的，持票人开户银行不予受理，付款人不予付款。

2. 银行本票

银行本票是银行签发的，承诺自己在见票时无条件支付确定的金额给收款人或持票人的票据。银行本票可以用于转账，注明“现金”字样的银行本票可以用于支付现金。银行本票丢失，失票人可凭人民法院出具的、其享有票据权利的证明，向出票银行请求付款或退款。银行本票票样（以第 2 联为例）如图 2－9 所示。

(1) 结算程序

银行本票结算程序如图 2－10 所示。

(2) 种类和金额

银行本票分为不定额本票和定额本票两种。定额本票金额为 1 000 元、5 000 元、10 000 元和 50 000 元。不定额本票如图 2－9 所示。

(3) 付款期限

银行本票的提示付款期限为自出票日起最长不得超过两个月。在有效付款期内，银行见票付款。持票人超过付款期限提示付款的，银行不予受理。申请人因银行本票超过付款期限或其他原因要求退款时，应将银行本票提交到出票银行并出具单位证明。出票银行对于在本行开立存款账户的申请人，只能将款项转入原申请人账户；只有对于现金银行支票和未在本行开立存款账户的申请人，才能退付现金。

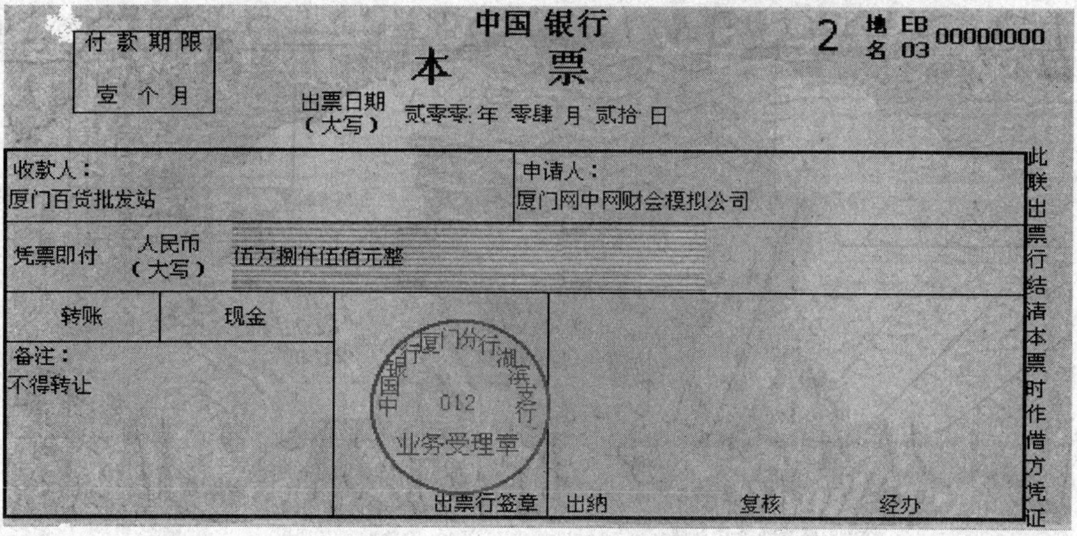

中国银行
本　票
2　地名 EB 03 00000000

付款期限　壹 个 月

出票日期（大写）　贰零零 年 零肆 月 贰拾 日

收款人：厦门百货批发站
申请人：厦门网中网财会模拟公司

凭票即付　人民币（大写）　伍万捌仟伍佰元整

转账　现金

备注：不得转让

中国银行厦门分行湖滨支行 012 业务受理章

出票行签章　出纳　复核　经办

此联出票行结清本票时作借方凭证

图 2－9　银行本票票样

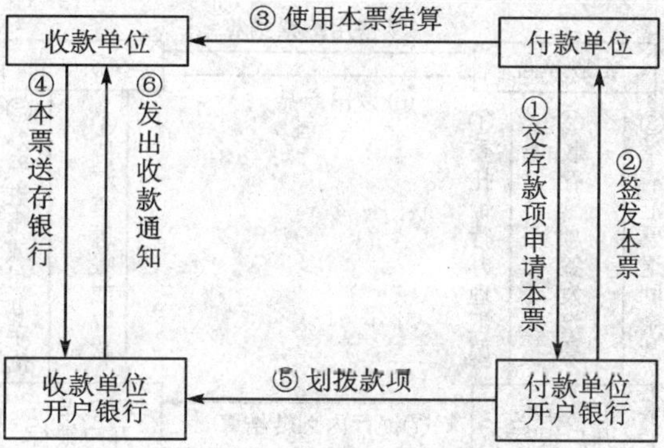

图 2－10　银行本票结算程序

(4) 适用范围

单位和个人在同一票据交换区域需要支付的各种款项，均可使用银行本票。

3. 银行汇票

银行汇票是由出票银行签发的，由其在见票时按照实际结算金额无条件支付给收款人或持票人的票据。银行汇票的出票银行为银行汇票的付款人。银行汇票可用于转账，填明现"金"字样的银行汇票也可用于支取现金。收款人可将银行汇票背书转让给被背书人。银行汇票的背书转让以不超过出票金额的实际结算金额为准。未填写实际结算金额或实际结算金额超过出票金额的银行汇票，不得背书转让。银行汇票丢失，丢失人可凭人民法院出具的、其享有票据权利的证明，向出票银行请求付款或退款。银行汇票票样（以第 2 联为例）如图 2－11 所示。

(1) 结算程序

银行汇票结算程序如图 2－12 所示。

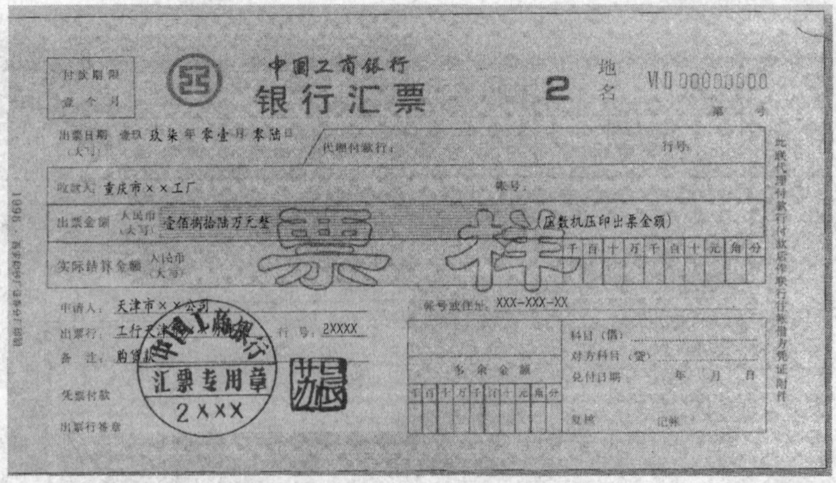

注：①图为用于转账的银行汇票的出票。该汇票只能转账，可以背书转让，背书转让的必须记载实际结算金额。

②申请人向银行申请不得转让的，出票银行应在汇票正面记载“不得转让”字样。

图 2－11　银行汇票票样

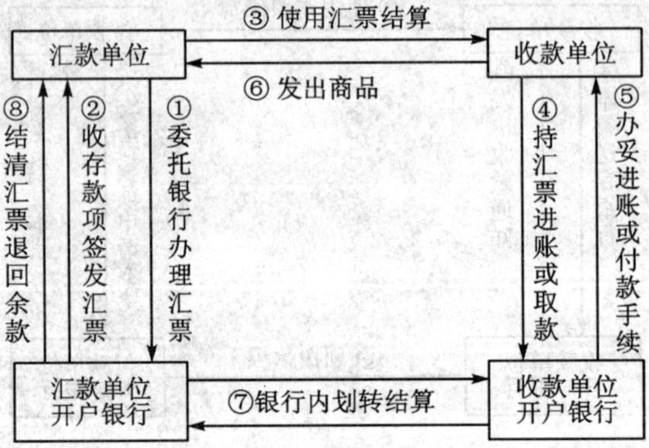

图 2－12　银行汇票结算程序

汇款单位（即申请人）使用银行汇票，应向出票银行填写“银行汇票申请书”。出票银行受理银行汇票申请书，收妥款项后签发银行汇票，并用压数机印出票金额，将银行汇票和解讫通知一并交给申请人。持票结算时，申请人应将银行汇票和解讫通知一并交付给汇票上注明的收款人。收款人受理申请人交付的银行汇票时，应在出票金额以内，根据实际需要的款项办理结算，并将实际结算的金额和多余的金额准确、清晰地填入银行汇票和解讫通知的有关栏内，到银行办理款项入账手续。持票人向银行提示付款时，必须同时提交银行汇票和解讫通知，缺少任何一项，银行不予受理。

(2) 付款期限

银行汇票的提示付款期限为自出票日起一个月，持票人超过付款期限提示付款的，银行不予受理。

(3) 适用范围

单位和个人各种款项的结算，均可使用银行汇票。

4. 商业汇票

商业汇票是由出票人签发的，委托付款人在指定日期无条件支付确定的金额给收款人或持票人的票据。在银行开立存款账户的法人及其他组织之间，必须具有真实的交易关系或债权债务关系，才能使用商业汇票。

商业汇票票样(以银行承兑汇票为例)如图 2－13 所示。

银行承兑汇票(存根)　　**3**　　汇票号码

出票日期（大写）贰零零柒　年　零叁　月　壹拾叁　日

付款人	出票人全称	厦门明发商贸有限公司	收款人	全称	上海沪鑫制造厂
	出票人账号	15022225987		账号	2003700248920
	付款行全称	中国工商银行湖里支行		开户银行	工商银行上海徐汇支行
出票金额	人民币（大写）	壹拾肆万陆仟贰佰伍拾元整		亿千百十万千百十元角分	¥14625000
汇票到期日（大写）	贰零零柒年零捌月壹拾叁日		付款行	行号	20
承兑协议编号	050321			地址	湖里
			备注：		

此联由出票人存查

图 2－13　商业汇票票样

(1) 结算程序

商业汇票(以商业承兑汇票为例)结算程序如图 2－14 所示。

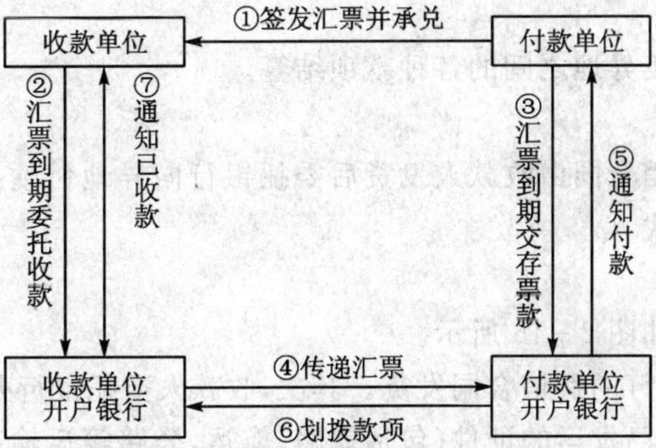

图 2－14　商业汇票结算程序

(2) 种　类

商业汇票分为商业承兑汇票和银行承兑汇票。商业承兑汇票由银行以外的付款人承兑。

银行承兑汇票由银行承兑。商业汇票的付款人为承兑人。

(3) 付款期限

商业汇票的付款期限最长不得超过 6 个月。商业汇票的提示付款期限为自汇票到期日 10 日内。持票人应在提示付款期限内通过开户银行委托收款或直接向付款人提示付款。对异地委托收款的，持票人可匡算邮程，提前通过开户银行委托收款。持票人超过提示付款期限提示付款的，持票人开户银行不予受理。

(4) 适用范围

商业汇票的结算方式适用范围广泛，同域、异地均可。

5. 汇　兑

汇兑是付款人委托银行将其款项支付给收款人的结算方式。

(1) 结算程序

汇兑结算程序如图 2－15 所示。

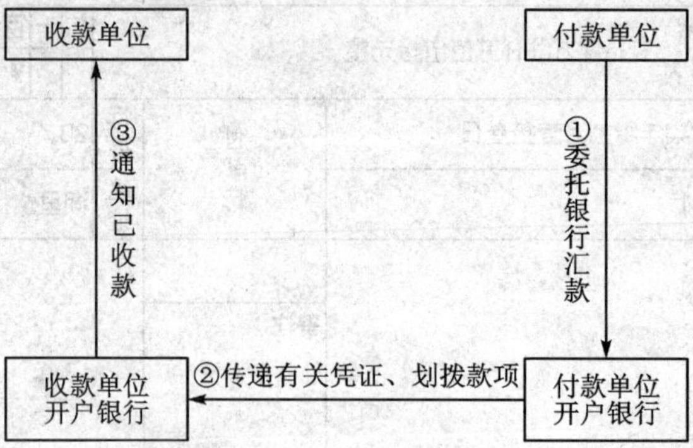

图 2－15　汇兑结算程序

(2) 种　类

汇兑分为信汇和电汇两种。信汇指汇款人委托银行通过邮寄的方式将款项划转给收款人。电汇指汇款人委托银行通过电报的方式将款项划转给收款人。

(3) 适用范围

汇兑结算方式适用于异地之间的各种款项结算。

6. 托收承付

托收承付是根据购销合同由收款人发货后委托银行向异地付款人收取款项，由付款人向银行承认付款的结算方式。

(1) 结算程序

托收承付结算程序如图 2－16 所示。

首先，收款人按照签订的购销合同发货。其次，收款人委托银行办理款项托收。收款人办理托收，必须具有商品确已发运的证件（包括铁路、航运、公路等运输部门签发的运单、运单副本和邮局包裹回执）。然后，收款人开户银行进行审查，符合要求后为收款人办理托收。

付款人付款可以分为验单付款和验货付款两种，由收付双方商量选用，并在合同中明确规定。付款人在承付期内未向银行表示拒绝付款，银行即视作承付，并在承付期满的次日（法定休假日顺延）上午银行开始营业时，将款项主动从付款人的账户付出，按照收款人指定的划款

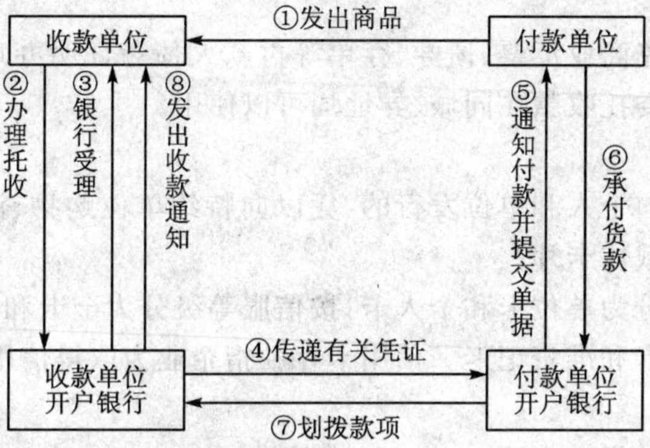

图 2－16　托收承付结算程序

方式划给收款人。

(2) 适用范围

使用托收承付结算方式的收款单位和付款单位,必须是国有企业、供销合作社及经营管理较好并经开户银行审查同意的城乡集体所有制工业企业。办理托收承付结算的款项,必须是商品交易,以及因商品交易而产生的劳务供应的款项。代销、寄销、赊销商品的款项,不得办理托收承付结算。收付双方使用托收承付结算方式必须签有符合《经济合同法》的购销合同,并在合同上写明使用托收承付结算方式。托收承付结算方式适用于异地之间的各种款项结算。

(3) 付款期限

验单付款的承付期为 3 天,从付款人开户银行发出承付通知的次日算起(承付期内遇法定休假日顺延)。验货付款的承付期为 10 天,从运输部门向付款人发出提货通知的次日算起。

7. 委托收款

委托收款是收款人委托银行向付款人收取款项的结算方式。

(1) 结算程序

委托收款结算程序如图 2－17 所示。

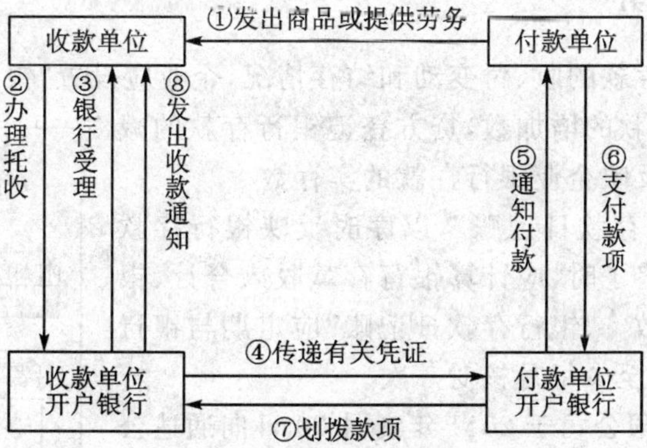

图 2－17　委托收款结算程序

(2) 种　类

委托收款结算按照款项的划转方式分为邮寄和电报两种,由收款人选用。

(3) 适用范围

单位和个人凭已承兑商业汇票、债券、存单等付款人债务证明办理款项的结算，均可以使用委托收款结算方式。委托收款在同城、异地均可以使用。

8. 信用卡

信用卡是商业银行向个人和单位发行的，凭以向特约单位购物、消费和向银行存取现金，且具有消费信用的特制载体卡片。

信用卡按使用对象分为单位卡和个人卡，按信服等级分为金卡和普通卡；按是否向发卡银行交存备用金分为贷记卡和准贷记卡。信用卡存款指企业为取得信用卡而存入银行信用卡专户的款项。

与信用卡使用有关的规定如下：

① 凡在中国境内金融机构开立基本存款账户的单位可申领单位卡。单位或个人申领信用卡，应按规定填制申请表，连同有关资料一并送交发卡银行。符合条件并按银行要求交存一定金额的备用金后，银行为申领人开立信用卡存款账户，并发给信用卡。

② 单位卡可申领若干张，持卡人资格由申领单位法定代表人或其委托的代理人书面指定和注销。单位卡账户的资金一律从其基本存款账户转账存入，不得交存现金，不得将销货收入的款项存入其账户。

③ 持卡人可持信用卡在特约单位购物、消费。单位卡不得用于 10 万元以上的商品交易和劳务供应款项的结算。

④ 特约单位在每日营业终了，应将当日受理的信用卡签购单汇总，计算手续费和净计金额，并填写汇计单和进账单，连同签购单一并送交收单银行办理进账。收单银行接到特约单位送交的各种单据，经审查无误后，为特约单位办理进账。

9. 信用证

信用证是银行根据申请人的申请和指示，向受益人开立的、承诺在一定期限内凭规定的单据支付一定金额的书面文件。

二、银行存款的核算

为了总括反映银行存款的收、付变动和结存情况，企业应设置“银行存款”总分类账。在该账户上，借方登记银行存款的增加数，贷方登记银行存款的减少数，期末余额在借方，反映企业银行存款的实存数。

企业还应设置“银行存款日记账”，以序时反映银行存款的收、付、存情况。每日终了时，应计算银行存款收入合计、银行存款支出合计及结余数。“银行存款日记账”应定期与银行转来的对账单核对相符，至少每月核对一次。

【例 2-4】 神方有限公司于 2011 年 3 月 20 日向通达公司签发转账支票一张，用于支付购买打印纸费用10 000 元。依据转账支票存根(图 2-18)与货物销售发票(图 2-19)，做如下账务处理：

借：管理费用　　　　10 000

　贷：银行存款　　　　10 000

无锡市工商银行
转账支票存根（苏）
VI0342789026
附加信息
出票日期 2011 年 3 月 15 日
收款人：神方有限公司
金　额：￥10000.00
用　途：购打印纸
单位主管　　　会计

图 2-18　转账支票存根

发票代码12345600

客户名称：神方有限公司　　　　2011年3月20日　　　　发票号码12850

货物名称	规　格	单　位	数　量	单　价	金　额						
打印纸		包	500	20.00	1	0	0	0	0	0	0
金额合计 （大写）壹万零仟零佰零拾零元零角零分　　¥10,000.00											

开票单位(章)　　　　　　　　开票人：张三

图 2－19　××省×市货物销售发票

【例 2－5】　神方有限公司于 2011 年 8 月 1 日持客户大发商贸公司签发的转账支票一张到其开户银行进账。此支票系大发公司支付的前欠销货款 70 000 元。依据中国工商银行转来的进账单收账通知联（图 2－20），做如下账务处理：

借：银行存款　　　　　　　　　　　　　70 000

　贷：应收账款—大发商贸公司　　　　　　　　70 000

工商银行**进账单**（收账通知）　3

2011 年 8 月 1 日　　　　　　第　　号

出票人	全　称	大发商贸公司	收款人	全　称	神方有限公司
	账　号	4036411334		账　号	2043153445
	开户银行	交通银行城南支行		开户银行	工商银行城南分理处

人民币（大写）	千	百	十	万	千	百	十	元	角	分
柒万元整			¥	7	0	0	0	0	0	0

票据种类	支票	
票据张数	1张	
单位主管　会计　复核　记账		收款人开户行签章

此联是收款人开户银行给收款人的收账通知

图 2－20　银行进账单收账通知联

三、银行存款清查的核算

银行存款清查指将企业银行存款日记账的账面余额与其开户银行转来的对账单上的余额进行核对。企业应定期或不定期地进行银行存款清查，至少每月核对一次。

银行存款日记账的账面余额与其开户银行转来的对账单上的余额不符的原因有两个：一是企业和银行任何一方记账有错误；二是存在未达账项。

发生未达账项的具体情况有四种：一是企业已收款入账，银行尚未收款入账；二是企业已付款入账，银行尚未付款入账；三是银行已收款入账，企业尚未收款入账；四是银行已付款入账，企业尚未付款入账。

对于未达账项应通过编制“银行存款余额调节表”进行检查核对，若没有记账错误，则调节后的双方余额应当相等。银行存款余额调节表只是为了核对账目，并不能作为调整银行存款账面余额的原始凭证。

【例 2-6】 神方有限公司 2011 年 2 月银行存款日记账余额 842 000 元，银行对账单余额 857 000 元，经查有以下几笔未达账项：

① 企业委托银行代收某公司货款 58 000 元，银行已收妥并登记入账，企业收到收账通知，尚未记账。

② 企业送存转账支票 55 000 元，并已登记银行存款增加，而银行尚未记账。

③ 银行代企业支付电话费 3 000 元，银行已登记企业银行存款减少，企业未收到付账通知，尚未记账。

④ 企业购买材料 15 000 元，已签发转账支票并登记入账，但持票企业尚未到银行办理转账，银行尚未入账。

企业编制的银行存款余额调节表如图 2-21 所示。

户名：　　　　账号：　　　　　　　　　　　　2011 年 2 月 28 日

项　目	金　额	项　目	金　额
银行存款日记账余额	842 000	银行对账单账面余额	857 000
加：银行已收、企业未收	58 000	加：企业已收、银行未收	55 000
减：银行已付、企业未付	3 000	减：企业已付、银行未付	15 000
调整后的存款余额	897 000	调整后的存款余额	897 000

图 2-21　银行存款余额调节表

学习任务 2.3　其他货币资金

一、其他货币资金概述

其他货币资金指除库存现金、银行存款以外的其也各种货币资金，主要包括银行汇票存款、银行本票存款、信用卡存款、信用证保证金存款、存出投资款和外埠存款等。

（一）银行汇票存款

银行汇票是由出票银行签发的，由其在见票时按照实际结算金额无条件支付给收款人或持票人的票据。

（二）银行本票存款

银行本票是由银行签发的，承诺自己在见票时无条件支付确定的金额给收款人或持票人的票据。

（三）信用卡存款

信用卡存款指企业为取得信用卡而存入银行信用卡专户的款项。

（四）信用证保证金存款

信用证保证金存款指采用信用证结算方式的企业为开具信用证而存入银行信用证保证金

专户的款项。

（五）存出投资款

存出投资款指企业已存入证券公司但尚未进行投资的资金。

（六）外埠存款

外埠存款指企业为了到外地进行临时或零星采购而汇往采购地银行开立采购专户的款项。该账户的存款不计利息、只付不收、付完清户，除了采购人员可从中提取少量现金外，一律采用转账结算。

二、其他货币资金的核算

为了反映和监督其他货币资金的开立、支付和结存等情况，企业应设置“其他货币资金”科目，借方登记其他货币资金的增加数，贷方登记其他货币资金的减少数，期末余额在借方，反映企业其他货币资金的结存数。本科目应按其他货币资金的种类进行明细核算。

（一）银行汇票存款

企业取得银行汇票后，根据银行盖章退回的申请书存根联，借记“其他货币资金—银行汇票”科目，贷记“银行存款”科目。企业使用银行汇票后，根据发票账单等有关凭证，借记“材料采购”、“库存商品”、“应交税费—应交增值税（进项税额）”等科目，贷记“其他货币资金—银行汇票”科目。如有多余或因汇票超过付款期等原因而退回的款项，根据开户银行转来的银行汇票第四联（多余款收账通知），借记“银行存款”科目，贷记“其他货币资金—银行汇票”科目。企业在收到银行汇票、填制进账单并到开户银行办理款项入账手续时，根据进账单及销货发票等，借记“银行存款”科目，贷记“主营业务收入”、“应交税费—应交增值税（销项税额）”等科目。

【例 2－7】　神方有限公司 2010 年 5 月发生下列银行汇票业务。

① 5 月 5 日，神方有限公司欲向 B 市大发有限责任公司采购一批材料，向开户行申请银行汇票一张，金额为 60 000 元。依据中国工商银行汇票委托书回单联（图 2－22），做如下账务处理：

中国工商银行本票委托书（回单日联）3　　No 45010000

委托日期　2011 年 5 月 5 日　　第 1 号

汇款人	神方有限责任公司			收款人	大发有限责任公司
账号或住址	2658998			账号或住址	工行山东威海支行
兑付地点	山东省威海市	兑付行	工行山东威海支行	汇款用途	4689763
汇款金额	陆万元整				百 十 万 千 百 十 元 角 分 ¥ 6 0 0 0 0 0 0

备注

科目……

对方科目……

账务主管　　复核　　经办

图 2－22　银行本票委托书回单联

借:其他货币资金—银行汇票　　　　　　　　60 000

　贷:银行存款　　　　　　　　　　　　　　60 000

② 5 月 15 日,采购员向大发公司购入 A 材料 500 千克,货款为 50 000 元,增值税税额为 8 500 元,已将银行汇票交给销售方,余款尚未退回。若神方公司的材料日常核算采用计划成本法,则依据增值税发票(图 2-23),做如下账务处理:

借:材料采购　　　　　　　　　　　　　　　50 000

　应交税费—应交增值税(进项税额)　　　　8 500

　贷:其他货币资金—银行汇票　　　　　　　58 500

××省增值税专用发票　　　No　03287287

记账联　　　　　开票日期:2011 年 5 月 15 日

购货单位	名　　称:神方有限公司 纳税人识别号:321254456126907 地址、电话:长江北路 144 号　82708456 开户行及账户:工商银行城南分理处 2043153445				密码区		
货物或应税劳务名称	规格型号	单位	数量	单价	金额	税率	税额
钢材		千克	500	100	50 000	17%	8 500
合计					50 000		8 500
价税合计(大写)	伍万捌仟伍佰元整		(小写)¥58 500.00				
销货单位	名　　称:大发有限责任公司 纳税人识别号:312444563074533 地址、电话:人民路 38 号　85433576 开户行及账户:交通银行城南支行　4036411334				备注		

收款人:　　复核人:王凯　　开票人:杨芳　　销货单位(章)

图 2-23　增值税发票

③ 5 月 28 日,开户行转来银行汇票多余款收账通知,金额 1 500 元,依据中国工商银行银行多余款收账通知(略),做以下账务处理:

借:银行存款　　　　　　　　　　　　　　　1 500

　贷:其他货币资金—银行汇票　　　　　　　1 500

(二)银行本票存款

企业取得银行本票后,根据银行盖章退回的申请书存根联,借记“其他货币资金—银行本票”科目,贷记“银行存款”科目。企业使用银行本票,根据发票账单等有关凭证,借记“材料采购”、“库存商品”、“应交税费—应交增值税(进项税额)”等科目,贷记“其他货币资金—银行本票”科目。企业在收到银行本票、填制进账单并到开户银行办理款项入账手续时,根据进账单及销货发票等,借记“银行存款”科目,贷记“主营业务收入”、“应交税费—应交增值税(销项税额)”等科目。

【例 2-8】 神方有限公司 2011 年 7 月发生下列银行本票业务。

① 7月6日，神方有限公司向开户行申请银行本票一张，金额为23 400元，用于支付A市康欣电子有限责任公司的货款。依据中国工商银行业务委托书回单联（略），做如下账务处理：

借：其他货币资金—银行本票　　23 400
　贷：银行存款　　23 400

② 7月25日，采购员向康欣电子有限责任公司购入B材料40个，货款20 000元，增值税3 400元，已将银行本票交给销售方。若神方有限公司的材料日常核算采用计划成本法，则依据增值税发票（略），做如下账务处理：

借：材料采购　　20 000
　　应交税费—应交增值税（进项税额）　　3 400
　贷：其他货币资金—银行本票　　23 400

（三）信用卡存款

企业申请信用卡时，应按规定填写"信用卡申请表"，并连同支票和有关资料一并送交发卡银行，根据银行盖章退回的进账单第一联，借记"其他货币资金—信用卡"科目，贷记"银行存款"科目，企业在使用信用卡购物或支付有关费用时，收到开户银行转来的信用卡存款的付款凭证及所附发票账单，借记有关科目，贷记"其他货币资金—信用卡"科目；企业信用卡在使用过程中，向其账户续存资金时，借记"其他货币资金—信用卡"科目，贷记"银行存款"科目，当企业的持卡人不需要继续使用信用卡时，应持信用卡主动到发卡银行办理销户，销卡时，单位卡科目的余额转入企业的基本存款账户，不得提取现金，借记"银行存款"科目，贷记"其他货币资金—信用卡"科目。

（四）信用证保证金存款

企业向银行申请开立信用证，应按规定向银行提交"信用证申请书"、"信用证申请人承诺书"和购销合同，企业向银行交纳保证金，根据银行退回的"信用证申请书"回单，借记"其他货币资金—信用证保证金"科目，贷记"银行存款"科目；企业接到开户行通知，根据提货单位信用证结算凭证及所附发票账单，借记"材料采购"、"库存商品"、"应交税费—应交增值税（进项税额）"等科目，贷记"其他货币资金—信用证保证金"科目；当将未用完的信用证保证金存款余额转回开户银行时，借记"银行存款"科目，贷记"其他货币资金—信用证保证金"科目。

（五）存出投资款

当企业向证券公司划出资金时，应按实际划出的金额，借记"其他货币资金—存出投资款"科目，贷记"银行存款"科目；当购买股票、债券等时，按实际发生的金额，借记"交易性金融资产"等科目，贷记"其他货币资金—存出投资款"科目。

【例2-9】　神方有限公司2011年6月发生下列业务。

① 神方有限公司于6月2日向A市财达证券有限责任公司划出资金50 000元，用于购入股票和基金。依据资金划出的有关凭证（略），做如下账务处理：

借：其他货币资金—存出投资款　　50 000
　贷：银行存款　　50 000

② 神方有限公司于7月20日从财达证券有限责任公司购入某公司股票3 000股，每股价格3元。依据股票交割单，做如下账务处理：

借：交易性金融资产　　9 000

　　贷:其他货币资金—存出投资款　　　　　　　　9 000

（六）外埠存款

企业汇出款项时,应填写汇款委托书,并根据汇款凭证做账务处理,借记“其他货币资金—外埠存款”科目,贷记“银行存款”科目。当收到采购员交来的供应单位发票账单等报销凭证时,借记“材料采购”、“库存商品”、“应交税费—应交增值税(进项税额)”等科目,贷记“其他货币资金—外埠存款”科目;当采购完毕收回剩余款项时,根据银行的收账通知,借记“银行存款”科目,贷记“其他货币资金—外埠存款”科目。

【例 2 - 10】　神方有限公司 2011 年 4 月发生下列业务。

① 神方有限公司于 4 月 11 日向济南市汇款 60 000 元开立临时采购专户,用于向济南市光明有限责任公司购入材料。依据汇款凭证(略),做如下账务处理:

借:其他货币资金—外埠存款　　　　　　　　60 000
　　贷:银行存款　　　　　　　　　　　　　60 000

② 4 月 20 日,神方有限公司收到济南市光明有限责任公司开出的增值税发票,发票上注明的材料价款为 40 000 元,增值税税额为 6 800 元。材料尚未运到。若材料日常核算采用计划成本法,则依据增值税发票(略),做如下账务处理:

借:材料采购　　　　　　　　　　　　　　　40 000
　　应交税费—应交增值税(进项税额)　　　　6 800
　　贷:其他货币资金—外埠存款　　　　　　46 800

③ 5 月 1 日,神方有限公司收到开户银行的收账通知,多余的外埠存款 13 200 元已经到账。依据银行转来的收账通知(略),做如下账务处理:

借:银行存款　　　　　　　　　　　　　　　13 200
　　贷:其地货币资金—外埠存款　　　　　　13 200

重点回顾

工作过程 2 主要讲述了与出纳业务核算有关的内容,其重点内容概括于图 2 - 24 中。

1. 库存现金

库存现金指存放于企业财会部门、由出纳人员经管的货币。库存现金是企业流动性最强的一种货币性资产,保证库存现金的安全并加强库存现金的管理是企业的一项重要工作。

(1) 现金管理规定

1) 现金的适用范围

按照国务院颁布的《现金管理暂行条利》规定,开户单位可在 8 种情况下使用现金。

2) 库存现金的限额

库存现金限额指国家规定由开户银行给各单位核定的一个保留现金的最高额度。一般情况下,按照单位 3～5 天日常零星开支所需的现金确定,边远地区不得超过 15 天日常零星开支的需要量。

3) 现金的日常收支管理

开户单位不得从本单位的现金收入中直接支现,即不得“坐支”现金,不准用不符合会计制度的凭证顶替库存现金,即不得“白条抵库”,从开户银行提取现金,应当写明用途,由本单位财

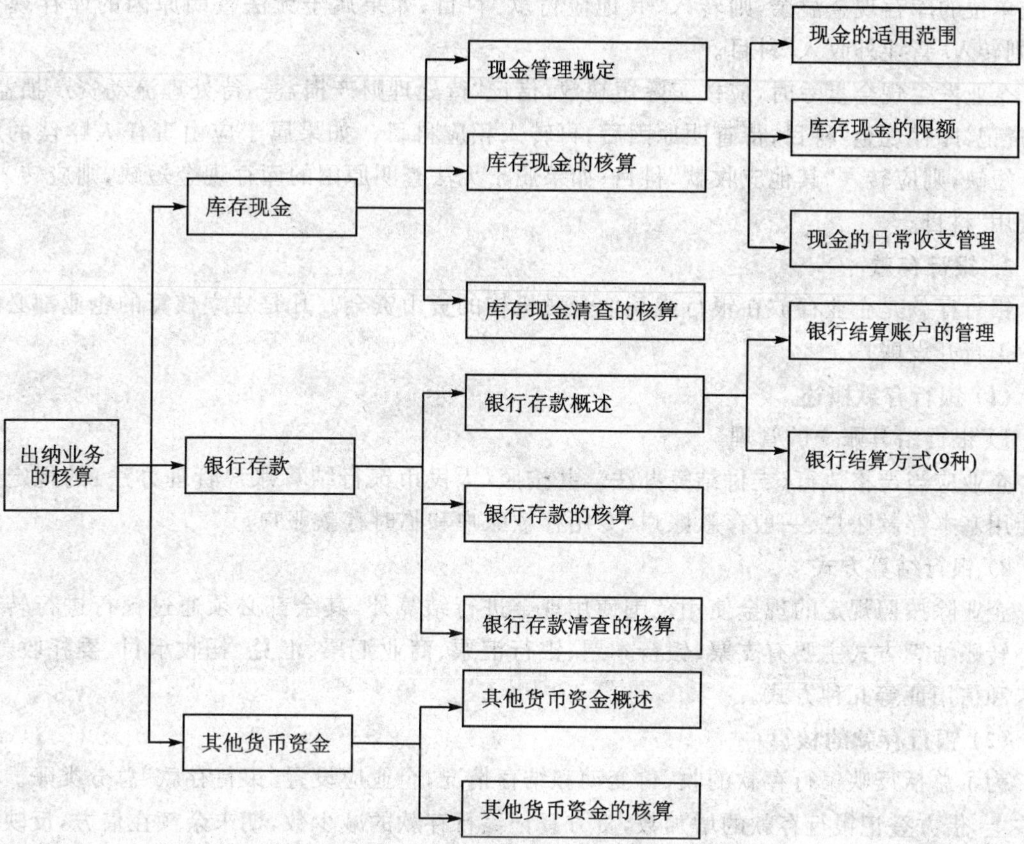

图 2-24　出纳业务的核算

会部门负责人签字盖章，经开户银行审核后，予以支付现金，不准谎报用途套取现金；不准保留账外公款，即不得设置"小金库"，对于特殊情况，办理转账结算不够方便，必须使用现金的开户单位，应向开户银行提出书面申请，由本单位财会部门负责人签字盖章，开户银行审查批准后，予以支付现金。

(2) 库存现金的核算

为了总括反映库存现金的收、付变动和结存情况，单位应设置"库存现金"总分类账户，还应设置"库存现金日记账"。由出纳人员按照库存现金收支业务的先后顺序，根据审核无误的收付款凭证，逐日逐笔进行顺序登记，并逐日结出余额，做到日清月结、账款相符。月末，应将"库存现金日记账"余额与"库存现金"总分类账余额核对，保证账账相符。当企业发生库存现金收入业务时，应借记"库存现金"科目，贷记有关科目；当企业发生库存现金支出业务时，贷记"库存现金"科目，借记有关科目。

(3) 库存现金清查的核算

企业应定期和不定期对库存现金进行清查，以确保库存现金的安全和完整。根据实地清查的结果编制"库存现金盘点报告单"，填写库存现金实存数、账存数与盈亏情况，如果发现账实不符，应及时查明原因，并进行相应的会计处理。

企业发生现金盘盈时，应按实际溢余的金额借记"库存现金"科目，贷记"待处理财产损益—待处理流动资产损益"科目；待查明原因后，再转入相应科目。如果属于应支付给有关个人或单位的库存现金溢余，则转入“其他应付款”科目；如果属于无法查明原因的库存现金溢余，则转入“营业外收入”科目。

企业发生现金盘亏时，应按实际短缺数，借记“待处理财产损益—待处理流动资产损益”科目，贷记“库存现金”科目；待查明原因后，再转入相应科目。如果属于应由责任人赔偿的库存现金短缺，则应转入“其他应收款”科目；如果属于无法查明原因的库存现金短缺，则应转入“管理费用”科目。

2. 银行存款

银行存款是企业存放在银行或其他金融机构的货币资金。凡是独立核算的企业都必须在当地银行开设账户。

(1) 银行存款概述

1) 银行结算账户的管理

企业应当严格执行《支付结算办法》，并按照《人民币银行结算账户管理办法》的规定开立和使用基本存款账户、一般存款账户、专用存款账户和临时存款账户。

2) 银行结算方式

企业除按照规定的现金使用范围使用现金进行结算外，其余都必须通过银行进行转账结算。转账结算方式主要有支票、银行本票、银行汇票、商业汇票、汇兑、托收承付、委托收款、信用卡和信用证等几种方式。

(2) 银行存款的核算

为了总括反映银行存款的收、付变动和结存情况，企业应设置“银行存款”总分类账。在该账户上，借方登记银行存款的增加数，贷方登记银行存款的减少数，期末余额在借方，反映企业银行存款的实存数。

企业还应设置“银行存款日记账”，以序时反映银行存款的收、付、存情况。每日终了时，应计算银行存款收入合计、银行存款支出合计及结余数。“银行存款日记账”应定期与银行转来的对账单核对相符，至少每月核对一次。

(3) 银行存款清查的核算

银行存款清查指将企业银行存款日记账的账面余额与其开户银行转来的对账单上的余额进行核对。企业应定期或不定期地进行银行存款清查，至少每月核对一次。

银行存款日记账的账面余额与其开户银行转来的对账单上的余额不符的原因有两个：一是企业和银行任何一方记账有错误；二是存在未达账项。

发生未达账项的具体情况有四种：一是企业已收款入账，银行尚未收款入账；二是企业已付款入账，银行尚未付款入账；三是银行已收款入账，企业尚未收款入账；四是银行已付款入账，企业尚未付款入账。

对于未达账项应通过编制“银行存款余额调节表”进行检查核对，若没有记账错误，则调节后的双方余额应相等。

3. 其他货币资金

(1) 其他货币资金概述

其他货币资金指除库存现金、银行存款以外的其他各种货币资金，主要包括银行汇票存款、银行本票存款、信用卡存款、信用证保证金存款、存出投资款和外埠存款等。

（2）其他货币资金的核算

为了反映和监督其他货币资金的开立、支付和结存等情况，企业应设置"其他货币资金"科目，借方登记其他货币资金的增加数，贷方登记其他货币资金的减少数，期末余额在借方，反映企业的其他货币资金的结存数。本科目应按其他货币资金的种类进行明细核算。

知识拓展

企业如何在银行开户

根据《银行账户管理办法》的规定，银行存款账户分为基本存款账户、一般存款账户、临时存款账户和专用存款账户。

基本存款账户是存款人办理日常转账结算和现金收付的账户。存款人的工资、奖金等现金的支付，只能通过本账户办理。开户程序如下：

① 填写开户申请书。

② 提供下列证明文件之一：当地工商行政管理机关核发的《企业法人执照》或《营业执照》正本；中央或地方编制委员会、人事、民政等部门的批文；军队军以上、武警总队财务部门的开户证明；单位对附设机构同意开户的证明；驻地有权部门对外地常设机构的批文；承包双方签订的承包协议；个人的居民身份证和户口簿等证件。

③ 送交盖有存款人印章的印鉴卡片。

④ 经银行审核同意，并凭中国人民银行当地分支机构核发的开户许可证开立账户。

一般存款账户是存款人在其基本存款账户以外开立的，用于银行借款转存，并与其基本存款账户存款人不在同一地点的附属非独立核算单位开立的账户。存款人可通过此账户办理转账结算和现金缴存，但不能办理现金支付。在基本存款账户以外的银行取得借款的单位和个人可以申请开立一般存款账户，但必须向开户行出具借款合同或借款借据；与基本存款账户存款人不在同一地点的附属非独立核算单位在开立一般存款账户时，必须向开户行出具基本存款账户存款人同意开户的证明。

临时存款账户是存款人因外地临时机构或临时经营活动需要开立的账户。存款人可通过此账户办理转账结算和根据国家现金管理的规定办理现金收付。外地临时机构在申请开立临时存款账户时，应出具当地工商行政管理机关核发的临时执照或当地有关部门同意设立外来临时机构的批件。

专用存款账户是存款人因特定用途需要开立的账户。特定用途的资金包括基本建设资金、更新改造资金，以及其他具有特定用途、需要专户管理的资金。存款人在申请开立账户时，应出具经有关部门批准立项的文件或国家有关文件的规定。

根据《银行账户管理办法》的规定，存款人在申请开立一般存款账户、临时存款账户和专用存款账户时，应填制"开户申请书"，提供相关的证明文件，送交盖有存款人印章的印鉴卡片，经银行审核同意后开立账户。

思考与练习

一、单项选择题

1. 下列各项中，不通过"其他货币资金"科目核算的是（　　）。

A. 外埠存款　　B. 银行汇票存款　　C. 银行本票存款　　D. 银行汇兑汇票

2. 支票的有效期为(　　)。

A. 10 天　　B. 15 天　　C. 20 天　　D. 1 个月

3. 某企业在现金清查中发现库存现金较账面余额多出 200 元。经反复核查,长款原因仍然不明,经批准应转入(　　)科目。

A. 库存现金　　B. 营业外收入　　C. 待处理财产损益　　D. 其他应付款

4. 对于银行已经收款而企业尚未入账的未达账项,企业应做的处理为(　　)。

A. 以"银行对账单"为原始记录将该业务入账

B. 根据"银行存款余额调节表"和"银行对账单"自制原始凭证入账

C. 在编制"银行存款余额调节表"的同时入账

D. 待有关结算凭证到达后入账

5. 一个单位只能在一家金融机构开设一个(　　)账户。

A. 一般存款账户　B. 专用存款账户　　C. 临时存款账户　　D. 基本存款账户

6. 信用卡存款应在(　　)科目核算。

A. 其他应收款　　B. 银行存款　　C. 其他货币资金　　D. 其他应收款

7. 企业将款项委托开户银行汇往采购地银行,在开立采购专用账户时,应借记(　　)。

A. "银行存款"科目　　B. "材料采购"科目

C. "其他货币资金"科目　　D. "短期投资"科目

8. 根据《支付结算办法》规定,银行汇票的提示付款期限为(　　)。

A. 自出票日起 10 日　　B. 自出票日起 1 个月

C. 自出票日起 2 个月　　D. 自出票日起 6 个月

9. 根据《现金管理暂行条例》规定,在下列经济业务中,不能用现金支付的是(　　)。

A. 职工奖金 500 元　　B. 零星办公用品购置费 800 元

C. 材料采购货款 1 200 元　　D. 职工差旅费 2 000 元

10. 企业采购人员持银行汇票到外地办理款项支付结算后,根据有关凭证账单报销时,应借记有关科目,贷记(　　)。

A. "银行存款"科目　　B. "应付票据—商业承兑汇票"科目

C. "应付票据—银行承兑汇票"科目　　D. "其他货币资金"科目

二、多项选择题

1. 下列各项中属于货币资金的是(　　)。

A. 银行存款　　B. 库存现金　　C. 其他货币资金　　D. 应收账款

2. 在企业发生的下列支出中,可用现金支付的有(　　)。

A. 职工出差预借差旅费 5 000 元　　B. 购买原材料价款 68 000 元

C. 购买办公用品 580 元　　D. 报销退休职工张某医药费 300 元

3. 导致企业账银行存款的余额与银行账存款余额在同一日期不一致的情况有(　　)。

A. 银行已记账企业存款增加,而企业未接到收款通知,尚未记账的款项

B. 银行已记账银行存款减少,而企业尚未接到付款通知,尚未记账的款项

C. 企业已记账银行存款增加,而银行尚未办妥出账手续的款项

D. 企业已记账银行存款减少,而银行尚未支付入账的款项

4. 根据《银行账户管理办法》规定，银行账户一般分为(　　)等几种。

A. 基本存款账户　B. 一般存款账户　C. 临时存款账户　D. 专用存款账户

5. 商业汇票的签发人可以是(　　)。

A. 收款人　B. 付款人　C. 承兑申请人　D. 承兑银行

三、判断题

1. 在企业与银行核对银行存款账目时，对已发现的未达账项，应当编制银行存款余额调节表进行调节，并据此表进行相应的账务处理。(　　)

2. 企业采用代销、寄销、赊销方式销售商品的款项，可以采用异地托收承付结算方式结算货款。(　　)

3. 对于银行已经入账而企业尚未入账的未达账项，企业应当根据“银行对账单”编制自制凭证予以入账。(　　)

4. 托收承付结算方式既适用于同城结算，也适用于异地结算。(　　)

5. 库存现金的清查包括出纳人员每日的清点核对和清查小组定期与不定期的清查。(　　)

6. “库存现金”账户反映企业的库存现金，包括企业内部各部口周转使用、由各部门保管的定额备用金。(　　)

7. 未达账款指企业与银行之间由于凭证传递上的时间差，一方已登记入账，而另一方尚未入账的账项。(　　)

8. 商业承兑汇票一定是由购货企业签发的，并由购货企业承兑的票据。(　　)

四、业务题

1. A 公司在现金清查中发现库存现金比账面余额多出 200 元。经反复核查，上述现金长款原因不明，经上报批准进行相关账务处理，请做出批准前后的会计分录。

2. 根据下述资料编制相关的会计分录。

(1) 2011 年 5 月 1 日，专设销售机构的职工王海去上海采购材料，不方便携带现款，故委托当地银行汇款 5 850 元到上海开立采购专户，并从财务预借差旅费 2 000 元，财务以现金支付。

(2) 同年 5 月 10 日，王海返回企业，交回采购有关的供应单位发票账单，共支付材料款项 5 850 元，其中，材料价款 5 000 元，增值税 850 元(若材料的日常核算采用计划成本法)，王海报销差旅费 2 200 元，财务支付王海差旅费 200 元。

3. B 公司 2011 年 1 月 31 日银行存款日记账的账面余额为 65 000 元，银行转来对账单的余额为 94 000 元。经逐笔核对，发现以下未达账项：

(1) 企业送存转账支票 50 000 元已登记银行存款增加，但银行尚未记账。

(2) 企业开出转账支票 45 000 元，但持票单位尚未到银行办理转账，银行尚未记账。

(3) 企业委托银行代收某公司购货款 38 000 元，银行已收妥并登记入账，但企业尚未收到收款通知，尚未记账。

(4) 银行代企业支付电话费 4 000 元，银行已登记企业银行存款减少，但企业未收到银行付款通知，尚未记账。

根据上述资料编制“银行存款余额调节表”。“银行存款余额调节表”格式如图 2 - 25 所示。

户名：　　　　账号：　　　　　　　　　　　　　　　　年　月　日

项　目	金　额	项　目	金　额
银行存款日记账余额		银行对账单账面余额	
加：银行已收、企业未收		加：企业已收、银行未收	
减：银行已付、企业未付		减：企业已付、银行未付	
调整后的存款余额		调整后的存款余额	

图 2－25　业务题 3 图——银行存款余额调节表

情境三

资产业务的核算

工作过程3　往来业务的核算

能力目标

1. 熟练进行往来业务中有关债权的账务处理；
2. 正确进行坏账准备的计提和应收票据贴现的计算。

知识目标

1. 正确理解往来业务、商业汇票和应收票据的含义；
2. 掌握应收账款及坏账准备、应收票据、预付账款、其他应收款的核算内容及方法。

案例导入

东方公司2011年10月发生下列经济业务：

(1) 向A客户销售产品，货款2万元，增值税税额3 400元，共计2.34万元。货已发出，款项尚未收到。

(2) 向B客户销售产品，货款6万元，增值税税额1.02万元，共计7.02万元。取得期限为3个月的带息银行承兑汇票一张，出票日期为2009年11月1日，票面利息为10%。

(3) 企业收回A客户购货款23 400元，存入银行。

(4) 向C客户销售产品一批，销价2万元，给予15%的商业折扣，增值税税率为17%。

(5) D客户由于破产，所欠东方公司5 000元账款无法收回，确认为坏账。

(6) 经追索，收回已确认为坏账的D客户欠款5 000元。

(7) 按购货合同规定，预付材料价款3万元。

案例思考：

东方公司应如何对上述业务进行会计处理？

学习任务3.1　往来业务概述

一、往来业务的含义

往来业务可以从广义和狭义两方面理解。广义上泛指企业在生产经营活动过程中与其他一切单位或个人之间发生的经济业务往来。狭义上指企业在生产经营活动过程中因销售存货或提供劳务、购买存货或接受劳务等与其他单位或个人之间发生的经济业务往来。在会计实务中一般是从狭义角度来理解往来业务。

二、往来账项及其内容

企业与其他单位和个人之间发生往来业务必然涉及款项结算。所谓往来账项指企业在往来业务中形成的债权债务结算款项。从债权人角度看,往来账项主要包括应收账款、应收票据、预付账款和其他应收款等,因而也称为应收及预付款项;从债务人角度看,往来账项主要包括应付账款、应付票据、预收账款和其他应付款等,因而也称为应付及预收款项。情境三涉及的往来账项指前者,与后者有关的内容将在情境四中介绍。

随着市场经济的发展和竞争的加剧,商业信用被企业广泛采用,应收及预付款项是许多企业的常态性资产。但持有应收及预付款项需要付出一定的代价,主要是机会成本、管理成本和坏账成本。加强应收及预付款项的核算,从会计层面及时提供准确可靠的信息,对于加速企业资金周转、确保资金安全、降低经营风险、提高经济运行质量都具有十分重要的作用。规模较大、往来业务较多的企业,在会计上一般都设有专门的往来账项核算岗位。

学习任务3.2　应收账款的核算

应收账款指企业因销售商品、提供劳务等经营活动,应向购货单位或接受劳务单位收取的款项。主要包括企业因销售商品或提供劳务等应向有关债务人收取的价款、增值税及代购货单位垫付的包装费和运杂费等。

一、应收账款的确认

应收账款的确认指确认应收账款应于何时入账。一般情况下,企业应在交易发生日取得了收款凭证或收款权利时,确认应收账款并予以计量和记录,即以收入确认日作为入账时间。关于收入确认的具体条件将在“工作过程 10”中介绍。如果应收票据到期而债务人无法支付款项,则应在票据到期日确认将应收票据转为应收账款。

二、应收账款的计价

《企业会计制度》规定:“应收及预付款项应当按照实际发生额记账。”一般情况下,企业销售商品、产品或提供劳务等应按买卖双方在成交时的实际金额记账。主要包括企业销售商品或提供劳务等应向有关债务人收取的价款、增值税及代购货单位垫付的包装费和运杂费等。可是,在商业信用中由于存在商业折扣和现金折扣,使得实际结算金额发生变动,从而影响了应收账款的计价。

（一）商业折扣

商业折扣(税法中又称“折扣销售”)指实际销售商品或提供劳务时,将价目单中的报价打一个折扣后提供给客户,这个折扣就叫商业折扣。商业折扣通常明列出来,以百分数如5%、10%的形式表示,买方只需按照标明价格的百分比付款即可。按照一般商业习惯,商业折扣都从报价单价格中扣除,买方所应支付的和卖方所应收取的货款,都是按照实际销售价格来计算。

【例 3-1】　东方公司出售商品,销售价格为每件 1 000 元,成批购买 20 件,可得 20%的商业折扣。发票价格计算如下：

价目表销售价格	(1 000×20)20 000
扣减 20%	4 000
发票价格	16 000

买方只需支付16 000元的货款，同时，卖方也只能收取16 000元的货款。如果是赊销，那么，应收账款的金额也就只能按照扣除了商业折扣的余额16 000元来确认了。由此可见，商业折扣是在商品交易时就已确定和处理了的事项，因此，很显然它对企业会计记录没有影响。商业折扣作为促销手段有利于扩大商品和产品的销路，增加销量，提高盈利水平。而且，企业还可以通过采用商业折扣的办法，灵活掌握销售价格而不须重新编制商品价目表，所要做的工作只是提高或降低折扣即可，从而避免商品价目表中的价格频繁变动。

（二）现金折扣

所谓现金折扣指企业为了鼓励客户在一定时期内早日支付货款而给予的一种折扣优待。这种折扣是由销货引起的，故又称销货折扣。销货折扣通常按以下方式表示：2/10，1/20，n/30。其意思是：如果客户在第1～10天内付款，给予2%的折扣；如果在第11～20天内付款，给予1%的折扣；如果在第21～30天内付款，则需全额付款。由此可见，现金折扣与商业折扣不同，它使得企业应收账款的实际收回金额随着客户付款的时间而异。例如，一笔50 000元的赊销账款，规定的销货折扣条件为2/10，1/20，n/30，假如客户于第1～10天内付款，那么扣除2%的折扣后，应收账款的数额为49 000元；如果客户于第11～20天内付款，那么扣除1%的折扣后，应收账款的数额为49 500元；如果客户于第21～30天内付款，就须全额计算，应收账款的数额为50 000元。于是就产生了应收账款以什么金额计价入账的问题。

在现金折扣的情况下，应收账款入账金额的确认有两种处理方法可供选择，一种是总价法，另一种是净价法。

1. 总价法

采用总价法确认应收账款的入账金额，即将未减现金折扣的价款作为实际销售价格，并以此作为应收账款的入账金额。这种方法把现金折扣理解为鼓励客户提早付款而获得的经济效益。销售方给予客户的现金折扣，从融资角度出发，属于一种理财费用，会计上应作为财务费用处理。总价法可以较好地反映销售的总过程，但在客户可能享受现金折扣的情况下，会引起高估应收账款和销售收入。例如，在期末结账时，有些应收账款还没有超过折扣期限，企业无法确切地知道客户是否会享受现金折扣，如果有一部分可能会享受折扣，而账上并未做出反映，结果便虚增了应收账款的余额。

2. 净价法

采用净价法确认应收账款的入账金额，就是将扣除客户可能享受的最高现金折扣后的金额作为实际销售价格，并据以作为应收账款的入账金额。这种方法是把客户取得的折扣视为正常现象，认为一般客户都会提前付款，而将由于客户超过折扣期限而多收入的金额，视为提供信贷获得的收入，于收到账款时入账，作为冲减财务费用处理。

净价法可以避免总价法的不足；但在顾客没有享受现金折扣时，由于账面以净额入账，从而必须再查对销售总额，在期末结账时，对已经超过期限但又尚未付款的应收账款，须按客户未享受的现金折扣进行调整，因此操作起来比较麻烦。

在我国目前的会计实务中，对现金折扣采用总价法核算。

三、日常业务的核算

为了反映应收账款的发生与收回情况，企业应设置“应收账款”账户。该账户属于资产类账户，借方登记应收账款的发生；贷方登记应收账款的收回、改用商业汇票结算及转销为坏账的应收账款；期末余额一般在借方，表示企业尚未收回的应收账款。对于不单独设置“预收账款”科目的企业，预收的账款也在本科目核算。本科目按不同的购货或接受劳务的单位设置明细账户进行明细核算。

【例 3-2】　东方公司采用托收承付结算方式向 A 公司销售商品一批，货款 300 000 元，增值税税额 51 000 元，以银行存款代垫运杂费 6 000 元，已办理托收手续。

① 应收账款入账时编制会计分录如下：

借：应收账款—A 公司　　357 000

贷：主营业务收入　　300 000

　　应交税费—应交增值税（销项税额）　　51 000

　　银行存款　　6 000

② 实际收到款项时，编制会计分录如下：

借：银行存款　　357 000

贷：应收账款—A 公司　　357 000

【例 3-3】　东方公司销售一批产品给 B 公司，发票上注明价款为 70 000 元，增值税为 11 900 元，付款条件为 2/10，1/20，n/30。

① 应收账款入账时的会计分录如下：

借：应收账款—B 公司　　81 900

　贷：主营业务收入　　70 000

　　应交税费—应交增值税（销项税额）　　11 900

② 收款时的会计分录为：

ⓐ 假定 B 公司在第 1～10 天内付款，付款额为 80 262 元（81 900－81 900×2%）。收款时，编制会计分录如下：

借：银行存款　　80 262

　财务费用　　1 638

　贷：应收账款—B 公司　　81 900

ⓑ 假定 B 公司在第 11～20 天内付款，付款额为 81 081 元（81 900－81 900×1%），收款时，编制会计分录如下：

借：银行存款　　81 081

　财务费用　　819

　贷：应收账款—B 公司　　81 900

ⓒ 假定 B 公司在第 21～30 天内付款，则不能享受折扣，收到款项时，编制会计分录如下：

借：银行存款　　81 900

　贷：应收账款—A 公司　　81 900

【例 3-4】　东方公司向 C 公司销售产品一批，货款为 10 万元，尚未收到，已办妥托收手续，适用增值税税率为 17%。编制会计分录如下：

借:应收账款—C公司　　117 000

　贷:主营业务收入　　100 000

　　应交税费—应交增值税(销项税额)　　17 000

10日后东方公司收到C公司寄来的一份3个月的商业承兑汇票,面值为117 000元,抵付产品货款。编制会计分录如下:

借:应收票据　　117 000

　贷:应收账款—C公司　　117 000

3个月后,应收票据到期收回票面金额117 000元存入银行。编制会计分录如下:

借:银行存款　　117 000

　贷:应收票据　　117 000

如果该票据到期,C公司无力偿还借款。编制会计分录如下:

借:应收账款—C公司　　117 000

　贷:应收票据　　117 000

之所以要将到期无法收回款项的应收票据转为应收账款,一方面真实反映了该往来账项的真实情况,符合会计信息的可靠性质量要求;另一方面表明该票据上的款项已存在坏账风险,在采用备抵法(将在下面讲述)核算坏账损失时便于全面完整地计提坏账准备。

四、坏账损失的核算

坏账损失及其核算是应收账款核算的一个重要方面。顾名思义,坏账损失指由于坏账而产生的损失。一笔应收账款在何时才能被确认为坏账,其条件通常由会计准则或制度给出。不论会计准则或制度如何变化,在会计实务中,坏账的确认都要遵循财务报告的基本目标和会计核算的一般原则,尽量做到真实、准确并切合本单位的实际。

一般来说,应收账款符合下列条件之一的,就应将其确认为坏账:

① 债务人死亡,以其遗产清偿后仍然无法收回的账款;

② 债务人破产,以其破产财产清偿后仍然无法收回的账款;

③ 债务人较长时期内未履行其偿债义务,并有足够的证据表明无法收回或收回可能性极小的账款。

上述三个条件中的每一个条件都是充分条件,其中第三个条件是需要会计人员做出职业判断的。如果是以第三个条件来确认坏账,则还存在以后因债务人经济状况好转或其他原因而重新收回款项的可能性。

坏账损失的核算一般有两种方法,即直接转销法和备抵法。

(一)直接转销法

直接转销法指在实际发生坏账时,确认坏账损失,计入资产减值损失,期末转入本年利润,同时注销该笔应收账款。如果已确认坏账的应收账款在以后因债务人经济状况好转或其他原因而重新收回,那么为了通过“应收账款”的账簿记录来反映债务人的偿债信誉,应首先按收回的金额冲销原来确认坏账的会计分录,再按正常程序反映应收账款的收回。

【例3-5】 东方公司应收D公司销货款5 000元已超过3年仍无法收回,经确认作为坏账损失处理。编制会计分录如下:

借：资产减值损失　　　　　　　　　　5 000

　贷：应收账款—D公司　　　　　　　　5 000

如果已冲销的该应收款项以后又收回，则东方公司应编制如下会计分录：

借：应收账款—D公司　　　　　　　　5 000

　贷：资产减值损失　　　　　　　　　5 000

同时，编制如下会计分录：

借：银行存款　　　　　　　　　　　　5 000

　贷：应收账款—D公司　　　　　　　　5 000

直接转销法的优点是账务处理简单。但是，这种方法忽视了坏账损失与产生应收款项业务的联系，在转销坏账损失的前期，对于坏账的情况不做任何处理，显然不符合权责发生制原则，而且核销手续繁杂，致使公司大量的陈账、呆账得不到处理，虚增了利润，也夸大了前期资产负债表上应收款项的可实现价值。

（二）备抵法

备抵法指在坏账损失实际发生前，就依据权责发生制原则估计损失，并同时形成坏账准备，待坏账损失实际发生时再冲减坏账准备。在估计坏账损失时，借记“资产减值准备”科目，贷记“坏账准备”科目；在坏账损失实际发生时(即符合前述的三个条件之一)，借记“坏账准备”科目，贷记“应收账款”科目。如果已确认坏账的应收账款在以后因债务人经济状况好转或其他原因而重新收回，则为了通过“应收账款”的账簿记录来反映债务人的偿债信誉，应首先按收回的金额冲销原来确认坏账的会计分录，再按正常程序反映应收账款的收回。

我国现行企业会计制度规定，企业应采用备抵法核算坏账损失。采用备抵法核算坏账损失的关键是如何计提坏账准备。计提坏账准备有三种方法可供选择，即年末应收账款余额百分比法、账龄分析法和销货百分比法。计提坏账准备的方法和计提比例可由企业自行确定，但一经确定就不得随意变更。

应收账款余额百分比法是按期末应收账款余额的一定比例计算提取坏账准备金的方法。这一方法的理由是：坏账是由应收账款引起的，应收账款余额越大，发生坏账的金额就越大。基本计提方法是

坏账准备提取数＝应收账款年末余额×计提比例

账龄分析法是根据应收账款的时间长短来估计坏账损失的一种方法，又称“应收账款账龄分析法”。这种方法的理由是：账龄越长，发生坏账损失的可能性越大。采用账龄分析法时，将不同账龄的应收账款进行分组，并根据前期坏账实际发生的有关资料，确定各账龄组的估计坏账损失百分比，再将各账龄组的应收账款金额乘以对应的估计坏账损失百分比，计算出各组的估计坏账损失额之和，即为当期的坏账损失预计金额。

销货百分比法是按当期赊销金额的一定百分比估计坏账损失的办法。采用这一方法的理由是：坏账损失的产生与赊销业务直接相关，当期赊销业务越多，产生坏账损失的可能性越大。因此，可根据过去的经验和当前的有关资料，估计坏账损失与赊销净额之间的比率，再用这一比率乘以当期的赊销净额，计算坏账损失的估计金额。

无论采用何种方法计提坏账准备，在账务处理上都是类似的，只是坏账准备的计提金额可能不同而已。本教材以应收账款余额百分比法介绍备抵法核算坏账损失的账务处理。

在应用应收账款余额百分比法时，坏账准备的计提（即坏账损失的估计）分首次计提和以后年度计提两种情况。

【例3-6】 东方公司2006年首次计提坏账准备，当年年末的应收账款余额为100 000元，坏账准备的计提比例为5‰。则：

坏账准备提取数＝100 000×5‰＝500(元)

借：资产减值损失　　500

　贷：坏账准备　　500

【例3-7】 承例3-6，2007年10月该企业实际发生坏账损失400元；当年年末应收账款余额为120 000元。会计处理过程如下：

① 2007年10月的会计处理为

借：坏账准备　　400

　贷：应收账款　　400

② 2007年年末，计提前“坏账准备”账户余额为500－400＝100(元)，坏账准备提取数为120 000×5‰－100＝500(元)。2007年12月的会计处理为

借：资产减值损失　　500

　贷：坏账准备　　500

年末补提500元坏账准备后，“坏账准备”账户的余额为600元。

【例3-8】 承例3-7，2008年6月，2007年确认的坏账损失又收回；当年年末应收账款余额为150 000元。会计处理过程如下：

① 以前年度核销的坏账又收回，同样需要做两笔分录：

借：应收账款　　400

　贷：坏账准备　　400

借：银行存款　　400

　贷：应收账款　　400

② 2008年年末，计提前“坏账准备”账户余额为600＋400＝1 000(元)，坏账准备提取数＝150 000×5‰－1 000＝－250(元)。2008年12月的会计处理为

借：坏账准备　　250

　贷：资产减值损失　　250

年末冲减250元坏账准备后，“坏账准备”账户的余额为750元。

【例3-9】 承例3-8，2009年10月，实际发生坏账损失350元；当年年末应收账款余额为80 000元。会计处理过程如下：

① 2009年10月的会计处理为

借：坏账准备　　350

　贷：应收账款　　350

② 2009年年末，计提前“坏账准备”账户余额为750－350＝400(元)，坏账准备提取数＝80 000×5‰－400＝0(元)，不需做任何会计处理。

【例3-10】 承例3-9，2010年6月，实际发生坏账损失1 000元；当年年末应收账款余额为200 000元。会计处理过程如下：

① 2010年6月的会计处理为

借:坏账准备　　　　　　　　　　1 000
　　贷:应收账款　　　　　　　　　1 000

② 2010年年末,计提前"坏账准备"账户为借方余额600元(=1 000－400)。末计提前"坏账准备"出现借方余额,应按其借方余额与"应收账款年末余额×计提比例"之和计提坏账准备。坏账准备提取数＝200 000×5‰＋600＝1 600(元)。2010年12月应做如下会计分录:

借:资产减值损失　　　　　　　　1 600
　　贷:坏账准备　　　　　　　　　1 600

年末计提1 600元坏账准备后,"坏账准备"账户为贷方余额1 000元。

总之,在采用应收账款余额百分比法的情况下,始终要掌握这样一个原则,即当年坏账准备计提后,一定要保持"坏账准备贷方余额÷应收账款年末余额＝计提比例"这一等式成立。

此外,关于备抵法还应注意以下几点:

① 备抵法下的计提比例由企业自行确定;

② 在预收账款登记在"应收账款"账户的情况下,计提坏账准备所依据的应收账款应剔除预收账款因素;

③ 应收票据不计提坏账准备,但上市公司的其他应收款要计提坏账准备;

④ 应收账款余额百分比法要熟练掌握,因为它还是理解合并报表中内部应收账款及其坏账准备在跨年度抵消时的一个基础。

五、应收账款及坏账准备的信息披露

在资产负债表上,"应收账款"项目应按扣除已计提坏账准备后的净额反应。

企业在财务报表附注中应说明坏账的确认标准,以及坏账准备的计提方法与计提比例,并重点说明以下事项:

① 本年度全额计提坏账准备或计提坏账准备比例较大的(计提比例一般为40%或以上为较大,下同),应单独说明计提的比例及其理由;

② 以前年度已全额计提坏账准备或计提坏账准备的比例较大,本年又全部或部分收回或通过重组等其他方式收回的,应说明原估计计提比例的理由,以及原估计计提比例的合理性;

③ 对某些金额较大的应收账款不计提坏账准备或计提坏账准备比例较低(一般为5%及以下)的,应说明其理由;

④ 对本年度实际冲销的应收账款及其理由,其中,由实际冲销的关联交易产生的应收款项应单独披露。

学习任务3.3　应收票据的核算

一、应收票据概述

(一) 应收票据的概念

应收票据是企业持有的、尚未到期兑现的商业票据。商业票据是一种载有一定付款日期、付款地点、付款金额和付款人的无条件支付的流通证券,也是一种可以由持票人自由转让给他人的债权凭证。应收票据常出现于三种情况:①赊销商品;②为新顾客提供信用;③应收账款延期。

（二）应收票据的分类

按照到期时间可分为短期应收票据和长期应收票据。若无特指，应收票据即为短期应收票据。长期应收票据因长期合同而发生，包括销售机器设备等大型商品和提供贷款等。我国尚无长期应收票据业务。

按是否带息分为带息应收票据和不带息应收票据。带息应收票据是票面注明利息的应收票据，其利息单独计算。不带息应收票据是票面不带利息的应收票据，其利息包含在票面本金之中。

（三）应收票据的到期日

应收票据的到期日按不同的约定方式来确定。如约定按日计算，则应以足日为准，在计算时按算尾不算头的方式确定。例如 4 月 20 日开出的 60 天商业汇票的到期日为 6 月 19 日。若约定按月计算，则以足月为准，在计算时按到期月份的对日确定；若到期月份无此对日，则应按到期月份的最后日确定。例如 8 月 31 日开出的 6 个月商业汇票，到期日应为下一年的 2 月 28 日（若有 29 日为 29 日）；若此汇票为 8 个月的，则到期日应为下一年的 4 月 30 日。

二、应收票据的到期价值与计价

应收票据的到期价值即商业汇票到期时的全部应支付款项，要根据票据是否带息来确定。若是不带息票据，则到期价值就是票面价值即本金。若是带息票据，则到期价值为票据面值加上应计利息，计算公式为：

$$票据到期价值=票据面值\times(1+票面利率\times票据期限)$$

上式中，利率一般以年利率表示；票据期限则用月或日表示。在实际业务中，为了计算方便，常把一年定为 360 天。如，一张面值为 1 000 元，期限为 90 天，票面利率为 10%的商业汇票，到期价值为 $1\ 000\times(1+10\%\times90/360)=1\ 025$（元）。

按现行制度规定，企业收到的商业汇票，无论是否带息，均按应收票据的票面价值入账。带息应收票据应于期末按票据的票面价值和确定的利率计提利息，并同时计入当期损益。

三、应收票据的取得和到期业务的核算

应收票据的核算是商业汇票的内容。应收票据的核算包括：应收票据取得的会计处理、应收票据持有期间的会计处理、应收票据转让的会计处理和应收票据贴现的会计处理。

为了反映应收票据的取得和到期收回的情况，企业应设置“应收票据”账户。应收票据账户借方登记企业收到承兑的商业汇票的面值，贷方登记企业到期收回的商业汇票或未到期向银行申请贴现的商业汇票及已背书转让给其他单位的商业汇票，期末余额在借方，反映企业持有的商业汇票的面值。该账户还应按对方单位名称设置明细分类账进行核算。

为了清晰掌握应收票据的核算，下面分别叙述不带息应收票据和带息应收票据的取得及到期业务的核算。

（一）不带息应收票据的核算

不带息应收票据的到期价值等于应收票据的面值。当收到应收票据时，借记“应收票据”

科目，贷记“主营业务收入”、“应交税费—应交增值税”等科目。当企业收到应收票据以抵偿应收账款时，借记本科目，贷记“应收账款”科目。应收票据到期收回的票面金额，借记“银行存款”科目，贷记“应收票据”科目。商业承兑汇票到期，承兑人违约拒付或无力偿还票款的，收款企业应将到期票据的票面金额转入“应收账款”科目。

【例3-11】　东方公司向A公司销售一批产品，货款为60 000元，增值税税额为10 200元，收到不带息、期限三个月的面值为70 200元的商业承兑汇票，买方已提取货物。编制会计分录如下：

① 确认收入，收到票据，会计分录为

借：应收票据　　70 200

　贷：主营业务收入　　60 000

　　　应交税金—应交增值税（销项税额）　　10 200

② 应收票据到期收回票款存入银行，会计分录为

借：银行存款　　70 200

　贷：应收票据　　70 200

③ 如果到期时付款单位无力偿付票款，则会计分录为

借：应收账款—A公司　　70 200

　贷：应收票据　　70 200

（二）带息应收票据的核算

带息票据指商业汇票到期时，承兑人必须按票面金额加上应计利息向收款人或被背书人支付票款的票据。带息应收票据应于期末计提利息，计提的利息增加应收票据的账面价值，冲减财务费用。

【例3-12】　东方公司于某年3月31日销售一批商品给B公司，货款为102 564元，增值税税额为17 436元，当日收到商业承兑汇票面值为120 000元，利率为6%，期限为5个月。为简化核算，假设东方公司于上半年年末和年度终了计提应收票据利息。根据上述资料，做会计分录如下：

① 3月31日收到票据时，会计分录为

借：应收票据　　102 564

　贷：主营业务收入　　17 436

　　　应交税金—应交增值税（销项税额）　　120 000

② 6月30日计提利息为

$$应计利息=120\ 000\times6\%\times3\div12=1\ 800（元）$$

会计分录为

借：应收票据　　1 800

　贷：财务费用　　1 800

③ 8月31日到期收到票款时，到期利息的计算为

$$到期价值=120\ 000\times(1+6\%\times5\div12)=123\ 000（元）$$

$$到期利息=123\ 000-120\ 000=3\ 000（元）$$

会计分录为

借：银行存款　　123 000

贷:应收票据 (120 000+1 800)121 800

财务费用 (3 000−1 800)1 200

商业承兑汇票到期日,如果付款人无力支付票款,企业收到银行退回的商业承兑汇票、委托收款凭证、未付票款通知书等,按应收票据的账面价值,借记“应收账款”科目,贷记“应收票据”科目,以后不再计提利息,到期后的应计利息在有关备查账簿中登记,待实际收到时再冲减收款当期的财务费用。

四、应收票据贴现的核算

企业持有的应收票据在到期前,如果企业出现资金短缺,可以持未到期的商业汇票向其开户银行申请贴现,以便获得所需资金。“贴现”指汇票持有人将未到期的票据经背书后送交银行,银行受理后从票据到期值中扣除按银行贴现率计算确定的贴现息,然后将余款付给持票人,作为银行对企业的短期贷款。

票据贴现实质上是企业融通资金的一种形式,银行要按照一定的利率从票据价值中扣除自借款日起至票据到期日止的贴现利息。背书的应收票据是此项借款的担保品,当票据到期,付款人无力支付票款时,银行有权向贴现企业索要票款。

应收票据的贴现要计算贴现息和贴现净额(或称贴现所得额),并据以登记有关账户,计算公式为

贴现息=票据到期价值×贴现率×贴现期

贴现净额=票据到期价值−贴现息

上式中,票据到期价值指票据到期时可收回的全部金额。对不带息票据来说,到期价值就是票据面值;对带息票据来说,到期价值则是票据面值与票据利息之和。贴现期指从票据贴现日到票据到期前一日的时间间隔。票据的票面利率和银行贴现率习惯上均采用年利率来表示,这样,在计算票据到期价值及贴现息时,均应将有关期间换算成年来表示。如,为期90天的商业汇票的时间,换算成年来表示则为3/12或90/360。按一般商业习惯,一年按360天计算,一个月按30天计算。

(一)不带息应收票据贴现的账务处理

当企业将不带息应收票据向银行贴现时,票据到期价值扣除贴现息的余额,就是贴现所得额。贴现息作为“财务费用”处理。

【例3-13】 东方公司因急需资金,将一张面值为10 000元、2个月期限的无息票据提前2个月向银行办理贴现,出票日为9月1日,到期日为12月1日,假设银行贴现利率为9%,则该票据的到期价值、贴现息和贴现净额计算为

票据到期价值=票据面值10 000元

贴现息=10 000×9%×2/12=150(元)

贴现净额=10 000−150=9 850(元)

根据上述计算结果和收款通知,编制收款凭证,做会计分录如下:

借:银行存款 9 850

财务费用 150

贷:应收票据 10 000

（二）带息应收票据贴现的账务处理

企业将带息票据向银行贴现时，票据到期的本息之和扣除贴现息的余额，就是贴现所得额。若贴现息大于票据到期利息，则其差额作为利息支出；若贴现息小于票面到期利息，则其差额作为利息收入。

【例 3-14】 东方公司于 2011 年 8 月 1 日收到 C 公司开出的为期 90 天的银行承兑汇票，面值为 30 000 元，票面利率为 9%，因急需资金，于 10 月 14 日经背书后到银行办理贴现，银行贴现率为 12%。

该票据的到期价值、贴现息和贴现净额计算为

票据到期价值＝30 000×（1＋9%×90/360）＝30 675（元）

贴现息＝30 675×12%×30/360＝306.75（元）

（注：此票据到期日为 11 月 13 日，贴现期从 10 月 14 日起至 11 月 13 共计 30 天）

贴现净额＝30 675－ 306.75＝30 368.25（元）

根据上述计算结果编制会计分录如下：

借：银行存款	30 368.25
贷：应收票据	30 000.00
财务费用	368.25

企业对贴现的应收票据在法律上负有连带清偿的经济责任，即若付款人到期无力支付票据款额，则贴现企业须向贴现银行偿还这一债务。若企业贴现的是经银行承兑的商业汇票，则其履行偿付责任具有很高的可靠性，企业或有负债发生的可能性可视同不存在，而且无须在资产负债表附注中对贴现票据加以说明；若企业贴现的是由企业承兑的商业汇票，则属于附追索权应收票据贴现情况。在会计处理上，当发生附追索权应收票据贴现时，可设置“短期借款”科目，待票据到期，当付款人向贴现银行付清票款后，再将“短期借款”账户转销。若不设置该账户而采用直接冲转已入账应收票据的方法，则期末必须在会计报表附注中对贴现的商业承兑汇票面额予以注明，即会产生或有负债。因此，企业对贴现的应收票据，应在应收票据备查簿内进行登记，待付款人付清票款后再从备查簿中注销；若付款人在到期时未能清偿票款，则企业应将代付款人向银行偿付的票款记作对付款人的应收款项；若申请贴现企业的银行存款余额也不足以支付票款金额，则银行就将该票款金额作为对贴现企业的逾期贷款来处理。

【例 3-15】 东方公司将一张 180 天到期、面值为 10 000 元、年利率为 8% 的商业承兑汇票向银行申请贴现。该票据的出票日是 6 月 1 日，申请贴现日是 8 月 30 日，银行年贴现率为 9%，其计算及会计分录如下。

① 贴现计算

票据到期价值＝票面额×（1＋利率×票据时间）＝

10 000×（1＋8%×180/360）＝10 400（元）

贴现天数＝8 月 30 日至 11 月 28 日＝90（天）

贴现利息＝票据到期值×贴现率×贴现时间＝

10 400×9%×90/360＝234（元）

贴现所得＝票据到期价值－贴现利息＝10 400－234＝10 166（元）

利息收入或支出＝票据贴现所得－票面额＝10 166－10 000＝166（元）

② 账务处理如下：

ⓐ 8月30日贴现时，会计分录为

借：银行存款　　10 166

　贷：短期借款　　10 000

　　财务费用—利息　　166

ⓑ 11月28日票据到期，当出票人向银行兑付票据和利息时，其会计分录为

借：短期借款　　10 000

　贷：应收票据　　10 000

ⓒ 11月28日票据到期，若出票人未能按期支付票据的本金和利息，拖欠债务，则东方公司应承担这笔或有负债，以银行存款偿付给贴现银行，其会计分录为

借：短期借款　　10 000

　其他应收款—××单位　　400

　贷：银行存款　　10 400

同时将应收票据转入“应收账款”账户，会计分录为

借：应收账款—××单位　　10 000

　贷：应收票据　　10 000

五、应收票据转让的核算

根据我国现行银行支付结算办法的规定，企业可以将其持有的应收票据背书转让，用于购买所需的商品物资。背书指在票据背面或粘单上记载有关事项并签章的票据行为。背书人对背书转让的票据承担责任。

当企业将其持有的应收票据背书转让以取得所需物资时，按应计入取得物资成本的价值，借记“物资采购”、“原材料”、“库存商品”等科目，按专用发票上注明的增值税税额，借记“应交税费—应交增值税（进项税额）”科目，按应收票据的账面余额，贷记“应收票据”科目，若有差额，则借记或贷记“银行存款”等科目。若为带息应收票据，则应按尚未计提的利息，贷记“财务费用”科目，按应收或应付的金额，借记或贷记“银行存款”等科目。

【例3-16】　东方公司于6月22日将面值为20 000元的不带息商业汇票背书转让购买了一批原材料，其发票上注明货款18 000元，增值税税额3 060元。差额款以银行存款补付。材料已验收入库。编制会计分录如下：

借：原材料　　18 000

　应交税费—应交增值税（进项税额）　　3 060

　贷：应收票据　　20 000

　　银行存款　　1 060

企业会计制度规定，企业持有的应收票据不得计提坏账准备，待到期不能收回的应收票据转为应收账款后，再按规定计提坏账准备。即当有确凿证据表明企业所持有的未到期应收票据不能够收回或收回的可能性不大时，应将其账面余额转入应收账款，并计提相应的坏账准备。

学习任务3.4　其他应收款的核算

其他应收款是企业应收款项的另一重要组成部分，是企业除应收票据、应收账款和预付账

款之外的各种应收暂付款项。其他应收款通常包括暂付款，是企业在商品交易业务之外发生的各种应收、暂付款项。

一、其他应收款的内容

其他应收款的内容主要包括：备用金(向企业各职能科室、车间等拨出的备用金)；应向职工收取的各种垫付款项；存出保证金，如租入包装物支付的押金；应收的各种赔款、罚款；应收的出租包装物租金；其他各种应收、暂付款项。

二、其他应收款项的账务处理

为了反映其他应收款的发生和结算情况，企业应设置“其他应收款”账户。该账户用于核算企业除应收票据、应收账款和预付账款等以外的其他各种应收、暂付款项，其结构与“应收账款”账户类似。在“其他应收款”账户下，应按其他应收款的项目分类，并按不同的债务人设置明细账。

(一) 备用金的账务处理

备用金是企业报给单位内部各职能科室用做零星开支的备用现金。备用金的核算通过在“其他应收款”账户下设置明细账户“备用金”进行，也可单独设置“备用金”账户进行核算。按对备用金的管理方式不同，备用金可分为非定额备用金和定额备用金。

非定额备用金指单位对非经常使用备用金的内部各部门或工作人员，根据每次业务所需备用金的数额填制借款凭证，向出纳员预借现金，使用后凭发票等原始凭证一次性到财务部门报销，多退少补，一次结清，下次再用时重新办理领借手续。报销时财务部门编制转账凭证，其借方科目与定额备用金报销时相同，其贷方科目则为“其他应收款”科目。对于实际支出额小于预借金额的，应编制现金收款凭证，收回多借的现金；对于实际支出额大于预借金额的，编制现金付款凭证，补给经办人员垫付的款项。

【例 3-17】 东方公司对行政科采用非定额备用金制度，行政科为购买办公用品预借备用金 1 600 元，预借时，财务部门根据借款凭证编制现金付款凭证，其会计分录为

借：其他应收款—备用金(行政科)	1 600	
贷：库存现金		1 600

行政科购买办公用品 1 520 元后凭发票和验收入库单到财务部门报销，交回多余现金 80 元，财务部门编制转账凭证一张，其会计分录为

借：管理费用	1 520	
库存现金	80	
贷：其他应收款—备用金(行政科)		1 600

如果行政科实际购买办公用品 1 780 元，自己垫付了 180 元，则其会计分录为

借：管理费用	1 780	
贷：其他应收款—备用金(行政科)		1 600
库存现金		180

出纳员付给行政科现金 180 元，退还行政科经办人员垫付的现金 180 元。

定额备用金指用款单位按定额持有的备用金。实行这种制度，通常是根据用款单位的实

际需要，由财会部门会同有关用款单位核定备用金定额并拨付款项，同时规定其用款和报销期限，待用款单位实际支用后，凭有效单据向财会部门报销，财会部门根据报销数用现金补足备用金定额。报销数和拨补数都不再通过“其他应收款”账户核算。这种方法便于企业对备用金的使用进行控制，并可减少财会部门日常的核算工作，一般适用于有经常性费用开支的内部用款单位。

【例3-18】 东方公司总务科实行定额备用金制度，财会部门根据核定的备用金定额2 000元，开出现金支票拨付。编制会计分录如下：

借：其他应收款—备用金（总务科） 2 000

　贷：银行存款 2 000

总务科向财会部门报销日常办公用品费1 530元，财会部门经审核有关单据后，同意报销，并以现金补足定额。编制会计分录如下：

借：管理费用 1 530

　贷：库存现金 1 530

（二）暂付款的账务处理

暂付款是企业暂付给其他单位或个人，以后根据具体情况收回和报销的款项。以下以差旅费为例说明暂付款的会计处理。

【例3-19】 东方公司总经理赵大山出差预借差旅费2 000元。编制会计分录如下：

借：其他应收款—赵大山 2 000

　贷：银行存款 2 000

赵大山出差归来报账，共开销2 100元，其会计分录如下：

借：管理费用 2 100

　贷：其他应收款—赵大山 2 000

　　现金 100

（三）为职工垫付应收款的账务处理

为职工垫付应收款是企业为职工代垫的房租、水电费，为其家属垫付的医药费等款项。具体会计处理如下。

为职工垫付房租、水电费时的会计处理如下：

借：其他应收款

　贷：银行存款

期末从职工应付工资中扣除代垫款项时的会计处理如下：

借：应付工资

　贷：其他应收款

（四）存出保证金的账务处理

存出保证金是企业租入包装物和其他资产时，向对方支付的保证金和押金等。现以租入包装物为例，说明存出保证金的账务处理。

【例3-20】 东方公司随商品购进租入包装物一批，支出押金3 000元。

支付押金时应编制如下会计分录：

借：其他应收款—存出保证金 3 000

贷:银行存款　　3 000

归还租入包装物收回押金时应编制如下会计分录:

借:银行存款　　3 000

贷:其他应收款—存出保证金　　3 000

（五）应收租金、赔款、罚款的账务处理

应收租金的会计处理如下:

借:其他应收款—应收租金

贷:其他业务收入

应收赔款、罚款的会计处理如下:

借:其他应收款—××公司

贷:营业外收入

企业其他应收款与其他单位的资产交换,或者以其他资产换入其他单位的其他应收款等,比照“应收账款”科目的相关核算规定进行会计处理。

企业应定期或至少于每年年度终了,对其他应收款进行检查,以预计其可能发生的坏账损失,并计提坏账准备。企业对不能收回的其他应收款应查明原因,追究责任。对确实无法收回的,按照企业的管理权限,经股东大会或董事会,或者经理(厂长)会议或类似机构批准作为坏账损失,冲销提取的坏账准备。

经批准作为坏账的其他应收款,借记“坏账准备”科目,贷记“其他应收款”科目。已确认并转销的坏账损失,如果以后又收回,按实际收回的金额,借记“其他应收款”科目,贷记“坏账准备”科目;同时,借记“银行存款”科目,贷记“其他应收款”科目。

在资产负债表上,“其他应收款”项目应按减去已计提坏账准备后的净额反映。

学习任务3.5　预付账款的核算

一、预付账款的内容

预付账款是企业按照购货合同规定,预先以货币资金或以货币等价物支付供应单位的货款。如预付的材料、商品采购货款、必须预先发放的在以后收回的农副产品预购定金等。

二、预付账款的主要账务处理

企业按照购货合同规定预付给供应单位的款项,应通过“预付账款”科目核算。预付款项情况不多的,也可以不设置本科目,将预付的款项直接记入“应付账款”科目的借方。本科目应当按照供应单位进行明细核算。企业因购货而预付的款项,借记“预付账款”科目,贷记“银行存款”等科目。收到所购物资时,按应计入购入物资成本的金额,借记“材料采购”或“原材料”、“库存商品”等科目,按可抵扣的增值税税额,借记“应交税费—应交增值税(进项税额)”科目,按应付金额,贷记“预付账款”科目。补付的款项,借记“预付账款”科目,贷记“银行存款”等科目;退回多付的款项,借记“银行存款”等科目,贷记“预付账款”科目。

【例3-21】　东方公司设置“预付账款”科目进行预付款项的核算。2月发生以下经济业务,做账务处理如下。

预付购买商品的订金 30 000 元,会计分录如下:

借:预付账款　　30 000

　贷:银行存款　　30 000

收到商品的价款为 32 000 元,增值税 5 440 元,共计 37 440 元,会计分录如下:

借:库存商品　　32 000

　应交税费—应交增值税(进项税额)　　5 440

　贷:预付账款　　37 440

补付商品款 7 440 元,会计分录如下:

借:预付账款　　7 440

　贷:银行存款　　7 440

【例 3-22】　东方公司由于预付款项业务不多,没有设置"预付账款"科目。2007 年 3 月发生了如下经济业务,做账务处理如下。

预付购买材料的订金 600 000 元,会计分录如下:

借:应付账款　　600 000

　贷:银行存款　　600 000

收到材料的价款为 480 000 元,增值税 81 600 元,共计 561 600 元,会计分录如下:

借:原材料　　480 000

　应交税费—应交增值税(进项税额)　　81 600

　贷:应付账款　　561 600

退回多付款 38 400 元,会计分录如下:

借:银行存款　　38 400

　贷:应付账款　　38 400

企业的预付账款如果不符合预付性质,或因对方单位破产、撤销等原因已无望再收到所购货物的,应将原计入的预付账款金额转入其他应收款。

重点回顾

工作过程 3 主要讲述了与往来业务核算有关的内容,其重点内容概括于图 3-1 中。

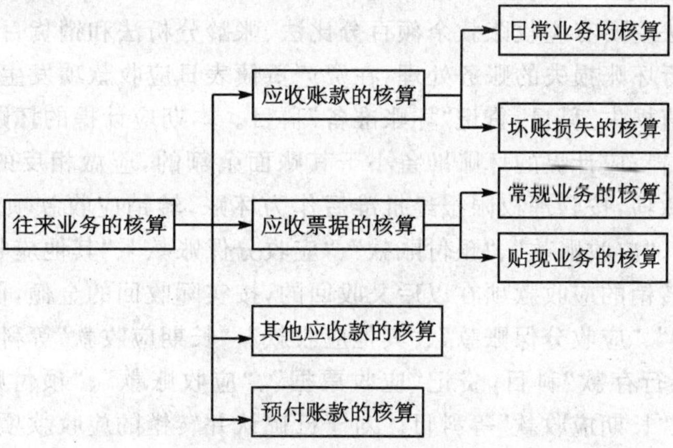

图 3-1　往来业务的核算

1. 应收账款的核算

(1) 应收账款的确认

应收账款是企业因销售商品、产品、提供劳务等经营活动而应收取的款项。

(2) 应收账款的计价

应收账款包括价款、增值税销项税额、代垫包装费和运杂费。

当存在商业折扣时,商业折扣对应收账款的入账价值没有实质影响,企业应收账款的入账金额按扣除商业折扣以后的实际售价确认。

当存在现金折扣时,应收账款入账金额的确认有总价法和净价法两种。总价法是将未扣减现金折扣前的金额作为实际总价确认为应收账款,当实际发生现金折扣时,则将其计入财务费用。

(3) 应收账款的核算

应收账款的核算主要是对应收账款常规业务的账务处理。

(4) 坏账损失的核算

企业的各项应收款项,可能会因购货人拒付、破产、死亡等原因而无法收回。这类无法收回的应收款项就是坏账。因坏账而遭受的损失为坏账损失。在会计上,坏账损失有直接转销法和备抵法两种账务处理方法。

1) 直接转销法

采用直接转销法时,日常核算中应收款项可能发生的坏账损失不予考虑,只有在实际发生坏账时,才作为损失计入当期损益,同时冲销应收款项。这种方法的优点是财务处理简单、实用,缺点是不符合权责发生制和收入与费用相互配比的会计原则。在这种方法下,只有坏账已经发生时,才能将其确认为当期费用,导致各期收益不实;另外,在资产负债表上,应收账款是按其财务余额而不是按净额来反映,这在一定程度上歪曲了期末的财务状况。所以企业会计制度规定,企业应采用备抵法进行坏账损失的核算。

2) 备抵法

备抵法是采用一定的方法按期估计坏账损失,计入当期费用,同时建立坏账准备,待坏账实际发生时,冲销已提的坏账准备和相应的应收款项。采用这种方法,坏账损失计入同一期间的损益,体现了配比原则的要求,避免了企业明盈实亏;在报表上列示应收款项净额,使报表使用者能够了解企业应收款项的可变现金额。备抵法首先要按期估计坏账损失,在实务中,按期估计坏账损失的方法主要有应收账款余额百分比法、账龄分析法和销货百分比法等。

采用备抵法进行坏账损失的账务处理,在资产负债表日应收款项发生减值时,按应减记的金额,借记"资产减值损失"科目,贷记"坏账准备"科目。本期应计提的坏账准备大于其账面余额的,应按其差额计提;应计提的坏账准备小于其账面余额的,应做相反的会计分录。对于确实无法收回的应收款项,按管理权限报经批准后作为坏账,转销应收款项,借记"坏账准备"科目,贷记"应收票据"、"应收账款"、"预付账款"、"应收分保账款"、"其他应收款"、"长期应收款"等科目。已确认并转销的应收款项在以后又收回的,按实际收回的金额,借记"应收票据"、"应收账款"、"预付账款"、"应收分保账款"、"其他应收款"、"长期应收款"等科目,贷记"坏账准备"科目;同时,借记"银行存款"科目,贷记"应收票据"、"应收账款"、"预付账款"、"应收分保账款"、"其他应收款"、"长期应收款"等科目。对于已确认并转销的应收款项在以后又收回的,也可以按照实际收回的金额,借记"银行存款"科目,贷记本科目。

2. 应收票据的核算

(1) 应收票据的种类

应收票据是企业持有的、尚未到期兑现的商业汇票。商业汇票根据承兑人的不同,分为由付款人承兑的商业承兑汇票和由银行承兑的银行承兑汇票。商业汇票根据支付本息额的不同,又分为带息票据和不带息票据。带息票据指到期时,根据票据面值和利率收取本息的票据。不带息票据指到期时,根据票据面值收款的票据。

(2) 应收票据的入账价值

企业会计制度规定,应收票据一律按照面值入账。

(3) 应收票据的账务处理

企业收到开出、承兑的商业汇票,按应收票据的面值,借记"应收票据"科目,按实现的营业收入,贷记"主营业务收入"等科目,按专用发票上注明的增值税,贷记"应交税金—应交增值税(销项税额)"科目。当企业收到应收票据以抵偿应收账款时,借记"应收票据"科目,贷记"应收账款"科目。如果是带息应收票据,则应于期末,按应收票据的票面价值和确定的利率计提利息,计提的利息增加应收票据的账面价值,借记"应收票据"科目,贷记"财务费用"科目。当应收票据到期不能收回时,应转入"应收账款"科目核算,如果是带息应收票据,则期末不再计提利息,其所包含的利息在有关备查簿中进行登记,待实际收到时再冲减收款当期的财务费用。

(4) 应收票据的贴现

企业收到商业汇票,若在票据未到期前需要提前取得资金,则可持未到期的商业汇票向银行申请贴现。贴现指企业将未到期的商业汇票经过背书,交给银行,银行受理后,从票面金额中扣除按银行贴现率计算确定的贴现息后,将余额付给贴现企业。票据贴现实质上是一种融通资金的行为。在贴现中,企业给银行的利息称为贴现息,所用的利率称为贴现率,票据到期价值与贴现息之差称为贴现所得额。

在用应收票据向银行申请贴现时,企业会计制度规定,如果是带息票据,由于受票面载明的利率与银行贴现率的差异和贴现期的影响,其贴现所得额与票面金额会产生差异,在会计上作为利息收支处理;如果是不带息票据,其贴现所得额与票面金额产生的差异,在会计上作为利息支出处理。企业以应收票据向银行贴现的贴现息及贴现所得额的计算公式为

$$贴现息=票据到期价值\times贴现率\times贴现期$$

$$贴现所得额=票据到期价值-贴现息$$

其中,带息应收票据的到期价值是其面值加上按票据载明的利率计算的票据全部期间的利息;不带息应收票据的到期价值就是其面值。

应收票据贴现有两种情况,一种是带追索权的,另一种是不带追索权的。不带追索权的意味着当出票人不按期付款时,银行不可向背书企业索偿。如果是带追索权的应收票据贴现业务,则当出票人不按期付款时,银行可向背书企业索偿,在这种情况下,应收票据贴现的会计处理方法一般有两种,一种是设立"应收票据贴现"科目,以核算应收票据的贴现业务,而不是直接减少"应收票据"科目。其理论依据是,当企业以应收票据向银行贴现时,要承担由于背书行为而造成的法律上的连带付款责任,这就意味着企业存在或有负债。如果到期票据不能兑付,那么背书贴现的企业有责任代出票人或付款人向银行兑付。另一种是不设置该账户而采用直接冲转已入账的应收票据的方法,但期末必须在会计报表附注中对贴现的商业承兑汇票面额予以注明,即会产生或有负债。

3. 其他应收款的核算

其他应收款是除应收票据、应收账款和预付账款等经营活动以外的其他各种应收、暂付款项。如应收的各种赔款、应收的出租包装物租金、应向职工收取的各种垫付款项和备用金等。其他应收款的账务处理与应收账款的账务处理类似。

4. 预付账款的核算

预付账款是企业按照购货合同规定预付给供应单位的款项。预付账款不多的企业，也可不设"预付账款"科目，而将预付账款业务在"应付账款"科目内核算。

知识拓展

应收债权的出售和融资

随着我国金融市场的不断发展与完善，企业将由销售商品、提供劳务等形成的应收债权出售、质押、贴现给银行等金融机构进行融通资金，已是企业进行融资的重要举措。

1. 应收债权出售、融资业务的核算原则

企业将其按照销售商品、提供劳务的销售合同所产生的应收债权出售给银行等金融机构，在进行会计核算时，应按照实质重于形式的原则，充分考虑交易的经济实质。对于有明确的证据表明有关交易事项满足销售确认条件，如与应收债权有关的风险和报酬实质上已经发生转移等，应按照出售应收债权处理，并确认相关损益；否则，应作为以应收债权为质押取得借款进行会计处理。

2. 以应收债权为质押取得借款的核算

一方面，质押出去的应收债权在备查账上要做记录；另一方面，就取得的借款要进行账务处理。

【例 3－23】 2011 年 4 月 15 日，东方公司销售一批商品给乙公司，开出的增值税专用发票上注明的销售价款为 400 000 元，增值税销项税额为 68 000 元，款项尚未收到。双方约定，乙公司应于 2011 年 12 月 30 日付款。2011 年 6 月 1 日，东方公司因急需资金，经与中国银行协商，以应收乙公司货款为质押取得 4 个月期流动资金借款 35 0000 元，年利率为 6%，每月末偿付利息。假定不考虑其他因素，东方公司与应收债权质押有关的账务处理如下。

① 6 月 1 日取得短期借款时，会计分录如下：

借：银行存款　　350 000

　贷：短期借款　　350 000

② 6 月 30 日偿付利息时，会计分录如下：

借：财务费用　　1 750

　贷：银行存款　　1 750

③ 9 月 30 日偿付短期借款及最后一期利息，会计分录如下：

借：财务费用　　1 750

　　短期借款　　350 000

　贷：银行存款　　351 750

3. 应收债权出售的核算

(1) 不附追索权的应收债权出售的核算

根据企业、债务人及银行等金融机构之间的协议，在所售应收债权到期无法收回时，银行等金融机构不能向出售应收债权的企业进行追偿的，企业应将所售应收债权予以转销，同时结转计提的相关坏账准备，并确认按协议约定预计将发生的销售退回、销售折让和现金折扣等，以及确认出售损益。

【例3-24】 仍沿用例3-23，2011年6月1日，东方公司经与中国银行协商后约定：东方公司将应收乙公司的货款出售给中国银行，价款为382 200元，在应收乙公司货款到期无法收回时，中国银行不能向东方公司追偿。东方公司根据以往经验，对该批商品已计提的坏账准备金额为4 000元，支付的相关手续费金额为200元。假定不考虑其他因素，东方公司与应收债权出售有关的会计分录如下：

借：银行存款	382 200
坏账准备	4 000
财务费用	200
营业外支出	81 600
贷：应收账款	468 000

(2) 附追索权的应收债权出售的核算

企业在出售应收债权的过程中如附有追索权，即在有关应收债权到期无法从债务人处收回时，银行等金融机构有权向出售应收债权的企业追偿，或按照协议约定，企业有义务按照约定金额自银行等金融机构回购部分应收债权，应收债权的坏账风险由售出应收债权的企业负担，企业应按照以应收债权为质押取得借款的核算原则进行会计处理。

思考与练习

一、单项选择题

1. 在我国，应收票据指(　　)。

A. 支票　　B. 银行本票　　C. 银行汇票　　D. 商业汇票

2. 超过承兑期收不回的应收票据，应(　　)。

A. 转作管理费用　　B. 冲减坏账准备

C. 转作应收账款　　D. 冲减营业收入

3. 应收票据取得时应按(　　)作账。

A. 票据面值　　B. 票据到期价值

C. 票据面值加应计利息　　D. 票据贴现额

4. 带息票据每期计提利息时，借记“应收票据”科目，贷记(　　)科目。

A. 财务费用　　B. 管理费用　　C. 营业费用　　D. 其他业务收入

5. 企业销售商品时，根据情况在商品标价上给予的扣除，称为(　　)。

A. 商业折扣　　B. 现金折扣　　C. 销货折扣　　D. 购货折扣

6. 企业已贴现的商业承兑汇票，由于承兑人的银行存款不足，银行将商业承兑汇票退还给企业，并从贴现企业的银行账户中扣款，银行扣款的金额是(　　)。

A. 票据票面金额　　B. 票据到期价值

C. 票据贴现额　　D. 票据票面金额加上贴现息

7. 在现金折扣采用总价法入账的情况下，实际发生的现金折扣应作为(　　)处理。

A. 营业收入　　B. 营业费用增加
C. 财务费用增加　　D. 管理费用增加

8. 坏账实际发生时，确认坏账损失，并计入期间费用的核算方法称为（ ）。
A. 直接转销法　B. 间接法　C. 备抵法　D. 成本法

9. 一张5月26日签发的30天的票据，其到期日为（ ）。
A. 6月25日　B. 6月26日　C. 6月27日　D. 6月24日

10. 如果企业将预付货款记入“应付账款”科目，那么在编制会计报表时，应（ ）。
A. 以预付账款抵减应付账款金额
B. 将预付账款金额反映在应收账款项目中
C. 将预付账款和应付账款的金额分开报告
D. 以预付账款抵减预收账款的金额

11. 2010年7月2日，某企业将一张带息应收票据到银行贴现。该票据面值为1 000 000元，2011年6月30日已计利息1 000元，尚未计提利息1 200元，银行贴现息为900元。该应收票据贴现时计入财务费用的金额为（ ）元。
A. −300　B. −100　C. −1 300　D. 900

12. 某企业销售产品，每件单价为120元。若客户购买100件（含100件）以上，每件可得到20元的商业折扣。某客户2000年9月10日购买该产品100件，按规定现金折扣条件为2/10，1/20，n/30。适用的增值税税率为17%。该企业于9月29日收到该笔款项时，应给予客户的现金折扣为（ ）元。假定计算现金折扣时不考虑增值税。
A. 0　B. 100　C. 117　D. 1 100

二、多项选择题

1. 应收账款指（ ）。
A. 因销售活动形成的债权　　B. 流动资产性质的债权
C. 本企业应收客户的款项　　D. 本企业付出的存储保证金

2. 应收账款包括（ ）。
A. 应收职工欠款　　B. 应收赊销货款
C. 应收利息　　D. 应收为购货单位垫付的销售商品运费

3. 企业将无息应收票据贴现时，影响贴现利息计算的因素有（ ）。
A. 票据的面值　B. 票据的期限　C. 票据的种类　D. 贴现的利率

4. 坏账的核算方法有（ ）。
A. 直接转销法　B. 间接法　C. 备抵法　D. 成本法

5. 下列各项中，应计入“坏账准备”科目借方的有（ ）。
A. 提取坏账准备　　B. 冲回多提坏账准备
C. 收回以前确认并转销的坏账　　D. 备抵法下实际发生的坏账

6. 一般来讲，企业的应收款项符合下列条件之一的，应确认为坏账（ ）。
A. 债务人死亡，以其遗产清偿后仍然无法收回
B. 债务人破产，以其破产财产清偿后仍然无法收回
C. 债务人较长时间内未履行其偿债义务，并有足够的证据表明无法收回或收回的可能性很小

D. 超过一年的应收款项

7. 用备抵法核算坏账损失的特点是(　　)。

A. 账务处理较简单　　B. 防止虚增企业资产

C. 符合权责发生制原则　　D. 不符合配比原则

三、判断题

1. 应收票据有发生坏账的风险,一般企业应对其计提坏账准备。(　　)

2. 不带息票据的到期价值等于应收票据的面值。(　　)

3. 应收账款是企业因销售商品等经营活动所形成的债务。(　　)

4. 企业应收债权的利息在"应收账款"科目核算。(　　)

5. 商业折扣是债权人为鼓励债务人在规定期限内付款而向其提供的债务扣除。(　　)

6. 总价法将销售方给予客户的现金折扣视为融资的财务费用。(　　)

7. 净价法将销售方给予客户的现金折扣视为提供信贷获得的收入。(　　)

8. 采用直接转销法核算坏账损失,需设置"坏账准备"科目。(　　)

9. 采用备抵法核算坏账损失,需设置"坏账准备"科目。(　　)

10. 用应收账款余额百分比法估计坏账损失,是根据企业本期赊销金额和估计的坏账率来计提坏账准备的方法。(　　)

四、业务题

1. A企业发生以下经济业务,根据所列经济业务编制会计分录。

(1)向B单位销售产品,货款2万元,增值税税额3 400元,共计2.34万元。取得不带息商业承兑汇票一张,面值2.34万元。

(2) 向C公司销售产品,货款6万元,增值税税额1.02万元,共计7.02万元。取得期限为3个月的带息银行承兑汇票一张,出票日期为2009年11月1日,票面利息为10%。

(3) B单位承兑的商业汇票到期,企业收回款项23 400元,存入银行。

(4) 向D公司销售产品,货款4万元,增值税税额0.68万元,共计4.68万元。取得期限为2个月的带息商业承兑汇票一张,出票日期为2009年12月1日,票面利息为9%。

(5) 2009年12月31日,计提C公司和D公司的商业汇票利息。

(6) 向C公司销售产品所收的银行承兑汇票到期,企业收回款项,面值7.02万元,利息1 755元,共计7.195 5万元。

(7) 向D公司销售产品的商业承兑汇票到期,D公司无力偿还票款。(参看业务题1的业务(4))

(8) 向E单位销售产品,货款4.5万元,增值税税额7 650元,共计5.265万元。收取一张面值为5.265万元、期限为4个月的商业承兑汇票,出票日期为2009年3月1日。

(9) 向F企业销售产品,货款8万元,增值税税额1.36万元,共计9.36万元。收取期限为3个月的商业承兑汇票一张,面值为9.36万元,票面利率为10%,出票日期为2009年4月1日。

(10) 2009年6月10日,将持有的E单位不带息的商业承兑汇票一张到银行贴现,银行年贴现率为12%。

(11) 企业将持有的账面价值为1.17万元的商业汇票背书转让,以取得货款为1万元、增值税税额为1 700元的材料。

2. A企业采用直接转销法核算坏账损失，发生以下经济业务，根据所列经济业务编制会计分录。

(1) 向B客户销售产品一批，销价2万元，给予15%的商业折扣，增值税税率为17%。

(2) 收回B客户款项19 890元。

(3) C客户由于破产，所欠企业5 000元账款无法收回，确认为坏账。

(4) 经追索，收回已确认为坏账的C客户欠款5 000元。

(5) 按购货合同规定，预付材料价款3万元。

(6) 支付购进材料款4万元，增值税税额6 800元，共计4.68万元，已预付3万元(参看业务题2的业务(5))，余款以银行存款支付。

3. A公司采用应收款项余额百分比法核算坏账损失，坏账准备的提取比例为2%。有关资料如下，根据所列经济业务编制会计分录。

(1) 2010年12月应收账款期初余额为100万元，坏账准备贷方余额为2万元。

(2) 12月7日，向B公司销售产品210件，单价1万元，增值税税率17%，单位销售成本0.6万元，销售货款未收到。

(3) 12月20日，因产品质量问题，B公司退回10件商品，A公司同意退货，并办理了退货手续和开具了红字专用发票。

(4) 12月24日发生坏账损失3万元。

(5) 12月29日收回前期已确认的坏账2万元，并存入银行。

(6) 2010年12月计提坏账准备。

工作过程4　材料业务的核算

能力目标

1. 熟悉发出材料计价方法的应用；
2. 熟练掌握材料按实际成本计价和按计划成本计价的账务处理；
3. 掌握材料明细核算的技能。

知识目标

1. 了解材料的概念及分类；
2. 明确材料的确认条件和计价方法；
3. 掌握材料按实际成本计价和按计划成本计价的核算。

案例导入

东方公司是一家制造类企业，所需的材料品种和规格较多，材料首发业务比较频繁。张三从大学会计专业毕业后，受聘到东方公司担任材料会计，该公司现有材料308种，原采用按实际成本计价，在发出材料时，该公司将估计成本转为生产成本，因此，使材料的实际成本与账面成本出现较大差异。

案例思考：

张三想将材料核算改用按计划成本计价，他应该如何正确进行会计处理？

学习任务4.1　材料概述

一、材料的概念

材料是企业在生产产品或提供劳务过程中为了耗用而储存的各种存货。存货指企业在日常活动中持有的以备出售的产成品或商品、处在生产过程中的在产品、在生产过程或提供劳务过程中耗用的材料和物料等。企业的存货通常包括原材料、在产品、半成品、产成品（库存商品）和周转材料等。其中原材料和周转材料属于材料的内容。

二、材料的确认

材料属于存货范畴。材料的确认指将材料与其他存货区分开来，因而要想确认一项货物是否属于材料，首先要确认其是否属于存货。一项货物在同时满足以下两个条件时，才能确认为存货：

第一，该项货物所包含的经济利益很可能流入企业。

企业在确认存货时，需要判断与该项存货相关的经济利益是否很可能流入企业。通常情况下，取得存货的所有权是与存货相关的经济利益很可能流入本企业的一个重要标志。例如，根据销售合同已经售出（取得现金或收取现金的权利）的存货，其所有权已经转移，与其相关的经济利益已不能再流入本企业，此时，即使该项存货尚未运离本企业，也不能再确认为本企业的存货。又如，委托代销商品，由于其所有权并未转移至受托方，因而委托代销的商品仍应确认为委托企业存货的一部分。

第二，该货物的成本能够可靠地计量。

作为企业资产的组成部分，要想确认存货，企业必须能够对其成本进行可靠的计量。存货的成本能够可靠地计量必须以取得确凿、可靠的证据为依据，并且具有可验证性。如果存货的成本不能可靠地计量，则不能确认为一项存货。例如，企业承诺的订货合同，由于并未实际发生，不能可靠确定其成本，因此就不能确认为购买企业的存货。又如，企业预计发生的制造费用，由于并未实际发生，不能可靠地确定其成本，因此也不能计入产品成本。

一般来讲，材料仅指存货中的原材料和周转材料。

原材料指企业在生产过程中经加工改变其形态或性质，并构成产品、主要实体的各种原料及主要材料、辅助材料、外购半成品（外购件）、修理用备件（备品备件）、包装材料和燃料等。对于为建造固定资产等各项工程而储备的各种材料，虽然同属于材料，但由于是用于建造固定资产等各项工程，不符合存货的定义，因此不能作为企业的存货进行核算。

周转材料指企业能够多次使用，但不符合固定资产定义的材料。如为了包装本企业商品而储备的各种包装物；各种工具、管理用具、玻璃器皿、劳动保护用品；以及在经营过程中周转使用的容器等低值易耗品和建造承包商的钢模板、木模板、脚手架等其他周转材料。

三、材料业务的核算内容与方法

材料业务的核算内容包括材料的收入、发出及结存业务。材料收入业务主要包括外购材料、自制材料、委托外单位加工完备后收回的材料和盘盈材料等业务。材料发出业务主要包括产品生产领用、周转性耗费领用、毁损和盘亏材料等业务；材料结存业务主要指期末材料的计价业务。

材料在企业的存货中占有很大的比重，是存货核算的重要内容。企业会计制度规定，存货的计价基础是实际成本。而材料的日常核算则既可以按实际成本核算，也可以按计划成本核算。

原材料按实际成本计价核算（实际成本法）的特点是：从存货的收发凭证到其明细分类账和总分类账全部按实际成本计价。此方法一般适用于规模较小、存货品种简单、采购业务不多的企业。

原材料按计划成本计价核算（计划成本法）的特点是：收发凭证按材料的计划成本计价，原材料的总分类账和明细分类账均按计划成本登记，原材料的实际成本与计划成本的差异，通过“材料成本差异”科目核算，月份终了，将发出的原材料的计划成本与材料成本差异调整为实际成本。对于材料收发业务较多且计划成本资料较为健全、准确的企业，一般都采用计划成本进行材料收发核算。

关于材料业务的这两种核算方法的详细内容将在“学习任务 4.3”和“学习任务 4.4”中结合具体业务进行介绍。

学习任务 4.2　材料的计价

材料的计价是对收入、发出及结存材料价值的计量，它是材料核算的关键。

一、材料的初始计价

材料的初始计价指取得材料时的入账价值计量。现行企业会计制度规定，企业取得材料时应以实际成本入账。材料的实际成本指材料达到可以使用或可供出售状态之前发生的有关直接或间接支出，即历史成本。企业取得材料的途径不同，其实际成本的构成也不尽相同。

（一）外购材料

原材料、商品、低值易耗品等通过购买而取得的材料的初始成本由采购成本构成。采购成本包括购买价款、相关税费、运输费、装卸费、保险费及其他可归属于存货采购成本的费用。按现行企业会计制度规定，一般纳税人外购物资（固定资产除外）所支付的运输费用，可以根据运费结算单据（普通发票）所列运费金额的7%计算增值税进项税额准予扣除，但随同运费支付的装卸费、保险费等不得计算扣除进项税额。

（二）自行生产的材料

其初始成本包括投入的原材料或半成品、直接人工和按照一定方式分配的制造费用，即生产过程中的各项实际支出。

（三）委托外单位加工完备后收回的材料

以实际耗用的原材料或半成品、加工费、运输费、装卸费等费用及按规定应计入成本的税金，作为实际成本。

（四）盘盈的材料

按照同类或类似材料的市场价格作为实际成本。

二、材料发出的计价

材料发出的计价是对发出材料和结存材料的价值的计算确定。企业材料的品种规格繁杂，收发频繁。一方面，不同方式、不同时间、不同采购地点、不同批次收入的材料的单位成本不同；另一方面，每次发出的材料可能分得清收入批次，也可能分不清收入批次，因而不可能在任何情况下都能采用同一种方法来准确计量发出材料的成本。也就是说，企业应根据自身材料收发的具体情况来选用合适的材料发出的计价方法，以准确计量发出材料的成本。按照现行企业会计制度的规定，企业材料按照实际成本法核算的，材料发出的计价可以采用个别计价法、先进先出法、一次加权平均法和移动加权平均法等方法；材料按计划成本法核算的，应按期分摊并结转发出材料应负担的成本差异，将发出材料的计划成本调整为实际成本。为了便于理解，在此只介绍按实际成本法核算的材料发出的计价，按计划成本法核算的发出材料应负担的材料成本差异的分摊，将在“学习任务4.4”中结合具体业务进行介绍。

（一）个别计价法

个别计价法是假设材料的成本流转与实物流转相一致，按照各种材料，逐一辨认各批发出材料和期末材料所属的购进批别或生产批别，分别按其购入或生产时所确定的单位成本作为计算各批发出材料和期末材料成本的方法，因此，又称“个别认定法”、“具体辨认法”和“分批实际法”。其优点是计算发出材料的成本和期末材料的成本比较合理、准确；缺点是实务操作的工作量繁重，困难较大。该方法适用于容易识别、存货品种数量不多、单位成本较高的材料计价。

个别计价法的计算公式是

发出材料的实际成本＝各批(次)材料发出数量×该批次材料实际单位成本

【例4－1】　东方公司2012年6月甲材料的期初结存和本期收发情况如表4－1所列(永续盘存制)。

表4－1　例4－1材料明细分类账

名称及规格:甲材料　　　　计量单位:件　　　　金额单位:元

2012年		摘　要	收　入			发　出			结　存		
月	日		数　量	单　价	金　额	数　量	单　价	金　额	数　量	单　价	金　额
6	1	期初结存							150	60	9 000
	8	发出				70			80		
	15	购进	100	62					180		
	20	发出				50			130		
	24	发出				90			40		
	28	购进	200	68	13 600				240		
	30	发出				60			180		

假设6月8发出的70件材料属于期初结存的;6月20日发出的50件材料属于6月15日购进的;6月24日发出的90件材料中有50件属于期初结存的,有40件属于6月15日购进的;6月30日发出的60件材料属于6月28日购进的。则采用个别计价法计算的6月份甲材料发出成本为:

甲材料发出成本＝70×60＋50×62＋(50×60＋40×62)＋60×68＝16 860(元)

甲材料期末结存180件,其中30件属于期初结存的,10件属于6月15日购进的,140件属于6月28日购进的。则有

期末结存的甲材料成本＝30×60＋10×62＋140×68＝11 940(元)

(二) 先进先出法

先进先出法假定“先入库的材料先发出去”。根据这一前提,计入发出材料的成本应顺着收入材料批次的单位成本次序计算。当然,这仅是为了计价,与物品实际入库或发出的次序并无多大关系。

【例4－2】　沿用例4－1的资料,采用先进先出法计算发出甲材料的成本。甲材料的明细分类账的登记结果如表4－2所列。

表4－2　例4－2材料明细分类账

名称及规格:甲材料　　　　计量单位:件　　　　金额单位:元

2012年		摘　要	收　入			发　出			结　存		
月	日		数　量	单　价	金　额	数　量	单　价	金　额	数　量	单　价	金　额
6	1	期初结存							150	60	9 000
	8	发出				70	60	4 200	80	60	4 800

续表 4－2

2012 年		摘　要	收　入			发　出			结　存		
月	日		数　量	单　价	金　额	数　量	单　价	金　额	数　量	单　价	金　额
	15	购进	100	62					80 100	60 62	11 000
	20	发出				50	60	3000	30 100	60 62	8 000
	24	发出				30 60	60 62	1 800 3 720	40	62	2 480
	28	购进	200	68	13 600				40 200	62 68	16 080
	30	发出				40 20	62 68	2 480 1 360	180	68	12 240
		本期发出成本				270		16 560			

（三）一次加权平均法

采用一次加权平均法，本月发出的材料，平时只登记数量，不登记单价和金额，月末按一次计算的加权平均单价，计算期末材料成本和本期材料发出成本。材料的平均单位成本的计算公式为

加权平均单位成本＝（月初库存材料总成本＋本月收入材料总成本）/（月初库存材料总数量＋本月收入材料数量）

【例 4－3】　沿用例 4－1 的资料，采用一次加权平均法计算发出甲材料的成本。甲材料的明细分类账的登记结果如表 4－3 所列。

表 4－3　例 4－3 材料明细分类账

名称及规格：甲材料　　　　计量单位：件　　　　金额单位：元

2012 年		摘　要	收　入			发　出			结　存		
月	日		数　量	单　价	金　额	数　量	单　价	金　额	数　量	单　价	金　额
6	1	期初结存							150	60	9 000
	8	发出				70			80		
	15	购进	100	62	6 200				180		
	20	发出				50			130		
	24	发出				90			40		
	28	购进	200	68	13 600				240		
	30	发出				60			180		11 520
		本期发出成本				270	64	17 280			

从表 4－3 中可以看出，在采用一次加权平均法时，材料明细分类账的登记方法与先进先出法的基本相同，只是期末材料的结存单价为 64 元，据此计算出材料成本为 11 520 元，本期材料发出成本为 17 280 元。

（四）移动加权平均法

采用移动加权平均法，当每次的购进单价与结存单价不同时，就须重新计算一次加权平均价，并据此计算下次购货前的存货成本和销售成本。采用这种方法，可以随时结转销售成本。其平均单价的计算公式为

移动加权平均单价＝（前结存金额＋本次购入金额）/（前结存数量＋本次购入数量）

【例 4－4】 沿用例 4－1 的资料，采用移动加权平均法计算发出甲材料的成本。

第一批购入后的平均单价为

移动加权平均单价＝（4 800＋6 200）/（80＋100）＝61.11（元）

第二批购入后的平均单价为

移动加权平均单价＝（2 444＋13 600）/（40＋200）＝66.85（元）

按移动加权平均法计算本期甲材料的发出成本和结存成本的明细分类账登记结果如表 4－4所列。

表 4－4 例 4－4 材料明细分类账

名称及规格：甲材料　　计量单位：件　　金额单位：元

2012 年		摘要	收入			发出			结存		
月	日		数量	单价	金额	数量	单价	金额	数量	单价	金额
6	1	期初结存							150	60	9 000
	8	发出				70	60	4 200	80	60	4 800
	15	购进	100	62	6 200				180	61.11	11 000
	20	发出				50	61.11	3 056	130	61.11	7 944
	24	发出				90	61.11	5 500	40	61.11	2 444
	28	购进	200	68	13 600				240	66.85	16 044
	30	发出				60	66.85	4 011	180	66.85	12 033
		本期发出成本				270		16 767			

采用移动加权平均法可以随时结转销售成本，随时提供存货明细分类账上的结存数量和金额，有利于对存货进行数量和金额上的日常控制。但是这种方法，由于每次进货后都要计算一次平均价，所以势必会增加会计核算的工作量。

值得注意的是，如果采用一次加权平均法计算出的加权平均单位成本不是一个可除尽的单位成本，而是一个约等于数的单位成本，则其中一个成本要采用“倒挤法”计算，否则会导致计算出的材料发出成本与结存成本之和大于或小于总成本的情况。

由上可见，材料发出的计价方法不同，计算出的材料发出成本和结存成本也不同，这必然影响企业损益的确定，进而影响企业的税负水平，同时还影响资产负债表中相关项目的价值表现。因此，企业应根据各类材料的实物流转方式、企业管理要求和材料的性质等实际情况，合

理确定发出材料成本的计算方法，以确保当期发出材料的实际成本的可靠性。对于性质和用途相同的存货，应采用相同的成本计算方法来确定发出材料的成本。计价方法已经确定后，不得随意变更。如需变更，应在财务报表附注中予以说明。

三、材料的期末计价

由于材料的结存成本与发出成本之间存在着有机联系，材料的期末计价会直接影响当期和以后账务期的财务成果。因此，正确反映材料的期末价值，对于客观、公允地反映企业的财务状况和经营成果具有重要的意义。由于受市场价格变动和管理不善等因素的影响，期末结存材料的历史成本与其可变现净值之间存在差异。如果期末材料的实际价值低于其历史成本，而材料的结存价值仍然按历史成本反映，则会虚增账面资产，虚增当期利润，提供的会计信息就不符合谨慎性质量要求。

我国企业会计准则规定，企业的存货应在期末按成本与可变现净值孰低计量，对可变现净值低于存货成本的差额，计提存货跌价准备。因此，期末结存材料应采用成本与可变现净值孰低法进行计价。关于成本与可变现净值孰低法的具体内容，将在“学习任务 4.7”中介绍。

学习任务 4.3　原材料按实际成本计价的核算

原材料按实际成本计价指每种材料的收、发、结存核算均采用实际成本计价。其特点是，从存货的收发凭证到其明细分类账和总分类账全部按实际成本计价。

一、主要核算内容与账户设置

原材料即原料和材料。原料一般指来自矿业和农业、林业、牧业、渔业的产品。材料一般指经过一些加工的原料。如林业生产的原木属于原料，将原木加工为木板，就变成了材料。但在实际生活和生产中，对原料和材料的划分不一定清晰，所以一般用原材料一词来统称。会计核算中的“原材料”指经过加工能够构成产品主要实体的各种原料和材料，以及虽不构成产品主要实体，但有助于产品形成的各种辅助材料。从经济内容上看，原材料主要包括原料及主要材料、辅助材料、外购半成品、修理用备件、包装材料和燃料等；从存放地点看，原材料主要包括在途材料、库存材料和委托加工材料等。

原材料核算的业务内容主要是对上述各种材料的收入和发出的核算。其中原材料收入业务主要包括外部购入、自制、委托加工收回和盘盈等。原材料发出业务主要包括产品生产、管理耗用、出售、毁损和盘亏等。

原材料核算的工作内容主要包括原材料的总分类核算与明细分类核算。

在实际成本计价法下，企业应设置以下主要账户进行原材料业务的核算。

（一）“原材料”账户

该账户用于核算企业库存的各种原材料的实际成本。借方登记验收入库的原材料的实际成本，贷方登记发出的各种原材料的实际成本。余额在借方，表示月末企业库存原材料的实际成本。原材料明细分类账应为按材料保管地点和品种规格设置的数量金额式明细账。

（二）“在途物资”账户

该账户用于核算企业尚未验收入库的各种物资的实际成本。借方登记已支付的物资货款及采购费用，贷方登记验收入库的原材料的实际成本。该账户按供应单位和物资品种设置明细账户。

二、原材料收入的总分类核算

企业原材料收入的来源有外部购入、自制、委托加工收回和盘盈等。

（一）外购原材料的核算

企业外购原材料时，既可从本地购入，也可从外地购入；既可以采用支票结算方式，也可以采用商业汇票、托收承付等结算方式。由于采购地点和采用的结算方式不同，经常会出现材料入库与预付款时间不一致的情况，从而导致其账务处理也不相同。此外，材料在运输途中还可能发生毁损、验收入库时可能发生溢余或短缺等情况。以下分述其账务处理。

1. 结算凭证等单据与材料同时到达的采购业务

企业在支付货款和材料验收入库后，应根据结算凭证、发票账单凭证确认的材料收入成本，借记“原材料”账户，根据取得的增值税专用发票上注明的（不计入材料成本的）税额，借记“应交税费—应交增值税（进项税额）”（一般纳税人企业，下同）账户，按照实际支付的款项，贷记“银行存款”或“应付票据”等账户。

【例 4－5】　东方公司向 A 公司购入甲材料一批，增值税专用发票上记载的货款为 500 000 元，增值税税额为 85 000 元，另对方代垫包装费 1 000 元，运输费 2 000 元（取得发票），全部款项已用转账支票付讫，材料已验收入库。编制会计分录如下：

借：原材料—甲材料　　502 860
　　应交税费—应交增值税（进项税额）　　85 140
　贷：银行存款　　588 000

2. 已支付货款或已开出、承兑商业汇票，但材料尚未运达的采购业务

应先根据结算凭证、发票账单等，借记“在途物资”、“应交税费—应交增值税（进项税额）”账户，贷记“银行存款”或“应付票据”等账户；待收到材料后，再根据收料单，借记“原材料”账户，贷记“在途物资”账户。

【例 4－6】　东方公司购入 C 材料一批，增值税专用发票上记载的货款为 500 000 元，增值税税额为 85 000 元，另对方代垫包装费 1 000 元，运输费 2 000 元（取得发票），全部款项已用银行存款付讫，材料尚未运达。编制会计分录如下。

① 付款时，会计分录为

借：在途物资—A 公司　　502 860
　　应交税费—应交增值税（进项税额）　　85 140
　贷：银行存款　　588 000

② 材料运达并验收入库时，会计分录为

借：原材料—甲材料　　502 860
　贷：在途物资—A 公司　　502 860

3. 材料已到，结算凭证未到，货款尚未支付的采购业务

可以按材料的暂估价格（或合同价格等）计价，暂估入账，借记“原材料”账户，贷记“应付账款”账户。下月初用红字作同样的记账凭证，予以冲回，以便下月付款或开出、承兑商业汇票时，按正常程序，借记“原材料”、“应交税费—应交增值税（进项税额）”账户，贷记“银行存款”或“应付票据”等账户。

【例 4-7】 东方公司2011年1月28日验收入库向B公司购入的乙材料一批，月末尚未收到发票账单，货款未付，合同作价45万元。应进行会计处理如下。

① 1月28日验收入库时因发票等账单未到，无法对材料进行准确计量，因此可暂不入账。

② 1月31日，为反映库存真实情况，根据合同价暂估入账，会计分录为

借：原材料—乙材料　　450 000

　贷：应付账款—B公司（暂估应付账款）　　450 000

③ 2月1日，为便于收到托收结算凭证和发票账单后按正常程序进行账务处理，用红字编制上述相同分录冲销，即

借：原材料—乙材料　　450 000

　贷：应付账款—B公司（暂估应付账款）　　450 000

④ 2月5日，收到上述购入材料托收结算凭证和发票账单，专用发票列明材料价款44万元，增值税税额7.48万元，以银行存款予以承付，会计分录为

借：原材料—乙材料　　440 000

　应交税费—应交增值税（进项税额）　　74 800

贷：银行存款　　514 800

4. 采用预付货款的方式采购材料

具体内容参见本书“学习任务3.5 预付账款的核算”。

5. 购入材料在运输途中发生短缺和毁损

应根据造成短缺和毁损的原因，分不同情况进行处理：

一是不同生产制造企业所购原材料的物理性能截然不同，例如粮食等易虫蚀、易腐烂的原材料，或者酒精等易挥发的原材料，在购入途中会因时间的延长而发生变质、挥发等，其中合理范围内的损失称为原材料的自然损耗或合理损耗。即使采取防腐、防挥发等措施，也不能完全杜绝短缺现象的发生。

二是外购原材料在运输途中由于运输单位的责任而造成短缺。例如运输单位在搬运、装卸过程中损坏原材料，或者将包装物破坏而间接毁损原材料，或者因管理不善而丢失，都是运输单位造成原材料短缺的原因。此种情况应由运输单位负责赔偿。

三是在发货过程中，因供货方责任造成原材料数量不足或部分材料性能规格不符合要求，因此造成的短缺应由供货方负责赔偿。

【例 4-8】 东方公司采用实际成本计价法进行原材料的日常核算，外购材料一批。单价100元/公斤，数量50公斤，增值税税率17%，款项已用银行存款支付。此时，账务处理为

借：在途物资　　(100×50)5 000

　应交税费—应交增值税（进项税额）　　(5 000×17%)850

　贷：银行存款　　5 850

一个月后，收到材料45公斤。当即查明属于下列原因：

① 属于合理损耗，该种情况视同提高入库材料的单位成本，不另做账务处理。会计分录为

借：原材料　　5 000

贷:在途物资　　5 000

所谓“不另做账务处理”,相当于如数收到原材料的账务处理。但由于验收入库材料的实际数量为 45 公斤,因此,5 000/45>5 000/50,所以视同为提高入库材料的单位成本。

② 属于运输单位责任(铁路部门),其同意赔偿。会计分录为

借:原材料　　(100×45)4 500

其他应收款—铁路单位　　[100×5×(1+17%)]585

贷:在途物资　　5 000

应交税费—应交增值税(进项税额转出)　　85

由铁路单位负责赔偿短缺材料的价款加上相应的进项税额,全部记入“其他应收款”账户;购货方与铁路单位之间并没有发生交易行为,短缺材料的进项税额需转出,作为购货方收取的赔偿款开出普通收款凭证即可。

③ 属于供货方责任,其同意赔偿。会计分录为

借:原材料　　(100×45)4 500

应付账款—××单位　　[100×5×(1+17%)]585

贷:在途物资　　5 000

应交税费—应交增值税(进项税额)　　85

可以看出,因供货方责任负责赔偿的价款及税金全部记入“应付账款”的借方,这与因运输单位责任负责赔偿的情况不同。购入原材料的企业与销售方存在根本的债权债务关系,购货方是债务人,销货方是债权人,而购货方要求供货方即销货方负责赔偿产生的债权关系是基于购销双方买卖材料产生的,从购货方角度而言是债务人的债权,所以这项债权应记入“应付账款”的借方。

当由于供货方责任负责赔偿时,作为购货方发现材料短缺、毁损,查明原因后出具原材料短缺申请,交主管机关签字,后将审批的申请交予供货方,其据此开具增值税红字发票。这样,购货方取得红票即可做上述账务处理,即短缺部分原材料对应的进项税额既可以用蓝字体现在贷方,也可以用红字记入“应交税费—应交增值税(进项税额)”的借方。无论哪种账务处理,在记账时一律用红字记在“应交税费—应交增值税(进项税额)”的借方。无论是否收到红字发票,从出具申请的当月,该部分进项税额都不得抵扣。

对于验收入库时材料短缺尚待查明原因和需要报经批准才能转销处理的,应将其从“在途物资”等科目转入“待处理财产损益”科目,待查明原因后再分别做如下处理:

① 属于应由过失人负责赔偿的损失,将其损失从“待处理财产损益”科目转入“应付账款”或“其他应收款”科目;

② 属于自然灾害造成的损失,应按扣除残料价值和保险公司赔偿后的净损失,从“待处理财产损益”科目转入“营业外支出—非常损失”科目;

③ 属于无法收回的其他损失,报经批准后,将其从“待处理财产损益”科目转入“管理费用”科目。

【例 4-9】　沿用例 4-8,一个月后,收到材料 45 公斤,短缺 5 公斤原因待查。此时,账务处理为

借:原材料　　4 500

待处理财产损益　　500

贷:在途物资　　5 000

经查明材料短缺可能属于下列原因之一:

① 属于运输单位责任(铁路部门),其同意赔偿,会计分录为

借:其他应收款—铁路单位　　[100×5×(1+17%)]585

　贷:待处理财产损益　　500

　　应交税费—应交增值税(进项税额转出)　　85

② 属于供货方责任,其同意赔偿,会计分录为

借:应付账款—××单位　　[100×5×(1+17%)]585

　贷:待处理财产损益　　500

　　应交税费—应交增值税(进项税额转出)　　85

6. 购入材料溢余

购进原材料发生溢余,指实收原材料数额大于发票上所列示的原材料数额。原材料溢余的原因主要有供货单位多发和自然升溢等。对于前者,应及时与供货单位联系,退回多发数或补付货款,借记"待处理财产损益"账户,贷记"原材料"、"银行存款"等账户;对于自然升溢,应按规定程序批准后转销,借记"待处理财产损益"账户,贷记"营业费用"、"管理费用"账户。原材料溢余原因查明前也可不做进货业务处理,而作为代管物资在备查簿中登记,待以后查明原因属供货单位多发,则办理有关手续退货即可。若与对方协商作为购进,则补付货款时再作为购进业务入账。

【例4-10】 东方公司从外地购进一批材料3 000公斤,单价10元,计30 000元,货款前已承付。该批材料运到验收入库时发现溢余50公斤。当即仓库保管员填制"收料单"和"原材料溢余(短缺)报告单"送交财会部门。溢余原因经查明为供货单位多发,已补付货款;10公斤为自然升溢。财会部门根据有关凭证编制会计分录如下。

发生溢余时,会计分录为

借:原材料　　30 500

　贷:在途物资　　30 000

　　待处理财产损益—待处理流动资产损益　　500

查明原因经批准处理时,会计分录为

借:待处理财产损益—待处理流动资产损益　　500

　贷:银行存款　　500

由于对小规模纳税人增值税的征收管理采取简易办法,不得抵扣进项税额,适用4%的综合征收率,不得直接领购使用增值税专用发票等。因此,小规模纳税人购进货物或接受应税劳务,均按应付或实际支付的价款借记"在途物资"、"原材料"、"管理费用"等账户,贷记"应付账款"、"应付票据"、"银行存款"等账户。

【例4-11】 假设东方公司为增值税小规模纳税人,2011年8月购进生产用钢材一批,普通发票注明价税合计69 876元,材料已验收入库,公司开出期限为3个月的商业汇票一张,则该会计处理如下:

借:原材料　　69 876

　贷:应付票据　　69 876

（二）自制材料入库的核算

自制并已验收入库的材料，按生产过程中发生的实际成本，借记“材料”科目，贷记“生产成本”科目。

【例 4－12】 东方公司 2011 年 4 月 5 日自制材料一批，按实际成本入库，该批材料在制造过程中实际发生生产成本 15 000 元，该企业编制会计分录为

借：原材料	15 000
贷：生产成本	15 000

（三）委托加工原材料的核算

对于企业发给外单位加工的材料，通过设置“委托加工物资”科目核算。委托加工物资的核算主要分为以下几步：

① 拨付加工物资。在企业发给外单位加工的物资时，按其实际成本，借记“委托加工物资”，贷记“材料”或“库存商品”科目。

② 支付加工费用和应负担的运杂费等。企业应借记“委托加工物资”，属于增值税一般纳税人的企业，还应借记“应交税费—应交增值税（进项税额）”等科目，贷记“银行存款”等科目。

③ 交纳消费税。需要交纳消费税的委托加工物资，由受托方代收代缴的消费税，应分情况处理：若委托加工物资收回后直接用于销售，则应按受托方代收代缴的消费税，借记“委托加工物资”科目，贷记“应付账款”、“银行存款”等科目；若委托加工物资收回后用于连续生产，则委托方准予抵扣受托方代收代缴的消费税，根据代收代缴的消费税税额，借记“应交税费—应交消费税”科目，贷记“应付账款”、“银行存款”等科目。

④ 收回加工材料和剩余物资。企业委托外单位加工完成并已验收入库的物资，按委托加工过程中发生的实际成本，借记“材料”、“库存商品”科目，贷记“委托加工物资”科目。

【例 4－13】 东方公司（一般纳税人）委托外单位加工材料一批（非金银首饰应税消费品），材料价款 150 000 元，应付给加工企业加工费用 50 000 元，由受托方代收代缴的消费税 5 000 元，材料已加工完毕并验收入库，加工费用已支付。根据这项业务，该企业应做如下会计处理。

① 在发出委托加工材料时，会计分录为

借：委托加工物资	150 000
贷：原材料	150 000

② 在支付加工费用与税金时，应纳增值税为

$$应纳增值税=50\ 000\times 17\%=8\ 500(元)$$

财务处理分两种情况：

ⓐ 若材料收回后直接用于销售，则该企业应编制以下会计分录：

借：委托加工物资	55 000
应交税费—应交增值税（进项税额）	8 500
贷：银行存款	63 500

ⓑ 若材料收回后用于连续生产，则该企业的会计分录如下：

借：委托加工物资	50 000
应交税费—应交增值税（进项税额）	8 500

—应交消费税　　5 000

贷:银行存款　　63 500

③ 在加工完成收回委托加工材料时,财务处理分两种情况:

ⓐ 如果材料收回后直接用于销售,则该企业应编制以下会计分录:

借:原材料　　205 000

贷:委托加工物资　　205 000

ⓑ 如果材料收回后用于连续生产,则该企业的会计分录如下:

借:原材料　　200 000

贷:委托加工物资　　200 000

企业收入原材料还可以有投资者投入、接收捐赠、以非货币性交易换入、债务人以材料抵债等方式,其账务处理将在后面有关章节介绍。

在材料收入业务较少的企业中,材料收入的总分类核算可根据收料凭证逐日编制记账凭证,并据以登记总分类账;在材料收入业务较多的企业中,则可根据收料凭证,整理汇总,定期编制"收料凭证汇总表",于月终一次登记总分类账,进行总分类核算。

三、原材料发出的总分类核算

企业发出的材料不管是何用途,均应办理有关手续和与之相关的单证。如在生产过程中,各个生产部门需用材料时,应填制领料凭证,一般称为领料单,向仓库办理领料手续。仓库根据领料单发出材料后,应将领料单传递给财会部门。财会部门根据领料车间及领料用途的不同编制发料凭证汇总表,并以此编制会计分录。

企业的材料领发业务通常比较频繁,为了简化核算,平时一般只登记材料明细账,月末才根据领发单,按领用部门和用途,汇总编制"发料凭证汇总表",并据此做账务处理,借记"生产成本"、"劳务成本"、"制造费用"、"营业费用"、"管理费用"、"其他业务支出"、"委托加工物资"、"在建工程"等科目,贷记"原材料"科目,并汇总登记总分类账户。需要说明的是,当原材料用于非应税项目时,其增值税税额应转入"在建工程"等科目。

【例4-14】 东方公司2011年8月末根据领、发料凭证汇总编制"发出材料凭证汇总表"如表4-5所列。

表4-5 发出材料凭证汇总表

2011年8月　　单位:元

车间 \ 材料			主要材料	辅助材料	合计
基本生产	铸工车间	铁铸件	12 900	1 500	14 400
		铝铸件	30 000	500	30 500
		合　计	42 900	2 000	44 900
	加工车间	磨　床	25 600		25 600
		钻　床	19 950		19 950
		合　计	45 550		45 550

续表 4－5

车间＼材料		主要材料	辅助材料	合　计
辅助生产	机修车间	1 690		1 690
	供汽车间		500	500
	合　计	1 690	500	2 190
总　计		90 140	2 500	92 640

分配材料费用的会计分录为

借:基本生产成本—铁铸件　　14 400
　　　　　　　　—铝铸件　　30 500
　　　　　　　　—磨床　　25 600
　　　　　　　　—钻床　　19 950
　　辅助生产成本—机修车间　　1 690
　　　　　　　　—供汽车间　　500
　贷:原材料—主要材料　　90 140
　　　　　　—辅助材料　　2 500

四、原材料收发的明细分类核算

材料明细分类核算包括数量核算和价值核算两部分。材料收、发、库存的数量核算,由仓库人员负责;价值核算由财会人员负责。根据这一要求,企业可采用设置"两套账"或"一套账"的方式,进行材料的明细分类核算。

两套账指仓库设置材料卡片,核算各种材料收发结存的数量;财会部门设置材料明细分类账,核算各种材料收发结存的数量和金额。这种方式的优点是,可以起到相互制约的作用;缺点是,重复记账,工作量较大。

一套账指仓库按材料的品种、规格设置的材料卡片与财会部门设置的材料明细分类账合并,实行"账卡合一",即把材料卡片与材料明细分类账合并为一套账,由仓库负责登记数量,财会人员定期到仓库稽核账单,并在材料收发凭证上标价,登记金额,账册平时放在仓库。

材料卡片是登记材料收发结存数量的明细记录,应按材料的品种、规格开设,根据收料凭证,按日逐笔登记,序时地反映各种材料收发结存的实物数量。材料卡片应按材料类别和编号顺序排列,或按类别装订成活页账,以便保管。

材料明细分类账又称数量金额式明细账,由财会部门按材料的品种、规格设置,采用收、发、余三栏式,登记方法是:根据收料凭证序时逐笔登记"收入"栏;根据发料凭证,选择采用先进先出法、一次加权平均法、移动加权平均法和个别计价法等存货计价方法,计算出发出材料和结存材料的实际成本,并登记在"发出"栏和"结余"栏中。

学习任务4.4　原材料按计划成本计价的核算

原材料按实际成本计价核算时,从材料日常收发凭证到明细分类账和总分类账全部是按实际成本计价的。这对于材料收发业务频繁的企业，其材料计价工作量是极为繁重的。而且，在这种计价方式下，看不出所收入材料的实际成本与计划成本相比是节约还是超支了，因而难以从账簿中反映材料采购业务的经营成果。因此，这种计价方法一般只适合材料收发业务较少的企业。对于材料收发业务频繁，且具备材料计划成本资料的企业，则应采用按计划成本计价的核算方法。

原材料按计划成本计价核算，指原材料的采购、收入、发出和结存的总分类核算和明细分类核算都按计划价进行。其特点是：收发凭证按材料的计划成本计价，原材料的总分类账和明细分类账均按计划成本登记。原材料的实际成本与计划成本的差异，通过"材料成本差异"科目核算，月末将发出的原材料的计划成本与材料成本差异调整为实际成本。

原材料按计划成本计价核算的内容与按实际成本计价核算的内容相同，只是在月末要进行"材料成本差异"的分摊。本学习任务将以外购原材料为例介绍原材料按计划成本计价的核算，采用其他方式取得的原材料的收发业务可参照此进行核算。

一、主要账户设置

（一）"材料采购"账户

此账户用以核算企业购入各种材料的采购成本，为采用计划成本进行材料核算的企业所使用。其借方登记收到材料发票和账单的材料实际成本数；贷方登记月末已经收到的材料发票和账单并已验收入库材料的计划成本。其借方余额表示已经收到发票和账单，但材料尚未验收入库或尚未到达的在途材料。"材料采购"账户应按材料类别设置明细账，进行明细核算。

（二）"材料成本差异"账户

此账户用以核算各种材料的计划成本与实际成本之间的差异。其借方登记材料的实际成本大于计划成本的差异额；贷方登记材料的实际成本小于计划成本的差异额。月末其借方余额表示材料实际成本大于计划成本数；贷方余额表示计划成本大于实际成本数。领用、发出或报废的各种材料应负担的成本差异额应从本账户贷方转出，转出的实际成本大于计划成本的差异额用蓝字表示；实际成本小于计划成本的差异额用红字登记。此账户应按材料类别设置明细账进行明细核算。

二、原材料收入的总分类核算

（一）货款已经支付，同时材料验收入库

【例 4－15】　东方公司购入甲材料一批，货款 30 000 元，增值税 5 100 元，发票账单已收到，计划成本为 32 000 元，已验收入库，全部款项以银行存款支付。编制会计分录如下：

借：材料采购	30 000
应交税费—应交增值税（进项税额）	5 100
贷：银行存款	35 100

（二）货款已经支付，材料尚未验收入库

【例 4－16】　东方公司采用汇兑结算方式购入乙材料一批，货款 40 000 元，增值税 6 800 元，发票账单已收到，款已付，计划成本为 38 000 元，材料尚未入库。编制会计分录如下：

借:材料采购　　40 000
　应交税费—应交增值税(进项税额)　　6 800
　贷:银行存款　　46 800

(三)货款尚未支付,材料已经验收入库

【例4-17】　东方公司采用银行承兑汇票支付方式购入丙材料一批,货款50 000元,增值税8 500元,发票账单已收到,计划成本为52 000元,材料已经验收入库。编制会计分录如下:

借:材料采购　　50 000
　应交税费—应交增值税(进项税额)　　8 500
　贷:应付票据　　58 500

【例4-18】　东方公司采用托收承付结算方式购入乙材料一批,材料已验收入库,发票账单未收到,月末按照计划成本50 000元估价入账。

借:原材料—乙材料　　50 000
　贷:应付账款　　50 000

下月初用红字冲回,编制会计分录如下:

借:原材料—乙材料　　50 000
　贷:应付账款　　50 000

【例4-19】　月末汇总本月已付款或已开出并承兑商业汇票的入库材料的计划成本为84 000(即32 000+52 000)元。编制会计分录如下:

借:原材料—甲材料　　32 000
　　　　—丙材料　　52 000
　贷:材料采购　　84 000

入库材料的实际成本为80 000(即30 000+50 000)元,入库材料的成本差异为节约4 000(即84 000-80 000)元。编制会计分录如下:

借:材料采购　　4 000
　贷:材料成本差异　　4 000

三、原材料发出的总分类核算

(一)结转发出材料的计划成本

月末,根据领料单等编制"发料凭证汇总表",借记"生产成本"等有关科目,贷记"原材料"科目。

【例4-20】　东方公司根据"发料凭证汇总表"的记录,原材料的消耗(计划成本)为:基本生产车间领用200 000元,辅助车间领用60 000元,车间管理部门领用10 000元,企业行政管理部门领用5 000元,在建工程领用15 000元。编制会计分录如下:

借:生产成本—基本生产成本　　200 000
　　　　　—辅助生产成本　　60 000
　制造费用　　10 000
　管理费用　　5 000
　在建工程　　15 000

贷:原材料 290 000

（二）结转发出材料应负担的成本差异

上述发出材料的计划成本应通过材料成本差异的结转,调整为实际成本。计算公式为

材料成本差异率=(月初结存材料的成本差异额+本月收入材料的成本差异)/
(月初结转材料的计划成本+本月收入材料的计划成本)×100%

发出材料应分摊差异额=发出材料的计划成本×材料成本差异率×100%

【例4-21】 承例4-20,东方公司月初结存材料的计划成本为100 000元,成本差异为超支3 000元;本月入库材料的计划成本为220 000元,成本差异为节约11 000元。则

材料成本差异率=-2.5%

结转发出材料的成本差异额的分录为(红字)

借:生产成本—基本生产成本 5 000
　　　　　—辅助生产成本 1 500
　制造费用 250
　管理费用 125
　在建工程 375
　贷:材料成本差异 7 250

在会计核算实务中,发出材料应分摊的差异额可按上月差异率计算。如果发出的是本月购入的材料,也可按该批材料的差异率计算(即不考虑其期初结存的差异和其他批次购入的差异)。计算差异率的方法一经确定,不得随意变更。如有变更,应经批准并在当年会计报告中说明。

四、原材料收发的明细分类核算

（一）库存原材料的明细分类核算

按计划成本计价对材料收发的核算,指每一种材料的收入和发出都是按已确定的计划单价计价,因此,更便于采用“一套账”的核算方式。日常核算由仓库人员在材料明细账中登记材料收发结存的数量,财会人员定期到仓库稽核,月末以结存数量乘以计划单价,计算并登记某种材料的结存金额,以便对账。

为了反映和控制库存中各类材料的增减变动,财会部门还应按照材料的保管地点(仓库)和类别设置材料明细账,该账可根据收发料凭证定期归类汇总后登记,这样既可以反映和控制各库中各类材料资金的增减变化,又可以与仓库的材料明细账进行核对。

（二）材料采购的明细分类核算

材料采购明细账是用来记录企业外购的各类或各种材料的实际采购支出,计算确定各类或各种材料的实际采购成本及成本差异额的明细记录。

材料采购明细账采用横线登记法,借方按照经济业务发生的顺序,根据有关凭证逐笔登记外购材料的实际采购成本;贷方按照借方记录的顺序根据收料单登记验收入库的各批外购材料的计划成本和成本差异额;月末账内只有借方金额而无贷方金额的款项即为在途材料。为了下月记账方便,可将各项在途材料逐笔结转,照抄到下月账内。

（三）材料成本差异的明细分类核算

材料成本差异明细账的设置应与材料采购账户口径一致，用以反映各类材料的成本差异额和材料成本差异率，并据以计算和调整发出材料应负担的差异额。

学习任务4.5　周转材料的核算

周转材料指企业能够多次使用、逐渐转移其价值，但仍保持原有形态不确认为固定资产的材料，包括低值易耗品和包装物，以及建筑施工企业的钢模板、木模板和其他周转材料等。

周转材料具有以下基本特点：一是其本质属性是材料；二是能够多次使用；三是其价值逐渐转移；四是在使用过程中保持原有形态；五是不确认为固定资产。

一、低值易耗品的核算

（一）低值易耗品的特点及其分类

低值易耗品指不作为固定资产核算的各种用具物品，如工具、管理用具、玻璃器皿及在经营过程中周转使用的包装容器等。一般可分为以下几大类：

① 经营用具，指经营中使用的各种用具，如清洁器械、消防器械和绿化器械等。

② 管理用具，指企业管理中的各种家具、用具，如保险柜、沙发、椅子、桌子和自行车等。

③ 包装容器，指物业管理企业在经营过程中使用的周转箱和包装袋等。

④ 其他用具，指不属于以上分类的低值易耗品。

（二）低值易耗品的账务处理

低值易耗品的核算通过设置“低值易耗品”账户进行，借方登记购入和其他原因增加的低值易耗品，贷方登记售出、废弃或其他原因减少的低值易耗品，余额表示低值易耗品的实有数。对于低值易耗品不多的企业，也可设置“周转材料—低值易耗品”账户进行核算。

1. 低值易耗品购入核算

在购入低值易耗品时，应按其买价及分摊的采购费用进行低值易耗品核算。

【例4-22】　东方公司购入三轮车一辆，价值860元，以支票付款。根据购车发票及支票存根，编制会计分录如下：

借：低值易耗品—在库　　　　860

　贷：银行存款　　　　860

2. 低值易耗品领用和摊销的核算

根据企业会计制度规定，低值易耗品的摊销方法包括一次摊销法、分次摊销法和五五摊销法等。

(1) 一次摊销法

一次摊销法指在低值易耗品领用时，将其价值一次转入“管理费用”、“制造费用”等账户的摊销方法。这种方法手续简便，适用于价值较低、使用期短、一次领用数量不变的物品。

【例4-23】　东方公司生产车间职工领用工作服4套，每套60元。根据“领用单”，编制会计分录如下：

借：制造费用　　　　240

贷:低值易耗品 240

(2) 分期摊销法

分期摊销法指在低值易耗品领用时,按预计的使用时间,分次将平均价值摊入费用的摊销方法。这种摊销方法,费用负担比较均衡,适用于单位价值较高,使用期限较长的物品。采用这种方法,在核算上,领用时将低值易耗品的实际成本全部转入"长期待摊费用"账户,以后分期从该账户转入"管理费用"、"制造费用"等账户中。

【例4-24】 东方公司清洁队领用垃圾手推车6辆,每辆480元,分2年摊销。领用垃圾手推车时,会计分录为

借:长期待摊费用 2 880

　贷:低值易耗品 2 880

每月摊销时,会计分录为

借:管理费用 120

　贷:长期待摊费用 120

(3) 五五摊销法

五五摊销法指在领用低值易耗品时摊销一半,废弃时再摊销一半的摊销方法。设置"在库低值易耗品"、"在用低值易耗品"和"低值易耗品摊销"三个明细账。

【例4-25】 东方公司行政管理部门6月领用办公桌4台,每台价值200元,采用五五摊销法。领用办公桌时的会计分录为

借:低值易耗品—在用低值易耗品 800

　贷:低值易耗品—在库低值易耗品 800

同时摊销一半价值,会计分录为

借:管理费用 400

　贷:低值易耗品—低值易耗品摊销 400

报废时,摊销剩余价值,同时残料收入100元,收到现金。会计分录为

借:现金 100

　管理费用 300

　贷:低值易耗品—低值易耗品摊销 400

同时,注销低值易耗品明细账,会计分录如下:

借:低值易耗品—低值易耗品摊销 800

　贷:低值易耗品—在用低值易耗品 800

低值易耗品也会发生修理、报废、出售等业务。发生的修理费按用途计入"制造费用"、"管理费用"等账户;报废时的净残值收入冲减相关费用;变价出售作为其他业务处理。

二、包装物的核算

(一) 包装物的概念与特点

包装物指用于包装本企业产品,并随产品出售、出租、出借给购买单位而储存的各种包装容器,如桶、箱、瓶、坛、袋等。但不包括企业的各种包装材料,如纸、绳、铁丝、铁皮等,其价值较小,应列入材料进行核算。用于储存和保管商品、产品、材料而不对外销售和出租、出借的大型

包装物,因其价值较大,使用时间较长,应根据其价值大小和使用时间长短,分别作为固定资产和低值易耗品进行管理,不作为包装物进行核算。单独作为企业的商品、产品而自制的包装物,以及作为商品而购入的包装物,应作为企业的商品、产成品进行核算,也不作为包装物进行核算。

包装物具有流动性强、流通环节多、容易毁损和丢失等特点,有的还可以反复使用。因此,必须加强对包装物的核算和管理。

（二）包装物的账务处理

包装物的核算通过设置“低值易耗品”账户进行,借方登记购入和其他原因增加的包装物,贷方登记售出、废弃或其他原因减少的包装物,余额表示包装物的实有数。在采用“五五摊销法”、“一次摊销法”计算出租、出借包装物摊销价值的情况下,本账户应设置“库存未用包装物”、“库存已用包装物”、“出租包装物”、“出借包装物”和“包装物摊销”五个明细账户。对于包装物不多的企业,也可设置“周转材料—包装物”账户进行核算。

包装物的核算可按实际成本,也可按计划成本进行计价。从核算方法看,包装物的核算与原材料的核算基本相似。企业购入、自制、委托加工完成验收入库的包装物的核算,与原材料收入的核算完全相同,不同点主要表现在包装物的发出和领用的核算上。

企业领用包装物,主要有四种情况:第一,生产领用的包装物,用于包装产品,作为产品组成部分的包装物;第二,随同产品出售不单独计价的包装物;第三,随同产品出售单独计价的包装物;第四,出租或出借给购买单位使用的包装物。

1. 生产领用的包装物

生产领用的包装物,多数属于内包装,成为产品不可分割的组成部分,这种包装物一般不单独计价,随同产品销售后也不回收,因此发出时其成本与产品成本一起结转。

【例 4-26】　东方公司为了生产 A 产品,领用新包装物一批,计划成本 2 000 元,当月成本差异率为+2%,据此编制会计分录如下。

领用时的会计分录为

借:生产成本　　2 000

　贷:包装物　　2 000

月末结转包装物成本差异时的会计分录为

借:生产成本　　40

　贷:材料成本差异　　40

2. 随同产品出售不单独计价的包装物

随同产品出售不单独计价的包装物,在产品销售时作为营业费用处理。

【例 4-27】　东方公司为了销售 H 产品,领用包装纸箱一批,实际成本为 1 000 元,纸箱随同 H 产品一起出售但不单独计价。编制会计分录如下:

借:营业费用　　1 000

　贷:包装物　　1 000

3. 随同产品出售单独计价的包装物

随同产品出售单独计价的包装物在产品销售时,其收入作为其他业务收入,成本计入其他业务支出。

【例 4-28】　东方公司在销售产品时,随同产品出售单独计价的新包装物一批,其售价为

800 元，应收增值税为 135 元，已通过银行收讫，该批包装物实际成本为 810 元。

收到包装物价款时，编制会计分录如下：

借：银行存款　　935

　贷：其他业务收入　　800

　　应交税费—应交增值税(销项税额)　　135

结转包装物成本时，编制会计分录如下：

借：其他业务支出　　810

　贷：包装物　　810

4. 出租、出借的包装物

企业为了督促使用单位如期归还包装物，在出租、出借时往往收取不低于包装物成本的押金。出租、出借的包装物在周转使用过程中因磨损而减少的价值，可根据情况采用一次摊销法或分期摊销法进行摊销。若出租、出借包装物数额不大，可采用一次摊销法，在第一次领用新包装物时，结转其成本，借记“其他业务支出”账户(出租包装物)或借记“营业费用”账户(出借包装物)，贷记“包装物”账户。出租、出借包装物数额较大的，可通过“长期待摊费用”分次摊销，在领用新包装物时，借记“长期待摊费用”账户，贷记“包装物”账户。出租、出借包装物收到押金时，借记“银行存款”账户，贷记“其他应付款”账户。收到租金时，借记“现金”或“银行存款”账户，贷记“其他业务收入”账户。出租、出借的包装物不能使用报废时，其残料价值，借记“原材料”等账户，贷记“其他业务支出”(出租包装物)、“营业费用”(出借包装物)等账户。

采用上述账务处理程序，出租、出借包装物一经发出，其价值就在账面上注销，以后在收回已使用过的出租、出借包装物时，即使尚可继续使用，也不再作价入账。为了加强对收回的包装物的实物管理，应在备查簿上进行登记。

对于出租、出借包装物频繁，且数量多、金额大的企业，出租、出借包装物的成本也可采用五五摊销法进行摊销。

无论采用何种摊销方法，如果包装物核算使用计划成本计价，则在月末都应将包装物应分摊的成本差异记入有关的成本费用或支出账户。采用一次或分次摊销法时，在出库的月末分摊成本差异；采用五五摊销法时，在收不回或报废的月末分摊成本差异。

【例 4－29】　东方公司随产品销售出租包装箱 40 个，每个成本 30 元，押金按每个 35 元收取，存入银行。本月收回包装物，收取包装箱租金 500 元，从押金中扣除。包装物价值采用一次摊销法摊销。编制会计分录如下。

领用包装物时的会计分录为

借：其他业务支出　　1 200

　贷：包装物　　1 200

收到押金时的会计分录为

借：银行存款　　1 400

　贷：其他应付款　　1 400

退还押金和扣除租金时的会计分录为

借：其他应付款　　1 400

　贷：其他业务收入　　500

　　银行存款　　900

【例4-30】 东方公司3月5日随产品销售出借包装铁桶100只，每只计划成本40元，押金按每只45元收取，当月包装物成本差异率为+2%，该批包装物成本分4次摊销，铁桶按时收回，押金退还，并通过银行结算。编制有关会计分录如下。

领出出借用铁桶时的会计分录为

借：待摊费用　　4 000

　贷：包装物　　4 000

收取押金时的会计分录为

借：银行存款　　4 500

　贷：其他应付款　　4 500

月末结转该批包装物成本差异时的会计分录为

借：待摊费用　　80

贷：材料成本差异　　80

以后各月末摊销包装物成本时的会计分录为

借：营业费用　　1 020

　贷：待摊费用　　1 020

退还该批包装物押金时的会计分录为

借：其他应付款　　4 500

　贷：银行存款　　4 500

学习任务4.6　材料清查的核算

企业材料的品种规格多、收发频繁，一方面可能存在计量、计算差错，另一方面可能会发生自然溢耗、毁损、被盗和丢失等，从而造成账实不符。因此在采用永续盘存制下，企业应定期或不定期地对材料进行清查盘点，确定材料的实存数，查明账实不符的原因，分清经济责任进行处理，以便达到账实相符。

一、材料清查核算的科目设置

企业应设置"待处理财产损益"账户来核算在清查财产过程中查明的各种财产盘盈、盘亏和毁损的价值，包括盘盈存货的价值。该账户的借方，登记待处理财产盘亏或毁损数；贷方登记待处理财产盘盈数。结转待处理财产盘亏或毁损时记到该账户的贷方；结转待处理财产盘盈时记到该账户的借方。月末如有贷方余额，则反映尚未处理的财产物资净损失；如有贷方余额，则反映尚未处理的财产物资净溢余。企业一般设置"待处理固定资产损益"和"待处理流动资产损益"两个明细分类账户进行明细核算，以分别反映固定资产和流动资产的盘盈、盘亏及其处理结果。材料的盘盈、盘亏，应及时查明原因并上报审批。在未经批准前，通过设置"待处理财产损益"总分类账户进行核算。

二、材料清查结果的处理

对于存货清查结果的处理，应按盘盈和盘亏分别进行处理：

（一）对于盘盈的存货

盘盈一般是由于收发计量或核算上的差错造成的，故应按同类存货或预估的价值来冲减管理费用。

（二）对于盘亏和损失的存货

分下列几种情况分别处理：

① 属于定额内的自然损耗，经批准后可列入“管理费用”科目；

② 属于过失人责任造成的损失，扣除其残料价值后，计入“其他应收款”账户；

③ 应向保险公司收取的赔偿金，计入“其他应收款—保险公司”科目；

④ 剩余净损失或未参加保险部分的损失，计入“营业外支出”科目，若损失中有一般经营损失部分，则计入“管理费用”科目。

【例 4－31】 东方公司进行材料清查时，发现某材料盘盈 100 公斤，计 950 元。

报批前的会计分录为

借：原材料　　950

　贷：待处理财产损益　　950

经查该项盘盈属于收发计量错误造成。报批后的会计分录为

借：待处理财产损益　　950

　贷：管理费用　　950

【例 4－32】 东方公司进行存货清查时，发现材料短缺 500 公斤，其计划单位成本为 3.6 元，计 18 000 元，材料成本差异率为 2%。

报批前的会计分录为

借：待处理财产损益　　18 360

　贷：原材料　　18 000

　　材料成本差异　　(18 000×2%)360

经查，该项短缺分别由多种原因造成，经批准，分别进行转销：

① 材料短缺中属于过失人责任造成 2 000 元损失，应由其予以赔偿。会计分录为

借：其他应收款—××　　2 000

　贷：待处理财产损益　　2 000

② 材料短缺中，属于定额内合理损耗部分，价值 325 元。会计分录为

借：管理费用　　325

　贷：待处理财产损益　　325

③ 材料短缺中，属于非常损失部分，价值 16 035 元，其中收回残料 100 元，保险公司给予赔款 15 900 元，剩余 35 元为净损失。会计分录为

借：原材料　　100

　其他应收款　　15 900

　营业外支出　　35

　贷：待处理财产损益　　16 035

学习任务4.7　材料期末计价的核算

根据我国有关制度的规定，企业的期末结存材料应采用成本与可变现净值孰低法进行计价。

一、成本与可变现净值孰低法的含义

“成本”指材料的历史成本，即按前面所介绍的以历史成本为基础的存货计价方法（如先进先出法等）计算得出的期末存货价值。

“可变现净值”指企业在正常生产经营过程中，以估计售价减去估计完工成本及销售所必需的估计费用后的价值，而不是材料的现行售价。其计算公式为

可变现净值＝估计售价－估计完工成本－销售所必需的估计费

成本与可变现净值孰低法指对期末材料按照成本与可变现净值之中较低者计价的方法。即当成本低于可变现净值时，期末材料按成本计价；当材料可变现净值低于成本时，期末材料按可变现净值计价，对可变现净值低于成本的差额，计提存货跌价准备，跌价损失计入当期损益。显然，这是一种稳健的方法，可以在一定程度上规避因按历史成本计价而可能导致的虚增资产、虚增利润的问题。

二、成本与可变现净值孰低法的运用

采用成本与可变现净值孰低法对材料进行期末计价时，期末结存材料的价值通常可采用以下三种方法确定。

（一）单项比较法

单项比较法亦称逐项比较法或个别比较法，指对库存中每项材料的成本与其可变现净值逐项进行比较，每项材料均取较低数确定材料的期末成本。

（二）分类比较法

分类比较法亦称类比法，指按材料类别的成本与其可变现净值进行比较，每类材料取其较低数确定材料的期末成本。

（三）综合比较法

综合比较法亦称总额比较法，指按全部材料的总成本与其可变现净值总额相比较，以较低数作为期末全部材料的成本。

【例4－33】　东方公司有A、B、C、D四种材料，按性质不同分为甲、乙两大类。各种材料的成本及其可变现净值已经确定，如表4－6所列。现分别按三种比较法确定期末结存材料的价值。

由表4－6可见，采用单项比较法确定的期末材料成本最低（19 400元），分类比较法次之（19 800元），综合比较法最高（20 000元）。其原因是单项比较法所确定的均是各项材料的最低价。

表4-6　期末材料成本与可变现净值比较表

金额单位:元

项　目	成　本	可变现净值	单项比较法	分类比较法	综合比较法
甲类材料	6 000	6 600		6 000	
A材料	2 000	2 800	2 000		
B存货	4 000	3 800	3 800		
项　目	成　本	可变现净值	单项比较法	分类比较法	综合比较法
乙类材料	14 000	13 800		13 800	
C材料	6 000	6 200	6 000		
D材料	8 000	7 600	7 600		
总　计	20 000	20 400	19 400	19 800	20 000

通过对三种方法的比较可见,单项比较法的确定结果最为准确,但工作量也最大;综合比较法的工作量最小,但确定的结果相对较差;分类比较法的优缺点介于两者之间。

三、成本与市价孰低法的账务处理

(一) 科目设置

现行企业会计制度规定,企业应采用备抵法对材料期末计价业务进行账务处理。为此,企业要设置"存货跌价准备"账户来核算因材料可变现净值低于成本而计提的存货跌价准备。

企业应定期或至少于每年年度终了,对材料进行全面清查,对于由于材料遭受毁损、全部或部分陈旧过时或销售价格低于成本等原因,使材料成本不可收回的部分,应当提取存货跌价准备。

存货跌价准备应按单个存货项目的成本与可变现净值计量,如果某些存货具有类似用途,并与在同一地区生产和销售的产品系列相关,且实际上难以将其与该产品系列的其他项目区别开来进行估价,则可以合并计量成本与可变现净值;对于数量繁多、单价较低的存货,可以按存货类别计量成本与可变现净值。

(二) 计提存货跌价准备的判断标准

当存在下列情况之一时,应当计提存货跌价准备:

① 市价持续下跌,并在可预见的未来无回升的希望。

② 企业使用该项原材料生产的产品的成本大于产品的销售价格。

③ 企业因产品更新换代,原有库存原材料已不适应新产品的需要,而该原材料的市场价格又低于其账面成本。

④ 因企业所提供的商品或劳务过时,或者因消费者偏好改变而使市场的需求发生变化,导致市场价格低于其账面成本。

⑤ 其他足以证明该项存货实质上已经发生减值的情形。

(三) 期末存货计价的处理

分以下两种情况进行处理:

① 期末,企业计算出存货可变现净值低于成本的差额,借记“资产减值损失—计提的存货跌价准备”科目,贷记“存货跌价准备”科目;若已计提跌价准备的存货的价值以后又得以恢复,则应该恢复增加的数额,借记“存货跌价准备”科目,贷记“资产减值损失—计提的存货跌价准备”科目。但是,当已计提跌价准备的存货的价值以后又得以恢复时,其冲减的跌价准备金额应以“存货跌价准备”科目的余额冲减至零为限。

“存货跌价准备”科目期末贷方余额反映了企业已提取的存货跌价准备。

【例 4-34】 东方公司采用“成本与可变现净值孰低法”进行存货的计价核算,存货跌价准备采用个别比较法计量,并运用“备抵法”进行相应的账务处理。

ⓐ 假设 2008 年年末,某材料的账面成本为 100 000 元。预计可变现净值为 90 000 元,应计提的存货跌价准备为 10 000 元。应做的会计处理为

借:资产减值损失—计提的存货跌价准备　　10 000
　贷:存货跌价准备　　10 000

ⓑ 假设 2009 年年末,该材料的预计可变现净值为 85 000 元,则应计提的存货跌价准备为 5 000 元。会计分录为

借:资产减值损失—计提的存货跌价准备　　5 000
　贷:存货跌价准备　　5 000

ⓒ 假设 2010 年年末,该材料的可变现净值有所恢复,预计可变现净值为 97 000 元,则应冲减计提的存货跌价准备为 12 000 元。会计分录为

借:存货跌价准备　　12 000
　贷:资产减值损失—计提的存货跌价准备　　12 000

ⓓ 2011 年年末,该材料的可变现净值进一步恢复,预计可变现净值为 105 000 元,则应冲减计提的存货跌价准备为 3 000 元(以以前已入账的减少数为限)。会计分录为

借:存货跌价准备　　3 000
　贷:资产减值损失—计提的存货跌价准备　　3 000

② 当存在以下一项或若干项情况时,应将存货账面价值全部转入当期损益:

ⓐ 已霉烂变质的存货。

ⓑ 已过期且无转让价值的存货。

ⓒ 生产中已不再需要,并且已无使用价值和转让价值的存货。

ⓓ 其他足以证明已无使用价值和转让价值的存货。

企业当期发生上述情况时,应按材料的账面价值借记“资产减值损失—计提的存货跌价准备”科目,按已计提的存货跌价准备,借记“存货跌价准备”科目,按存货的账面余额,贷记“原材料”、“库存商品”等科目。

【例 4-35】 东方公司的一批材料因已过时效而霉烂变质,已无使用价值和转让价值。经查该批材料账面原值 1 500 元,已计提存货跌价准备 500 元。现经批准销账。应编制会计分录如下:

借:资产减值损失—计提的存货跌价准备　　1 000
　　存货跌价准备　　500
　贷:原材料　　1 500

企业计提了存货跌价准备，如果其中有部分存货已经销售，则企业在结转销售成本时，应同时结转对其已计提的存货跌价准备，冲减主营业务成本。

【例 4-36】 东方公司变价处理一批不需要用的材料，其账面原值 5 123 元，该批材料已计提存货跌价准备 500 元。结转出售该批材料的成本时应编制会计分录如下：

借：其他业务支出	4 623
存货跌价准备	500
贷：原材料	5 123

重点回顾

工作过程 4 主要讲述了与材料业务核算有关的内容，其重点内容概括于图 4-1 中。

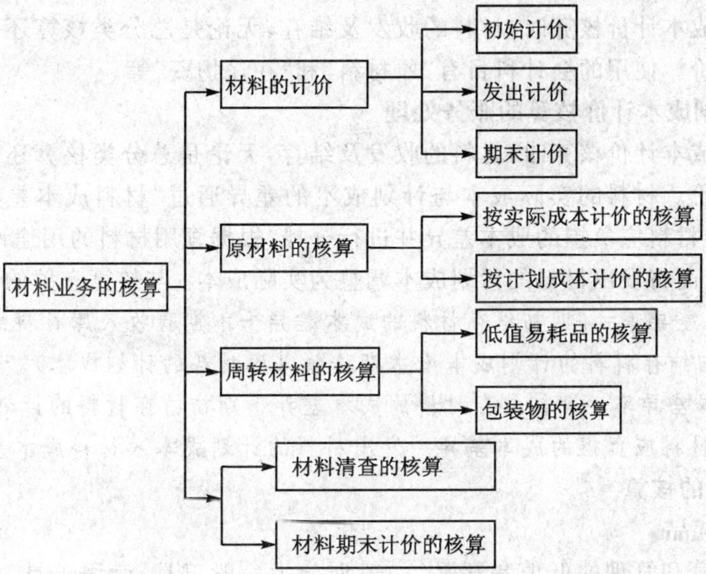

图 4-1　材料业务的核算

1. 材料的内容、成本的确定和计价方法

(1) 材料的内容

材料是企业在生产或提供劳务过程中耗用的原材料及物料等，包括各类材料、包装物和低值易耗品等。

(2) 材料成本的确定

材料应当按照成本进行初始计量。材料成本包括采购成本、加工成本和其他成本。

材料的采购成本包括购买价款、相关税费、运输费、装卸费、保险费及其他可归属于材料采购成本的费用。

材料的加工成本是在材料加工过程中发生的追加费用，包括直接人工及按照一定方法分配的制造费用。

材料的其他成本是除采购成本、加工成本以外的，使材料达到目前场所和状态所发生的其他支出。

(3) 发出材料的计价方法

在日常工作中,企业发出的材料可以按实际成本核算,也可以按计划成本核算。若按计划成本核算,则在会计期末应调整为实际成本。企业应根据各类材料的实物流转方式、企业管理要求和材料的性质等实际情况,合理确定发出材料成本的计算方法,以及当期发出材料的实际成本。对于性质和用途相同的材料,应采用相同的成本计算方法来确定发出材料的成本。在实际成本核算方式下,企业可采用的发出材料成本的计价方法包括个别计价法、先进先出法、一次加权平均法和移动加权平均法等。

2. 原材料的核算

原材料的日常收发及结存,既可以采用实际成本计价核算,也可以采用计划成本计价核算。

(1) 采用实际成本计价核算的账务处理

材料按实际成本计价核算时,材料的收发及结存,无论是总分类核算还是明细分类核算,均按实际成本计价。使用的会计科目有“原材料”和“在途物资”等。

(2) 采用计划成本计价核算的账务处理

材料按计划成本计价核算时,材料的收发及结存,无论是总分类核算还是明细分类核算,均按计划成本计价。材料的实际成本与计划成本的差异通过“材料成本差异”科目核算。月末,计算本月发出材料应负担的成本差异并进行分摊,根据领用材料的用途计入相关资产的成本或当期损益,从而将发出材料的计划成本调整为实际成本。与核算有关的计算公式有

本期材料成本差异率=(期初结存材料的成本差异+本期验收入库材料的成本差异)÷(期初结存材料的计划成本+本期验收入库材料的计划成本)×100%

期初材料成本差异率=期初结存材料的成本差异÷期初结存材料的计划成本×100%

发出材料应负担的成本差异=发出材料的计划成本×材料成本差异率

3. 周转材料的核算

(1) 低值易耗品

作为存货核算和管理的低值易耗品,一般划分为一般工具、专用工具、替换设备、管理用具、劳动保护用品和其他用具等。为了反映和监督低值易耗品的增减变动及其结存情况,企业应当设置“周转材料—低值易耗品”科目。低值易耗品可采用一次摊销法、分次摊销法和五五摊销法进行核算。

(2) 包装物

包装物的核算内容包括生产过程中用于包装产品且作为产品组成部分的包装物、随同商品出售而不单独计价的包装物、随同商品出售而单独计价的包装物、出租或出借给购买单位使用的包装物。为了反映和监督包装物的增减变动及其价值损耗和结存等情况,企业应设置“周转材料—包装物”科目进行核算。

4. 材料清查

材料清查是通过对存货进行实地盘点,确定存货的实有数量,并与账面结存数核对,从而确定材料实存数与账面结存数是否相符的一种专门方法。为了反映企业在财产清查中查明的各种存货的盘盈、盘亏和毁损情况,企业应设置“待处理财产损益”科目。

5. 材料期末计价的核算

资产负债表日,存货应按成本与可变现净值孰低计量。其中,成本指期末存货的实际成

本。可变现净值是在日常活动中，存货的估计售价减去至完工时估计将要发生的成本、估计的销售费用及相关税费后的金额。可变现净值的特征表现为存货的预计未来净现金流量，而不是存货的售价或合同价。存货成本高于其可变现净值的，应当计提存货跌价准备，计入当期损益。以前减记存货价值的影响因素已经消失的，减记的金额应当予以恢复，并在原已计提的存货跌价准备金额内转回，转回的金额计入当期损益。转回的金额以将“存货跌价准备”余额冲减至零为限。对存货跌价准备的账务处理是，企业应当设置“存货跌价准备”科目，核算存货的存货跌价准备。

知识拓展

增值税相关知识

1. 增值税定义

在中华人民共和国境内销售货物或提供加工、修理修配劳务及进口货物的单位和个人，为增值税的纳税义务人，应当依照本条例缴纳增值税。其中销售货物指有偿转让货物的所有权。

2. 增值税纳税人

增值税纳税人划分为一般纳税人和小规模纳税人。

小规模纳税人指年销售额在规定标准以下，并且会计核算不健全，不能按规定报送有关税务资料的增值税纳税人。前款所称会计核算不健全指不能正确核算增值税的销项税额、进项税额和应纳税额。

小规模纳税人的销售额标准为：

① 从事货物生产或提供应税劳务的纳税人，年应征增值税销售额（以下称应税销售额）在100万元以下的。

② 从事货物批发或零售的纳税人，年应税销售额在180万元以下的。

3. 税　率

分两种情形：

① 一般纳税人销售或进口货物，提供加工或修理修配劳务，税率为17%。

② 小规模纳税人销售货物或提供应税劳务的，按6%或4%的征收率征税。从事货物批发或零售的纳税人，适用的征收率为4%。

4. 计税方法

（1）一般纳税人应纳税额的计算

1）销售货物或提供应税劳务

应纳税额为当期销项税额抵扣当期进项税额后的余额。应纳税额的计算公式为

应纳税额＝当期销项税额－当期进项税额

2）当期销项税额小于当期进项税额不足抵扣时

在当期销项税额不足抵扣进项税额时，其不足部分可以结转至下期继续抵扣。

3）销项税额的计算

纳税人销售货物或提供应税劳务，按照销售额和规定的税率计算并向购买方收取的增值税税额，为销项税额。其计算公式为

销项税额＝销售额×税率

一般纳税人销售货物或提供应税劳务采用销售额和销项税额合并定价方法的，按下列公式计算销售额，即

销售额＝含税销售额÷(1＋税率)

4) 进项税额的计算

纳税人购进货物或接受应税劳务，所支付或负担的增值税税额为进项税额。进项税额反映在从销售方取得的增值税专用发票上注明的增值税税额。

(2) 小规模纳税人应纳税额的计算

销售货物或提供应税劳务，实行简易办法按照销售额和规定的征收率计算应纳税额，不得抵扣进项税额。采用简易办法时应纳税额的计算公式为

应纳税额＝销售额×征收率

小规模纳税人销售货物或提供应税劳务采用销售额和应纳税额合并定价方法的，按下列公式计算销售额，即

销售额＝含税销售额÷(1＋征收率)

5. 单位的应视同销售货物并计征增值税的行为

这些行为包括：

① 将货物交付他人代销。

② 销售代销货物。

③ 设有两个以上机构并实行统一核算的纳税人，将货物从一个机构移送其他机构用于销售，但相关机构设在同一县(市)的除外。

④ 将自产或委托加工的货物用于非应税项目。

⑤ 将自产、委托加工或购买的货物作为投资，提供给其他单位或个体经营者。

⑥ 将自产、委托加工或购买的货物分配给股东或投资者。

⑦ 将自产、委托加工的货物用于集体福利或个人消费。

⑧ 将自产、委托加工或购买的货物无偿赠送他人。

6. 防伪税控系统开具的增值税专用发票进项税额抵扣

应注意两方面的问题：

① 增值税一般纳税人申请抵扣的防伪税控系统开具的增值税专用发票，必须自该专用发票开具之日起 90 日内到税务机关认证，否则不予抵扣进项税额。

② 增值税一般纳税人认证通过的防伪税控系统开具的增值税专用发票，应在认证通过的当月按照增值税有关规定核算当期进项税额并申报抵扣，否则不予抵扣进项税额。

7. 增值税的纳税期限

纳税人以一个月为一期纳税的，自期满之日起十日内申报纳税。

思考与练习

一、单项选择题

1. 某企业采用成本与可变现净值孰低法的个别比较法确定期末存货的价值。期初“存货跌价准备”科目的余额为 4 400 元。假设 2002 年 12 月 31 日三种存货的成本和可变现净值分别为：A 存货成本 30 000 元，可变现净值 30 000 元；B 存货成本 15 000 元，可变现净值 14 000 元；

C存货成本50 000元，可变现净值48 000元。该企业12月31日记入“资产减值损失”科目的金额为（ ）元。

A. 借方3 000 B. 借方1 400 C. 贷方1 400 D. 贷方3 000

2. 某公司从2001年年末开始于中期期末和年末计提存货跌价准备，甲材料的资料如表4-7所列。

表4-7 甲材料的资料

单位：万元

时 间	账面成本	可变现净值
2001年年末	50	45
2002年6月末	60	50
2002年年末	40	42

公司计提跌价准备对2002年利润的影响额为（ ）万元。

A. 1 B. 5 C. －5 D. 10

3. 当物价持续上涨时，存货计价采用先进先出法会出现的情况是（ ）。

A. 高估企业当期利润 B. 低估企业当期利润

C. 高估期末存货价值 D. 低估当期销货成本

4. 某增值税一般纳税工业企业购进免税农产品一批，支付买价12 000元，装卸费1 000元，入库前挑选整理费400元，该批农产品的采购成本为（ ）元。

A. 12 000 B. 12 200 C. 13 000 D. 13 400

5. 某工业企业为增值税小规模纳税人，2005年10月9日购入材料一批，取得增值税专用发票上注明的价款为21 200元，增值税税额为3 604元，该企业适用的增值税征收率为6%，材料入库前挑选整理费为200元，材料已验收入库。则该企业取得的该材料的入账价值应为（ ）元。

A. 20 200 B. 21 400 C. 23 804 D. 25 004

6. 某企业为增值税小规模纳税企业，该企业购入甲材料600公斤，每公斤含税单价为50元，发生运杂费2 000元，运输途中发生合理损耗10公斤，入库前发生挑选整理费用200元，该批甲材料的入账价值为（ ）元。

A. 30 000 B. 32 000 C. 32 200 D. 32 700

7. 某企业月初结存材料的计划成本为30 000元，成本差异为超支200元，本月入库材料的计划成本为70 000元，成本差异为节约700元。当月生产车间领用材料的计划成本为60 000元，当月生产车间领用材料应负担的材料成本差异为（ ）元。

A. －300 B. 300 C. －540 D. 540

8. 下列原材料相关损失项目中，应计入营业外支出的是（ ）。

A. 计量差错引起的原材料盘亏 B. 自然灾害造成的原材料损失

C. 原材料运输途中的合理损耗 D. 人为责任造成的原材料损失

9. 某工业企业为增值税小规模纳税人，原材料采用计划成本计价核算，A材料的计划成本每吨20元，本期购进A材料6 000吨，收到增值税专用发票上注明的价款总额为102 000元，增值税税额为17 340元。另发生运杂费1 400元，途中保险费359元，原材料运抵企业后验收入库原材料 5 995 吨，运输途中合理损耗 5 吨，购进 A 材料发生的成本差异(超支)为(　　)元。

A. 1 099　　B. 1 199　　C. 16 141　　D. 16 241

10. A 企业月初甲材料的计划成本为 10 000 元，“材料成本差异”账户借方余额为 500 元，本月购进甲材料一批，实际成本为 16 180 元，计划成本为 19 000 元，本月生产车间领用甲材料的计划成本为 8 000 元，管理部门领用甲材料的计划成本为 4 000 元，该企业期末甲材料的实际成本是(　　)元。

A. 14 680　　B. 15 640　　C. 15 680　　D. 16 640

11. 随同产品出售而不单独计价的包装物，应于发出时按其实际成本计入(　　)。

A. 其他业务成本　　B. 管理费用

C. 销售费用　　D. 主营业务成本

12. 随同产品出售单独计价的包装物，应于发出时按其实际成本计入(　　)。

A. 其他业务成本　　B. 管理费用

C. 销售费用　　D. 主营业务成本

13. 某企业为增值税一般纳税企业，适用的增值税税率为 17%，适用的消费税税率为 10%，该企业委托其他单位加工一批属于应税消费品的原材料(非金银首饰)，该批委托加工原材料收回后用于继续生产应税消费品，发出材料的成本为 200 万元，支付的不含税的加工费为 90 万元，支付的增值税为 15.3 万元，该批原材料已加工完成并验收入库，实际成本为(　　)万元。

A. 290　　B. 300　　C. 320　　D. 335.3

14. 某一般纳税企业委托外单位加工一批消费税应税消费品，材料成本为 50 万元，加工费 5 万元(不含税)，受托方的增值税税率为 17%，受托方代扣代缴消费税 1 万元，该批材料加工后委托方直接出售，则该材料加工完毕入库时的成本为(　　)万元。

A. 63.5　　B. 56　　C. 58.5　　D. 55

15. 企业销售产品领用不单独计价的包装物一批，其计划成本为 8 000 元，材料成本差异率为 1%，此项业务企业应计入销售费用的金额为(　　)元。

A. 8 000　　B. 7 920　　C. 8 080　　D. 0

二、多项选择题

1. 按照我国《企业会计制度》规定，下列资产中应在资产负债表“存货”项目中反映的有(　　)。

A. 生产成本　　B. 库存商品　　C. 分期收款发出商品

D. 存货跌价准备　　E. 委托代销商品

2. 企业委托其他单位加工的物资，收回后直接用于在建工程，其实际成本包括(　　)。

A. 支付的加工费　　B. 加工中耗用物资的实际成本

C. 支付的增值税　　D. 支付的往返运杂费

E. 支付的消费税

3. 下列存货盘亏或毁损损失报经批准后，应转作“管理费用”的有(　　)。

A. 保管中产生的定额内自然损耗　　B. 自然灾害造成的毁损净损失

C. 管理不善造成的毁损净损失　　D. 收发差错造成的毁损净损失

E. 意外事故造成的毁损净损失

4. 企业计提存货跌价准备时，可以采用的方式有（　　）。

A. 按照单个存货项目计提

B. 如果产品系列的单个项目难以区分，则该产品系列可以合并计提

C. 数量繁多、单价较低的存货，可以按类别计提

D. 可以按存货总体计提

E. 根据企业需要计提

5. 下列各项，构成工业企业外购材料存货入账价值的有（　　）。

A. 买价　　B. 运杂费

C. 运输途中合理损耗　　D. 入库前的挑选整理费用

6. 下列项目中，应计入存货成本的税金有（　　）。

A. 材料委托加工后用于连续生产应税消费品已缴的消费税

B. 一般纳税企业购入材料的增值税

C. 企业计算出自产自用应税产品而应交纳的资源税

D. 小规模纳税企业购入原材料已缴纳的增值税

7. 下列各项中，应记入"其他业务成本"的有（　　）。

A. 出借包装物成本的摊销

B. 出租包装物成本的摊销

C. 随同产品出售单独计价的包装物成本

D. 随同产品出售不单独计价的包装物成本

三、判断题

1. 企业采用计划成本计价核算原材料，平时收到原材料时应按实际成本借记"原材料"科目，领用或发出原材料时应按计划成本贷记"原材料"科目，期末再将发出材料和期末材料调整为实际成本。（　　）

2. 企业采用计划成本计价进行材料日常核算，月末分摊材料成本差异时，超支差异计入"材料成本差异"科目的借方，节约差异计入"材料成本差异"的贷方。（　　）

3. 购入材料在运输途中发生的合理损耗应计入管理费用。（　　）

4. 属于非常损失造成的存货毁损，应按该存货的实际成本计入营业外支出。（　　）

5. 商品流通企业采购商品过程中发生的采购费用应计入当期损益。（　　）

四、业务题

1. 红星企业某存货的收入、发出资料如表4-8所列。

表4-8　某存货的收入、发出资料

年		摘　要	收　入			发　出			结　存		
月	日		数量/件	单价/（元·件$^{-1}$）	金额/元	数量/件	单价/（元·件$^{-1}$）	金额/元	数量/件	单价/（元·件$^{-1}$）	金额/元
5	1	结存							400	5	2 000
	8	购入	1 000	5.5	5 500						
	12	发出				1 000					

续表 4-8

年		摘　要	收　入			发　出			结　存		
月	日		数量/件	单价/(元·件$^{-1}$)	金额/元	数量/件	单价/(元·件$^{-1}$)	金额/元	数量/件	单价/(元·件$^{-1}$)	金额/元
	20	购入	800	5.8	4 640						
	25	发出				900					
	合计		1 800		10 140	1 900					

要求：用先进先出法、一次加权平均法和移动加权平均法计算各次的发出成本和月末结存成本。

2. 某公司期末存货采用成本与可变现净值孰低计价，各期末存货账面余额和可变现净值资料如表 4-9 所列。

表 4-9　各期末存货账面余额和可变现净值资料

单位：元

期　间	账面成本	可变现净值
第一期期末	500 000	470 000
第二期期末	600 000	520 000
第三期期末	640 000	620 000

要求：计算各期末存货跌价损失，并编制有关会计分录。

3. 甲企业为增值税一般纳税人，增值税税率为 17%。原材料采用实际成本计价核算，原材料发出采用月末一次加权平均法计价。运输费不考虑增值税。

2010 年 4 月，与 A 材料相关的资料如下：

(1) 1 日，"原材料—A 材料"科目余额 20 000 元(共 2 000 公斤，其中含 3 月末验收入库但因发票账单未到而以 2 000 元暂估入账的 A 材料 200 公斤)。

(2) 5 日，收到 3 月末以暂估价入库 A 材料的发票账单，货款 1 800 元，增值税税额 306 元，对方代垫运输费 400 元，全部款项已用转账支票付讫。

(3) 8 日，以汇兑结算方式购入 A 材料 3 000 公斤，发票账单已收到，货款 36 000 元，增值税税额 6 120 元，运输费用 1 000 元。材料尚未到达，款项已用银行存款支付。

(4) 11 日，收到 8 日采购的 A 材料，验收时发现只有 2 950 公斤。经检查，短缺的 50 公斤确定为运输途中的合理损耗，A 材料验收入库。

(5) 18 日，持银行汇票 80 000 元购入 A 材料 5 000 公斤，增值税专用发票上注明的货款为 49 500 元，增值税税额为 8 415 元，另支付运输费用 2 000 元，材料已验收入库，剩余票款退回并存入银行。

(6) 21 日，基本生产车间自制 A 材料 50 公斤验收入库，总成本为 600 元。

(7) 30 日，根据"发料凭证汇总表"的记录，4 月份基本生产车间为生产产品领用 A 材料 6 000公斤，车间管理部门领用 A 材料 1 000 公斤，企业管理部门领用 A 材料 1 000 公斤。

要求：

(1) 计算甲企业 4 月份发出 A 材料的单位成本。

(2) 根据上述资料，编制甲企业4月份与A材料有关的会计分录。

(“应交税费”科目要求写出明细科目和专栏名称，答案中的金额单位用“元”表示)

4. 某国有工厂的材料存货采用计划成本记账，2011年1月“原材料”科目某类材料的期初余额为40 000元，“材料成本差异”科目期初借方余额为4 000元，原材料单位计划成本为10元。该工厂1月发生如下经济业务：

(1) 1月10日进货1 000公斤，支付材料货款9 500元，材料增值税进项税额1 615元，运输费400元，材料已验收入库。

(2) 1月15日，车间一般耗用领用材料100公斤。

(3) 1月20日进货2 000公斤，增值税发票上价税合计22 464元(增值税税率为17%)，款项用银行存款支付，另支付运费1 000元，材料已验收入库。

(4) 1月25日，车间生产产品领用材料2 500公斤。

要求：完成上述业务的会计分录，计算材料成本差异，计算发出材料应负担的材料成本差异并编制相关会计分录。

5. 某工业企业为增值税一般纳税企业，材料按计划成本计价核算，甲材料计划单位成本为每公斤10元，该企业2007年4月的有关资料如下：

(1) “原材料”账户月初余额80 000元，“材料成本差异”账户月初借方余额1 000元，“材料采购”账户月初借方余额21 000元。

(2) 4月5日，企业上月已付款的甲材料2 000公斤如数收到，已验收入库。

(3) 4月10日，从外地A公司购入甲材料6 000公斤，增值税专用发票上注明的材料价款为58 900元，增值税税额10 013元，企业已用银行存款支付上述款项，材料尚未到达企业。

(4) 4月20日，从A公司购入的甲材料到达，验收入库时发现短缺100公斤，经查明为途中定额内自然损耗，按实收数量验收入库。

(5) 4月30日，汇总本月发料凭证，本月共发出甲材料6 000公斤，全部用于产品生产。

要求：根据上述业务编制相关会计分录，并计算本月的材料成本差异率、本月发出材料应负担的成本差异及月末库存材料的实际成本。

工作过程 5　投资业务的核算

能力目标

能够正确进行交易性金融资产、持有至到期投资、可供出售金融资产、长期股权投资的账务处理。

知识目标

1. 了解投资的概念和分类；
2. 掌握各种投资的划分标准及内容；
3. 掌握长期股权投资核算的成本法与权益法。

案例导入

东方公司于2011年9月1日从证券市场购入B公司2011年1月1日发行的债券一批作为交易性金融资产投资，该批债券面值为200 000元，两年期，每年7月1日和1月1日支付利息，票面利率为6%，东方公司在购入上述债券时实际支付价款208 000元，另支付相关税费4 000元，由于B公司资金周转困难，2011年上半年的利息于2011年9月10日才予以支付。东方公司于2011年9月20日将上述债券的60%转让，实得款项130 200元，其余债券打算持有至到期。

案例思考：

东方公司应如何对上述业务进行会计处理？

学习任务 5.1　投资概述

一、投资的概念

投资指经济主体(包括国家、企业和个人)为了在未来可预见的时期内获得收益或使资金增值，在一定时期向一定领域的标的物投放足够数额的资金或实物等货币等价物的经济行为。会计上的投资有广义和狭义之分。广义的投资包括权益性投资、债权性投资、期货投资、房地产投资、固定资产投资、存货投资等对内、对外投资等。狭义的投资一般仅包括权益性投资、债权性投资等对外投资。会计上所述的投资仅指企业对外投资。

二、投资的目的

企业对外投资的目的一般有以下几种。

(一) 利用暂时闲置的资金获取利益

对外投资有利于企业闲置的资金(资产)得到充分利用，提高资金的使用效益。

(二) 对被投资企业实施控制、共同控制或施加重大影响以获取长远利益

通过对外投资，可以在企业外部，尤其是在外地或外国开发资源和材料来源，保证企业的

能源和材料来源成本低廉、供应稳定，较好地解决企业生产经营中某些资源供应不足的问题；通过对外投资，可以开辟企业新的产品市场，扩大销售规模；通过合资、联营，便于从国内外其他单位直接获取先进技术，快速提高企业的技术档次。

（三）实现投资企业的资本积累

利用控股投资方式，可以使企业以较少的资金实现企业扩张的目的。

三、投资的特点

投资具有以下特点：

（一）外向性

对外投资是企业把自己的资产让渡给被投资企业而换取的另一项资产。例如企业将所拥有的现金、固定资产等让渡给其他单位使用，以换取债权投资或股权投资。与企业购买机器设备等用于生产经营的对内投资相比，对外投资具有外向性的特点，这也是对外投资区别于企业供产销等经营活动的重要特征。

（二）收益性

企业对外投资的目的是为了获取收益。如购买债券获取利息收益、购买股票获取股利收益、转让债权或股票获取资本利得收益等。

（三）风险性

企业对外投资活动中所面临的不确定性事件很多。这些不确定性事件的发生将对对外投资的预期收益产生影响。

四、投资的分类

对投资进行适当的分类，是确定投资会计核算方法和如何在会计报表中列示的前提。按照不同的标准，投资有各种不同的分类。如按投资的性质分类，投资可分为权益性投资、债权性投资和混合性投资三类；按投资的变现能力分类，投资可分为易于变现的投资和不易于变现的投资。会计上，一般按照管理层的意图和目的对投资进行分类。因此，一般把对外投资分为以下几类：

1. 以公允价值计量且其变动计入当期损益的金融资产

该类主要包括交易性金融资产、直接指定为以公允价值计量且其变动计入当期损益的金融资产。

2. 持有至到期投资

该类指到期日固定、回收金额固定或可确定，且企业有明确意图和能力持有至到期的非衍生金融资产（关于“非衍生金融资产”的概念参见本章的“知识拓展”）。

3. 贷款和应收款项

该类主要指在活跃市场中没有报价、回收金额固定或可确定的非衍生金融资产。

4. 可供出售金融资产

该类主要指企业初始确认时即被指定为可供出售的非衍生金融资产，以及没有划分为以公允价值计量且其变动计入当期损益的金融资产、持有至到期投资、贷款和应收款项的金融资产。比如,企业购入的在活跃市场上有报价的股票、债券和基金等。

5. 长期股权投资

该类指通过投资取得的被投资单位的股份。企业对其他单位的股权投资通常是为了长期持有,以及通过股权投资达到控制被投资单位,或者对被投资单位施加重大影响,或者为了与被投资单位建立密切关系,用以分散经营风险。

学习任务5.2　交易性金融资产

一、交易性金融资产概述

交易性金融资产指企业为了近期内出售而持有的金融资产。通常情况下,指以赚取差价为目的从二级市场购入的股票、债券和基金等。

交易性金融资产的确认条件是:

① 取得金融资产的目的是为了近期内出售或回购。

② 属于进行集中管理的可辨认金融工具组合的一部分,具有客观证据表明企业近期将采用短期获利方式对该组合进行管理。

③ 属于金融衍生工具,但是,如果衍生工具被企业指定为有效套期工具,则不应确认为交易性金融资产。

在会计核算上,长期股权投资不会被分类转入交易性金融资产或直接指定为以公允价值计量且其变动计入当期损益的金融资产核算。一项金融工具一旦被确认为交易性金融资产或直接指定为以公允价值计量且其变动计入当期损益的金融资产后,就不得转为其他类别的金融资产进行核算。

④ 企业持有的目的是短期性的,即在初次确认时即确定其持有目的是为了短期获利。一般此处的短期也应该不超过一年(包括一年)。

⑤ 该资产具有活跃市场,且其公允价值能够通过活跃市场获取。

⑥ 基于投资策略和风险管理需要将某些金融资产组合从事短期获利活动。

二、交易性金融资产的核算

(一)主要账户的设置

企业应设置"交易性金融资产"科目,本科目核算企业持有的以公允价值计量且其变动计入当期损益的金融资产,包括为交易目的所持有的债券投资、股票投资、基金投资、权证投资和直接指定为以公允价值计量且其变动直接计入当期损益的金融资产。本科目应按照交易性金融资产的类别和品种,分别设置"成本"和"公允价值变动"进行明细核算,本科目的期末借方余额反映企业期末持有的交易性金融资产的公允价值。"公允价值变动损益"科目核算因企业交易性金融资产等公允价值变动而形成的应计入当期损益的利得或损失。

(二)交易性金融资产的账务处理

账务处理的内容包括:

① 取得交易性金融资产时,应按照该金融资产取得时的公允价值作为其初始确认金额;

对于取得交易性金融资产所支付价款中包含了已宣告但尚未发放的现金股利或已到付息期但尚未领取的债券利息的，应当单独确认为应收项目；取得交易性金融资产所发生的相关交易费用应当在发生时计入投资收益。会计处理为，借记“交易性金融资产—成本”和“应收股利/利息”，贷记“银行存款”，按其差额，借记或贷记“投资收益”科目。

② 在持有期间，收到买价中包含的股利/利息时，借记“银行存款”，贷记“应收股利/利息”；确认持有期间享有的股利/利息时，借记“应收股利/利息”，贷记“投资收益”，同时，借记“银行存款”，贷记“应收股利/利息”。对于票面利率与实际利率差异较大的，应采用实际利率计算确定债券利息收入。

③ 资产负债表日如果交易性金融资产的公允价值大于账面余额，则借记“交易性金融资产—公允价值变动”，贷记“公允价值变动损益”；如果资产负债表日公允价值小于账面余额，则做相反分录。

④ 出售交易性金融资产时，应将该金融资产出售时的公允价值与其初始入账金额之间的差额确认为投资收益，借记“银行存款”，贷记“交易性金融资产—成本”、“交易性金融资产—公允价值变动”和“投资收益”；同时按初始成本与账面余额之间的差额确认投资收益/损失，借记或贷记“公允价值变动损益”，贷记或借记“投资收益”。

【例 5-1】 东方公司 2010 年 5 月 10 日从证券交易所购入乙公司发行的股票 10 万股准备短期持有，以银行存款支付投资款 458 000 元，其中含有 3 000 元相关交易费用。编制会计分录如下：

借：交易性金融资产—成本	455 000
投资收益	3 000
贷：银行存款	458 000

2010 年 9 月 10 日，乙公司宣告发放现金股利 4 000 元。编制会计分录如下：

借：应收股利	4 000
贷：投资收益	4 000
借：银行存款	4 000
贷：应收股利	4 000

2010 年 12 月 31 日该股票的市价为 5 元/股。编制会计分录如下：

借：交易性金融资产—公允价值变动	45 000
贷：公允价值变动损益	45 000

2011 年 6 月 18 日，东方公司将所持的乙公司的股票出售，共收取款项 520 000 元。东方公司出售的乙公司股票应确认的投资收益为 520 000－500 000＝20 000(元)。编制会计分录如下：

⑴ 按售价与账面余额之差确认投资收益，会计分录为

借：银行存款	520 000
贷：交易性金融资产—成本	455 000
—公允价值变动	45 000
投资收益	20 000

② 按初始成本与账面余额之差确认投资收益/损失，会计分录为

借：公允价值变动损益	45 000
贷：投资收益	45 000

学习任务5.3　持有至到期投资

一、持有至到期投资的界定及特征

（一）持有至到期投资的界定

持有至到期投资指到期日固定、回收金额固定或可确定，且企业有明确意图和能力持有至到期的非衍生金融资产。企业从二级市场上购入的固定利率国债、浮动利率公司债券等，都属于持有至到期投资。持有至到期投资通常具有长期性质，但期限较短（一年以内）的债券投资，符合持有至到期投资条件的，也可划分为持有至到期投资。

企业不能将下列非衍生金融资产划分为持有至到期投资：

① 初始确认时即被指定为以公允价值计量且其变动计入当期损益的非衍生金融资产；

② 初始确认时被指定为可供出售的非衍生金融资产；

③ 符合贷款和应收款项定义的非衍生金融资产。

如果企业管理层决定将某项金融资产持有至到期，则在该金融资产未到期前，不能随意改变其"最初意图"。也就是说，投资者在取得投资时的意图应当是明确的，除非遇到一些企业所不能控制、预期不会重复发生且难以合理预计的独立事件，否则将持有至到期。

（二）持有至到期投资的特征

1. 到期日固定、回收金额固定或可确定

到期日固定、回收金额固定或可确定指相关合同明确了投资者在确定的时间内获得或应收取现金流量的金额和时间。例如，符合持有至到期投资条件的债券投资，其到期日固定、利息和本金金额固定或可确定。而购入的股权投资因其没有固定的到期日，不符合持有至到期投资的条件，故不能划分为持有至到期投资。

2. 有明确意图持有至到期

有明确意图持有至到期投资指投资者在取得投资时的意图明确，准备将投资持有至到期，除非遇到一些企业所不能控制、预期不会重复发生且难以合理预计的独立事件，否则将持有至到期。

存在下列情况之一的，表明企业没有明确意图将金融资产持有至到期：

① 持有该金融资产的期限不确定；

② 当发生了市场利率变化、流动性需求变化、替代投资机会及其投资收益率变化、融资来源和条件变化、外汇风险变化等情况时，将出售该金融资产，但是，由无法控制、预期不会重复发生且难以合理预计的独立事件引起的金融资产除外；

③ 该金融资产的发行方可以按照明显低于其摊余成本的金额清偿；

④ 其他表明企业没有明确意图将该金融资产持有至到期的情况。

3. 有能力持有至到期

有能力持有至到期指企业有足够的财力资源，并不受外部因素影响将投资持有至到期。

存在下列情况之一的，表明企业没有能力将具有固定期限的金融资产投资持有至到期：

① 没有可利用的财务资源持续地为该金融资产投资提供资金支持，以使该金融资产持有至到期；

② 受法律、行政法规的限制，使企业难以将该金融资产投资持有至到期；

③ 其他表明企业没有能力将具有固定期限的金融资产投资持有至到期的情况。

二、持有至到期投资的核算

（一）主要账户的设置

对于持有至到期投资，企业应设置“持有至到期投资”会计科目，用来核算企业持有至到期投资的价值。此科目属于资产类科目，应按持有至到期投资的类别和品种，分别设置“成本”、“利息调整”、“应计利息”等进行明细核算。其中，“利息调整”实际上反映了企业债券投资溢价和折价的相应摊销。

（二）持有至到期投资的主要账务处理

账务处理的内容包括：

① 企业取得的持有至到期投资，应按该投资的面值，借记“持有至到期—成本”科目，按支付价款中包含的已到付息期但尚未领取的利息，借记“应收利息”科目，按实际支付的金额，贷记“银行存款”等科目，按其差额，借记或贷记“持有至到期—利息调整”科目。

② 资产负债表日，持有至到期投资为分期付息、一次还本债券投资的，应按票面利率计算确定的应收未收利息，借记“应收利息”科目，按持有至到期投资摊余成本和实际利率计算确定的利息收入，贷记“投资收益”科目，按其差额，借记或贷记“持有至到期—利息调整”科目。

持有至到期投资为一次还本付息债券投资的，应于资产负债表日按票面利率计算确定的应收未收利息，借记“持有至到期—应计利息”科目，按持有至到期投资摊余成本和实际利率计算确定的利息收入，贷记“投资收益”科目，按其差额，借记或贷记“持有至到期—利息调整”科目。

收到企业取得持有至到期投资时支付的价款中包含的已到付息期的债券利息时，借记“银行存款”科目，贷记“应收利息”科日。

收到分期付息、一次还本持有至到期投资持有期间支付的利息时，借记“银行存款”，贷记“应收利息”科目。

③ 出售持有至到期投资时，应按实际收到的金额，借记“银行存款”等科目，已计提减值准备的，借记“持有至到期投资减值准备”科目，按其账面余额，贷记“持有至到期—成本、利息调整、应计利息”科目，按其差额，贷记或借记“投资收益”科目。

【例5-2】　东方公司2007年1月1日购入不准备在年内变现的A公司债券一批，划分为持有至到期投资，债券票面利率8%，债券面值100 000元，期限5年，实际支付价款92 278元，无交易费用。该债券每半年付息一次，到期归还本金并付最后　次利息。东方公司购入债券时的实际市场利率为10%。东方公司应做会计处理如下：

① 购入债券时的会计分录为

借：持有至到期投资—A公司债券（成本）	100 000
贷：持有至到期投资—A公司债券（利息调整）	7 722
银行存款	92 278

② 按期计算投资收益并摊销折价。采用实际利率摊销法，持有至到期投资折价摊销表如表5-1所列。

表 5-1　持有至到期投资折价摊销表

单位:元

计息日期	应收利息	投资收益	利息调整	债券摊余成本
2007.1.1				92 278
2007.7.1	4 000	4 614	614	92 892
2008.1.1	4 000	4 645	645	93 537
2008.7.1	4 000	4 677	677	94 214
2009.1.1	4 000	4 711	711	94 925
2009.7.1	4 000	4 746	746	95 671
2010.1.1	4 000	4 783	783	96 454
2010.7.1	4 000	4 823	823	97 277
2011.1.1	4 000	4 864	864	98 141
2011.7.1	4 000	4 907	907	99 048
2012.1.1	4 000	4 952	952	100 000

持有至到期投资应采用实际利率摊销法，按摊余成本计量。实际利率摊销法指按实际利率计算摊余成本及各期利息费用的方法。摊余成本为持有至到期投资初始金额扣除已偿还的本金，再加上或减去累计摊销额及扣除减值损失后的金额。

实际利率摊销法的实质，是通过未来的现金流量折现＝前期投资成本，计算出实际能够得到的增值率，也就是收益率，由于每年带来的收益就相当于把这笔资产放到银行吃一年利息所能够得到的收入一样，因此当年的投资收益＝期初摊余成本×实际利率。当然，因为每年还会拿到债券的利息，所以债券的摊余成本即账面价值的变化＝期初摊余成本＋投资收益－应收利息，意思是说，虽然增值了一个相当于“投资收益”的金额，但是因为得到了利息，所以资产就不值钱了，就应该从摊余成本中扣除。另外一种折价发行的债券正好相反，随着摊销的进行，摊余成本逐渐上升，最终回归到真实水平，就像虽然开始认为不值钱，但是后来评价越来越高且回归到真实的水平，使得折价债券的摊余成本逐渐升高。实际利率摊销法实质上是对未来现金流量折现的反向运用，这可以通过公式推导得到，此处不再叙述。

③ 2007 年 7 月 1 日，收到第一期利息并摊销折价，会计分录为

借:银行存款　　4 000

　持有至到期投资—A 公司债券(利息调整)　　614

贷:投资收益　　4 614

④ 2007 年 12 月 31 日，确认第二期利息并摊销折价，会计分录为

借:应收利息　　4 000

　持有至到期投资—A 公司债券(利息调整)　　645

贷:投资收益　　4 645

⑤ 2011 年 11 月 1 日，东方公司将 A 公司债券全部出售，所得价款为 102 417 元，其中包括 4 个月的未收利息 4/6×4 000＝2 667(元)。

确认 4 个月的利息并摊销折价，会计分录为

借:应收利息　　2 667

　持有至到期投资—A公司债券(利息调整)　　635

　贷:投资收益　　3 302

出售债券时,会计分录为

借:银行存款　　102 417

　投资收益　　567

　贷:持有至到期投资—A公司债券(成本)　　100 000

　　持有至到期投资—A公司债券(利息调整)　　317

　　应收利息　　2 667

(三)持有至到期投资的减值准备

持有至到期投资以摊余成本进行后续计量的,当其发生减值时,应将该持有至到期投资的账面价值与预计未来现金流量现值之间的差额确认为减值损失,计入当期损益。

为了核算企业持有至到期投资的减值准备,企业应设置“持有至到期投资减值准备”科目。本科目应按持有至到期投资的类别和品种进行明细核算。资产负债表日,持有至到期投资发生减值的,按应减记的金额,借记“资产减值损失”科目,贷记“持有至到期投资减值准备”科目。当已计提减值准备的持有至到期投资,其价值以后又得以恢复时,应在原已计提的减值准备金额内,按恢复增加的金额借记“持有至到期投资减值准备”科目,贷记“资产减值损失”科目。“持有至到期投资减值准备”科目期末贷方余额,反映了企业已计提但尚未转销的持有至到期投资减值准备。

学习任务5.4　可供出售金融资产

一、可供出售金融资产的概念

可供出售金融资产指初始确认时即被指定为可供出售的非衍生金融资产及除了其他三类资产以外的金融资产。可以按照金融资产有无到期日,将可供出售金融资产进一步划分为有固定到期日的可供出售金融资产及没有固定到期日的可供出售金融资产。前者主要指债券投资,后者主要指股票投资。

二、可供出售金融资产的核算

(一)主要账户的设置

对于可供出售的金融资产而言,其核算的最人特点是按照金融资产的公允价值进行计量。可供出售金融资产的核算主要涉及“可供出售金融资产”科目,该科目按可供出售金融资产的类别和品种,分别设置“成本”、“利息调整”、“应计利息”和“公允价值变动”等进行明细核算。

(二)可供出售金融资产为债券投资的账务处理

账务处理的内容包括:

① 取得债券时,以债券面值作为投资成本,支付的款项与面值之间的差额部分作为利息费用的调整项目。如有已到期尚未收到的利息收入,单独确认为应收利息。

② 资产负债表日，可供出售债券为分期付息、一次还本债券投资的，应按票面利率计算确定的应收未收利息。按可供出售债券的摊余成本和实际利率计算确定的利息收入。

③ 可供出售债券投资的公允价值发生变更时，应将变更金额计入“资本公积一其他资本公积”核算，并相应调整可供出售金融资产的账面价值。

④ 可供出售金融资产发生减值时，即使该金融资产没有终止确认，原直接计入所有者权益的因公允价值下降而形成的累计损失，应当予以转出，计入当期损益。该转出的累计损失，为可供出售金融资产的初始取得成本扣除已收回本金和已摊销金额、当前公允价值和原已计入损益的减值损失后的余额。对于已确认减值损失的可供出售债务工具，在随后的会计期间公允价值已上升且客观上与确认原减值损失确认后发生的事项有关的，原确认的减值损失应予以转回，计入当期损益。

⑤ 由于持有期限已超过“两个完整的会计年度”，使得金融资产不再适合按照公允价值计量，企业可将该金融资产改按摊余成本计量，该摊余成本为重分类日该金融资产的公允价值。

⑥ 如果存在与可供出售金融资产相关的、原直接计入所有者权益的利得或损失，应在该金融资产的剩余期限内，采用实际利率法摊销，计入当期损益。该金融资产的摊余成本与到期日金额之间的差额，也应在该金融资产的剩余期限内，采用实际利率法摊销，计入当期损益。该金融资产在随后的会计期间发生减值的，原直接计入所有者权益的相关利得或损失，应转出计入当期损益。

【例 5－3】 东方公司 2010 年 1 月 1 日购入可上市交易的某公司同日发行的面值为 100 000 元、票面利率为 8%的 1～13 年期债券，共支付买价 104 000 元及税费 2 000 元。该债券每半年付息一次，到期还本。该企业将债券划分为可供出售金融资产。此次债券投资的实际利率为 2.9%。2010 年 6 月 30 日，该债券的市价为 100 500 元。2010 年 12 月 31 日，公司债券的市价下跌至 98 000 元。2011 年 6 月 30 日，因公司经营不善，债券价格下跌至 85 000 元，该公司认为投资发生减值。12 月 31 日，公司经营出现好转，债券价格回升至 95 000 元。2012 年1 月 2 日，该企业决定将此债券投资持有至到期。（所得税相关部分忽略）

① 2010 年 1 月 1 日购入时的会计分录为

借：可供出售金融资产—成本　　　　100 000

　　可供出售金融资产—利息调整　　　6 000

　贷：银行存款　　　　　　　　　　106 000

② 资产负债表日，应按票面利率计算确定的应收未收利息，按可供出售债券的摊余成本和实际利率计算确定利息收入。计算过程如表 5－2 所列。

表 5－2　溢价摊销表

单位：元

时　间	应收利息	投资收益	溢价摊销	未摊销溢价	面值＋未摊销溢价
2010.01.01				6 000	106 000
2010.06.30	4 000	3 074	926	5 074	105 074
2010.12.31	4 000	3 047	953	4 121	104 121
2011.06.30	4 000	3 020	980	3 141	103 141
2011.12.31	4 000	2 991	1 009	2 132	102 132

6 月 30 日，按照实际利率摊销法确认债券利息收入并摊销债券溢价，会计分录为

借：应收利息 4 000

  贷：可供出售金融资产—利息调整 926

    投资收益 3 074

此时债券投资的各个明细账户情况如下：成本 100 000 元，利息调整 5 074 元，合计 105 074元。资产负债表日，根据债券的公允价值调整其账面价值，差额部分计入权益。6 月 30 日，公允价值 100 500 元，比账面价值低 4 453 元。

③ 6 月 30 日，调整账面价值的会计分录为

借：资本公积—其他资本公积 (105 074－100 500)4 574

  贷：可供出售金融资产—公允价值变动 4 574

④ 12 月 31 日，按照实际利率摊销法确认利息收入时的会计分录为

借：应收利息 4 000

  贷：可供出售金融资产—利息调整 953

    投资收益 3 047

此时债券投资的各个明细账户情况如下：成本 100 000 元，利息调整 4 121 元，公允价值变动损益（贷方）4 574 元，合计 99 547 元。资产负债表日，根据债券的公允价值调整其账面价值，差额部分计入权益。12 月 31 日，公允价值为 98 000 元，因此应该确认 1 547 元公允价值变动损益。会计分录为

借：资本公积—其他资本公积 (99 547－98 000)1 547

  贷：可供出售金融资产—公允价值变动 1 547

⑤ 2011 年 6 月 30 日，按照实际利率摊销法确认投资收益时的会计分录为

借：应收利息 4 000

  贷：可供出售金融资产—利息调整 980

    投资收益 3 020

此时债券投资的各个明细账户情况如下：成本 100 000 元，利息调整 3 141 元，公允价值变动损益（贷方）6 121 元，合计 97 020 元。此时公允价值为 85 000 元，确定减值发生。会计分录为

借：资产减值损失 18 141

  贷：资本公积—其他资本公积 6 121

⑥ 2011 年 12 月 31 日，按照实际利率摊销法确认投资收益，会计分录为

借：应收利息 4 000

  贷：可供出售金融资产—利息调整 1 009

    投资收益 2 991

此时债券投资的各个明细账户情况如下：成本 100 000 元，利息调整 2 132 元，公允价值变动损益（贷方）18 141 元，合计 83 991 元。

⑦ 公允价值回升至 95 000 元时的会计分录为

借：可供出售金融资产—公允价值变动 (95 000－83 991)11 009

  贷：资产减值损失 11 009

⑧ 由于持有期限已超过“两个完整的会计年度”，使得金融资产不再适合按照公允价值计量，因此，应将债券投资转换为持有至到期投资。企业可将该金融资产改按摊余成本计量，该

摊余成本为重分类日该金融资产的公允价值。会计分录为

借:持有至到期投资—成本　　100 000

　可供出售金融资产—公允价值变动　　(18 141—11 009)7 132

　贷:可供出售金融资产—成本　　100 000

　　　　　　　　　—利息调整　　2 132

　　持有至到期投资—利息调整　　5 000

（三）可供出售金融资产为股票投资的账务处理

账务处理的内容包括:

① 企业取得可供出售的金融资产,应按其公允价值与交易费用之和,确认投资成本,如有支付价款中包含的已宣告但尚未发放的现金股利,则单独确认为应收股利。购入后被投资方宣告发放现金股利,投资方应将现金股利确认为投资收益。资产负债表日根据金融资产的公允价值调整其账面价值,差额部分计入权益。

② 可供出售金融资产发生减值时,即使该金融资产没有终止确认,原直接计入所有者权益的因公允价值下降而形成的累计损失,应当予以转出,计入当期损益。该转出的累计损失,为可供出售金融资产的初始取得成本扣除已收回本金和已摊销金额、当前公允价值和原已计入损益的减值损失后的余额。对于已确认减值损失的可供出售金融资产,在随后会计期间内公允价值已上升且客观上与确认原减值损失事项有关的,如果资产为权益性资产,则转回的减值损失计入权益。

③ 当金融资产公允价值不再能够可靠计量时,企业可将该金融资产改按成本计量,该成本为重分类日该金融资产的公允价值。

【例 5-4】 东方公司 2012 年 3 月 10 日购入中金公司股票 100 000 股,价格 5 元,另支付税费 2 500 元。东方公司将购入的股票指定为可供出售投资。

购入时的会计分录为

借:可供出售金融资产—成本　　502 500

　贷:银行存款　　502 500

【例 5-5】 承例 5-4,3 月 12 日中金公司宣布发放现金股利每股 0.2 元,3 月 20 日,东方公司收到股利。

① 3 月 12 日的会计分录为

借:应收股利　　20 000

　贷:投资收益　　20 000

② 3 月 20 日的会计分录为

借:银行存款　　20 000

　贷:应收股利　　20 000

【例 5-6】 承例 5-5,3 月 31 日,中金公司股票价格为 5.5 元。

会计分录为

借:可供出售金融资产—公允价值变动　　(550 000—502 500)47 500

　贷:资金公积—其他资本公积　　47 500

【例 5-7】 承例 5-6,4 月 30 日,中金公司股票价格为 4.5 元。

会计分录为

借:资本公积—其他资本公积　　(550 000—450 000)100 000
　贷:可供出售金融资产—公允价值变动　　100 000

【例5-8】　承例5-7,5月30日,中金公司经营陷入困境,股票价格跌至3元。东方公司认为投资发生减值。

会计分录为

借:资产减值损失　　(502 500—300 000)202 500
　贷:资本公积—其他资本公积　　(100 090—47 500)52 500
　　可供出售金融资产—公允价值变动　　150 000

【例5-9】　承例5-8,6月30日,中金公司生产恢复正常,公司股价回升至3.5元。

会计分录为

借:可供出售金融资产—公允价值变动　　(350 000—300 000)50 000
　贷:资本公积—其他资本公积　　50 000

【例5-10】　承例5-9,7月5日,东方公司将股票全部出售,获得价款400 000元。

会计分录为

借:银行存款　　400 000
　可供出售金融资产—公允价值变动　　(202 500—50 000)152 500
　资本公积—其他资本公积　　50 000
　贷:可供出售金融资产—成本　　502 500
　　投资收益　　100 000

【例5-11】　承例5-10,假设7月2日中金公司股票暂停上市交易,公允价值不能获取。

会计分录为

借:长期股权投资　　350 000
　可供出售金融资产—公允价值变动　　152 500
　贷:可供出售金融资产—成本　　502 500

原先计入"资本公积—其他资本公积"账户的50 000元,仍应保留在所有者权益中,在该金融资产被处置时转出,计入当期损益。该金融资产在随后的会计期间发生减值的,原直接计入所有者权益的相关利得或损失,应当转出计入当期损益。

学习任务5.5　长期股权投资

一、长期股权投资概述

(一)长期股权投资的概念

长期股权投资指企业持有的对其子公司、合营企业及联营企业的权益性投资,以及企业持有的对被投资单位不具有控制、共同控制或重大影响,并且在活跃市场中没有报价或公允价值不能可靠计量的权益性投资。

(二)长期股权投资的类型

长期股权投资包括以下四种类型:

① 企业能够对被投资单位实施控制,即对其子公司的权益性投资。所谓控制,指有权决

定一个企业的财务和经营政策，并能据以从该企业的经营活动中获取利益。如果投资企业拥有被投资企业半数以上的表决权，其中包括直接拥有和间接通过子公司拥有，则都可以认为是有权控制。

确定控制权的存在与否需要注意两个方面：一是所持有的被投资企业的股份是有表决权的股份，所持有的无表决权的股份不包括其中。二是直接或间接拥有的股份应占被投资企业有表决权的股份半数以上。例如，甲公司拥有乙公司80%有表决权的股份，此种情况即属直接拥有，表明甲公司对乙公司拥有控制权。如果假定乙公司还持有丙公司70%的有表决权的股份，这时表明甲公司还间接拥有丙公司的控制权。

这里还有另外一种情况，投资企业虽然只拥有被投资企业半数及半数以下有表决权的股份，但实质上还是存在着控制关系：

ⓐ 通过与其他投资者的协议，掌握一半以上的表决权；

ⓑ 根据章程或协议，有权统驭企业的财务和经营方针；

ⓒ 有权任免董事会和类似权力机构的多数成员；

ⓓ 在董事会或类似权力机构的会议上有权投多数票。

可见，控制关系的确立不能只考虑法律的形式，更多的是要考虑投资企业与被投资企业所建立的经济关系的实质。

② 企业与其他方对被投资单位实施共同控制，即对合营企业的权益性投资。所谓共同控制，指按照合同约定对某项经济活动所共有的控制。比如由两个或多个企业所创建的合营企业就属于这种类型。

③ 企业能够对被投资单位施加重大影响，即对联营企业的权益性投资。所谓重大影响，指对一个企业的财务和经营政策有参与决策的权力，但并不能控制或与其他方一起共同控制这些政策的制定。

如果投资者直接持有被投资者20%或20%以上的表决权，即可认为投资者对被投资者具有重大影响，除非能够清楚表明事实并非如此。相反，如果投资者直接或通过子公司间接持有被投资者20%以下的表决权，即可认为投资者对被投资者不具有重大影响，除非能够清楚表现出这种影响。即使基本上或大部分的表决权都被其他投资者所拥有，也不排除一个投资者能够具有重大影响。投资者重大影响的存在，常常由以下一种或若干种方式得以证实：

ⓐ 在被投资者的董事会或相应的权力机构中设有代表；

ⓑ 参与政策制定过程；

ⓒ 投资者与被投资者之间存在重要交易；

ⓓ 投资者与被投资者之间存在管理人员的交换；

ⓔ 投资者向被投资者提供必不可少的技术资料。

④ 企业持有的对被投资单位不具有控制、共同控制或重大影响，且在活跃市场中没有报价或公允价值不能可靠计量的权益性投资。

（三）长期股权投资的核算方法

长期股权投资的核算方法有成本法和权益法两种。

1. 成本法

成本法指长期股权投资应按初始投资成本入账，不随被投资单位权益的增减而调整投资企业的长期股权投资的方法。

2. 权益法

权益法指投资以初始投资成本计量后，在投资持有期间根据投资企业享有被投资单位所有者权益份额的变动对投资的账面价值进行调整的方法。

企业会计准则规定，投资企业对被投资单位具有共同控制或重大影响的，长期股权投资应采用权益法核算；投资企业对被投资单位不能实施控制，或者持股比例较小，对被投资单位不但不能实施控制，也不具有共同控制或重大影响的，长期股权投资均应采用成本法核算。因此，投资企业减少投资，导致其对被投资单位的影响能力降低，当影响能力降低到一定限度时，其长期股权投资就应按照长期股权投资准则的规定进行相应的会计处理，以实现长期股权投资核算方法的转换。

（四）主要账户的设置

为了反映长期股权投资的发生、投资额的增减变动、投资收回及投资损益，在会计核算上应设置“长期股权投资”账户。该账户反映企业以购买股票或其他股权投资的方式而投出的期限在一年以上的投资、投资变动和投资收回。对外投资时按投资成本记入该账户的借方，收回投资时记入该账户的贷方。在投资期间内，该账户的具体登记方法不仅取决于实际投资额的变化，还取决于企业依据对被投资企业的影响程度所采用的核算方法。“长期股权投资”账户下设“股票投资”和“其他股权投资”两个二级明细账。

二、长期股权投资成本法核算

在成本法下，长期股权投资应按初始投资成本计量。追加或收回投资时应调整长期股权投资的成本。被投资单位宣告分派的现金股利或利润，确认为当期投资收益。投资企业确认的投资收益，仅限于被投资单位接受投资后产生的累积净利润的分配额，所获得的利润或现金股利超过上述数额的部分作为初始投资成本的收回。通常情况下，投资企业在取得投资当年自被投资单位分得的现金股利或利润应作为投资成本的收回；以后年度，被投资单位累计分派的现金股利或利润超过投资以后至上年末止被投资单位累计实现净利润的，投资企业按持股比例计算应享有的部分应作为投资成本的收回。

（一）取得长期股权投资

1. 以支付现金方式取得的长期股权投资

以支付现金方式取得的长期股权投资，应按实际支付的购买价款作为初始投资成本，包括购买过程中支付的手续费等必要支出；但所支付价款中包含的被投资单位已宣告但尚未发放的现金股利或利润应作为应收项目核算，不构成取得长期股权投资的成本。

【例5　12】　东方公司购买B公司股票，每股购买价格为5.1元，购买了100万股，另支付了3万元的税费。

计算如下：

初始投资成本＝5.1×1 000 000＋30 000＝5 130 000(元)

故会计分录为

借：长期股权投资—B企业　　　　5 130 000

　贷：银行存款　　　　　　　　5 130 000

对于购买价格中包含了已宣告但尚未支付的股利，应作为应收股利处理，不能计入初始投资成本。

【例 5-13】　东方公司在 2010 年 2 月 15 日购买 B 企业的股票，B 企业已在 1 月 15 日宣告分派股利，每股 0.1 元，以 2 月 28 日股东名册为准。

0.1 元股利是 B 企业 2009 年赚取的收益，所以 B 企业将这部分股利加入到该企业的购买价格里。东方公司不能将 0.1 元的股利作为初始投资成本，而应作为应收股利处理。计算如下：

初始投资成本＝(5.1－0.1)×1 000 000＋30 000＝5 030 000(元)

故会计分录为

借：长期股权投资—B 企业　　5 030 000

　应收股利　　100 000

　贷：银行存款　　5 130 000

收到股利时的会计分录为

借：银行存款　　100 000

　贷：应收股利　　100 000

2. 以发行权益性证券方式取得的长期股权投资

以发行权益性证券方式取得的长期股权投资，其成本为所发行权益性证券的公允价值；但不包括应自被投资单位收取的已宣告但尚未发放的现金股利或利润。

在确定所发行的权益性证券的公允价值时，对于所发行的权益性证券存在公开市场，有明确市价可供遵循的，应以该证券的市价作为确定其公允价值的依据，同时应考虑该证券的交易量和是否存在限制性条款等因素的影响；对于所发行的权益性证券不存在公开市场，没有明确市价可供遵循的，应考虑以被投资单位的公允价值为基础确定权益性证券的价值。

为了发行权益性证券而支付给有关证券承销机构等的手续费、佣金等与权益性证券发行直接相关的费用，不构成取得长期股权投资的成本。该部分费用应自权益性证券的溢价发行收入中扣除，权益性证券的溢价收入不足冲减的，应冲减盈余公积和未分配利润。

【例 5-14】　2010 年 3 月，东方公司通过增发 6 000 万股本公司普通股(每股面值 1 元)取得 B 公司 20%的股权，按照增发前后的平均股价计算，该 6 000 万股股份的公允价值为 10 400 万元。为了增发该部分股份，东方公司向证券承销机构等支付了 400 万元的佣金和手续费。假定东方公司取得该部分股权后能够对 B 公司的生产经营决策产生重大影响。

本例中，东方公司应以所发行股份的公允价值作为取得长期股权投资的成本，会计分录为

借：长期股权投资—成本　　104 000 000

　贷：股本　　60 000 000

　　资本公积—股本溢价　　44 000 000

发行权益性证券过程中支付的佣金和手续费，应冲减权益性证券的溢价发行收入，会计分录为

借：资本公积—股本溢价　　4 000 000

　贷：银行存款　　4 000 000

3. 以接受投资方式取得的长期股权投资

投资者投入的长期股权投资，应按投资合同或协议约定的价值作为初始投资成本；但合同或协议约定的价值不公允的除外。

投资者投入的长期股权投资，指投资者以其持有的对第三方的投资作为出资投入企业，接受投资的企业原则上应按投资各方在投资合同或协议中约定的价值作为取得投资的初始投资成本，但有明确证据表明合同或协议中约定的价值不公允的除外。

在确定投资者投入的长期股权投资的公允价值时，有关权益性投资存在活跃市场的，应参照活跃市场中的市价确定其公允价值；在不存在活跃市场，无法按照市场信息确定其公允价值的情况下，应将按照一定估值技术等合理方法确定的价值作为其公允价值。

【例5-15】　在东方公司设立时，其主要出资方之一甲公司以其持有的对B公司的长期股权投资作为出资投入东方公司。投资各方在投资合同中约定，作为出资的该项长期股权投资作价4 000万元。该作价是按照B公司股票的市价经考虑相关调整因素后确定的。东方公司注册资本为16 000万元。甲公司出资占东方公司注册资本的60%。

本例中，东方公司对于投资者投入的该项长期股权投资，应进行的会计处理为

借：长期股权投资—成本	40 000 000
贷：实收资本	32 000 000
资本公积—资本溢价	8 000 000

（二）持有期间投资损益的确认

采用成本法核算的长期股权投资，在初始投资或追加投资时，按初始投资或追加投资的成本来增加长期股权投资的账面价值。在被投资单位宣告分派的现金股利或利润中，投资企业将应享有的部分确认为当期投资收益；但投资企业所确认的投资收益仅限于所获得的被投资单位在接受投资后产生的累积净利润的分配额。所获得的被投资单位宣告分派的利润或现金股利超过被投资单位在接受投资后产生的累积净利润的部分，应冲减长期股权投资的账面价值。

一般情况下，投资企业在取得投资当年自被投资单位分得的现金股利或利润应作为投资成本的收回。以后年度，被投资单位累积分派的现金股利或利润超过投资以后至上年末止被投资单位累积实现净损益的，投资企业按照持股比例计算应享有的部分作为投资成本的收回。具体的计算公式为

应冲减初始投资成本的金额＝[投资后至本年末（或本期末）止被投资单位分派的现金股利或利润－投资后至上年末止被投资单位累积实现的净损益]×投资企业的持股比例－投资企业已冲减的初始投资成本

应确认的投资收益＝投资企业当年获得的利润或现金股利－应冲减初始投资成本的金额

如果投资后至本年末（或本期末）止被投资单位累积分派的现金股利或利润大于投资后至上年末止被投资单位累积实现的净损益，则按上述公式计算应冲减初始投资成本的金额；如果投资后至本年末（或本期末）止被投资单位累积分派的现金股利或利润等于或小于投资后至上年末止被投资单位累积实现的净损益，则被投资单位当期分派利润或现金股利中应由投资企业享有的部分，应确认为投资收益。

【例5-16】　东方公司向B企业投资，2010年2月15日购买B企业股票10 000股，B企业2010年2月28日宣告分派股利每股0.5元，因为B企业发放的是2009年的股利，2月15日东方公司在购买股票时未支付这部分款项，所以应该冲减投资成本。

会计分录为

借:应收股利　　　　　　　　　　　　　　5 000

　贷:长期股权投资　　　　　　　　　　　　5 000

【例 5-17】 2010 年 1 月 1 日,东方公司对 B 企业投资。2010 年 12 月 31 日 B 企业宣告净利润 10 万元(东方公司不做账务处理),2011 年 1 月 15 日 B 企业宣告分派 6 万元的股利,东方公司应分到股利 5 000 元,2011 年宣告分派的股利是 2010 年赚取的收益,东方公司应确认为投资收益。

会计分录为

借:应收股利　　　　　　　　　　　　　　5 000

　贷:投资收益　　　　　　　　　　　　　5 000

注意例 5-16 和例 5-17 这两个例子的不同之处是:投资赚取的应计入投资收益,不是投资赚取的应冲减投资成本。

三、长期股权投资权益法核算

按照权益法核算的长期股权投资,一般的核算程序为:

① 在初始投资或追加投资时,按照初始投资成本或追加投资成本来增加长期股权投资的账面价值。

② 在比较初始投资成本与投资时应享有被投资单位可辨认净资产公允价值的份额时,对于初始投资成本小于应享有被投资单位可辨认净资产公允价值份额的,应对长期股权投资的账面价值进行调整,并计入取得投资当期的损益。

③ 在持有投资期间,随着被投资单位所有者权益的变动,应相应增加或减少长期股权投资的账面价值,并分情况处理:对属于因被投资单位实现净损益产生的所有者权益的变动,投资企业应按持股比例计算应享有的份额,增加或减少长期股权投资的账面价值,同时确认为当期投资损益;对因被投资单位除净损益以外其他因素导致的所有者权益变动,在持股比例不变的情况下,应按持股比例计算应享有或应分担的份额,增加或减少长期股权投资的账面价值,同时确认为资本公积(其他资本公积)。

④ 在被投资单位宣告分派利润或现金股利时,投资企业应按持股比例计算应分得的部分,一般应冲减长期股权投资的账面价值。

(一) 取得长期股权投资

企业取得长期股权投资时,初始投资成本大于取得投资时应享有被投资单位可辨认净资产公允价值份额的,该部分差额是投资企业在取得投资过程中,通过作价体现出的与所取得股权份额相对应的商誉及不符合确认条件的资产价值,在这种情况下,不要求对长期股权投资的成本进行调整;初始投资成本小于取得投资时应享有被投资单位可辨认净资产公允价值份额的,两者之间的差额体现为双方在交易作价过程中转让方的让步,该部分经济利益流入应作为收益处理,计入取得投资当期的营业外收入,同时增加长期股权投资的账面价值。

【例 5-18】 东方公司于 2008 年 1 月取得 B 公司 30%的股权,支付价款 6 000 万元。取得投资时被投资单位净资产账面价值为 15 000 万元(假定被投资单位各项可辨认资产和负债的公允价值与其账面价值相同)。

东方公司在取得B公司的股权后，能够对B公司施加重大影响，因此对该投资采用权益法核算。取得投资时，东方公司应进行的账务处理为

借：长期股权投资—投资成本　　60 000 000

　贷：银行存款　　60 000 000

长期股权投资的初始投资成本6 000万元大于取得投资时应享有被投资单位可辨认净资产公允价值的份额4 500万元(15 000×30%)，该差额不调整长期股权投资的账面价值。

假定本例中取得投资时被投资单位可辨认净资产的公允价值为24 000万元，东方公司按持股比例30%计算确定应享有7 200万元，则初始投资成本与应享有被投资单位可辨认净资产公允价值份额之间的差额1 200万元应计入取得投资当期的营业外收入。有关账务处理为

借：长期股权投资—投资成本　　72 000 000

　贷：银行存款　　60 000 000

　　营业外收入　　12 000 000

(二) 持有期间被投资单位所有者权益变动

在权益法下，被投资单位实现净利润、发生亏损及除净损益以外所有者权益的其他变动等，投资企业均应做相应的账务处理。

1. 被投资单位实现净利润

投资企业取得长期股权投资以后，应按应享有或应分担的被投资单位实现的净损益的份额，确认投资损益并调整长期股权投资的账面价值。投资企业按照被投资单位宣告分派的利润或现金股利计算应分得的部分，相应减少长期股权投资的账面价值。主要运用“损益调整”明细科目进行核算。

【例5-19】　承例5-18，B公司2008年实现净利润600万元，2009年2月6日，B公司宣告分派2008年度现金股利200万元，东方公司的会计处理如下。

B公司实现净利润时，东方公司应确认投资收益180万元(600×30%)。会计分录为

借：长期股权投资—B公司(损益调整)　　180

　贷：投资收益　　180

B公司宣告分派现金股利时，东方公司应收股利60万元(200×30%)。会计分录为

借：应收股利　　60

　贷：长期股权投资—B公司(损益调整)　　60

2. 被投资单位发生亏损

投资企业确认被投资单位发生的净亏损，应以长期股权投资的账面价值及其他实质上构成对被投资单位净投资的长期权益减记至零为限，投资企业负有承担额外损失义务的除外。其他实质上构成对被投资单位净投资的长期权益，通常指长期应收项目。如企业对被投资单位的长期债权，该债权没有明确的清收计划且在可预见的未来期间不准备收回的，实质上构成对被投资单位的净投资。

在确认应分担被投资单位发生的亏损时，应按以下顺序进行处理：

一是冲减长期股权投资的账面价值。

二是长期股权投资的账面价值不足以冲减的，应以其他实质上构成对被投资单位净投资的长期权益账面价值为限继续确认投资损失，冲减长期权益的账面价值。

三是在进行上述处理后，按照投资合同或协议约定企业仍承担额外义务的，应按预计承担

的义务确认预计负债，计入当期投资损失。被投资单位以后期间实现盈利的，扣除未确认的亏损分担额后，应按与上述顺序相反的顺序处理，减记已确认预计负债的账面余额、恢复其他实质上构成对被投资单位净投资的长期权益及长期股权投资的账面价值，同时确认投资收益。

【例5-20】 东方公司持有乙企业40%的股权，能够对乙企业施加重大影响。2010年12月31日该项长期股权投资的账面价值为4 000万元。乙企业2011年由于一项主要经营业务市场条件发生变化，当年度亏损6 000万元。假定东方公司在取得该投资时，乙企业各项可辨认资产和负债的公允价值与其账面价值相等，双方所采用的会计政策及会计期间也相同，则东方公司当年度应确认的投资损失为2 400万元。确认上述投资损失后，长期股权投资的账面价值变为1 600万元。东方公司应做会计处理为

借：投资收益　　2 400

　贷：长期股权投资—损益调整　　2 400

如果乙企业2011年的亏损额为12 000万元，东方公司按其持股比例确认应分担的损失为4 800万元，但长期股权投资的账面价值仅为4 000万元，则东方公司应确认的投资损失仅为4 000万元，长期股权投资的账面价值减记至零，超额损失在账外进行备查登记。则东方公司应进行的账务处理为

借：投资收益　　40 000 000

　贷：长期股权投资—损益调整　　40 000 000

3. 被投资单位除净损益以外所有者权益的其他变动

在采用权益法核算时，投资企业对于被投资单位除净损益以外所有者权益的其他变动，在持股比例不变的情况下，应按持股比例和被投资单位除净损益以外所有者权益的其他变动中归属于本企业的部分，相应调整长期股权投资的账面价值，同时增加或减少资本公积。

【例5-21】 东方公司持有B企业30%的股份，能够对B企业施加重大影响。当期B企业因持有的可供出售金融资产公允价值的变动计入资本公积的金额为1 200万元，除该事项外，B企业当期实现的净损益为6 400万元。假定东方公司与B企业适用的会计政策和会计期间相同，投资时B企业有关资产和负债的公允价值与其账面价值亦相同。

东方公司在确认应享有被投资单位所有者权益的变动时，会计分录为

借：长期股权投资—损益调整　　19 200 000

　　　　　　　　—其他权益变动　　3 600 000

　贷：投资收益　　19 200 000

　　　资本公积—其他资本公积　　3 600 000

（三）长期股权投资的处置

在企业持有长期股权投资的过程中，由于各方面的考虑，在决定将所持有的对被投资单位的股权全部或部分对外出售时，应相应结转与所售股权相对应的长期股权投资的账面价值，出售所得的价款与处置长期股权投资账面价值之间的差额，应确认为处置损益。

采用权益法核算的长期股权投资，原计入资本公积中的金额，在处置时亦应进行结转，将与所出售股权相对应的部分在处置时自资本公积转入当期损益。

【例5-22】 东方公司原持有B企业40%的股权，2010年12月20日，东方公司决定出售其持有的B企业股权的1/4，出售时东方公司账面上对B企业长期股权投资的构成为：投资成本1 200万元，损益调整320万元，其他权益变动200万元，出售取得价款470万元。

东方公司应确认的处置损益的会计分录为

借：银行存款　　4 700 000

　贷：长期股权投资　　4 300 000

　　投资收益　　400 000

同时，还应将原计入资本公积的部分按比例转入当期损益，会计分录为

借：资本公积—其他资本公积　　500 000

　贷：投资收益　　500 000

四、长期股权投资核算方法的转换

长期股权投资在持有期间，因各方面情况的变化，可能导致其核算需要由一种方法转换为另一种方法。如当因追加投资导致持股比例上升，因减少投资导致持股比例下降，能够对被投资单位施加重大影响或实施共同控制时，长期股权投资的核算将由成本法转为权益法；当因追加投资导致对原被投资单位实施控制，因减少投资导致对被投资单位不再具有共同控制和重大影响时，长期股权投资的核算将由权益法转换为成本法。关于长期股权投资核算方法转换的具体核算，可参见有关制度，在此不做详细介绍。

学习任务5.6　长期股权投资减值

一、长期股权投资减值概述

长期股权投资减值指长期股权投资未来可收回金额低于账面价值所发生的损失。

长期股权投资减值准备指：企业的长期股权投资应在每个会计期末按照账面价值与可收回金额孰低法的原则计量，对于可收回金额小于其账面价值的差额，应计提长期股权投资减值准备，计入当期的投资损益之中；对于可收回金额大于长期股权投资账面价值的，一般不做账务处理。长期股权投资减值损失一经确认，在以后会计期间不得转回。

二、长期股权投资减值的账务处理

（一）长期股权投资减值准备确认的时间

企业应定期对长期股权投资的账面价值逐项进行检查，至少于每年年末检查一次，合理预计各项长期投资可能发生的损失，提取长期股权投资减值准备。

（二）长期股权投资减值准备确认的条件

基本确认标准是：由于市价持续下跌或被投资单位经营状况恶化等原因导致长期股权投资可收回金额低于账面价值的，应计提长期股权投资减值准备。

（三）长期股权投资减值准备的计量

基本计量方法是：应根据单项长期股权投资可收回金额低于其账面价值的差额，计提长期投资减值准备，确认当期投资损失。

（四）长期股权投资减值的核算

企业应设置“长期股权投资减值准备”账户，用于核算企业提取的长期股权投资减值准备。

资产负债表日，长期股权投资发生减值的，按应减记的金额，借记"资产减值损失"科目，贷记本科目；处置长期股权投资时，应同时结转已计提的长期股权投资减值准备；本科目期末贷方余额，反映企业已计提但尚未转销的长期股权投资减值准备；本科目可按被投资单位进行明细核算。

【例5-23】 东方公司2011年1月1日对Y公司的长期股权投资（该项长期股权投资系以银行存款购入）的账面价值为600 000元，持有Y公司的股份为95 000股，并按照权益法核算。同年7月5日，由于Y公司所在的地区发生洪水，公司被冲毁，大部分资产已经损失，并难有恢复的可能，使其股票下跌为每股2元。则东方公司提取该项投资的长期股权投资减值准备的会计处理如下。

应提取的减值准备＝600 000－2×95 000＝410 000（元）

会计分录为

借：资产减值损失—计提的长期股权投资减值准备　　410 000
　贷：长期股权投资减值准备　　410 000

2012年1月1日东方公司处置该项长期股权投资，当日该项投资对应的减值准备为410 000元，处置价款总计350 000元已通过银行收讫，会计分录为

借：长期股权投资减值准备　　410 000
　　银行存款　　350 000
　贷：长期股权投资—股票投资（Y公司）　　600 000
　　　投资收益　　160 000

重点回顾

工作过程5主要讲述了与投资业务核算有关的内容，其重点内容概括于图5-1中。

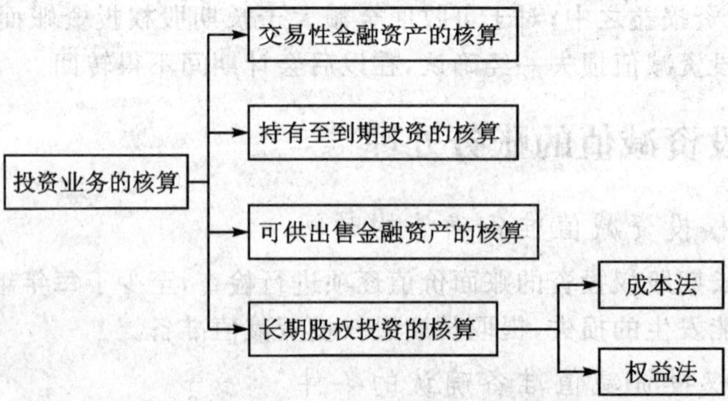

图5-1　投资业务的核算

1. 交易性金融资产的核算

交易性金融资产主要指企业为了近期内出售而持有的金融资产，例如企业以赚取差价为目的从二级市场购入的股票、债券和基金等。

企业应设置"交易性金融资产"科目来核算企业持有的以公允价值计量且其变动计入当期损益的金融资产，包括为交易目的所持有的债券投资、股票投资、基金投资、权证投资和直接指定为以公允价值计量且其变动直接计入当期损益的金融资产。

账务处理的内容包括：

① 取得交易性金融资产时，应按照该金融资产取得时的公允价值作为其初始确认金额；对于取得交易性金融资产所支付价款中包含了已宣告但尚未发放的现金股利或已到付息期但尚未领取的债券利息的，应当单独确认为应收项目；取得交易性金融资产所发生的相关交易费用应当在发生时计入投资收益。

② 在持有期间，收到买价中包含的股利/利息时，借记“银行存款”，贷记“应收股利/利息”；确认持有期间享有的股利/利息时，借记“应收股利/利息”，贷记“投资收益”，同时，借记“银行存款”，贷记“应收股利/利息”。对于票面利率与实际利率差异较大的，应采用实际利率计算确定债券利息收入。

③ 资产负债表日如果交易性金融资产的公允价值大于账面余额，则借记“交易性金融资产—公允价值变动”，贷记“公允价值变动损益”；如果资产负债表日公允价值小于账面余额，则做相反分录。

④ 出售交易性金融资产时，应将该金融资产出售时的公允价值与其初始入账金额之间的差额确认为投资收益，借记“银行存款”，贷记“交易性金融资产—成本”、“交易性金融资产—公允价值变动”和“投资收益”；同时按初始成本与账面余额之间的差额确认投资收益/损失，借记或贷记“公允价值变动损益”，贷记或借记“投资收益”。

2. 持有至到期投资的核算

持有至到期投资指到期日固定、回收金额固定或可确定，且企业有明确意图和能力持有至到期的非衍生金融资产。应该注意的是，如果企业管理层决定将某项金融资产持有至到期，则在该金融资产未到期前，不能随意改变其“最初意图”。也就是说，投资者在取得投资时的意图应当是明确的，除非遇到一些企业所不能控制、预期不会重复发生且难以合理预计的独立事件，否则将持有至到期。

企业应设置“持有至到期投资”科目来核算企业的持有至到期投资。

核算的内容包括：

① 企业取得的持有至到期投资，应按该投资的面值，借记“持有至到期投资—成本”科目，按支付价款中包含的已到付息期但尚未领取的利息，借记“应收利息”科目，按实际支付的金额，贷记“银行存款”等科目，按其差额，借记或贷记“持有至到期投资—利息调整”科目。

② 资产负债日，持有至到期投资为分期付息、一次还本债券投资的，应按票面利率计算确定的应收未收利息，借记“应收利息”科目，按持有至到期投资摊余成本和实际利率计算确定的利息收入，贷记“投资收益”科目，按其差额，借记或贷记“持有至到期投资—利息调整”科目。

③ 将持有至到期投资重分类为可供出售金融资产的，应在重分类日按其公允价值，借记“可供出售金融资产”科目，按其账面余额，贷记“持有至到期投资—成本、利息调整、应计利息”科目，按其差额，贷记或借记“资本公积—其他资本公积”科目。已计提减值准备的，还应同时结转减值准备。

④ 出售持有至到期投资时，应按实际收到的金额，借记“银行存款”等科目，按其账面余额，贷记“持有至到期投资—成本、利息调整、应计利息”科目，按其差额，贷记或借记“投资收益”科目。已计提减值准备的，还应同时结转减值准备。

3. 可供出售金融资产的核算

可供出售金融资产指初始确认时即被指定为可供出售的非衍生金融资产。当企业管理者持有金融资产的目的不明确时，即既不想将金融资产短期出售，也不想持有至到期时，就可将其划分为可供出售金融资产。

企业应设置“可供出售金融资产”科目来核算企业持有的可供出售金融资产。本科目应按可供出售金融资产的类别和品种，分别设置“成本”、“利息调整”、“应计利息”等进行明细核算。

核算内容包括：

① 企业取得可供出售金融资产时，应按其公允价值（不含支付价款中所包含的已到付息期但尚未领取的利息或已宣告但尚未发放的现金股利）与交易费用之和，借记“可供出售金融资产—成本”科目，按已到付息期但尚未领取的利息或已宣告但尚未发放的现金股利，借记“应收利息”或“应收股利”科目，按实际支付的金额，贷记“银行存款”、“应交税费”等科目。

② 未发生减值的可供出售债券若为分期付息、一次还本债券投资，则应于资产负债表日按票面利率计算确定的应收未收利息，借记“应收利息”科目，按可供出售债券摊余成本和实际利率计算确定的利息收入，贷记“投资收益”科目，按其差额，借记或贷记“可供出售金融资产—利息调整”科目。

③ 资产负债表日，可供出售金融资产的公允价值高于其账面余额（如可供出售金融资产为债券，即为其摊余成本）的差额时，借记“可供出售金融资产”科目，贷记“资本公积—其他资本公积”科目；公允价值低于其账面余额的差额时，做相反的会计分录。

④ 出售可供出售金融资产时，应按实际收到的金额，借记“银行存款”，按其账面余额，贷记“可供出售金融资产”科目，按应从所有者权益中转出的公允价值累计变动额，借记或贷记“资本公积—其他资本公积”科目，按其差额，贷记或借记“投资收益”科目。

4. 长期股权投资的核算

(1) 长期股权投资的类别

长期股权投资包括四种类型：

① 控制——母子公司（持有 50%以上表决权）；

② 共同控制——合营企业；

③ 重大影响——联营企业（持有 20%～50%的表决权）；

④ 无共同控制、重大影响且活跃市场无报价。

(2) 核算方法的确定

1）成本法

投资方对被投资方不具有共同控制或重大影响，或者投资方不能控制被投资方，应该采用成本法。

2）权益法

投资方对于被投资方具有共同控制或重大影响，应该采用权益法。

(3) 长期股权投资核算的成本法与权益法的比较

成本法与权益法的比较如表 5-3 所列。

表 5-3　长期股权投资核算的成本法与权益法的比较

会计事项	成本法	权益法
取得投资时	借：长期股权投资 　贷：银行存款	借：长期股权投资—成本 　贷：银行存款

续表5-3

会计事项	成本法	权益法
初始投资成本与应享有的被投资方可辨认净资产公允价值份额的差额	差额部分不做处理，同一控制下的企业合并形成的长期股权投资，应在合并日按照取得被合并方所有者权益账面价值的份额记入长期股权投资的入账价值。 非同一控制下的企业合并，应按初始投资成本记入长期股权投资的入账价值	如果长期股权投资初始投资成本低于应享有的被投资方可辨认净资产公允价值份额，则差额调整初始投资成本；如果长期股权投资初始投资成本高于应享有的被投资方可辨认净资产公允价值份额，则差额不调整初始投资成本。 借：长期股权投资—成本 　贷：营业外收入（上述差额）
被投资单位权益变动时	除追加或收回投资外，长期股权投资的账面价值一般应当保持不变	按比例调整长期股权投资账面价值。 借：长期股权投资—其他权益变动 　贷：资本公积—其他资本公积
被投资单位实现利润或发生亏损时	不做账务处理	确认投资收益（亏损时做相反分录处理）。 借：长期股权投资—损益调整 　贷：投资收益
被投资单位宣告分派利润或现金股利时	作为当期投资收益处理。 借：应收股利 　贷：投资收益	权益法下被投资单位分派现金股利，分得的现金股利没有超过已确认的损益调整的，就要冲减"长期股权投资—损益调整"，超过部分（也就是当损益调整明细科目金额为0时），则冲减"长期股权投资—成本"。 借：应收股利 　贷：长期股权投资—损益调整 或贷：长期股权投资—成本
收到现金股利时	借：银行存款 　贷：应收股利	借：银行存款 　贷：应收股利

知识拓展

金融工具相关知识

金融工具是用来证明贷者与借者之间融通货币余缺的书面证明，其最基本的要素为支付的金额与支付条件。

1. 金融工具分类

金融工具按其流动性来划分，可分为两大类：

(1) 具有完全流动性的金融工具

这是指现代的信用货币。现代信用货币有两种形式：纸币和银行活期存款，可看做银行的负债，已在公众中取得普遍接受的资格，转让是不会发生任何麻烦的。这种完全的流动性可看做金融工具的一个极端。

(2) 具有有限流动性的金融工具

这些金融工具也具备流通、转让、被人接受的特性，但附有一定的条件。包括存款凭证、商业票据、股票和债券等。它们被接受的程度取决于这种金融工具的性质。

2. 金融工具的特点

一般认为,金融工具具有以下特征:

(1) 偿还期

偿还期指从借款人拿到借款开始,到借款全部偿还清为止所经历的时间。各种金融工具在发行时一般都具有不同的偿还期。从长期来说,有10年、20年和50年。还有一种永久性债务,这种公债在借款人同意以后无限期地支付利息,但始终不偿还本金,这是长期的一个极端。在另一个极端,银行活期存款随时可以兑现,其偿还期实际等于零。

(2) 流动性

这是指金融资产在转换成货币时,其价值不会蒙受损失的能力。除货币以外,各种金融资产都存在不同程度的不完全流动性。其他的金融资产若在未到期之前转换成货币的话,或者打一定的折扣,或者花一定的交易费用。

一般来说,金融工具如果具备下述两个特点,就可能具有较高的流动性:

第一,发行金融资产的债务人信誉高,在已往的债务偿还中能及时、全部履行其义务。

第二,债务的期限短。由于它受市场利率的影响很小,因此转现时所遭受亏损的可能性就很小。

(3) 安全性

这是指投资于金融工具的本金是否会遭受损失的风险。风险可分为两类:一是债务人不履行债务的风险。这种风险的大小主要取决于债务人的信誉及债务人的社会地位。另一类风险是市场的风险,这是金融资产的市场价格随市场利率的上升而跌落的风险。当利率上升时,金融证券的市场价格就下跌;当利率下跌时,金融证券的市场价格就上涨。证券的偿还期越长,其价格受利率变动的影响越大。一般来说,本金的安全性与偿还期成反比,即偿还期越长,其风险越大,安全性越小。本金安全性与流动性成正比,与债务人的信誉也成正比。

(4) 收益性

这是指金融工具能定期或不定期给持有人带来收益的特性。金融工具收益性的大小,是通过收益率来衡量的,其具体指标有名义收益率、实际收益率和平均收益率等。

3. 衍生金融工具

衍生金融工具指从传统金融工具中派生出来的新型金融工具。股票期货合约、股指期货合约、期权合约和债券期货合约都是衍生金融工具。衍生金融工具可以促进金融市场的稳定和发展,有利于加速经济信息的传递,其价格形成有利于资源的合理配置和资金的有效流动,还可以增强国家金融宏观调控的能力,有分割、转移风险,提高金融市场经济效率的作用。

思考与练习

一、单项选择题

1. 下列各项中不属于企业金融资产的是(　　)。

A. 准备持有至到期的债券投资

B. 公允价值不能可靠计量的股权投资

C. 短期内准备出售的股票

D. 不准备持有至到期的债券投资

2. 下列金融资产中，应作为可供出售金融资产核算的是(　　)。

A. 企业从二级市场购入准备随时出售的普通股票

B. 企业购入有意图和能力持有至到期的公司债券

C. 企业购入没有公开报价且不准备随时变现的A公司5%的股权

D. 企业购入有公开报价但不准备随时变现的A公司5%的流通股票

3. 2010年2月2日，甲公司支付830万元取得一项股权投资作为交易性金融资产核算，支付价款中包括已宣告但尚未领取的现金股利20万元，另支付交易费用5万元。甲公司该项交易性金融资产的入账价值为(　　)万元。

A. 810　　B. 815　　C. 830　　D. 835

4. 甲公司于2011年2月10日购入某上市公司股票10万股，每股价格15元(其中包含已宣告但尚未发放的现金股利每股0.5元)，甲公司购入的股票暂不准备随时变现，划分为可供出售金融资产，甲公司购买该股票另支付手续费10万元。则甲公司对该项投资的入账价值为(　　)万元。

A. 145　　B. 150　　C. 155　　D. 160

5. 甲公司于2008年2月20日从证券市场购入A公司股票50 000股，划分为交易性金融资产，每股买价8元，另外支付印花税及佣金4 000元。A公司于2008年4月10日宣告发放现金股利，每股0.30元。甲公司于2008年5月20日收到该现金股利15 000元并存入银行。至12月31日，该股票的市价为450 000元。甲公司2008年对该项金融资产应确认的投资收益为(　　)元。

A. 15 000　　B. 11 000　　C. 50 000　　D. 61 000

6. 某股份有限公司于2011年3月30日，以每股12元的价格购入某上市公司股票50万股，划分为交易性金融资产，购买该股票支付手续费10万元。5月22日，收到该上市公司按每股0.5元发放的现金股利。12月31日该股票的市价为每股11元。2011年12月31日该交易性金融资产的账面价值为(　　)万元。

A. 550　　B. 575　　C. 585　　D. 610

7. 甲公司2011年1月1日，购入面值为100万元、年利率为4%的A债券，取得价款104万元(含已宣告但尚未发放的利息4万元)，另外支付交易费用0.5万元。甲公司将该项金融资产划分为交易性金融资产。2011年1月5日，收到购买时价款中所含的利息4万元，2011年12月31日，A债券的公允价值为106万元，2012年1月5日，收到A债券2011年度的利息4万元，2012年4月20日甲公司出售A债券，售价为108万元。甲公司出售A债券时确认投资收益的金额为(　　)万元。

A. 2　　B. 6　　C. 8　　D. 1.5

8. 企业将持有至到期投资重分类为可供出售金融资产，在重分类日该债券的公允价值为50万元，其账面余额为48万元(未计提减值准备)。在重分类日应做的会计分录为(　　)。

A. 借：可供出售金融资产　　50

　　贷：持有至到期投资　　50

B. 借：可供出售金融资产　　48

　　贷：持有至到期投资　　48

C. 借：可供出售金融资产　　50

贷:持有至到期投资　　　　　　　48
　　资本公积　　　　　　　　　　2

D. 借:可供出售金融资产　　　　　48
　　资本公积　　　　　　　　　　2
　贷:持有至到期投资　　　　　　50

9. 2011 年 6 月 1 日,企业将持有至到期投资重分类为可供出售金融资产,在重分类日该债券的公允价值为 50 万元,其账面余额为 48 万元(未计提减值准备)。2011 年 6 月 20 日,企业将可供出售的金融资产出售,所得价款为 53 万元,则出售时确认的投资收益为(　)万元。

A. 3　　B. 2　　C. 5　　D. 8

10. 在已确认减值损失的金融资产价值恢复时,下列金融资产的减值损失不得通过损益转回的是(　)。

A. 持有至到期投资的减值损失

B. 贷款及应收款项的减值损失

C. 可供出售权益工具投资的减值损失

D. 可供出售债务工具投资的减值损失

11. 下列金融资产中,应按公允价值进行初始计量,且交易费用计入当期损益的是(　)。

A. 交易性金融资产　　B. 持有至到期投资

C. 应收款项　　D. 可供出售金融资产

12. 甲公司以 2.55 万元的价格购入某期限为 15 年、距到期还有 8 年的某封闭基金100 万份,计划持有至该基金到期,该基金前日净值为 3 元,购入时折价率为 15%,该企业下述会计处理正确的是(　)。

A. 划分为持有至到期投资,其入账价值为 2 550 000 元

B. 划分为持有至到期投资,其入账价值为 3 000 000 元

C. 划分为交易性金融资产,其入账价值为 3 000 000 元

D. 划分为可供出售金融资产,其入账价值为 2 550 000 元

13. 企业购入 B 股票 20 万股,划分为交易性金融资产,支付的价款为 103 万元,其中包含已宣告发放的现金股利 3 万元和支付交易费用 2 万元。该项交易性金融资产的入账价值为(　)万元。

A. 103　　B. 98　　C. 102　　D. 105

14. 对于已确认减值损失的可供出售债务工具,在随后的会计期间公允价值已上升且客观上与原减值损失确认后发生的事项有关的,原确认的减值损失应当予以转回,计入(　)科目。

A. 资产减值损失　　B. 投资收益　　C. 资本公积　　D. 营业外收入

15. 企业能够对被投资单位实施控制,被投资单位为本企业的(　)。

A. 联营企业　　B. 合营企业　　C. 子公司　　D. 分公司

16. 企业购入 A 公司股票支付价款 110 000 元,其中含有已宣告但尚未发放的现金股利 10 000 元,另支付税费 5 000 元,则该长期股权投资的入账价值为(　)元。

A. 110 000　　B. 100 000　　C. 105 000　　D. 115 000

17. 长期股权投资权益法核算下,"初始投资成本"小于"应享有被投资单位可辨认净资产

公允价值份额”的差额计入(　　)。

A. 资本公积　　B. 营业外收入　　C. 长期股权投资　　D. 营业外支出

18. 乙公司2011年1月10日购买甲公司发行的股票1 000万股并准备长期持有，占甲公司股份的25%，每股买入价为6元，另外购买该股票时发生相关税费40万元，2010年12月31日，甲公司的所有者权益的公允价值为30 000万元，则乙长期股权投资的入账价值为(　　)万元。

A. 6 040　　B. 6 000　　C. 7 500　　D. 7 540

19. 18题中，乙公司取得长期股权投资时应确认的营业外收入为(　　)万元。

A. 40　　B. 1 500　　C. 1 460　　D. 1 540

二、多项选择题

1. 关于交易性金融资产的计量，下列说法中错误的有(　　)。

A. 资产负债表日，企业应将金融资产的公允价值变动直接计入当期所有者权益

B. 应按取得该金融资产的公允价值和相关交易费用之和作为初始确认金额

C. 处置该金融资产时，其公允价值与初始入账金额之间的差额应确认为投资收益，不调整公允价值变动损益

D. 应按取得该金融资产的公允价值作为确认金额，相关交易费用在发生时计入当期损益

2. 下列各项中，应确认投资收益的事项有(　　)。

A. 交易性金融资产在持有期间获得现金股利

B. 交易性金融资产在资产负债表日的公允价值大于账面价值的差额

C. 持有至到期投资在持有期间按摊余成本和实际利率计算确认的利息收入

D. 可供出售债券在持有期间按摊余成本和实际利率计算确认的利息收入

3. 关于金融资产的计量，下列说法中错误的有(　　)。

A. 交易性金融资产应按取得时的公允价值和相关的交易费用作为初始确认金额

B. 可供出售金融资产应按取得该金融资产的公允价值和相关交易费用之和作为初始确认金额

C. 可供出售金融资产应按取得时的公允价值作为初始确认金额，相关的交易费用在发生时计入当期损益

D. 持有至到期投资在持有期间应按摊余成本和实际利率计算确认利息收入，计入投资收益

4. 下列金融资产中，应按摊余成本进行后续计量的有(　　)。

A. 交易性金融资产　　B. 持有至到期投资

C. 贷款及应收款项　　D. 可供出售金融资产

5. 关于金融资产的重分类，下列说法中错误的有(　　)。

A. 交易性金融资产可以与持有至到期投资之间进行重分类

B. 交易性金融资产与可供出售金融资产之间不能进行重分类

C. 可供出售金融资产可以随意与持有至到期投资之间进行重分类

D. 交易性金融资产在符合一定条件时可以与持有至到期投资之间进行重分类

6. 下列可供出售金融资产的表述中，正确的有(　　)。

A. 可供出售金融资产发生的减值损失应计入当期损益

B. 可供出售金融资产的公允价值变动应计入当期损益

C. 取得可供出售金融资产发生的交易费用应直接计入资本公积

D. 处置可供出售金融资产时，以前期间因公允价值变动计入资本公积的金额应转入当期损益

7. 在已确认减值损失的金融资产价值恢复时，下列金融资产的减值损失可通过损益转回的有（　　）。

A. 持有至到期投资的减值损失　　B. 贷款及应收款项的减值损失

C. 可供出售权益工具投资的减值损失　　D. 可供出售债务工具投资的减值损失

8. 下列表述中正确的有（　　）。

A. 新增的外部费用指企业不购买、发行或处置金融工具就会发生的费用

B. 新增的外部费用指企业不购买、发行或处置金融工具就不会发生的费用

C. 交易费用包括支付给代理机构、咨询公司、券商等的手续费和佣金及其他必要支出，包括债券溢价、折价、融资费用、内部管理成本及其他与交易不直接相关的费用

D. 交易费用包括支付给代理机构、咨询公司、券商等的手续费和佣金及其他必要支出，不包括债券溢价、折价、融资费用、内部管理成本及其他与交易不直接相关的费用

9. 企业不得将下列哪些金融资产划分为持有至到期投资（　　）。

A. 初始确认时即被指定为以公允价值计量且其变动计入当期损益的非衍生金融资产

B. 初始确认时即被指定为可供出售的非衍生金融资产

C. 符合贷款和应收款项定义的非衍生金融资产

D. 企业购买的某公司的股票投资

10. 下列情况中哪些表明企业没有意图将金融资产持有至到期（　　）。

A. 持有该金融资产的期限不确定

B. 在发生市场利率变化、流动性需求变化、替代投资机会及其投资收益率变化、融资来源和条件变化、外汇风险变化等情况时，将出售该金融资产。但是，无法控制、预期不会重复发生且难以合理预计的独立事件引起的金融资产出售除外

C. 该金融资产的发行方可按明显低于其摊余成本的金额清偿

D. 其他表明企业没有明确意图将该金融资产持有至到期的情况

11. 以下说法中属于金融资产发生减值客观证据的有（　　）。

A. 发行方或债务人发生严重财务困难

B. 债务人违反了合同条款，如偿付利息或本金发生违约或逾期等

C. 债权人出于经济或法律等方面因素的考虑，对发生财务困难的债务人做出让步

D. 债务人很可能倒闭或进行其他财务重组

12. 下列各项中，应作为持有至到期投资取得时初始成本入账的有（　　）。

A. 投资时支付的不含应收利息的价款

B. 投资时支付的手续费

C. 投资时支付的税金

D. 投资时支付款项中所含的已到期但尚未发放的利息

13. 持有至到期投资在（　　）情况下，可以不重分类为可供出售金融资产。

A. 出售日或重分类日距离该项投资到期日或赎回日较近，且市场利率变化对该项投资的公允价值没有显著影响

B. 根据合同约定的定期偿付或提前还款方式收回该投资几乎所有初始本金后，将剩余部分予以出售或重分类

C. 因发生重大企业合并或重大处置，为保持现行利率风险头寸或维持现行信用风险政策，将持有至到期投资予以出售

D. 因法律、行政法规对允许投资的范围或特定投资品种的投资限额做出重大调整，将持有至到期投资予以出售

14. 下列各项中，会引起交易性金融资产账面余额发生变化的有(　　)。

A. 收到原未计入应收项目的交易性金融资产的利息

B. 期末交易性金融资产公允价值高于其账面余额的差额

C. 期末交易性金融资产公允价值低于其账面余额的差额

D. 出售交易性金融资产

15. 下列项目中，不应计入交易性金融资产取得成本的是(　　)。

A. 支付的购买价格　　B. 支付的相关税金

C. 支付的手续费　　D. 支付价款中包含的应收利息

16. 成本法核算的长期股权投资的范围包括(　　)。

A. 企业对子公司的长期股权投资

B. 企业对联营企业的长期股权投资

C. 企业对合营企业的长期股权投资

D. 企业对被投资单位不具有控制、共同控制或重大影响，且在活跃市场中没有报价或公允价值不能可靠计量的长期股权投资

17. 除企业合并形成的长期股权投资外，以支付现金取得的长期股权投资，其初始投资成本包括(　　)。

A. 实际支付的购买价款　　B. 支付的相关手续费

C. 已宣告但未发放的现金股利　　D. 支付的相关印花税

18. 长期股权投资采用成本法核算，在被投资单位宣告分配现金股利时，投资企业有可能做的会计处理是(　　)。

A. 借记“应收股利”科目，贷记“投资收益”科目

B. 借记“应收股利”科目，贷记“长期股权投资”科目

C. 借记“应收股利”科目，贷记“银行存款”科目

D. 借记“银行存款”科目，贷记“应收股利”科目

三、判断题

1. 企业在初始确认时将某项金融资产划分为以公允价值计量且其变动计入当期损益的金融资产后，视情况变化可将其重分类为其他类金融资产。(　)

2. 企业为取得持有至到期投资发生的交易费用应计入当期损益，不应计入其初始确认金额。(　)

3. 收到购买交易性金融资产时支付的价款中包含的已到付息期但尚未领取的利息，应计入当期损益。(　)

4. 企业持有交易性金融资产期间取得的债券利息或现金股利应当冲减该金融资产的账面价值。(　　)

5. 可供出售金融资产在有些情况下可重分类为持有至到期投资。(　)

6. 企业对持有至到期投资初始确认金额与到期日金额之间的差额既可采用实际利率法进行摊销，也可采用直线法进行摊销。（　　）

7. 企业应在资产负债表日对所有金融资产的账面价值进行检查，金融资产发生减值的，应当计提减值准备。（　　）

8. 资产负债表日，可供出售金融资产的公允价值低于其账面余额时，应该计提可供出售金融资产减值准备。（　　）

9. 可供出售金融资产发生减值时，即使该金融资产没有终止确认，原直接计入所有者权益中的因公允价值下降而形成的累计损失，应当予以转出，计入当期损益。（　　）

10. 因债务人信用恶化以外的原因，使持有方可能难以收回几乎所有初始投资的非衍生金融资产，不应划分为贷款和应收款项。（　　）

11. 资产负债表日，对于持有至到期投资为分期付息、一次还本债券投资的，应按票面利率计算确定的应收未收利息，并借记“持有至到期投资(应计利息)”科目。（　　）

12. “交易性金融资产”科目的期末借方余额，反映企业持有的交易性金融资产的成本与市价孰低值。（　　）

13. 购入交易性金融资产时支付的交易费用，应该计入交易性金融资产的成本中。（　　）

14. 金融资产在初始确认时分为交易性金融资产、持有至到期投资、贷款和应收款项及可供出售金融资产。上述分类一经确定，不得变更。（　　）

15. “可供出售金融资产”借方期末余额，反映企业可供出售金融资产的公允价值。（　　）

16. 在采用成本法核算长期股权投资的情况下，被投资企业发生亏损时，投资企业应贷记“长期股权投资”。（　　）

17. 企业购入的A公司股票买价中包含的已宣告发放但尚未发放的现金股利，应计入长期股权投资的成本。（　　）

18. 在成本法下，企业长期股权投资持有期间所取得的现金股利，应全部计入“投资收益”。（　　）

19. 现金股利和股票股利都是被投资企业给投资企业的报酬，因此，投资企业均应确认收益。（　　）

20. 长期股权投资减值损失，可在原已计提的范围内在以后会计期间转回。（　　）

四、业务题

1. A公司于2011年1月1日从证券市场购入B公司2010年1月1日发行的债券，债券为5年期，票面年利率为5%，每年1月5日支付上年度的利息，到期日为2015年1月1日，到期日一次归还本金和最后一期的利息。A公司购入债券的面值为1 000万元，实际支付的价款是1 005.35万元，另外，支付相关的费用10万元。A公司购入以后将其划分为持有至到期投资，购入债券实际利率为6%，假定按年计提利息。2011年12月31日，B公司发生财务困难，该债券的预计未来现金流量的现值为930万元(不属于暂时性的公允价值变动)。2012年1月2日，A公司将该持有至到期投资重分类为可供出售的金融资产，且其公允价值为925万元。2012年2月20日A公司以890万元的价格出售所持有的B公司的债券。

要求：

(1) 编制2011年1月1日，A公司购入债券时的会计分录。

(2) 编制2011年1月5日收到利息时的会计分录。

(3) 编制2011年12月31日确认投资收益的会计分录。

(4) 计算2011年12月31日应计提的减值准备的金额，并编制相应的会计分录。

(5) 编制2012年1月2日持有至到期投资重分类为可供出售金融资产的会计分录。

(6) 编制2012年2月20日出售债券的会计分录。

2. 丙股份有限公司(以下简称丙公司)的有关投资资料如下：

(1) 2010年2月5日，丙公司以银行存款从二级市场购入B公司股票100 000股，划分为可供出售金融资产，每股买价12元，同时支付相关税费10 000元。

(2) 2010年4月10日，B公司宣告发放现金股利，每股0.5元。

(3) 2010年4月20日，收到B公司发放的现金股利50 000元。

(4) 2010年12月31日，B公司股票市价为每股11元。

(5) 2011年12月31日，B公司股票市价下跌为每股9.5元，预计B公司股票还将继续下跌。

(6) 2012年12月31日，B公司股票市价为每股11.5元。

要求：根据上述经济业务编制有关会计分录。

3. 某股份有限公司2012年有关交易性金融资产的资料如下：

(1) 3月1日以银行存款购入A公司股票50 000股，并准备随时变现，每股买价16元，同时支付相关税费4 000元。

(2) 4月20日A公司宣告发放现金股利每股0.4元。

(3)4月21日又购入A公司股票50 000股，并准备随时变现，每股买价18.4元(其中包含已宣告发放但尚未支取的股利每股0.4元)，同时支付相关税费6 000元。

(4) 4月25日收到A公司发放的现金股利20 000元。

(5) 6月30日A公司股票市价为每股16.4元。

(6) 7月18日该公司以每股17.5元的价格转让A公司股票60 000股，扣除相关税费10 000元，实得金额为1 040 000元。

(7) 12月31日A公司股票市价为每股18元。

要求：根据上述经济业务编制有关会计分录。

4. 甲企业2012年6月5日购入乙公司股份10 000股，每股价格12.12元，另支付相关税费640元，甲企业购入乙公司股份占乙公司有表决权资本的3%，并准备长期持有。乙公司于2012年7月5日宣告分派2010年度的现金股利，每股0.2元。

要求：根据上述资料编制甲企业的有关会计分录。

5. 乙公司2010年1月10日购买甲公司发行的股票1 000万股并准备长期持有，占甲公司股份的25%，采用权益法核算，每股买入价为6元，另外购买该股票时发生相关税费40万元，2009年12月31日，甲公司的所有者权益的公允价值为30 000万元，2010年甲公司实现净利润1 000万元，2011年4月30日甲公司宣告发放现金股利，每10股派发1元，2011年6月5日，乙公司收到甲公司分派的现金股利。2010年甲公司可供出售金融资产的公允价值增加200万元，2011年1月，乙公司出售所持有的甲公司的股票1 000万股，每股出售价格为10元，款项已经收回。

要求：编制乙公司上述业务的相关会计分录。

工作过程6　固定资产业务的核算

能力目标

1. 能够对不同方式取得的固定资产初始计量进行正确的判定；
2. 能够正确应用固定资产折旧的方法；
3. 能够正确判定固定资产后续支出的资本化和费用化。

知识目标

1. 理解固定资产的概念及确认标准；
2. 掌握固定资产的初始计量和后续计量的会计核算；
3. 熟悉固定资产减值的有关规定；
4. 熟悉固定资产处置的会计核算。

案例导入

东方公司为注册地在四川省成都市的一家上市公司，其增值税税率为17%，其20×0年至20×4年与固定资产有关的业务资料如下：

① 20×0年12月12日，购进一台不需要安装的生产经营用设备，取得的增值税专用发票上注明的设备价款为409.5万元(不含增值税)，另发生运输费1.5万元，款项以银行存款支付；没有发生其他相关税费。该设备于当日投入使用，预计使用年限为10年，预计净残值为15万元，采用直线法计提折旧。

② 20×1年12月31日，东方公司对该设备进行检查时发现其已经发生减值，预计可收回金额为321万元；计提减值准备后，该设备的原预计使用年限、预计净残值和折旧方法保持不变。

③ 20×2年12月31日，东方公司因生产经营方向调整，决定采用出包方式对该设备进行改良，改良工程验收合格后再支付工程价款。该设备于当日停止使用，开始进行改良。

④ 20×3年3月12日，改良工程完工并验收合格，东方公司以银行存款支付工程总价款25万元。当日，改良后的设备投入使用，预计尚可使用年限为8年，采用直线法计提折旧，预计净残值为16万元。20×3年12月31日，该设备未发生减值。

⑤ 20×4年12月31日，该设备因遭受自然灾害发生严重毁损，东方公司决定进行处置，取得残料变价收入10万元、保险公司赔偿款30万元，发生清理费用3万元；款项均以银行存款收付，不考虑处置时的其他相关税费。

案例思考：

东方公司应如何对上述与固定资产有关的业务进行会计处理?

学习任务6.1　固定资产的确认

一、固定资产的概念

固定资产指企业为生产商品、提供劳务、出租或经营管理而持有的使用寿命超过一个会计年度的有形资产。从固定资产的概念来看,固定资产具有以下三个显著特征。

(一) 为生产商品、提供劳务、出租或经营管理而持有

固定资产是企业的劳动工具或手段,而不是直接用于出售的商品。如房地产开发企业开发的商品房和工程机械制造企业生产的推土机等,都是这些企业直接用于对外销售的商品,因此就不算是这些企业的固定资产。“出租”的固定资产指出租的机器设备等,不包括以经营租赁方式出租的作为投资性房地产的建筑物。

(二) 使用寿命超过一个会计年度

这意味着固定资产属于非流动资产。使用寿命指企业使用固定资产的预计期间,或者该固定资产所能生产产品或提供劳务的数量。如房屋建筑物用时间表示使用年限,而汽车等通过行程来表示“使用年限”。

(三) 有形资产

固定资产具有实物形态,这主要用来与无形资产区分。

但不是所有具有上述特征的有形资产都是固定资产。如包装物和低值易耗品等,也具有固定资产的特征,但因其数量多、单位价值低,遵循会计信息质量的重要性要求即考虑到成本效益原则,在会计实务中就把它们确认为存货。具体到某一企业而言,一项资产应该将其确认为固定资产还是包装物、低值易耗品,应该视企业的具体情况而定。如同样是一台缝纫机,在一个服装企业用于生产服装就可将其确认为该企业的固定资产;而在一家宾馆用于为客人提供服装修补服务,就可将其确认为该宾馆的低值易耗品。

二、固定资产的确认条件

固定资产同时满足下列条件的,才能予以确认。

(一) 与该固定资产有关的经济利益很可能流入企业

企业因安全或环保要求而购入的设备等,虽然不能直接给企业带来未来的经济利益,但有助于企业从其他相关资产的使用中获得未来经济利益,因此也应确认为固定资产。

(二) 该固定资产的成本能够可靠地计量

固定资产的各组成部分具有不同的使用寿命或以不同方式为企业提供经济利益,适用不同折旧率或折旧方法的,应分别将各组成部分确认为单项固定资产。

三、固定资产的分类

固定资产可按其经济用途、使用情况、产权归属、实物形态和使用期限进行分类核算。

(一) 按经济用途分

可分为生产经营用和非生产经营用两类。

生产经营用固定资产指直接服务于生产经营全过程的固定资产,如厂房、机器设备、仓库、销售场所和运输车辆等。

非生产经营用固定资产指不直接服务于生产经营,而是为了满足职工物质文化、生活福利需要的固定资产,如职工宿舍、食堂、托儿所、幼儿园、浴室、医务室、图书馆,以及科研等其他方

面使用的房屋、设备等固定资产。

（二）按使用情况分

可分为使用中、未使用和不需用三类。

使用中固定资产指企业正在使用的各种固定资产，包括由于季节性和大修理等原因暂时停用及存放在使用部门以备替换使用的机器设备。

未使用固定资产指尚未投入使用的新增固定资产和经批准停止使用的固定资产。

不需用固定资产指企业不需用、准备处理的固定资产。

（三）按产权归属分

可分为自有、接受投资和租入三类。

（四）按实物形态分

可分为房屋及建筑物、机器设备、电子设备、运输设备及其他设备五大类。

（五）按使用期限分

最短使用期限分为5年、10年、20年。

最短使用期限为5年的如电子设备，以及与生产经营有关的器具、工具和家具等固定资产。最短使用期限为10年的如火车、轮船、机器、机械和其他生产设备。最短使用期限为20年的如房屋、建筑物等固定资产。

企业在对固定资产最短使用期限分类时，不能将不同使用期限的固定资产划为一类，以免影响固定资产折旧计提的正确性。

学习任务6.2　固定资产取得的核算

一、固定资产的初始计量

固定资产的初始计量指确定固定资产的取得成本。成本包括企业为购建某项固定资产达到预定可使用状态前所发生的一切合理的、必要的支出；包括直接发生的价款、运杂费、包装费和安装成本等；也包括间接发生的费用，如应承担的借款利息、外币借款折算差额及应分摊的其他间接费用。不同方式取得的固定资产，其成本构成的内容也不同，具体内容将在后面结合实例分别介绍。

二、主要账户的设置

为了核算固定资产业务，企业应设置以下账户。

（一）“固定资产”

该科目借方登记企业增加的固定资产原价，贷方登记企业减少的固定资产原价，期末借方余额反映企业期末固定资产的账面原价。“固定资产”科目一般分为三级，企业除了应设置“固定资产”总账科目外，还应设置“固定资产登记簿”和“固定资产卡片”，按固定资产类别、使用部门和每项固定资产进行明细核算。

固定资产登记簿即固定资产二级账。固定资产二级账一般按固定资产类别开设账页，账内按使用和保管单位开设专栏。月末,应将固定资产登记簿与固定资产总账进行核算,各类固定资产登记簿的余额之和,应与“固定资产”总账科目余额核对相符。

固定资产卡片账即固定资产明细账。固定资产明细账应按每一项独立的固定资产来设置,登记固定资产的原值、预计净残值、预计使用年限、月折旧率、开始使用时间、使用期间内的停用记录和大修理记录及其他与该项固定资产相关的记录,并按固定资产的类别和使用及保管单位的顺序排列。月末,应将固定资产卡片账与固定资产登记簿进行核算,各类固定资产卡片账的原值合计数,应与该类固定资产登记簿余额核对相符。

(二)“累计折旧”

企业固定资产的累计折旧属于“固定资产”科目的备抵科目。该科目贷方登记计提的固定资产折旧,借方登记减少的固定资产转出的累计已提折旧,期末贷方余额反映企业提取的固定资产折旧累计数。

(三)“工程物资”

工程物资指企业为基建工程等而准备的各种物资的实际成本。该科目的借方登记企业购入工程物资的实际成本,贷方登记领用工程物资的实际成本,期末借方余额反映企业为工程购入但尚未领用的专用物资的实际成本。

(四)“在建工程”

在建工程指企业进行建造工程、安装工程等发生的实际支出,包括需要安装的设备的价值。该科目的借方登记企业各项在建工程的实际支出,贷方登记完工工程转出的实际支出,期末借方余额反映企业尚未完工的在建工程所发生的实际支出。

(五)“固定资产清理”

固定资产清理指企业因出售、报废和毁损等原因转入清理的固定资产价值及其在清理过程中所发生的清理费用和清理收入的情况。该科目借方登记转入清理的固定资产净值、清理过程中发生的清理费用及应交的税金,贷方登记清理固定资产的变价收入和保险公司或过失人的赔偿款等。该科目应按被清理的固定资产设置明细账,进行明细核算。

三、取得固定资产的总分类核算

(一)外购固定资产

企业外购固定资产的成本,包括购买价款、相关税费、使固定资产达到预定可使用状态前所发生的可归属于该项资产的运输费、装卸费、安装费和专业人员服务费等。

外购固定资产分为购入不需要安装的固定资产和购入需要安装的固定资产两类。以一笔款项购入多项没有单独标价的固定资产,应按各项固定资产的公允价值比例对总成本进行分配,分别确定各项固定资产的成本。

【例6-1】　东方公司购入不需要安装的一台设备,设备价款为500 000元,增值税为85 000元,一并以支票付讫,设备交付使用。会计分录为

借:固定资产　　500 000

　应交税费—应交增值税(进项税额)　　85 000

　贷:银行存款　　585 000

【例 6-2】 东方公司购入需要安装的一台设备，设备价款为 500 000 元，增值税为 85 000 元，运杂费为 1 000 元，发生安装费 5 000 元，一并以支票付讫。该企业编制会计分录如下。

① 购入该项设备时的会计分录为

借：在建工程	501 000
应交税费—应交增值税（进项税额）	85 000
贷：银行存款	586 000

② 安装该设备的会计分录为

借：在建工程	5 000
贷：银行存款	5 000

③ 该设备安装完并被交付使用时的会计分录为

借：固定资产	50 600
贷：在建工程	50 600

（二）自营建造固定资产

企业自营建造固定资产有自营建造和出包建造两种方式。

1. 自营方式建造

企业以自营方式建造固定资产指企业自行组织工程物资采购、自行组织施工人员从事工程施工完成固定资产建造。实务中，企业较少采用自营方式建造固定资产，多数情况下采用出包方式。企业如有以自营方式建造的固定资产，其成本应按直接材料、直接人工和直接机械施工费等计量。

企业为建造固定资产而准备的各种物资，应按实际支付的买价、运输费和保险费等相关税费作为实际成本，并按各种专项物资的种类进行明细核算。工程完工后，剩余的工程物资转为本企业存货的，按其实际成本或计划成本进行结转。建设期间发生的工程物资盘亏、报废及毁损，减去残料价值及保险公司和过失人等赔款后的净损失，计入所建工程项目的成本；盘盈的工程物资或处置净收益，冲减所建工程项目的成本。工程完工后发生的工程物资盘盈、盘亏、报废和毁损，计入当期营业外收支。

建造固定资产领用的工程物资、原材料或库存商品，应按其实际成本转入所建工程成本。以自营方式建造固定资产所应负担的职工薪酬及辅助生产部门为之提供的水、电、修理、运输等劳务，以及其他必要的支出等也应计入所建工程项目的成本。

符合资本化条件的，应计入所建造固定资产成本的借款费用，并按照企业会计准则的有关规定处理。

企业以自营方式建造固定资产，所发生的工程成本应通过“在建工程”科目核算，在工程完工达到预定可使用状态时，从“在建工程”科目转入“固定资产”科目。

企业依照国家有关规定提取的安全费用及具有类似性质的各项费用，应在所有者权益中的“盈余公积”项目下以“专项储备”项目单独反映。企业按规定标准提取安全费用等时，借记“利润分配—提取专项储备”科目，贷记“盈余公积—专项储备”科目。当按规定范围使用安全生产储备购建安全防护设备和设施等资产时，按应计入相关资产成本的金额，借记“固定资产”等科目，贷记“银行存款”等科目。对于作为固定资产管理和核算的安全防护设备等，企业应按规定计提折旧，计入有关成本费用。当按规定范围使用安全生产储备支付安全生产检查和评价支出、安全技能培训及进行应急救援演练支出等费用性支出时，应计入当期损益，借记“管理费用”等科目，贷记“银行存款”等科目。当企业按上述规定将安全生产储备用于购建安全防护设备或与安全生产相关的费用性支出等时，应按实际使用金额在所有者权益内部进行结转。借记“盈余公积—专项储备”科目，贷记“利润分配—提取专项储备”科目，但结转金额以“盈余公积—专项储备”科目余额冲减至零为限。企业未按上述规定进行会计处理的，应当进行追溯调整。

【例 6-3】 2012 年 1 月 1 日，东方公司准备自行建造一座仓库。假定不考虑增值税，有关资料如下：

① 1 月 8 日购入工程物资一批，价款为 351 100 元，款项以银行存款支付。

② 2 月 3 日领用生产用原材料一批，价值为 37 440 元。

③ 1 月 8 日至 6 月 30 日，工程先后领用工程物资 272 500 元。

④ 6 月 30 日对工程物资进行清查，发现工程物资减少 48 000 元，经调查属保管员过失造成，根据企业管理规定，保管员应赔偿 30 000 元。剩余工程物资转入企业原材料，该原材料的计划成本为 27 000 元。

⑤ 工程建设期间辅助生产车间为工程提供有关的劳务支出为 35 000 元。

⑥ 工程建设期间发生工程人员职工薪酬 65 800 元。

⑦ 6 月 30 日完工并交付使用。

账务处理如下：

① 购入工程物资时的会计分录为

借：工程物资　　　　351 000
　贷：银行存款　　　　351 000

② 领用原材料时的会计分录为

借：在建工程—仓库　　　　37 440
　贷：原材料　　　　37 440

③ 工程领用物资时的会计分录为

借：在建工程—仓库　　　　272 500
　贷：工程物资　　　　272 500

④ 建设期间发生工程物资盘亏、报废及毁损净损失，其会计分录为

借：在建工程—仓库　　　　18 000
　　其他应收款　　　　30 000
　贷：工程物资　　　　48 000

剩余工程物资的实际成本为 351 000－272 500－48 000＝30 500(元)，计划成本为 27 000 元。会计分录为

借：原材料　　　　27 000
　　材料成本差异　　　　3 500
　贷：工程物资　　　　30 500

⑤ 辅助生产车间为工程提供劳务支出，会计分录为

借：在建工程—仓库　　　　35 000
　贷：生产成本—辅助生产成本　　　　35 000

⑥ 计提工程人员职工薪酬，会计分录为

借:在建工程—仓库　　65 800

　贷:应付职工薪酬　　65 800

⑦ 工程完工交付,固定资产的入账价值为 37 440＋272 500＋18 000＋35 000＋65 800＝42 8740(元)。会计分录为

借:固定资产—仓库　　428 740

　贷:在建工程—仓库　　428 740

2. 出包方式建造

出包工程指企业采用招标等方式将工程项目出包给建造商,由建造商组织施工的建筑工程和安装工程。

企业采用出包方式进行的固定资产工程,其工程的具体支出主要由建造商核算。

在出包方式下,主要通过"在建工程"科目核算企业支付给承包单位的工程价款及建设期间的资本化借款利息。当企业按合同规定预付给承包单位工程价款时,借记"在建工程"科目,贷记"银行存款"科目;当工程完工,收到承包单位账单并补付工程价款时,借记"在建工程"科目,贷记"银行存款"科目;在结算建设期间的资本化借款利息时,借记"在建工程"科目,贷记"长期借款"科目;在工程完工验收合格交付使用时,按实际发生的全部支出,借记"固定资产"科目,贷记"在建工程"科目。

【例 6-4】 东方公司采用出包方式委托外单位进行固定资产项目建设。固定资产项目工程总价款 8 000 000 元。按发包工程进度分 3 次预付工程款:2011 年 1 月 5 日,预付工程款 3 000 000 元;2011 年 6 月 5 日,预付工程款 3 000 000 元;2011 年 12 月 5 日,工程完工验收时补付剩余工程款 2 000 000 元。有关会计处理如下。

1 月 5 日,预付工程款,会计分录为

借:在建工程　　3 000 000

　贷:银行存款　　3 000 000

6 月 5 日,预付工程款,会计分录为

借:在建工程　　3 000 000

　贷:银行存款　　3 000 000

12 月 5 日,工程完工验收时补付剩余工程款,会计分录为

借:在建工程　　2 000 000

　贷:银行存款　　2 000 000

同时,转为固定资产,会计分录为

借:固定资产　　8 000 000

　贷:在建工程　　8 000 000

(三) 分期付款购入固定资产

购买固定资产的价款超过正常信用条件而延期支付,实质上具有融资性质的,固定资产的成本以购买价款的现值为基础确定。实际支付的价款与购买价之间的差额,除按准则规定应予资本化之外,应在信用期内按实际利率法摊销计入当期损益。

【例 6-5】 东方公司 2012 年 1 月 8 日从 B 公司购买一项设备,与 B 公司协议约定采用分期付款方式支付款项。合同规定,该项设备总计 600 万元,每年末付款 300 万元,两年付清。假定银行同期贷款利率为 6%,且实际利率等于银行同期贷款利率,2 年期年金现值系数为

1.833 4(不考虑增值税)。

该公司有关的会计处理如下：

固定资产现值＝3 000 000×1.833 4＝5 500 200(元)

未确认融资费用＝6 000 000－5 500 200＝499 800(元)

会计分录为

借:固定资产	5 500 200
未确认融资费用	499 800
贷:长期应付款	6 000 000

第1年年末应确认的融资费用为5 500 200×6%＝330 012(元)。

第1年年末付款时的会计分录为

借:长期应付款	3 000 000
贷:银行存款	3 000 000
借:财务费用	330 012
贷:未确认融资费用	330 012

第2年应确认的融资费用为499 800－330 012＝119 788(元)。

第2年年末付款时的会计分录为

借:长期应付款	3 000 000
贷:银行存款	3 000 000
借:财务费用	119 788
贷:未确认融资费用	119 788

(四) 通过债务重组取得的固定资产

债务重组取得的固定资产按其公允价值计量。固定资产公允价值与重组债权账面价值之差计入当期损益("营业外收入"账户或"营业外支出"账户)。

【例6-6】 2011年12月1日,东方公司出售给乙公司原材料一批,价款10万元,增值税1.7万元,代垫运杂费0.3万元。双方商定于2012年2月5日结清货款。东方公司于2011年年末已计提坏账准备3 000元。2012年2月5日,乙公司因财务困难,与东方公司达成重组协议:乙公司以设备一台,原价15万元,已经计提折旧3万元,公允价值10万元,偿还全部债务。东方公司将受让的设备作为固定资产管理。债务重组时,债权人东方公司的会计处理如下。

债权人东方公司发生的债务重组损失＝债权账面价值－受让资产公允价值＝(120 000－3 000)－100 000＝17 000(元)

东方公司相应的会计分录为

借:固定资产	100 000
坏账准备	3 000
营业外支出—债务重组损失	17 000
贷:应收账款—甲公司	120 000

(五) 非货币性资产交换取得的固定资产

非货币性资产交换取得的固定资产的计量分为存在商业实质且具有公允价值的会计处理和不具有商业实质或没有公允价值的会计处理。

当非货币性资产交换具有商业实质，且公允价值能够可靠计量时，换入固定资产成本按换出资产公允价值与应支付的相关税费之和计量。

【例 6－7】　乙公司用作为固定资产使用的小型挖掘机一台交换东方公司库存商品一批，作为商品对外出售。小型挖掘机原价 30 万元，折旧 5 万元，公允价值 16 万元；商品成本 10 万元，公允价值 16 万元，并按商品公允价值 16 万元及增值税税率 17％开出增值税专用发票。

本题中，东方公司用库存商品交换固定资产，符合非货币性资产交换具有商业实质的条件，因此判断为具有商业实质的非货币性资产交换。

东方公司的相关会计处理如下：

借：固定资产—小型挖掘机　　187 200
　贷：主营业务收入　　160 000
　　应交税费—应交增值税（销项税额）　　27 200
借：主营业务成本　　100 000
　贷：库存商品　　100 000

当非货币性资产交换不具有商业实质，或者公允价值不能可靠计量时，换入固定资产成本按换出资产账面价值与相关税费之和确定。

【例 6－8】　东方公司用作为固定资产使用的小型挖掘机一台交换乙公司轿车一辆，作为固定资产使用。小型挖掘机原价 30 万元，折旧 5 万元，公允价值 16 万元；轿车原价 20 万元，折旧 8 万元，公允价值 16 万元。双方各用支票支付过户费等费用 0.5 万元。

本题中，东方公司用固定资产交换固定资产，该项非货币性资产交换不具有商业实质。

东方公司的有关会计处理如下。

注销固定资产时的会计分录为

借：固定资产清理　　250 000
　累计折旧　　50 000
　贷：固定资产—小型挖掘机　　300 000

换入固定资产并支付过户费时的会计分录为

借：固定资产—轿车　　255 000
　贷：固定资产清理　　250 000
　　银行存款　　5 000

乙公司的有关会计处理如下。

注销固定资产时的会计分录为

借：固定资产清理　　120 000
　累计折旧　　80 000
　贷：固定资产—轿车　　200 000

换入固定资产并支付过户费时的会计分录为

借：固定资产—小型挖掘机　　125 000
　贷：固定资产清理　　120 000
　　银行存款　　5 000

（六）投资者投入的固定资产

投资者投入的固定资产的成本，应按投资合同或协议的价值确定，但合同或协议价值不公允的除外。

【例6-9】　东方公司接受投资者以一幢房屋作价投资，该房屋投资各方确认的公允价值为5 000 000元，东方公司作价发给股票面值为1元的普通股4 000 000股。该股票尚无市价，以房屋的公允价值入账。则会计分录如下：

借：固定资产—房屋　　5 000 000

　贷：股本　　4 000 000

　　资本公积—股本溢价　　1 000 000

（七）特殊行业的特定固定资产

在确定固定资产的成本时，对于特殊行业的特定固定资产，应考虑预计弃置费用因素。如石油天然气企业的油井和核电站核废料等。

【例6-10】　东方公司勘探一口新油井，勘探资料表明该油井预计的生产周期将达30年，公司根据以前的生产情况，预计该油井开采完后将被废置，因此而发生的弃置费用为6 000 000元，根据一定投资报酬率计算的现值约为150 000元。则公司应考虑将预计弃置费用计入固定资产成本，其会计处理如下：

借：固定资产—预计弃置费用　　150 000

　贷：预计负债—预计固定资产弃置支出　　150 000

同时，该公司在以后30年期间将上述预计负债与弃置费用之差采用实际利率法摊销。

四、取得固定资产的明细分类核算

为了反映和监督各类或各项固定资产的增减变动情况，管好用好固定资产，除了进行上述的总分类核算外，还应在“固定资产”科目下按固定资产的类别，分设“生产经营用固定资产”、“非生产经营用固定资产”、“租出固定资产”、“未使用固定资产”、“不需用固定资产”、“土地”、“融资租入固定资产”七个明细科目，此外，还设置“固定资产卡片”和“固定资产登记簿”进行明细分类核算。

（一）固定资产卡片

固定资产卡片是反映各项固定资产详细情况的明细账。它是以每一独立的固定资产项目为对象开设的。企业每新增一项固定资产时，都应根据有关交接凭证，如固定资产移交清册、交接单、调拨单等，开设一张卡片。每调出、报废清理固定资产时，都应将卡片注销，另行保管。固定资产卡片由会计部门填制，一式三份，一份留存作为固定资产明细核算之用；一份由固定资产的管理部门登记、保管；一份由固定资产的使用车间和部门登记、保管。

固定资产卡片是固定资产明细分类核算普遍采用的形式，它不仅反映了固定资产的原始价值，而且反映了固定资产的折旧和大修理等情况。企业固定资产管理部门登记、保管的卡片应定期与固定资产使用的车间或部门核对相符。固定资产的调入、调出、报废清理、内部转移及修理和停用等情况，都应根据有关凭证在卡片中进行登记。固定资产卡片应该专设卡片箱存放，在箱内按照固定资产的使用车间、部门、类别和编号排列。

表6-1和表6-2分别为“固定资产片卡”样本的正面和反面。

表 6-1 固定资产卡片(正面)

卡片编号：

固定资产编号		日 期	凭 证	使用和保管单位				
固定资产名称								
规格型号								
建筑部门或建造工厂								
建筑或建造完成日期								
出厂编号		固定资产原价						
资金来源		日 期	凭 证	摘 要		借 方	贷 方	余 额
验收日期								
验收凭证号数								
预计使用年限								
年折旧率								
备 注		报废清理或拨出记录						
		报废清理记录				拨出记录		
		日 期	凭证摘要	清理费用	变价收入	日 期	凭 证	拨出单位
设卡日期：								
注销日期：								

表 6-2 固定资产卡片(反面)

使用和恢复使用记录					主体及附属设备及其变更记录								
停 用			恢复使用		主体设备			附属设备					
日 期	凭 证	原 因	日 期	凭 证	名称摘要	计量单位	数 量	日 期	凭 证	名称摘要	计量单位	增 加	减 少
大修理记录													
日 期	凭 证	摘 要	大修理费用										

（二）固定资产登记簿

为了反映固定资产的增减变动和结存情况，借以控制固定资产卡片，会计部门还应设置“固定资产登记簿”。这是按照固定资产的类别和使用、保管的车间和部门进行核算的固定资产账簿，是固定资产的二级账。按每一类固定资产开设账页，并按使用和保管部门设置专栏。当固定资产发生增减变动时，应根据经过核签后的凭证逐笔或汇总记入登记簿，只记金额不记数量，并结出月末余额。

固定资产在企业内各使用部门之间的内部转移或类别变化，由于不影响企业固定资产的总值发生增值变动，因此可不进行其总分类核算。但为了如实反映固定资产的实存情况，应在“固定资产卡片”和“固定资产登记簿”中进行登记。

固定资产登记簿中各类固定资产金额之总和及固定资产卡片上各项固定资产原价之总

和，都必须与总分类账的“固定资产”科目的余额核对相符。固定资产登记簿样本如表6-3所列。

表6-3　固定资产登记簿

固定资产类型：　　　　　　　　　　　　　　　　　　　　　　单位：元

年		凭证		摘要	使用部门		使用部门		使用部门		合计	
月	日	字	号		增加	减少	增加	减少	增加	减少	增加	减少

（三）固定资产备查登记簿

“固定资产备查登记簿”属于辅助账簿，用于经营租入固定资产的备查登记，其表格样本如表6-4所列。

表6-4　经营租入固定资产备查登记簿

年度　　　　　　　　　　　　　　　　　　　　　　　　　　　　编号：

租入日期		租赁合同编号	固定资产名称	使用部门	管理部门	租赁终止日期		备注
月	日					月	日	

学习任务6.3　固定资产折旧的核算

一、固定资产折旧概述

（一）固定资产折旧的含义

企业的固定资产可以长期参加生产经营活动而仍保持其原有的实物形态，但其价值随着固定资产的使用而逐渐转移到生产的产品中或构成费用，然后通过产品（商品）的销售，收回货款，弥补了成本费用，从而使这部分价值损耗得到补偿。这部分随着固定资产磨损而逐渐转移的价值即为固定资产的折旧。固定资产的损耗分为有形损耗和无形损耗两种：有形损耗指固定资产由于使用和自然力的影响而引起的使用价值和价值的损失。无形损耗则指由于科学技术进步等而引起的固定资产价值的损失。固定资产的有形损耗是显而易见的，如机械磨损和自然条件的侵蚀等。但是，随着科学技术的日新月异，固定资产的无形损耗有时比有形损耗更为严重，对计算折旧的影响更大。

从本质上讲，折旧也是一种费用，只不过这一费用没有在计提期间付出实实在在的货币资金；但这种费用是长期已经发生的支出，这种支出的收益在资产投入使用后的有效使用期内得到体现，无论是从权责发生制的原则，还是从收入费用配比的原则讲，计提折旧都是必需的，换言之，不计提折旧或不正确地计提折旧，都将对企业计算产品成本（或营业成本）和计算损益产生错误影响。固定资产折旧指企业的固定资产由于磨损和损耗而逐渐转移的价值。这部分转移的价值以折旧费的形式计入成本费用，并从企业营业收入中得到补偿，转化为货币资金。

（二）影响折旧的因素

影响折旧的因素包括：

① 固定资产原价。企业在具体计提折旧时，应以月初应计提折旧的固定资产账面原价为依据。

② 预计净残值。这是指预计固定资产报废时可以收回的残余价值扣除预计清理费用后的数额。

③ 固定资产减值准备。

④ 固定资产的使用寿命。

（三）计提折旧的范围

除以下情况外，企业应对所有固定资产计提折旧：

① 已提足折旧仍继续使用的固定资产。

② 单独计价入账的土地。

企业在具体计提折旧时，一般应按月提取折旧，当月增加的固定资产，当月不提折旧，从下月起计提折旧；当月减少的固定资产，当月照提折旧，从下月起不提折旧。

固定资产提足折旧后，不论能否继续使用，均不再提取折旧；提前报废的固定资产，也不再补提折旧。所谓提足折旧，指已经提足该项固定资产应提的折旧总额。应提的折旧总额为固定资产原价减去预计残值加上预计清理费用。

已达到预定可使用状态但尚未办理竣工决算的固定资产，应按估计价值确定其成本，并计提折旧；待办理竣工决算后，再按实际成本调整原来的暂估价值，但不需要调整原已计提的折旧额。

企业应在固定资产的使用寿命内，按照确定的方法对应计折旧额进行系统分摊，根据固定资产的性质和使用情况，合理确定固定资产的使用寿命和预计净残值。固定资产的使用寿命和预计净残值一经确定，不得随意变更；但是符合固定资产准则第十九条规定的除外，上述事项在报经股东大会或董事会、经理（厂长）会议或类似机构批准后，作为计提折旧的依据，并按法律、行政法规等的规定报送有关各方备案。

二、固定资产的折旧方法

企业应根据与固定资产有关的经济利益的预期实现方式，合理选择固定资产的折旧方法。

可选用的折旧方法包括年限平均法、工作量法、双倍余额递减法和年数总和法等。

企业至少应于每年年度终了，对固定资产的使用寿命、预计净残值和折旧方法进行复核。使用寿命预计数与原先估计数有差异的，应当调整固定资产使用寿命。预计净残值预计数与原先估计数有差异的，应当调整预计净残值。与固定资产有关的经济利益的预期实现方式有重大改变的，应当改变固定资产折旧方法。固定资产使用寿命、预计净残值和折旧方法的改变应作为会计估计变更。

（一）年限平均法

年限平均法又称直线法，是将固定资产的折旧额均衡地分摊到各期的一种方法。采用这种方法计算的每期折旧额是相等的。其计算公式为

年折旧率＝(1－预计净残值率)÷预计折旧年限

月折旧率＝年折旧率÷12

月折旧额＝固定资产原值×月折旧率

【例6－11】　东方公司有一幢厂房，原价为5 000 000元，预计可使用20年，预计报废时的净残值率为2%。该厂房的折旧率和折旧额的计算为

年折旧率＝(1－2%)÷20＝4.9%

月折旧率＝4.9%÷12＝0.41%

月折旧额＝5 000 000×0.41%＝20 500(元)

（二）工作量法

工作量法是根据实际工作量计提折旧额的一种方法，其基本计算公式为

每单位工作量折旧额＝固定资产原值×(1－净残值率)÷预计总工作量

某项固定资产月折旧额＝该项固定资产当月工作量×每单位工作量折旧额

【例6－12】　东方公司的一辆运货卡车原价为600 000元，预计总行驶里程为500 000公里，预计报废时的净残值率为5%，本月行驶4 000公里。该辆汽车的月折旧额计算为

单位里程折旧额＝600 000×(1－5%)÷500 000＝1.14(元/公里)

木月折旧额＝4 000×1.14＝4 560(元)

（三）双倍余额递减法

双倍余额递减法是在不考虑固定资产预计净残值的情况下，根据每期期初固定资产原价减去累计折旧后的金额和双倍的直线法折旧率计算固定资产折旧的一种方法。采用双倍余额递减法计提固定资产折旧，一般应在固定资产使用寿命到期前两年内，将固定资产账面净值扣除预计净残值后的净值平均摊销。

【例6－13】　东方公司一项固定资产的原价为1 000 000元，预计使用年限为5年，预计净残值为4 000元。按双倍余额递减法计提折旧，每年的折旧额计算为

年折旧率＝2÷5×100%＝40%

第1年应提的折旧额＝1000 000×40%＝400 000(元)

第2年应提的折旧额＝(1 000 000－400 000)×40%＝240 000(元)

第3年应提的折旧额＝(600 000－240 000)×40%＝144 000(元)

从第4年起改用年限平均法(直线法)计提折旧。

第4年、第5年的年折旧额＝[(360 000－144 000)－4 000]÷2＝10 600(元)

每年各月折旧额根据年折旧额除以12来计算。

（四）年数总和法

年数总和法又称年限合计法，指将固定资产的原价减去预计净残值后的余额，乘以一个逐年递减的分数计算每年的折旧额，这个分数的分子代表固定资产的尚可使用寿命，分母代表预计使用寿命逐年的数字总和。计算公式为

年折旧率＝(预计使用年限－已使用年限)÷预计使用年限×(预计使用年限＋1)÷2×100％

或者为

年折旧率＝尚可使用年限÷预计使用年限的年数总和×100％

月折旧率＝年折旧率÷12

月折旧额＝(固定资产原值－预计净残值)×月折旧率

【例6－14】 接例6－13，假如采用年数总和法，则计算的各年折旧额如表6－5所列。

表6－5 各年折旧额

金额单位：元

年份	尚可使用年限	原价－净残值	变动折旧率	年折旧额	累计折旧
1	5	996 000	5/15	332 000	332 000
2	4	996 000	4/15	265 600	597 600
3	3	996 000	3/15	199 200	796 800
4	2	996 000	2/15	32 800	929 600
5	1	996 000	1/15	66 400	996 000

三、固定资产折旧的账务处理

固定资产应按月计提折旧，计提的折旧应当计入“累计折旧”科目，并根据用途计入相关资产的成本或当期损益。在企业自行建造固定资产过程中使用的固定资产，其计提的折旧应计入在建工程成本；基本生产车间所使用的固定资产，其计提的折旧应计入制造费用；管理部门所使用的固定资产，其计提的折旧应计入管理费用；销售部门所使用的固定资产，其计提的折旧应计入销售费用；经营租出的固定资产，其计提的折旧应计入其他业务成本。企业计提固定资产折旧时，借记“制造费用”、“销售费用”、“管理费用”等科目，贷记“累计折旧”科目。

【例6－15】 东方公司采用年限平均法对固定资产计提折旧。2007年1月根据“固定资产折旧计算表”确定的各车间及厂部管理部门应分配的折旧额为：一车间1 500 000元，二车间2 400 000元，三车间3 000 000元，厂管理部门600 000元。该企业应做如下会计处理：

借：制造费用——一车间　　1 500 000

　　　　　——二车间　　2 400 000

　　　　　——三车间　　3 000 000

　　管理费用　　600 000

　贷：累计折旧　　7 500 000

【例6－16】 东方公司2010年6月固定资产计提折旧情况如下：一车间厂房计提折旧

3 800 000 元，机器设备计提折旧 4 500 000 元；管理部门房屋建筑物计提折旧 6 500 000 元，运输工具计提折旧 2 400 000 元；销售部门房屋建筑物计提折旧 3 200 000 元，运输工具计提折旧 2 630 000 元。当月新购置机器设备一台，价值为 5 400 000 元，预计使用寿命为 10 年，该企业同类设备计提折旧采用年限平均法。

本例中，新购置的机器设备本月不计提折旧。在本月计提的折旧费用中，车间使用的固定资产计提的折旧费用计入制造费用，管理部门使用的固定资产计提的折旧费用计入管理费用，销售部门使用的固定资产计提的折旧费用计入销售费用。东方公司应做如下会计处理：

借：制造费用—车间　　　　8 300 000
　　管理费用　　　　　　　8 900 000
　　销售费用　　　　　　　5 830 000
　贷：累计折旧　　　　　　23 030 000

学习任务 6.4　固定资产的后续支出

一、固定资产后续支出的含义

固定资产的后续支出指固定资产在使用过程中发生的更新改造支出和修理费用等。企业的固定资产投入使用后，由于各个组成部分的耐用程度不同或使用的条件不同，往往发生固定资产的局部损坏。为了保持固定资产的正常运转和使用，充分发挥其使用效能，就必须对其进行必要的后续支出。

二、固定资产后续支出的处理原则

与固定资产有关的修理费用等后续支出，不符合固定资产确认条件的，应当计入当期损益，即费用化；与固定资产有关的更新改造等后续支出，符合固定资产确认条件的，应当计入固定资产成本，即资本化。

当要替换原固定资产某组成部分时，若发生的后续支出符合固定资产的确认条件，则应将其计入固定资产成本，同时将被替换部分的账面价值扣除。这样可以防止将替换部分的成本和被替换部分的成本同时计入固定资产成本，导致固定资产成本高计。

固定资产的日常维护不产生未来的经济利益，因此，通常不符合固定资产的确认条件，故在发生时直接进入当期损益。企业生产车间（部门）和行政管理部门发生的固定资产修理费用等后续支出计入管理费用。如果设有专销机构相关的修理费用支出，则应计入销售费用科目。固定资产的更新改造等后续支出，满足固定资产确认条件的，应计入固定资产成本，若有被替换的部分，则应同时将被替换部分的账面价值从该固定资产原账面价值中扣除；不满足固定资产确认条件的固定资产修理费用等，应在发生时计入当期损益。

三、固定资产后续支出的核算

（一）固定资产后续支出费用化

企业生产车间（部门）和行政管理部门等发生的固定资产修理费用等后续支出，借记“管理费用”科目，贷记“银行存款”等科目；企业发生的与专设销售机构相关的固定资产修理费用等后续支出，借记“销售费用”科目，贷记“银行存款”等科目。

【例 6－17】 2007 年 6 月 1 日，甲公司对现有的一台生产机器设备进行日常修理，修理过程中发生的材料费为 100 000 元，应支付的维修人员工资为 20 000 元。甲公司应做如下会计处理：

借：管理费用　　120 000
　贷：原材料　　100 000
　　应付职工薪酬　　20 000

（二）固定资产后续支出资本化

在固定资产发生可资本化的后续支出后，企业应将该固定资产的原价、已计提的累计折旧和减值准备转销，将固定资产的账面价值转入在建工程。固定资产发生的可资本化的后续支出，通过“在建工程”科目核算。在固定资产发生的后续支出完工并达到预定可使用状态时，应在后续支出资本化后的固定资产账面价值不超过其可收回金额的范围内，从“在建工程”科目转入“固定资产”科目。

【例 6－18】 东方公司发生了下列关于固定资产的业务：

① 2006 年年底，该公司自行建造了一条生产线，成本为 2 360 万元。采用直线法计提折旧。预计净残值为 0，预计使用寿命为 8 年。

② 2010 年 1 月 1 日，由于适销对路，该企业要对该生产线进行改扩建。已提减值准备 100 万元。在改扩建过程中，领用工程物资 300 万元，生产用的原材料 100 万元，原材料的进项税额为 17 万元。另发生改扩建人员的工资 150 万元。用银行存款支付其他费用 33 万元。该生产线于年底达已预定可使用状态，大大提高了生产力，预计将使用寿命延长 2 年，即为 10 年。改扩建后，预计净残值和折旧方法不变。（在建工程持续时间为 1 年，2011 年年底固定资产开始投入使用）

③ 假定该生产线在业务②的基础上又购进一部固定资产（绣花机），当时的购价为 600 万元。公司未将该部绣花机作为一项单独的固定资产进行核算。2011 年 12 月底，为了增加产品销路，将该绣花机更换为一部性能更为先进的绣花机，新绣花机的购价为 800 万元，另支付安装费用 100 万元。假定该绣花机的预计净残值为 0，其预计折旧年限与该生产线的剩余折旧年限一致。不考虑预计相关税费的影响。

④ 假如该绣花机要进行日常维护。维护过程中领用本企业原材料一批，价值 900 万元。支付维护工人工资 100 万元。不考虑其他相关税费。

东方公司应做如下账务处理。

① 因该生产线应计提的折旧额为 2 360÷8×3＝295×3＝885（万元），故 2007—2009 年每年计提的固定资产折旧账务处理为

借：制造费用　　885
　贷：累计折旧　　885

② 固定资产转入改扩建的账务处理为

借：在建工程　　（2 360－885－100）1 375
　固定资产减值准备　　100
　累计折旧　　885

　　贷:固定资产　　　　　　　　　　　　　　　　2 360
借:在建工程　　　　　　　　　　　　　　　　　　300
　　贷:工程物资　　　　　　　　　　　　　　　　300
借:在建工程　　　　　　　　　　　　　　　　　　100
　　贷:原材料　　　　　　　　　　　　　　　　　100
借:在建工程　　　　　　　　　　　　　　　　　　150
　　贷:应付职工薪酬　　　　　　　　　　　　　　150
借:在建工程　　　　　　　　　　　　　　　　　　33
　　贷:银行存款　　　　　　　　　　　　　　　　33

改扩建后,在建工程账户的金额为 1 375+300+100+150+33=1 958(万元),账务处理为

借:固定资产—生产线　　　　　　　　　　　　　　1 958
　　贷:在建工程　　　　　　　　　　　　　　　　1 958

③ 绣花机日常维护时的账务处理为

借:管理费用　　　　　　　　　　　　　　　　　　1 000
　　贷:应付职工薪酬　　　　　　　　　　　　　　100
　　　　原材料　　　　　　　　　　　　　　　　　900

学习任务6.5　固定资产期末计量的核算

一、固定资产期末计量的内容

固定资产期末计量的内容主要包括固定资产清查和固定资产减值等。

固定资产清查指从实物管理的角度对企业实际拥有的固定资产进行实物清查,并与固定资产进行账务核对,确定盘盈、毁损、报废及盘亏资产。固定资产清查的范围主要包括土地、房屋及建筑物、通用设备、专用设备和交通运输设备等。

固定资产减值指固定资产发生损坏、技术陈旧或其他经济原因,导致其可收回金额低于其账面价值。如果固定资产的可收回金额低于其账面价值,则应按可收回金额低于其账面价值的差额计提减值准备,并计入当期损益。

二、固定资产清查的核算

企业应定期或至少每年年末对固定资产进行清查盘点,以保证固定资产核算的真实性,同时也可以充分挖掘小企业现有固定资产的潜力。在固定资产清查过程中,如果发现盘盈、盘亏的固定资产,应填制固定资产盘盈、盘亏报告表。清查固定资产的损益时,应及时查明原因,并按照规定程序报批处理。

(一)固定资产盘盈的会计处理

对于企业在财产清查中盘盈的固定资产,应作为前期差错处理,在按照管理权限报经批准处理前,应先通过"以前年度损益调整"科目核算。盘盈的固定资产,应按以下规定确定其入账价值:同类或类似固定资产存在活跃市场的,按同类或类似固定资产的市场价格,减去按该项

资产的新旧程度估计的价值损耗后的余额，作为入账价值；同类或类似固定资产不存在活跃市场的，按该项固定资产的预计未来现金流量的现值，作为入账价值。企业按上述规定确定的入账价值，借记“固定资产”科目，贷记“以前年度损益调整”科目。

【例 6-19】 东方公司在财产清查过程中发现一台未入账的设备，按同类或类似商品市场价格，减去按该项资产的新旧程度估计的价值损耗后的余额为 30 000 元(假定与其计税基础不存在差异)。根据会计政策、会计估计变更和差错更正准则规定，该盘盈固定资产作为前期差错进行处理。假定丁公司适用的所得税税率为 25%。东方公司应做如下会计处理：

① 盘盈固定资产时的会计分录为

借：固定资产	30 000
贷：以前年度损益调整	30 000

② 确定应交纳的所得税税额时的会计分录为

借：以前年度损益调整	7 500
贷：应交税费—应交所得税	7 500

③ 结转为未分配利润时的会计分录为

借：以前年度损益调整	22 500
贷：利润分配—未分配利润	22 500

（二）固定资产盘亏的会计处理

企业在财产清查中盘亏的固定资产，按盘亏固定资产的账面价值，借记“待处理财产损益”科目，按已计提的累计折旧，借记“累计折旧”科目，按已计提的减值准备，借记“固定资产减值准备”科目，按固定资产的原价，贷记“固定资产”科目。按管理权限报经批准后处理时，按可收回的保险赔偿或过失人赔偿，借记“其他应收款”科目，按应计入营业外支出的金额，借记“营业外支出—盘亏损失”科目，贷记“待处理财产损益”科目。

【例 6-20】 东方公司财产清查时发现短缺一台笔记本电脑，原价为 10 000 元，已计提折旧为 7 000 元。东方公司应做如下会计处理：

① 盘亏固定资产时的会计分录为

借：待处理财产损益	3 000
累计折旧	7 000
贷：固定资产	10 000

② 报经批准转销时的会计分录为

借：营业外支出—盘亏损失	3 000
贷：待处理财产损益	3 000

三、固定资产减值的核算

固定资产减值指资产可收回金额低于其账面价值。固定资产可收回金额，是根据资产的公允价值减去处置费用后的净额，与资产预计未来现金流量的现值，两者之间较高者确定。资产可收回金额低于其账面价值的差额为资产减值损失，记入当期损益，资产减值损失一经确认，在以后会计期间不得转回。

（一）固定资产减值的迹象判断

判断的依据是：

① 资产是当期大幅度下跌，其跌幅明显高于因时间的推移或正常使用而预计的下跌；

② 企业经营所处的经济、技术或法律等环境及资产所处的市场在当期或在近期发生重大变化，从而对企业产生不利影响；

③ 市场利率或其他市场投资报酬率在当期已经提高，从而影响企业计算资产未来现金流量现值的折现率，导致资产可收回金额大幅度降低；

④ 有证据表明资产已经陈旧或其实体已经损坏；

⑤ 资产已经或者被闲置、终止使用，或者计划提前处置；

⑥ 企业内部报告的证据表明资产的经济绩效已经低于预期，如资产所创造的净现金流量或营业利润（或者亏损）远远低于（或者高于）预计金额；

⑦ 其他表明资产可能已经发生减值的迹象。

（二）固定资产可收回金额的计量

根据资产减值准则的要求，企业存在减值迹象的，应当进行减值测试，以估计其可收回金额，并将可收回金额与账面价值进行比较，以确定资产减值是否存在。

可收回金额指资产的公允价值减去处置费用后的净额，与资产预计未来现金流量的现值两者之间的较高者。可收回金额低于账面价值的差额为资产减值。企业应当于期末对固定资产进行检查，如果发现存在固定资产减值迹象，应当进行减值测试。

可收回金额实际上反映了企业在处置资产和继续使用资产两者之间做出的决策。在资产减值存在时，企业要么将资产变卖，要么继续使用该资产。如果处置资产给企业带来的利益较高，则企业就会处置该资产；如果继续使用该资产所带来的利益较高，则企业就会继续使用该资产。处置该资产给企业带来的利益为公允价值减去处置费用后的净额，而继续使用该资产给企业带来的利益是资产预计未来现金流量的现值与处置净额之间较高者为资产的可收回金额。

【例6-21】　2010年年末，东方公司对一辆汽车进行检查时发现，该汽车可能因市场环境变化发生减值，汽车的公允价值为100 000元，处置费为10 000元，尚可使用3年，预计其未来两年内每年末产生的现金流量分别为48 000元和40 000元，第3年产生的现金流量及使用寿命结束时处置形成的现金流量合计为45 000元，折现率为10%。则可收回金额计算如下：

汽车的公允价值减去处置费用后的净额＝100 000－10 000＝90 000（元）

汽车预计未来现金流量现值＝48 000÷(1＋10%)＋40 000÷(1＋10%)＋45 000÷(1＋10%)＝43 600＋33 100＋33 800＝110 500（元）

根据孰高原则，汽车的可收回金额为110 500元。

（三）固定资产减值准备的核算

企业在计提资产减值时，应设置“固定资产减值准备”账户进行核算。企业计提固定资产减值时，借记“资产减值损失—计提固定资产减值准备”账户，贷记“固定资产减值准备”账户。固定资产减值损失一经确认，在以后会计期间不得转回。

【例6-22】　东方公司2010年年末清查固定资产时发现，一台设备原账面净值为480 000元，但由于技术进步等原因造成设备贬值，预计可收回金额为360 000元，2011年该固定资产实价下跌，预计可收回金额为 320 000 元。计提减值准备并编制会计分录如下。

2010 年年末，该企业应计提资产减值准备 120 000 元(480 000 元－360 000 元)，会计分录为

借：资产减值损失—计提固定资产减值准备　　　　120 000

　贷：固定资产减值准备　　　　120 000

2011 年年末，由于可收回金额低于 2010 年的，所以应补提资产减值准备 40 000 元(360 000 元－320 000 元)，会计分录为

借：资产减值损失—计提固定资产减值准备　　　　40 000

　贷：固定资产减值准备　　　　40 000

资产负债表日计提的固定资产减值准备应在资产负债表上列示。

学习任务 6.6　固定资产处置的核算

一、固定资产处置的含义

企业在生产经营过程中，可能将不适用或不需用的固定资产对外出售转让，或因磨损、技术进步等原因对固定资产进行报废，或因遭受自然灾害而对毁损的固定资产进行处理，即对固定资产进行终止确认。

固定资产满足下列条件之一的，应当予以终止确认：

① 该固定资产处于处置状态；

② 该固定资产预期通过使用或处置不能产生经济利益。

固定资产处置包括固定资产的出售、报废、毁损、对外投资、非货币性资产交换和债务重组等。

二、固定资产处置的账务处理

处置固定资产应通过“固定资产清理”科目核算。具体包括以下几个环节：

① 固定资产转入清理。企业因出售、报废、毁损、对外投资、非货币性资产交换和债务重组等转出的固定资产，按该项固定资产的账面价值，借记“固定资产清理”科目，按已计提的累计折旧，借记“累计折旧”科目，按已计提的减值准备，借记“固定资产减值准备”科目，按其账面原价，贷记“固定资产”科目。

② 发生的清理费用等。固定资产清理过程中应支付的相关税费及其他费用，借记“固定资产清理”科目，贷记“银行存款”、“应交税费—应交营业税”等科目。

③ 收回出售固定资产的价款、残料价值和变价收入等，借记“银行存款”、“原材料”等科目，贷记“固定资产清理”科目。

④ 保险赔偿等的处理。应由保险公司或过失人赔偿的损失，借记“其他应收款”等科目，贷记“固定资产清理”科目。

⑤ 清理净损益的处理。固定资产清理完成后，属于生产经营期间正常的处理损失的，借记“营业外支出—处置非流动资产损失”科目，贷记“固定资产清理”科目；属于自然灾害等非正常原因造成的损失的，借记“营业外支出—非常损失”科目，贷记“固定资产清理”科目。如为贷

方余额，借记“固定资产清理”科目，贷记“营业外收入”科目。

【例 6-23】 东方公司出售一座建筑物，原价为 2 000 000 元，已计提累计折旧 1 000 000 元，未计提减值准备，实际出售价格为 1 200 000 元，已通过银行收回价款。该企业应做如下会计处理：

① 将出售固定资产转入清理时的会计分录为

借：固定资产清理　　1 000 000
　　累计折旧　　1 000 000
　贷：固定资产　　2 000 000

② 收回出售固定资产价款时的会计分录为

借：银行存款　　1 200 000
　贷：固定资产清理　　1 200 000

③ 计算销售该固定资产应交纳的营业税，按规定适用的营业税税率为 5%，应纳税额为 1 200 000×5%＝60 000(元)，会计分录为

借：固定资产清理　　60 000
　贷：应交税费—应交营业税　　60 000

④ 结转出售固定资产实现利得时的会计分录为

借：固定资产清理　　140 000
　贷：营业外收入—非流动资产处置利得　　140 000

【例 6-24】 东方公司现有一台设备由于性能等原因决定提前报废，原价为 500 000 元，已计提累计折旧 450 000 元，未计提减值准备。报废时的残值变价收入为 20 000 元，报废清理过程中发生清理费用 3 500 元。有关收入、支出均通过银行办理结算。东方公司应做如下会计处理：

① 将报废固定资产转入清理时的会计分录为

借：固定资产清理　　50 000
　　累计折旧　　450 000
　贷：固定资产　　50 000

② 收回残料变价收入时的会计分录为

借：银行存款　　20 000
　贷：固定资产清理　　20 000

③ 支付清理费用时的会计分录为

借：固定资产清理　　3 500
　贷：银行存款　　3 500

④ 结转报废固定资产发生净损失时的会计分录为

借：营业外支出—非流动资产处置损失　　33 500
　贷：固定资产清理　　33 500

【例 6-25】 东方公司因遭受水灾而毁损一座仓库，该仓库原价 4 000 000 元，已计提折旧 1 000 000 元，未提减值准备。其残料估计价值 50 000 元，残料已办理入库。发生的清理费用为 20 000 元，以现金支付。经保险公司核定应赔偿损失 1 500 000 元，尚未收到赔款。东方公司应做如下会计处理：

① 将毁损的仓库转入清理时的会计分录为

借:固定资产清理	3 000 000
累计折旧	1 000 000
贷:固定资产	4 000 000

② 残料入库时的会计分录为

借:原材料	50 000
贷:固定资产清理	50 000

③ 支付清理费用时的会计分录为

借:固定资产清理	20 000
贷:库存现金	20 000

④ 确定应由保险公司理赔损失时的会计分录为

借:其他应收款	1 500 000
贷:固定资产清理	1 500 000

⑤ 结转毁损固定资产发生损失时的会计分录为

借:营业外支出—非常损失	1 470 000
贷:固定资产清理	1 470 000

重点回顾

工作过程 6 主要讲述了与固定资产业务核算有关的内容,其重点内容概括于图 6-1 中。

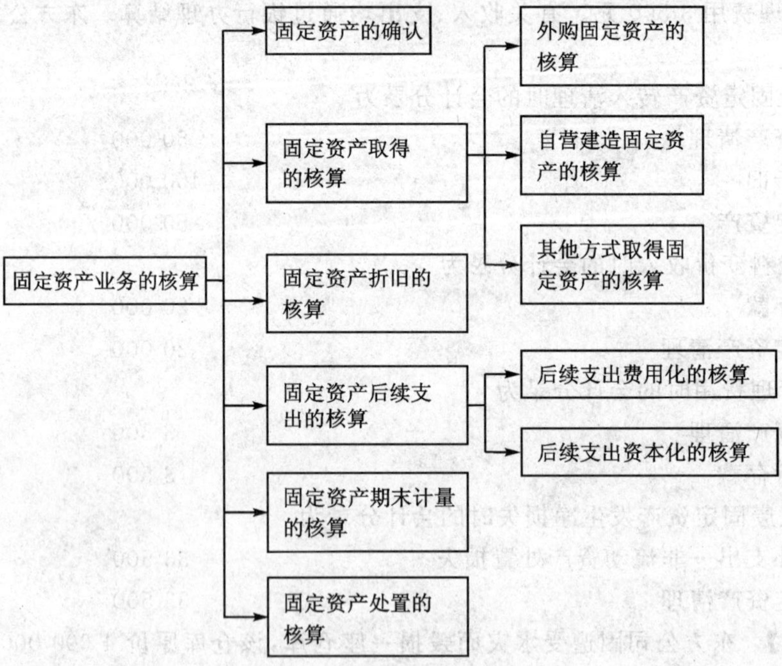

图 6-1　固定资产业务的核算

1. 固定资产的确认

固定资产同时满足下列条件的，才能予以确认：与该固定资产有关的经济利益很可能流入企业，该固定资产的成本能够可靠地计量。

2. 固定资产取得的核算

固定资产应该按照成本进行初始计量。

固定资产的成本包括直接发生的价款、运杂费、包装费和安装成本等，也包括间接发生的费用，如应承担的借款利息、外币借款折算差额及应分摊的其他间接费用。对于特殊行业的特定固定资产，确定其初始入账成本时还应考虑预计弃置费用。不同方式取得的固定资产，其成本构成的具体内容也不同。

3. 固定资产折旧的核算

(1) 计提折旧的固定资产范围

企业应对所有固定资产计提折旧，但以下两种情况除外：①已提足折旧仍继续使用的资产；②单独计价入账的土地。改良停用、更新改造停用的固定资产不计提折旧。

固定资产应按月计提折旧，计提折旧的原则是：固定资产当月增加，当月不提；当月减少，当月仍提。

(2) 固定资产的折旧方法

固定资产的折旧方法包括：年限平均法、工作量法、双倍余额递减法和年数总和法等。其中双倍余额递减法是基数在变化，折旧率不变；年数总和法是基数不变，折旧率在变。

固定资产的折旧方法一经确定，不得随意变更。

4. 固定资产后续支出的核算

固定资产的后续支出指固定资产在使用过程中发生的更新改造支出和修理费用等。

后续支出的处理原则是：

① 与固定资产有关的更新改造等后续支出，符合固定资产确认条件的，应当计入固定资产成本，同时将被替换部分的账面价值扣除，即后续支出资本化；

② 与固定资产有关的修理费用等后续支出，不符合固定资产确认条件的，应当计入当期损益，即后续支出费用化。

(1) 资本化的后续支出

更新改造时（此时停止计提折旧）的账务处理为

借：在建工程

　　累计折旧

　　固定资产减值准备

　贷：固定资产

发生可资本化的后续支出时的账务处理为

借：在建工程

　贷：应付职工薪酬

　　原材料、库存商品等

　　应交税费—应交增值税（进项税额转出/销项税额）

　　银行存款等

达到预定可使用状态(此时重新确定的使用寿命、预计净残值和折旧方法计提折旧)时的账务处理为

借:固定资产

　贷:在建工程

替换原固定资产某组成部分且符合固定资产确认条件时,应将其计入固定资产成本,同时扣除被替换部分的账面价值。

安装新设备时的账务处理为

借:在建工程

　贷:工程物资

替换某组成部分时的账务处理为

借:营业外支出(账价)

　贷:在建工程

(2) 费用化的后续支出

企业生产车间(部门)和行政管理部门等发生的固定资产修理费用,在“管理费用”科目核算。

企业发生的与专设销售机构相关的固定资产修理费用等后续支出,计入销售费用。

对于处于修理或更新改造过程而停止使用的固定资产,如果其修理或更新改造支出不满足固定资产的确认条件,则在发生时也应直接计入当期损益。

5. 固定资产处置的核算

固定资产处置包括固定资产的出售、报废、毁损、对外投资、非货币性资产交换和债务重组等。处置固定资产应通过“固定资产清理”科目核算。其账务处理具体包括以下几个环节:

① 固定资产转入清理时的会计分录为

借:固定资产清理

　固定资产减值准备

　累计折旧

　贷:固定资产

② 发生相关税费时的会计分录为

借:固定资产清理

　贷:银行存款

　　应交税费

　　应付职工薪酬等

③ 取得变价收入、残值收入和保险赔款收入时的会计分录为

借:银行存款、原材料、其他应收款

　贷:固定资产清理

④ 清理完毕后,结转固定资产净损益时的会计分录为

借:营业外支出—处置非流动资产损失(正常损失)

　　　　　　—非常损失

　贷:固定资产清理

或者为

借:固定资产清理

　贷:营业外收入

知识拓展

固定资产增值税相关规定

自2009年1月1日起,随着《中华人民共和国增值税暂行条例》及其《实施细则》的正式实施,增值税转型改革在全国范围内正式推开。此次改革的一项核心内容是"允许企业新购入的机器设备等固定资产所含进项税额在销项税额中抵扣"。

1. 固定资产的入账价值

增值税转型后,增值税一般纳税人新购入(包括接受捐赠和实物投资)或自制(包括改扩建和安装)的固定资产可以抵扣进项税额,单从税收的角度,企业固定资产就"变成"了与企业存货相同的资产。外购或自制的固定资产应将准予抵扣的进项税额计入"应交税金—应交增值税(进项税额)",不再计入固定资产的成本中。

2. 增值税一般纳税人购进和自建固定资产抵扣进项税的时限要求

增值税一般纳税人可以抵扣的固定资产进项税额,指2009年1月1日以后实际发生,并取得2009年1月1日以后开具的增值税扣税凭证上注明的或依据增值税扣税凭证计算的增值税税额。

3. 并非所有的固定资产都可以抵扣进项税

固定资产具体抵扣范围不含以下三个方面:一是根据新条例第十条规定用于非增值税应税项目、免征增值税项目、集体福利或个人消费的购进固定资产,非正常损失的购进固定资产及非正常损失的在产品、产成品所耗用的购进固定资产不可以抵扣;二是属于营业税应税项目的房屋、建筑物等不动产不能抵扣销项税额,因为其无法取得增值税进项发票;三是根据实施细则第二十五条规定,纳税人自用的应征消费税的摩托车、汽车、游艇,其进项税额也不得从销项税额中抵扣。

另外,对于纳税人已抵扣进项税额的固定资产,若发生新《条例》第十条(一)至(三)项所列的情形,应根据财税(2008)170号文件第五条规定,按财会制度计提折旧后的固定资产净值乘以其适用税率做不得抵扣的进项税额处理。

4. 纳税人销售自己使用过的旧固定资产政策

增值税转型后,根据《财政部、国家税务总局关于全国实施增值税转型改革若干问题的通知》(财税(2008)170号)第四条规定,自2009年1月1日起应区分不同情形征收增值税:"纳税人销售自己使用过的2009年1月1日以后购进或者自制的固定资产,按照适用税率征收增值税;2008年12月31日以前未纳入扩大增值税抵扣范围试点的纳税人,销售自己使用过的2008年12月31日以前购进或者自制的固定资产,按照4%征收率减半征收增值税;2008年12月31日以前已纳入扩大增值税抵扣范围试点的纳税人,销售自己使用过的在本地区扩大增值税抵扣范围试点以前购进或者自制的固定资产,按照4%征收率减半征收增值税;销售自已使用过的在本地区扩大增值税抵扣范围试点以后购进或者自制的固定资产，按照适用税率征收增值税”。

思考与练习

一、单项选择题

1. A企业2003年12月购入一项固定资产，原价为600万元，采用年限平均法计提折旧，使用寿命为10年，预计净残值为零。2007年1月该企业对该项固定资产的某一主要部件进行更换，发生支出合计400万元，符合固定资产确认条件，被更换部件的原价为300万元。则对该项固定资产进行更换后的原价为(　　)万元。

A. 210　　B. 1 000　　C. 820　　D. 610

2. 甲公司为增值税一般纳税人，采用自营方式建造一条生产线，实际领用工程物资351万元(含增值税)。另外领用本公司所生产的产品一批，账面价值为360万元，该产品适用的增值税税率为17%，计税价格为390万元；发生的在建工程人员的应付职工薪酬为222.3万元，假定该生产线已达到预定可使用状态；不考虑除增值税以外的其他相关税费。该生产线的入账价值为(　　)万元。

A. 999.6　　B. 972.3　　C. 933.3　　D. 1 029.6

3. A公司2006年6月19日购入设备一台，取得的增值税专用发票上注明的设备买价为180万元，增值税税额为30.6万元，支付的运输费为1万元，预计净残值为1.6万元，预计使用年限为6年，在采用年数总和法计提折旧的情况下，该设备2007年应提折旧额为(　　)万元。

A. 65　　B. 60　　C. 55　　D. 50

4. 由于自然灾害等原因造成的在建工程报废或毁损，减去残料价值和过失人或保险公司等赔款后的净损失，应借记的会计科目是(　　)。

A. 在建工程　　B. 待处理财产损益　　C. 营业外支出　　D. 固定资产清理

5. 在企业生产车间使用的固定资产发生的下列支出中，直接计入当期损益的是(　　)。

A. 购入时发生的安装费用　　B. 发生的装修费用

C. 购入时发生的运杂费　　D. 发生的修理费

6. 购入固定资产超过正常信用条件延期支付价款(如分期付款购买固定资产)，实质上具有融资性质的，应按所购固定资产购买价款的现值，借记“固定资产”科目或“在建工程”科目，按应支付的金额，贷记“长期应付款”科目，按其差额，借记的会计科目是(　　)。

A. 未确认融资费用　　B. 财务费用　　C. 递延收益　　D. 营业外支出

7. 2006年12月31日AS公司进行盘点，发现有一台使用中的机器设备未入账，该型号机器设备存在活跃市场，市场价格为750万元，该机器8成新。其正确的会计处理方法是(　　)。

A. 贷记“待处理财产损益”科目750万元

B. 贷记“待处理财产损益”科目1 350万元

C. 贷记“待处理财产损益”科目600万元

D. 贷记“以前年度损益调整”科目600万元

8. AS公司的一台机器设备采用工作量法计提折旧。原价为 153 万元，预计生产产品产量为 450 万件，预计净残值率为 3%，本月生产产品 7.65 万件。则该台机器设备的月折旧额为(　　)万元。

A. 2.679 03　　B. 2.629 59　　C. 2.522 97　　D. 2.522 835

9. 2007 年 1 月 1 日，AS 公司决定对现有生产线进行改扩建，以提高其生产能力。原值 2 400万元，已计提折旧 750 万元。经过五个月的改扩建，完成了对这条生产线的改扩建工程，共发生支出 1 200 万元，符合固定资产确认条件。被更换部件的原价为 200 万元，被更换部件的折旧为 50 万元。则对该项生产线进行更换后的原价为(　　)万元。

A. 3 450　　B. 2 700　　C. 3 600　　D. 3 000

10. 某企业 2006 年 6 月期初固定资产原值 10 500 万元。6 月增加了一项固定资产，入账价值为 750 万元；同时 6 月减少了固定资产原值 150 万元，则 6 月该企业应计提折旧的固定资产原值为(　　)万元。

A. 11 100　　B. 10 650　　C. 10 500　　D. 10 350

11. 甲公司的注册资本为 150 万元。2003 年 6 月 25 日，甲公司接受乙公司以一台设备进行投资。该台设备的原价为 84 万元，已计提折旧 24.93 万元，投资各方经协商确认的价值为 45 万元，公允价值为 40 万元，占甲公司注册资本的 30%。假定不考虑其他相关税费。甲公司的固定资产入账价值为(　　)万元。

A. 40　　B. 84　　C. 49.07　　D. 45

二、多项选择题

1. 根据企业会计准则规定，应通过"固定资产"会计科目核算的内容包括(　　)。

A. 企业(航空)的高价周转件

B. 企业以经营租赁方式租入的固定资产发生的改良支出

C. 企业购置计算机硬件所附带的、未单独计价的软件

D. 企业为开发新产品、新技术购置的符合固定资产定义和确认条件的设备

2. 下列固定资产应计提折旧的有(　　)。

A. 融资租入的固定资产　　B. 按规定单独估价作为固定资产入账的土地

C. 大修理停用的固定资产　　D. 持有待售的固定资产

3. 下列事项中，应对固定资产账面价值进行调整的有(　　)。

A. 为了维护固定资产的正常运转和使用，充分发挥其使用效能，企业将对固定资产进行必要的维护

B. 企业通过对自有固定资产进行改良，符合资本化条件

C. 确定原暂估入账固定资产的实际成本

D. 企业通过对经营租入的设备进行改良，符合资本化条件

4. 下列经济业务应计入固定资产价值的有(　　)。

A. 经营租入固定资产改良支出

B. 在建工程领用本企业产品应交的消费税

C. 在建工程领用原材料应交的增值税

D. 在建工程发生的工程管理费

5. 在采用自营方式建造固定资产的情况下，下列项目中应计入固定资产取得成本的有(　　)。

A. 工程人员的应付职工薪酬

B. 工程耗用原材料时发生的增值税

C. 工程领用本企业商品产品的实际成本

D. 生产车间为工程提供水电等费用

6. 下列固定资产应计提折旧的有(　　)。

A. 已全额计提折旧的固定资产　　B. 融资租入的固定资产

C. 闲置不需用的机器　　D. 待售的固定资产

7. 在采取自营方式建造固定资产的情况下，下列说法正确的有(　　)。

A. 在建工程负担的职工薪酬，借记"在建工程"科目，贷记"应付职工薪酬"科目

B. 由于自然灾害等原因造成的在建工程报废或毁损的，应按其净损失，借记"营业外支出—非常损失"科目，贷记"在建工程"科目

C. 建设期间发生的工程物资盘亏、报废及毁损净损失，借记"在建工程"科目，贷记"工程物资"科目，盘盈的工程物资或处置净收益，做相反的会计分录

D. 在建工程进行负荷联合试车发生的费用，借记"在建工程"科目，贷记"银行存款"、"原材料"等科目

8. 计提固定资产折旧应借记的会计科目有(　　)。

A. 制造费用　　B. 销售费用　　C. 管理费用

D. 其他业务成本　　E. 研发支出

9. 通过"固定资产清理"科目核算的处置固定资产的净损益，可能转入的科目有(　　)。

A. 销售费用　　B. 营业外支出—处置非流动资产损失

C. 营业外支出—非常损失　　D. 营业外收入—处置非流动资产利得

三、判断题

1. 对于构成固定资产的各组成部分，如果各自具有不同的使用寿命或以不同的方式为企业提供经济利益，企业应将各组成部分单独确认为固定资产，并且采用不同的折旧率或折旧方法计提折旧。(　　)

2. 企业购置的环保设备和安全设备等资产，由于它们的使用不能直接为企业带来经济利益，所以企业不应将其确认为固定资产。(　　)

3. 在不考虑计提固定资产减值准备的情况下，某项固定资产期满报废时，无论采用年限平均法，还是采用加速折旧法，其累计折旧额一定等于该项固定资产应计提折旧总额。(　　)

4. 经营租赁方式租入的固定资产发生的改良支出，应全部计入"经营租入固定资产改良"科目。(　　)

5. 固定资产的大修理费用和日常修理费用，通常不符合固定资产确认条件，金额较小时应当在发生时计入当期管理费用，金额较大时采用预提或待摊方式处理。(　　)

6. 已达到预定可使用状态的固定资产，无论是否交付使用，尚未办理竣工决算的，应按估计价值确认为固定资产，并计提折旧；待办理了竣工决算手续后，再按实际成本调整原来的暂估价值，同时调整原已计提的折旧额。(　　)

7. 处于修理、更新改造过程而停止使用的固定资产，符合固定资产确认条件的，应转入在建工程，停止计提折旧；不符合确认条件的，不应转入在建工程，照提折旧。（　）

8. 固定资产发生的更新改造支出和房屋装修费用等，符合固定资产确认条件的，应计入固定资产成本，同时将被替换部分的账面价值扣除。（　）

四、业务题

1. 某公司购建一个生产车间，包括厂房和一条生产线两个单项工程，厂房价款为130万元，生产线安装费用50万元。2007年采用出包方式出包给甲公司，2007年的有关资料如下：

(1) 1月10日，预付厂房工程款100万元。

(2) 2月10日，购入生产线各种设备，价款为500万元，增值税为85万元，款已支付。

(3) 3月10日，在建工程发生的管理费、征地费、临时设施费、公证费、监理费等15万元，以银行存款支付。

(4) 4月16日，将生产线的设备交付建造承包商建造安装。

(5) 5月31日，结算工程款项，差额以银行存款支付。

(6) 5月31日，生产线进行负荷联合试车发生费用10万元，试车形成的副产品对外销售价款5万元，均通过银行存款结算。

(7) 6月1日，厂房、生产线达到预定可使用状态，并交付使用。

要求：编制上述经济业务的会计分录。

2. 某公司为一般纳税企业。2012年8月3日购入一台需要安装的生产用机器设备，取得的增值税专用发票上注明的设备价款为3 900万元，增值税进项税额为663万元，支付的运输费为37.50万元，款项已通过银行支付；安装设备时，领用本公司原材料一批，价值363万元，购进该批原材料时支付的增值税进项税额为61.71万元；领用本公司所生产的产品一批，成本为480万元，计税价格500万元，增值税税率17%，消费税税率10%，应付安装工人的职工薪酬为72万元；假定不考虑其他相关税费。2012年10月8日达到预定可使用状态，预计使用年限为10年，净残值为2万元，采用双倍余额递减法计算年折旧额。

要求：编制2012年有关会计分录。

3. 甲公司对采用经营租赁方式租入的一条生产线进行改良，发生如下有关支出：2011年9月20日，领用生产用原材料360万元，购进该批原材料时支付的增值税进项税额为61.20万元；辅助生产车间为生产线改良提供的劳务支出为38.40万元；计提有关人员的职工薪酬820.8万元。2011年12月20日，生产线改良工程完工，达到预定可使用状态并交付使用。假定该生产线预计尚可使用年限为6年，剩余租赁期为5年；不考虑其他因素。

要求：编制甲公司2011年有关经营租赁方式租入的固定资产改良的会计分录和2012年摊销的会计分录。

4. 甲公司为一般纳税企业，适用增值税税率为17%。2010年2月购入设备一台，价款380万元，增值税64.60万元，运杂费3.75万元，立即投入安装。安装中领用工程物资22.40万元；领用原材料的实际成本为5万元；领用库存商品（应税消费品）的实际成本为18万元，市场售价20万元（不含税），消费税税率10%。安装完毕投入使用，该设备预计使用5年，预计净残值为20万元。

要求：

(1) 计算安装完毕投入使用的固定资产成本。

(2) 假定 2010 年 4 月 10 日安装完毕并交付使用，采用平均年限法计算 2010—2015 年的年折旧额。

(3) 假定 2010 年 9 月 10 日安装完毕并交付使用，采用年数总和法计算 2010—2015 年的年折旧额。

(4) 假定 2010 年 12 月 10 日安装完毕并交付使用，采用双倍余额递减法计算 2011—2016 年的年折旧额。

(5) 假定 2011 年 3 月 10 日安装完毕并交付使用，采用双倍余额递减法计算 2011—2016 年的年折旧额。

工作过程 7　其他资产业务的核算

能力目标

1. 能够正确划分无形资产研发过程中的资本化支出与费用化支出；
2. 能够正确进行无形资产的初始计量与后续计量；
3. 能够正确进行长期待摊费用的账务处理。

知识目标

1. 掌握无形资产的含义及特征；
2. 掌握无形资产的初始计量与后续计量；
3. 了解其他资产的内容和基本业务核算。

案例导入

东方公司有关无形资产的业务如下：

① 2011 年 1 月，甲公司以银行存款 1 200 万元购入一项土地使用权（不考虑相关税费），该土地使用年限为 30 年。

② 2011 年 6 月，甲公司研发部门准备研究开发一项专有技术。在研究阶段，企业为了研究成果的应用研究和评价，以银行存款支付了相关费用 800 万元。

③ 2011 年 8 月，上述专有技术研究成功，转入开发阶段。企业将研究成果应用于该项专有技术的设计，直接发生的研发人员工资、材料费及相关设备折旧费等分别为 1 000 万元、900 万元和 400 万元，同时以银行存款支付了其他相关费用 100 万元。以上开发支出均满足无形资产的确认条件。

④ 2011 年 10 月，上述专有技术的研究开发项目达到预定用途，形成无形资产。公司预计该专有技术的预计使用年限为 10 年。公司无法可靠确定与该专有技术有关的经济利益的预期实现方式。

⑤ 2012 年 4 月，东方公司利用上述外购的土地使用权，自行开发建造厂房。厂房于 2012 年 9 月达到预定可使用状态，累计发生的必要支出 2 400 万元（不包含土地使用权）。该厂房预计使用寿命为 5 年，预计净残值为 30 万元。假定甲公司对其采用年数总和法计提折旧。

⑥ 2012 年 5 月，东方公司研发的专有技术预期不能为企业带来经济利益，经批准将其予以转销。

案例思考：

东方公司应如何对上述业务进行会计处理？

学习任务 7.1　无形资产业务的核算

一、无形资产概述

无形资产指企业拥有或控制的没有实物形态的可辨认非货币性资产。

（一）无形资产的特征

1. 无形资产不具有实物形态

无形资产通常表现为某种权利、某项技术或某种获取超额利润的综合能力。它们不具有实物形态，看不见、摸不着，比如土地使用权和非专利技术等。无形资产为企业带来经济利益的方式与固定资产的不同，固定资产是通过实物价值的磨损和转移来为企业带来未来经济利益。而无形资产在很大程度上是通过自身所具有的技术等优势为企业带来未来经济利益。不具有实物形态是无形资产区别于其他资产的特征之一。

需要指出的是，某些无形资产的存在有赖于实物载体。比如，计算机软件需要存储在介质中。但这并不改变无形资产本身不具有实物形态的特性。在确定一项既包含无形要素也包含有形要素的资产是属于固定资产，还是属于无形资产时，需要以哪个要素更重要作为判断的依据。例如，当计算机控制的机械工具没有特定的计算机软件就不能运行时，说明该软件是构成相关硬件不可缺少的组成部分，该软件应作为固定资产处理；如果计算机软件不是相关硬件不可缺少的组成部分，则该软件应作为无形资产核算。无论是否存在实物载体，只要将一项资产归类为无形资产，则不具有实物形态仍然是该无形资产的特征之一。

2. 无形资产具有可辨认性

要想作为无形资产进行核算，该资产必须是能够区别于其他资产可单独辨认的，如企业持有的专利权、非专利技术、商标权、土地使用权和特许权等。

符合以下条件之一的，可认为其具有可辨认性：

第一，能够从企业中分离或划分出来，并能单独用于出售或转让等，而不需同时处于同一获利活动中的其他资产，可视为可辨认无形资产。在某些情况下，无形资产可能需要与有关合同一起出售或转让等，这时也可视为可辨认无形资产。

第二，产生于合同性权利或其他法定权利，无论这些权利是否可从企业或其他权利和义务中转移或分离。如一方通过与另一方签订特许权合同而获得的特许使用权，通过法律程序申请获得的商标权和专利权等。

由于内部产生的品牌、报刊名、刊头、客户名单和实质上类似项目的支出不能与整个业务开发成本区分开来，因此，这类项目不应确认为无形资产。

3. 无形资产属于非货币性资产

非货币性资产指企业持有的除货币资金和将以固定或可确定的金额收取的资产以外的其他资产。无形资产由于没有发达的交易市场，一般不容易转化成现金，在持有过程中为企业带来未来经济利益的情况不确定，不属于以固定或可确定的金额收取的资产，因此属于非货币性资产。

货币性资产主要有现金、银行存款、应收账款、应收票据和短期有价证券等。它们的共同特点是直接表现为固定的货币数额，或在将来收到一定货币数额的权利。应收款项等资产也没有实物形态，其与无形资产的区别在于，无形资产属于非货币性资产，而应收款项等资产则不属于非货币性资产。另外，虽然固定资产也属于非货币性资产，但其为企业带来经济利益的方式与无形资产的不同，固定资产是通过实物价值的磨损和转移来为企业带来未来经济利益，而无形资产在很大程度上是通过某些权利或技术等优势为企业带来未来经济利益。

4. 为企业带来的经济利益具有不确定性

预计能够为企业带来未来经济利益可作为一项资产的本质特征，无形资产也不例外。但无形资产必须与企业的其他资产结合，才能为企业创造经济利益。这里所指的“其他资产”包括足够的人力资源、高素质的管理队伍、相关的硬件设备和相关的原材料等。此外，无形资产创造经济利益的能力还较多地受外界因素的影响，比如相关新技术更新换代的速度、利用无形资产所生产产品的市场接受程度等。无形资产在创造经济利益方面存在较大不确定性，因此要求在对无形资产进行核算时持更为谨慎的态度。

（二）无形资产的内容

1. 专利权

专利权指国家专利主管机关依法授予发明创造专利申请人对其发明创造在法定期限内所享有的专有权利，包括发明专利权、实用新型专利权和外观设计专利权。

2. 非专利技术

非专利技术也称专有技术，指不为外界所知、在生产经营活动中已采用了的、不享有法律保护的各种技术和经验，一般包括工业专有技术、商业贸易专有技术和管理专有技术等。非专利技术可用蓝图、配方、技术记录和操作方法的说明等具体资料表现出来，也可通过卖方派出技术人员进行指导，或者接受买方人员进行技术实习等手段实现。非专利技术具有经济性、机密性和动态性等特点。

3. 商标权

商标是用来辨认特定商品或劳务的标记。商标权指专门在某类指定商品或产品上使用特定的名称或图案的权利，包括独占使用权和禁止权两个方面。独占使用权指商标权享有人在商标的注册范围内独家使用其商标的权利。禁止权指商标权享有人排除和禁止他人对商标独占使用权进行侵犯的权利。

4. 著作权

著作权又称版权，指作者对其创作的文学、科学和艺术作品依法享有的某些特殊权利，包括精神权利（人身权利）和经济权利（财产权利）两个方面。精神权利指作品署名、发表作品、确认作者身份、保护作品的完整性、修改已经发表的作品等项权利，包括发表权、署名权、修改权和保护作品完整权。经济权利指以出版、表演、广播、展览、录制唱片、摄制影片等方式使用作品及因授权他人使用作品而获得经济利益的权利。

5. 土地使用权

土地使用权指国家准许某企业在一定期间内对国有土地享有开发、利用和经营的权利。根据我国土地管理法的规定，我国土地实行公有制，任何单位和个人不得侵占、买卖或以其他形式非法转让。企业取得土地使用权的方式大致有以下几种：行政划拨取得、外购取得、投资者投入取得等。

6. 特许权

特许权又称经营特许权、专营权，指企业在某一地区经营或销售某种特定商品的权利，或者指一家企业接受另一家企业使用其商标、商号和技术秘密等的权利。前者一般由政府机构授权，准许企业使用或在一定地区享有经营某种业务的特权，如水、电、邮电通信等专营权和烟草专卖权等。后者指企业间依照签订的合同，有限期或无限期地使用另一家企业的某些权利，如连锁店分店使用总店的名称等。

（三）无形资产的确认

在会计上，当一项资产满足以下三个条件时，企业才能确认其为无形资产。

1. 符合无形资产的定义

作为无形资产核算的项目，首先应符合无形资产的定义，即是企业为生产商品、提供劳务、出租给他人或为管理目的而持有的、没有实物形态的非货币性长期资产。

2. 产生的经济利益很可能流入企业

作为企业无形资产予以确认的项目，必须具备产生的经济利益很可能流入企业这项基本条件。实务中，要想确定无形资产创造的经济利益是否很可能流入企业，需要实施职业判断。在实施这种判断时，需要考虑相关的因素。比如企业是否有足够的人力资源、高素质的管理队伍、相关的硬件设备、相关的原材料等来配合无形资产为企业创造经济利益。当然，最为重要的是应关注外界因素的影响，比如是否存在相关的新技术、新产品冲击与无形资产相关的技术或据其生产的产品的市场等。总之，在实施判断时，企业的管理部门应对无形资产在预计使用年限内存在的各种因素做出最稳健的估计。

3. 成本能够可靠地计量

成本能够可靠地计量是资产确认的一项基本条件。对于无形资产来说，这个条件显得十分重要。比如，企业自创商誉符合无形资产的定义，但在自创商誉过程中发生的支出却难以计量，因而不能作为企业的无形资产予以确认。又比如，一些高新科技企业的科技人才，假定其与企业签订了服务合同，且合同规定其在一定期限内不能为其他企业提供服务。在这种情况下，虽然这些科技人才的知识在规定的期限内预期能够为企业创造经济利益，但由于这些技术人才的知识难以辨认，加之为形成这些知识所发生的支出难以计量，因而也不能作为企业的无形资产加以确认。

（四）无形资产的计量

1. 初始计量

无形资产应按成本进行初始计量。不同方式取得的无形资产，其初始计量的内容不同。

(1) 外购取得的无形资产

外购无形资产的成本，包括购买价款、相关税费及直接归属于使该项资产达到预定用途所发生的其他支出。

(2) 自行开发并按法律程序申请取得的无形资产

此项无形资产按依法取得时发生的注册费、聘请律师费等费用，作为无形资产的实际成本。在研究与开发过程中发生的材料费用、直接参与开发人员的工资及福利费、开发过程中发生的租金和借款费用等，直接计入当期损益。已经计入各期费用中的研究与开发费用，在该项无形资产获得成功并依法申请取得权利时，不得再将原已计入费用的研究与开发费用资本化。

(3) 投资者投入取得的无形资产

投资者投入无形资产的成本，应按投资合同或协议约定的价值确定，但合同或协议约定价值不公允的除外。

(4) 特殊方式取得的无形资产

特殊方式如非货币性资产交换、债务重组、政府补助和企业合并取得的无形资产的成本，按有关会计准则的规定加以确定。

2. 后续计量

企业应于取得无形资产时分析判断其使用寿命。使用寿命有限的无形资产应在使用寿命内进行系统、合理的摊销，摊销金额一般计入当期损益。寿命不确定的无形资产不应摊销。无形资产减值时应按资产减值会计准则的相关规定处理。

二、无形资产的核算

(一) 主要账户的设置

为了核算无形资产的取得、摊销和处置等情况,企业应当设置“无形资产”、“累计摊销”等账户。企业无形资产发生减值的,还应设置“无形资产减值准备”账户进行核算。

“无形资产”是资产类账户,它反映核算企业持有的无形资产的成本。该账户借方登记取得时无形资产的成本,贷方登记处置无形资产时转出的无形资产账面余额,期末借方余额反映现有无形资产的成本。本账户应按单个无形资产项目设置明细账进行明细核算。

“累计摊销”账户用于核算无形资产的摊销,其余额一般在贷方,贷方登记已计提的累计摊销。该账户的结构类似固定资产核算中的“累计折旧”账户。

“无形资产减值准备”账户用来核算企业无形资产的减值准备。资产负债表日,无形资产发生减值的,按应减记的金额,借记“资产减值损失”,贷记本账户。该账户期末贷方余额,反映企业已计提但尚未转销的无形资产减值准备。该账户应按无形资产项目进行明细核算。

(二) 无形资产取得的核算

1. 购入无形资产

按实际支付的价款作为实际成本。对于一揽子购入的无形资产,其成本应按该无形资产和其他资产的公允价值相对比例确定。

【例7-1】 东方公司因生产活动需要从乙公司购入一项专利权,按照协议约定以现金支付,实际支付的价款为300万元,并支付相关税费1万元和有关专业服务费用5万元,款项已通过银行转账支付。

具体计算是

无形资产初始计量的成本＝300＋1＋5＝306(万元)

会计分录为

借:无形资产—专利权　　3 060 000

　贷:银行存款　　3 060 000

2. 接受投资者投入无形资产

按照投资各方确定的价值作为实际成本,但合同或协议约定价值不公允的除外。

【例7-2】 东方公司接受A公司以其所拥有的专利权作为出资,双方协议约定的价值为4 000万元,按照市场情况估计其公允价值为3 000万元,已办妥相关手续。

会计分录为

借:无形资产　　3 000(公允价值)

　资本公积—资本溢价　　1 000

　贷:实收资本　　4 000(约定价值)

3. 企业自行研发形成的无形资产

有关制度规定了严格的会计处理方法,应区分研究阶段与开发阶段两个部分分别进行核算。

(1) 研究阶段与开发阶段

研究阶段指为获取新的技术和知识等进行的有计划的调查，研究活动包括：意于获取知识而进行的活动；研究成果或其他知识的应用研究、评价和最终选择；材料、设备、产品、工序、系统或服务替代品的研究；新的或经改进的材料、设备、产品、工序、系统或服务的可能替代品的配制、设计、评价和最终选择。

开发阶段指在进行商业性生产或使用前，将研究成果或其他知识应用于某项计划或设计，以生产出新的或具有实质性改进的材料、装置和产品等。开发活动包括：生产前或使用前的原型和模型的设计、建造和测试；含新技术的工具、夹具、模具和冲模的设计；不具有商业性生产经济规模的试生产设施的设计、建造和运营；新的或经改造的材料、设备、产品、工序、系统或服务所选定的替代品的设计、建造和测试等。

(2) 研发费用的处理原则

企业研究阶段的支出全部费用化，计入当期损益(管理费用)；开发阶段的支出符合条件的才能资本化，不符合资本化条件的计入当期损益(管理费用)。只有同时满足无形资产准则第九条规定的各项条件的，才能确认为无形资产，否则计入当期损益。如果确实无法区分研究阶段的支出和开发阶段的支出，则应将其所发生的研发支出全部费用化，计入当期损益。

(3) 账务处理

企业自行开发无形资产发生的研发支出，未满足资本化条件的，借记“研发支出—费用化支出”科目；满足资本化条件的，借记“研发支出—资本化支出”科目。两种情况均贷记“原材料”、“银行存款”、“应付职工薪酬”等科目。

企业购买正在进行中的研究开发项目时，应按确定的金额，借记“研发支出—资本化支出”科目，贷记“银行存款”等科目。以后发生的研发支出，符合条件的才能资本化，不符合资本化条件的计入当期损益(管理费用)。

研究开发项目达到预定用途形成无形资产的，应按“研发支出—资本化支出”科目的余额，借记“无形资产”科目，贷记“研发支出—资本化支出”科目。

【例 7-3】　东方公司自行研究开发一项新产品专利技术，在研究开发过程中发生材料费 40 000 000 元、人员工资 10 000 000 元，以及其他费用 30 000 000 元，总计 80 000 000 元，其中，符合资本化条件的支出为 50 000 000 元，期末，该专利技术已经达到预定用途。

相关费用发生时的会计分录为

借：研发支出—费用化支出	30 000 000
—资本化支出	50 000 000
贷：原材料	40 000 000
应付职工薪酬	10 000 000
银行存款	30 000 000

期末的会计分录为

借：管理费用	30 000 000
无形资产	50 000 000
贷：研发支出—费用化支出	30 000 000
—资本化支出	50 000 000

4. 其他方式取得的无形资产

其核算可参见有关准则的规定进行。

（三）无形资产的后续计量

无形资产初始确认和计量后，在其后使用该项无形资产期间内应以成本减去累计摊销额和累计减值损失后的余额计量。要想确定无形资产在使用过程中的累计摊销额，基础是估计其使用寿命，只有使用寿命有限的无形资产才需要在估计的使用寿命内采用系统、合理的方法进行摊销，对于使用寿命不确定的无形资产则不需要摊销。

使用寿命有限的无形资产，应在其预计的使用寿命内采用系统、合理的方法对应摊销金额进行摊销。

【例7-4】　东方公司从外单位购得一项商标权，支付价款30 000 000元，款项已支付，该商标权的使用寿命为10年，不考虑残值的因素，以直线法摊销预期实现经济利益的方式。账务处理为

借：无形资产—商标权　　30 000 000
　贷：银行存款　　30 000 000
借：管理费用　　(30 000 000÷10)3 000 000
　贷：累计摊销　　3 000 000

使用寿命不确定的无形资产，根据可获得的情况判断，有确凿证据表明无法合理估计其使用寿命的无形资产，才能作为使用寿命不确定的无形资产，否则不能随意判断使用寿命不确定的无形资产。按照无形资产准则的规定，对于使用寿命不确定的无形资产，在持有期间内不需要摊销，如果期末重新复核后仍为不确定的，则应在每个会计期间进行减值测试。按照企业会计准则的规定，需要计提减值准备的，相应计提有关的减值准备。其相关的账务处理为：借记“资产减值损失”科目，贷记“无形资产减值准备”科目。

（四）无形资产处置的核算

无形资产的处置主要指无形资产的出售、对外出租和对外捐赠，或者当无形资产无法为企业带来未来经济利益时，应予转销并终止确认。

1. 无形资产的出售

企业将无形资产出售，表明企业放弃对无形资产的所有权。无形资产准则规定，企业出售无形资产时，应将所取得的价款与该无形资产账面价值的差额计入当期损益。

出售无形资产时，应按实际收到的金额，借记“银行存款”等科目；按已摊销的累计摊销额，借记“累计摊销”科目；原已计提减值准备的，借记“无形资产减值准备”科目；按应支付的相关税费，贷记“应交税费”等科目；按其账面余额，贷记“无形资产”科目，按其差额，贷记“营业外收入—处置非流动资产利得”科目或借记“营业外支出——处置非流动资产损失”科目。

【例7-5】　东方公司将拥有的一项非专利技术出售，取得收入8 000 000元，应交的营业税为400 000元。该非专利技术的账面余额为7 000 000元，累计摊销额为3 500 000元，已计提的减值准备为2 000 000元。账务处理如下：

借：银行存款　　8 000 000
　　累计摊销　　3 500 000
　　无形资产减值准备　　2 000 000

贷：无形资产　　7 000 000

　　应交税费　　400 000

　　营业外收入—处置非流动资产利得　　6 100 000

2. 无形资产的出租

企业将所拥有的无形资产的使用权让渡给他人，并收取租金，在满足收入准则规定的确认标准的情况下，应确认相关的收入及成本。

出租无形资产时，取得的租金收入，借记“银行存款”等科目，贷记“其他业务收入”等科目；当摊销出租无形资产的成本并发生与转让有关的各种费用支出时，借记“其他业务成本”科目，贷记“无形资产”科目。

【例 7-6】　东方公司将一项专利技术出租给另外一个企业使用，该专利技术账面余额为 5 000 000 元，摊销期限为 10 年，出租合同规定，承租方每销售一件用该专利生产的产品，必须付给出租方 10 元专利技术使用费。假定承租方当年销售该产品 10 万件。假定不考虑其他相关税费。出租方的账务处理如下：

借：银行存款　　1 000 000

　贷：其他业务收入　　1 000 000

借：其他业务成本　　500 000

　贷：累计摊销　　500 000

3. 无形资产的报废

如果无形资产预期不能为企业带来未来经济利益，就不再符合无形资产的定义，应将其转销。如该无形资产已被其他新技术所替代，不能为企业带来经济利益；再如无形资产不再受到法律保护，且不能给企业带来经济利益等。例如甲企业的某项无形资产法律保护期限已过，且用其生产的产品没有市场，则说明该无形资产无法为企业带来未来经济利益，应予转销。

无形资产预期不能为企业带来经济利益的，应按已摊销的累计摊销额，借记“累计摊销”科目；原已计提减值准备的，借记“无形资产减值准备”科目；按其账面余额，贷记“无形资产”科目；按其差额，借记“营业外支出”科目。

【例 7-7】　东方公司的某项专利技术，其账面余额为 6 000 000 元，摊销期限为 10 年，采用直线法进行摊销，已摊销了 5 年，假定该项专利权的残值为 0，计提的减值准备为 1 600 000 元，今年用其生产的产品没有市场，应予转销。假定不考虑其他相关因素，其账务处理如下：

借：累计摊销　　3 000 000

　　无形资产减值准备　　1 600 000

　　营业外支出—处置无形资产损失　　1 400 000

　贷：无形资产—专利权　　6 000 000

学习任务 7.2　长期待摊费用和其他非流动资产的核算

一、长期待摊费用的核算

（一）长期待摊费用的内容

长期待摊费用指企业已经支出，但摊销期限在 1 年以上的各项费用，主要包括：

1. 经营租入固定资产改良支出

该费用是以经营租赁方式租入的固定资产的改良工程支出，是能增加以经营租赁方式租入的固定资产的效用或延长其使用寿命的改装、翻修或改良等的支出。它不应作为当期费用处理，而应作为递延资产管理，在租赁有效期内分期摊销制造费用或管理费用。

2. 固定资产大修理支出

固定资产大修理指为恢复固定资产的性能而对其进行大部分或全部的修理。对于大修理费用没有采用预提的办法，并且支出较大，收益期超过1年的大修理支出，应当作为长期待摊费用处理。

3. 其他长期待摊费用

该费用指企业发生的除固定资产大修理支出和租入固定资产改良支出外，摊销期限在1年以上的各项摊销费用。如预付超过1年的财产租金，以及低值易耗品采用分期摊销法时摊销期在1年以上的低值易耗品领用等。

（二）长期待摊费用的账务处理

企业应设置“长期待摊费用”账户。本账户应按费用项目进行明细核算。企业发生的长期待摊费用，借记本账户，贷记“银行存款”、“原材料”等账户。摊销长期待摊费用，借记“管理费用”、“销售费用”等账户，贷记本账户。本账户期末借方余额，反映企业尚未摊销完毕的长期待摊费用的摊余价值。

【例7-8】　东方公司2010年4月1日对其以经营租赁方式租入的办公楼进行装修，发生以下有关支出：领用生产用材料500 000元，购进该批原材料时支付增值税进项税额85 000元；辅助生产车间为该装修工程提供劳务支出1 80 000元；有关人员工资等职工薪酬435 000元。2010年12月1日，该办公楼装修完工，达到预定可使用状态并交付使用，并按租赁期10年开始进行摊销。假定不考虑其他因素，该企业应做如下会计处理：

① 装修领用原材料时的会计分录为

借：长期待摊费用　　585 000

　贷：原材料　　500 000

　　应交税费—应交增值税（进项税额转出）　　85 000

② 辅助生产车间为装修工程提供劳务时的会计分录为

借：长期待摊费用　　180 000

　贷：生产成本—辅助生产成本　　180 000

③ 确认工程人员职工薪酬时的会计分录为

借：长期待摊费用　　435 000

　贷：应付职工薪酬　　435 000

④ 2010年摊销装修支出时的会计分录为

借：管理费用　　[(585 000＋180 000＋435 000)/10/12]10 000

　贷：长期待摊费用　　10 000

二、其他非流动资产的核算

（一）其他非流动资产的内容

其他非流动资产指除流动资产、固定资产、长期投资、无形资产和产品报告期待摊费用以外的资产，主要包括特准储备物资、银行冻结存款和冻结物资，以及涉及诉讼中的财产等。

1. 特准储备物资

特准储备物资指具有专门用途，但不参加生产经营的、经国家批准储备的特种物资。特准储备物资的专门用途一般指国家应对自然灾害和意外事故等特殊需要。它不占用企业的资金，亦不属于企业的存货，平时企业无权动用，只有当发生战争或灾荒时，企业才能按国家的命令调拨。

2. 银行冻结存款和冻结物资

银行冻结存款和冻结物资指人民法院对被执行人的银行存款和物资等财产实施强制执行的冻结措施时所形成的资产。银行冻结存款指因某种原因被银行冻结不能正常支取的存款。由于这部分存款被冻结，不再具有货币资金的支付手段功能，因此应将其确认为其他资产。而冻结物资指由于某种原因而被冻结不能正常处置的资产。根据我国民事诉讼法的规定，被执行人拒不履行法院裁决所规定的义务的，法院将有权对其银行的存款及持有的物资实行冻结，并通知有关银行或上市公司协助执行。银行存款和物资财产被冻结后，在解除冻结前被执行人不得提取或支用、转移。但若在规定的冻结期限内，被执行人自动履行了义务，人民法院则可通知解冻；解冻后，其存款和物资仍可正常使用。

3. 涉及诉讼中的财产

诉讼指司法机关在案件当事人和其他诉讼参与人的参加和配合下，为解决案件而依照法定程序进行的活动。涉及诉讼中的财产主要指已被查封、扣押、冻结的财产。企业对这些财产不得隐藏、转移、变卖和毁损等。

（二）其他非流动资产的账务处理

一般企业很少涉及其他非流动资产业务。若有其他非流动资产业务发生，则根据具体情况设置相应的账户进行核算。

【例 7－9】　东方公司因违反有关规定被冻结银行存款 90 000 元，3 个月后被解冻 80 000 元，被没收 10 000 元。账务处理如下：

① 被冻结时的会计分录为

借：其他资产—银行冻结存款	90 000
贷：银行存款	90 000

② 解冻时的会计分录为

借：银行存款	80 000
贷：其他资产—银行冻结存款	80 000

③ 被没收 10 000 元存款时的会计分录为

借：营业外支出—没收财产	10 000
贷：其他资产—银行冻结存款	10 000

重点回顾

工作过程 7 主要讲述了与其他资产业务核算有关的内容，其重点内容概括于图 7-1 中。

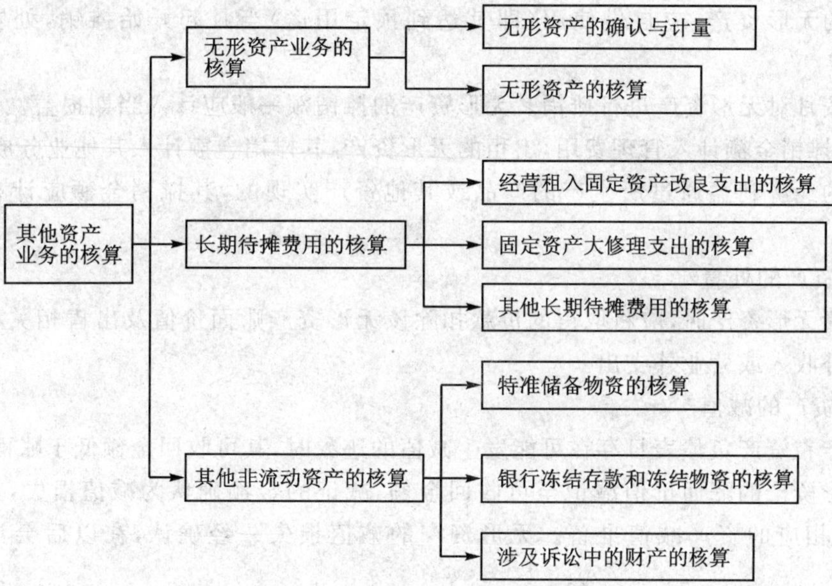

图 7-1　其他资产业务的核算

1. 无形资产

(1) 无形资产的确认与计量

在会计上，当一项资产满足以下三个条件时，企业才能确认其为无形资产：符合无形资产的定义、产生的经济利益很可能流入企业、成本能够可靠地计量。

无形资产应按成本进行初始计量。不同方式取得的无形资产，其初始计量的内容不同；企业应于取得无形资产时分析判断其使用寿命。使用寿命有限的无形资产应在使用寿命内进行系统、合理的摊销，摊销金额一般计入当期损益。寿命不确定的无形资产不应摊销。无形资产减值时应按资产减值会计准则的相关规定处理。

(2) 无形资产的核算

为了核算无形资产的取得、摊销和处置等情况，企业应当设置“无形资产”、“累计摊销”等科目。企业无形资产发生减值的，还应设置“无形资产减值准备”科目进行核算。

1) 无形资产的取得

外购无形资产。外购无形资产的成本包括购买价款、相关税费及直接归属于使该项资产达到预定用途所发生的其他支出。

自行研究开发无形资产。企业内部研究开发项目所发生的支出应区分研究阶段支出和开发阶段支出，企业自行开发无形资产发生的研发支出，不满足资本化条件的，计入当期损益，满足资本化条件的，计入研发支出。研究开发项目达到预定用途形成无形资产的，转入无形资产。如果无法可靠区分研究阶段的支出和开发阶段的支出，则应将其所发生的研发支出全部费用化，计入当期损益。

2）无形资产的后续计量

企业应于取得无形资产时分析判断其使用寿命。使用寿命有限的无形资产应进行摊销，使用寿命不确定的无形资产不应摊销。使用寿命有限的无形资产，其残值应视为零。对于使用寿命有限的无形资产，应自供使用（即其达到预定用途）当月起开始摊销，处置当月不再摊销。

企业应按月对无形资产进行摊销。无形资产的摊销额一般应计入当期损益。企业自用的无形资产，其摊销金额计入管理费用，出租的无形资产，其摊销金额计入其他业务成本，某项无形资产包含的经济利益通过所生产的产品或其他资产实现的，其摊销金额应计入相关资产成本。

3）无形资产的处置

企业处置无形资产时，应将取得的价款扣除该无形资产账面价值及出售相关税费后的差额计入营业外收入或营业外支出。

4）无形资产的减值

无形资产在资产负债表日存在可能发生减值的迹象时，其可收回金额低于账面价值的，企业应将该无形资产的账面价值减记至可收回金额，减记的金额确认为减值损失，计入当期损益，同时计提相应的资产减值准备。无形资产的减值损失一经确认，在以后会计期间不得转回。

2. 长期待摊费用

长期待摊费用指企业已经支出，但摊销期限在1年以上的各项费用，主要包括经营租入固定资产改良支出、固定资产大修理支出和其他长期待摊费用。企业应设置“长期待摊费用”账户。本账户应按费用项目进行明细核算。企业发生的长期待摊费用，借记本账户，贷记“银行存款”、“原材料”等账户。摊销长期待摊费用，借记“管理费用”、“销售费用”等账户，贷记本账户。本账户期末借方余额，反映企业尚未摊销完毕的长期待摊费用的摊余价值。

知识拓展

商誉的相关知识

1. 商誉概述

(1)定　义

商誉指企业获得超额收益的能力，通常是企业由于所处的地理位置较优越，或者由于信誉卓著而获得了客户的信任，或者由于组织得当、生产经营效益高，或者由于历史悠久、积累了丰富的经验，或者由于技术先进、掌握了生产的诀窍等原因而形成的无形价值。

从本质上看，这种能力由两部分构成：一是企业长期经营所形成并已存在的获取超额利润的现实能力（所谓自创商誉）；二是企业购并之后有望在未来可以获得超额利润的潜在能力。

(2)特　征

商誉的特征包括：

① 商誉仅与作为整体的企业有关，因而它不能单独存在，也不能与企业的可辨认的各种资产分开来出售。

② 商誉可以自创，也可以外购，但只有外购的商誉才能作为商誉入账。

2. 商誉的确认和计量

(1) 商誉的确认

只有在企业收购和兼并中取得的外购商誉，才能在会计上加以确认；自创商誉在任何状态下都不能确认。

(2) 商誉的计量

商誉的计量公式是

商誉＝购买企业实际支付的价款－被购企业可辨认净资产的公允价值总额×购买企业所享有的股权比例

可辨认净资产的公允价值＝可辨认资产的公允价值－负债及或有负债的公允价值

如果支付价款大于被购企业的可辨认净资产的公允价值，则为正商誉；如果支付价款小于被购企业的可辨认净资产的公允价值，则为负商誉。正商誉是购买企业为获取被购企业现实和潜在的超额获利能力而付出的代价。负商誉的产生可能是由于被购企业为达到被兼并之目的而做出的某些牺牲或付出的代价，抑或是被购企业本身可能包含对以后经营不利的因素等。在我国会计中，只将“正商誉”作为商誉予以确认；不确认“负商誉”为商誉，而是将其差额计入企业合并当期的“营业外收入”中。

当购买不构成业务的上市公司时，购买企业不得确认商誉或确认计入当期损益，有关差额计入资本公积。这里的所谓“不构成业务”，通常指被购买的上市公司已将其所有资产和负债出售，或已出售其绝大多数资产和负债，而只剩下货币资金等，所保留的资产与负债的组合不具有投入、加工处理过程和产出的能力，不能独立计算其成本费用或所产生的收入。

3. 商誉的期末计价

在企业合并中形成的商誉，在企业持续经营期间不进行摊销。

每年年末，企业应对商誉进行减值测试。商誉应结合与其相关的资产组或资产组组合进行减值测试。相关的资产组或资产组组合应当是能从企业合并的协同效应中受益的资产组或资产组组合。

企业进行资产减值测试时，对于因企业合并而形成的商誉的账面价值，应自购买日起按合理的方法分摊至相关的资产组；难以分摊至相关资产组的，应将其分摊至相关的资产组组合中。

在将商誉的账面价值分摊至相关的资产组或资产组组合时，应按各资产组或资产组组合的公允价值占相关资产组或资产组组合公允价值总额的比例进行分摊。公允价值难以可靠计量的，按各资产组或资产组组合的账面价值占相关资产组或资产纠组合账面价值总额的比例进行分摊。

若与商誉相关的资产组或资产组组合存在减值迹象，则应对包含商誉的资产组或资产组组合进行减值测试，并将这些相关的资产组或资产组组合包括所分摊的商誉的账面价值与其可收回金额进行比较，若相关的资产组或资产组组合的可收回金额低于其账面价值，则应确认商誉的减值损失，但确认的各资产组或资产组组合的商誉减值损失不应超过其分摊的商誉金额，超过部分属于该资产组或资产组组合的减值损失。

思考与练习

一、单项选择题

1. 无形资产指企业拥有或控制的没有实物形态的可辨认的(　　)。

A. 资产　B. 非流动性资产　C. 货币性资产　D. 非货币性资产

2. 专利权具有法定有效期限，一般专利权的有效期限为(　　)。

A. 5 年　B. 10 年　C. 15 年　D. 20 年

3. 商标权具有法定有效期限，一般商标权的有效期限为(　　)。

A. 5 年　B. 10 年　C. 15 年　D. 20 年

4. 企业自创的专利权与非专利技术，其研究开发过程中所发生的支出，应当分为研究阶段支出与开发阶段支出分别处理。当无法区分研究阶段支出和开发阶段支出时，应将其所发生的研发支出全部费用化，并计入当期损益中的(　　)。

A. 管理费用　B. 财务费用　C. 营业外支出　D. 销售费用

5. 购买无形资产的价款超过正常信用条件延期支付，实质上具有融资性质的，无形资产的成本以购买价款的现值为基础确定。实际支付的价款与购买价款现值之间的差额，作为(　　)处理。

A. 当期损益　B. 待摊费用　C. 应付账款　D. 未确认融资费用

6. 政府补助取得的无形资产应按公允价值计量，公允价值不能可靠计量的，(　　)。

A. 按名义金额 1 元计量　B. 按暂估价计量

C. 按同类无形资产价值计量　D. 不予确认

7. 企业出租无形资产，其租金收入在(　　)账户中计量。

A. "主营业务收入"　B. "其他业务收入"

C. "营业外收入"　D. "投资收益"

8. 关于企业内部研究开发项目的支出，下列说法中错误的是(　　)。

A. 企业内部研究开发项目的支出，应区分研究阶段支出与开发阶段支出

B. 企业内部研究开发项目研究阶段的支出，应于发生时计入当期损益

C. 企业内部研究开发项目开发阶段的支出，应确认为无形资产

D. 企业内部研究开发项目开发阶段的支出，可能确认为无形资产，也可能确认为费用

9. 关于无形资产的后续计量，下列说法中正确的是(　　)。

A. 使用寿命不确定的无形资产，应按系统、合理的方法进行摊销

B. 使用寿命不确定的无形资产，应按 10 年进行摊销

C. 企业无形资产的摊销方法，应当反映与该项无形资产有关的经济利益的预期实现方式

D. 无形资产的摊销方法只有直线法

10. 企业取得的已作为无形资产确认的正在进行中的研究开发项目发生的支出，下列说法中正确的是(　　)。

A. 应于发生时计入当期损益

B. 应计入无形资产成本

C. 属于研究开发项目研究阶段的支出，应于发生时计入当期损益

D. 属于研究开发项目开发阶段的支出，应于发生时计入当期损益

11. 由投资者投资转入的无形资产，应按合同或协议约定的价值，借记"无形资产"账户，按其在注册资本中所占的份额，贷记"实收资本"账户，按其差额记入（　　）账户。

A. "资本公积—资本溢价"　　B. "营业外收入"

C. "资本公积—其他资本公积"　　D. "营业外支出"

12. 当无形资产预期不能为企业带来经济利益时，应将该无形资产的账面价值全部转入（　　）账户。

A. "销售费用"　B. "累积摊销"　C. "管理费用"　D. "营业外支出"

13. 企业摊销无形资产时，借记"管理费用"等账户，贷记（　　）账户。

A. "投资收益"　B. "累积摊销"　C. "营业外收入"　D. "无形资产"

14. 下列支出中，不应确认为无形资产的是（　　）。

A. 支付的土地使用权出让金

B. 由于技术先进掌握了生产诀窍而获得的商誉

C. 自行开发并依法取得专利权而发生的注册费和律师费

D. 吸收投资所取得的专利权

15. 某企业自创一项专利，经过有关部门审核注册获得其专利权。该项专利权的研究开发费为15万元，其中开发阶段符合资本化条件的支出为8万元，发生的注册登记费为2万元，律师费为1万元。该项专利权的入账价值为（　　）。

A. 15万元　B. 21万元　C. 11万元　D. 18万元

16. 某企业出售一项3年前取得的专利权，该专利权取得时的成本为20万元，按10年摊销，出售时取得收入40万元，营业税税率5%。不考虑城市维护建设税和教育费附加，则出售该项专利时影响当期的损益为（　　）。

A. 24万元　B. 26万元　C. 15万元　D. 16万元

17. 企业原来没有入账的土地使用权，在有偿转让时按规定补交的土地出让金应当（　　）入账。

A. 作为固定资产　　B. 作为长期待摊费用

C. 作为无形资产　　D. 作为当期费用

18. 作为无形资产的土地使用权指（　　）。

A. 通过行政划拨获得的土地使用权

B. 按期缴纳土地使用费

C. 将通过行政划拨获得的土地使用权有偿转让，并按规定补交土地出让价款

D. 国有土地依法确定给国有企业使用

19. 企业接受投资者投入的无形资产，应按（　　）入账。

A. 同类无形资产的价格　　B. 该无形资产可能带来的未来现金流量之和

C. 投资各方合同或协议约定的价值　　D. 投资方无形资产的账面价值

20. 在会计期末，股份有限公司所持有的无形资产的账面价值高于其可收回金额的差额，应当计入（　　）。

A. 管理费用　B. 资产减值损失　C. 其他业务成本　D. 营业外支出

二、多项选择题

1. 无形资产具有的特征是（　　）。

A. 无实体性　　B. 可辨认性　　C. 非货币性　　D. 长期性

2. 在企业自创商标权过程中发生的相关支出应全部计入当期损益，其中应计入销售费用的有(　　)。

A. 宣传广告费　　B. 产品保修费　　C. 注册登记费　　D. 法律咨询费

3. 无形资产出售时，应贷记的账户有(　　)。

A.“营业外支出”　　B.“应交税费”

C.“无形资产”　　D.“营业外收入”

4. 无形资产转销时，应借记的账户有(　　)。

A.“累计摊销”　　B.“无形资产减值准备”

C.“无形资产”　　D.“营业外支出”

5. 出租无形资产的摊销，其摊销额应区分情况分别记入(　　)账户。

A.“管理费用”　　B.“其他业务成本”

C.“营业外支出”　　D.“待摊费用”

6. 在下列各项中，企业应确认为无形资产的有(　　)。

A. 购入的专利权

B. 因转让土地使用权而补交的土地出让金

C. 自行开发并按法律程序申请取得的无形资产

D. 无偿划拨取得的土地使用权

7. 企业发生下列无形资产项目支出时，应于发生时计入当期损益的有(　　)。

A. 培训活动支出

B. 广告和营销活动支出

C. 符合无形资产准则规定的确认条件且构成无形资产成本的部分

D. 非同一控制下企业合并中取得的、不能单独确认为无形资产或构成购买日确认的商誉的部分

8. 关于无形资产的处置，下列说法中正确的是(　　)。

A. 企业出售无形资产，应将取得的价款与该无形资产账面价值的差额计入当期损益

B. 企业出售无形资产，应将取得的价款与该无形资产账面净值的差额计入当期损益

C. 无形资产预期不能为企业带来经济利益的，应将该无形资产的账面价值予以转销

D. 无形资产预期不能为企业带来经济利益的，也应按原预定方法和使用寿命摊销

9. 关于无形资产的摊销，下列说法中正确的有(　　)。

A. 使用寿命有限的无形资产，其应摊销额应在使用寿命内进行系统、合理的摊销

B. 企业摊销无形资产，应自无形资产可供使用时起，至不再作为无形资产确认时为止

C. 无形资产的摊销期限不超过10年

D. 使用寿命有限的无形资产一定无残值

10. 企业内部研究开发项目的开发阶段支出，同时满足(　　)条件的，才能成为无形资产。

A. 归属于该无形资产开发阶段的支出能够可靠计量

B. 有足够的技术、财务资源和其他资源支持，以完成该无形资产开发，并有能力使用或出售该无形资产

C. 具有完成该无形资产并使用或出售的意图

D. 完成该无形资产以使其能够使用或出售或在技术上具有可行性

11. 下列关于无形资产的会计处理中，不正确的有(　　)。

A. 转让无形资产使用权所取得的收入应计入“其他业务收入”

B. 使用寿命确定的无形资产的摊销只能采用直线法

C. 转让无形资产所有权所发生的支出应计入“营业外支出”

D. 使用寿命不确定的无形资产不应摊销

12. 下列各项中，会引起无形资产账面价值发生增减变动的有(　　)。

A. 对无形资产计提减值准备　　B. 发生无形资产后续支出

C. 摊销无形资产　　D. 转让无形资产所有权

13. 关于无形资产的确认，应同时满足的条件有(　　)。

A. 符合无形资产定义　　B. 与该资产有关的经济利益很可能流入企业

C. 该无形资产的成本能够可靠计量　　D. 必须是企业外购的

14. 关于无形资产的初始计量，下列说法中正确的有(　　)。

A. 外购的无形资产，其成本包括购买价款、相关税费及直接归属于使该资产达到预定用途所发生的其他支出

B. 购入无形资产超过正常信用条件延期支付价款，实质上具有融资性质的，应按所购无形资产的购买价总额入账

C. 投资者投入无形资产的成本，应按投资合同或协议约定的价值确定，合同或协议约定价值不公允的除外

D. 企业取得的土地使用权，应作为无形资产核算，一般情况下，当土地使用权用于自行开发建造厂房等地上建筑物时，相关的土地使用权账面价值不转入在建工程成本

三、判断题

1. 无形资产的可辨认性特征是区别于商誉的显著标志，其非货币性特征是区别于债权的显著标志。(　)

2. 专利权和商标权均有法定有效期限，且到期时均不得继续申请延长注册期。(　　)

3. 著作权又称版权，指著作权人对其著作依法享有的出版和发行方面的专有权利，不包括修改权和保护作品完整权等。(　　)

4. 会计准则规定，企业拥有的专利权、商标权、非专利技术、著作权、土地使用权和特许权都应确认为无形资产核算。(　　)

5. 会计准则规定，企业自创商誉及内部产生的品牌和报刊名等，不应确认为无形资产。(　)

6. 在企业自创商标权过程中发生的注册登记费，应当计入管理费用。(　　)

7. 企业合并取得的无形资产，其公允价值能够可靠计量的，应单独确认为无形资产并按公允价值计量，公允价值不能可靠取得的，应不予以确认。(　　)

8. 投资者投入、接受捐赠、非货币性资产交换及债务重组取得的无形资产，其账务处理与固定资产的相同。(　　)

9. 无论无形资产使用寿命是否有限，均应进行摊销。(　　)

10. 企业出售无形资产时，应将取得的价款与该无形资产账面价值的差额计入当期营业

外收入。(　　)

11. 无形资产销售与转销所发生的损益属于营业外损益，而无形资产出租所发生的损益则属于营业损益。(　　)

12. 无形资产出租所发生的技术指导费、人员培训费、手续费、律师费、差旅费和印花税等初始直接费用及因无形资产出租而发生的营业税等，应当记入"其他业务成本"账户。(　　)

13. 无形资产减值损失确认后，减值无形资产的摊销应在未来期间做相应调整，以使该无形资产在剩余使用寿命内，系统地分摊调整后的无形资产账面价值。(　　)

14. 用于出租或增值的土地使用权属于投资性房地产，不属于无形资产。(　　)

15. 无形资产的后续支出，应区分不同情况在发生当期确认为资本化或计入当期损益。(　　)

16. 企业应将其所拥有的一切专利权资本化，作为无形资产核算。(　　)

17. 企业将土地使用权作为无形资产核算，待实际开发时一次性地将账面价值结转到自建项目的工程成本。(　　)

18. 企业在开发阶段发生的支出应全部资本化，计入无形资产成本。(　　)

四、业务题

1. A公司2010年1月1日从B公司购入一项专利权，以银行存款支付买价和有关费用共计100万元。该专利权自可供使用时起至不再作为无形资产确认时止的年限为10年，假定A公司于年末一次计提全年无形资产摊销。2011年1月1日A公司将上项专利出售给C公司，取得收入90万元存入银行，该项收入适用的营业税税率为5%(不考虑其他税费)。

要求：

(1) 编制A公司购买专利权的会计分录。

(2) 计算该项专利权的年摊销额并编制有关会计分录。

(3) 编制与该专利权转让有关的会计分录并计算转让的净损益。

2. M公司2010年10月起自行研究开发一项专利。当年主要从事调查、评价，发生费用30 000元；根据研究结果，2011年正式进行专利技术开发，当年发生费用200 000元，在申请专利权过程中，又发生注册费、律师费等相关费用15 000元。

要求：

(1) 计算无形资产的入账成本。

(2) 编制研究开发该项专利权的相关会计分录。

3. 2010年4月1日，丙公司对其以经营租赁方式新租入的办公楼进行装修，发生以下有关支出：领用生产用材料500 000元，购进该批原材料时支付增值税进项税额85 000元；辅助生产车间为该装修工程提供劳务支出180 000元；支付有关人员工资等职工薪酬435 000元。2010年12月1日，该办公楼装修完工，达到预定可使用状态并交付使用，按租赁期10年开始进行摊销。

要求：假定不考虑其他因素，编制丙公司上述业务的会计分录。

情境四

负债业务的核算

工作过程 8　流动负债业务的核算

能力目标

1. 能正确进行短期借款的会计处理；

2. 能准确计算应付账款的现金折扣，对应付及预收账款能进行正确的会计处理；

3. 能正确核算职工薪酬；

4. 能正确进行企业各项税费的计算及会计处理。

知识目标

1. 了解流动负债的概念及内容；

2. 掌握短期借款的核算内容；

3. 掌握应付账款、预收账款的核算；

4. 掌握应付职工薪酬的内容，掌握应付职工薪酬、应付福利费、住房公积金、社会保险费、工会经费及职工教育费等项目的计算依据及核算方法；

5. 掌握各项应交税费的核算。

案例导入

小李于 2012 年 1 月到启力股份有限公司财务部进行顶岗实习，为了尽快熟悉业务，她主动要求帮助会计填制凭证，当月发生如下经济业务：

① 2 日，企业购买甲材料不含税价款 200 000 元，取得增值税专用发票，款项尚未支付，材料已验收入库(该企业材料采用实际成本核算，下同)。

② 3 日，企业按销售合同规定预收民生公司 A 产品货款 50 000 元。

③ 10 日，取得 6 月期的银行借款 100 万元，年利率 6%，到期一次还本付息。

④ 12 日，出售应税消费品 B 产品，不含税价款 50 000 元，消费税税率为 10%，货款已收讫。

⑤ 20 日，发出民生公司之前预订的 A 产品，货款 40 000 元，开出增值税专用发票，余款退回。

⑥ 25 日，出售办公大楼一幢，双方合同标明价款 500 万元，该大楼账面作价值 300 万元，已计提折旧 120 万元。

⑦ 30 日，经财务部门核算当月工资总额 18 万元，其中一线工人工资 9 万元，车间管理人员工资 2 万元，其他管理人员工资 7 万元。

案例思考：

小李应该如何进行会计业务的处理？

学习任务8.1 流动负债概述

一、流动负债的概念

流动负债指企业在一年或超过一年的一个营业周期，需要以流动负债或增加其他负债来抵偿的债务，主要包括短期借款、应付票据、应付账款、预收账款、应付职工薪酬、应付股利、应付利息、应交税费和其他应付款等。

二、流动负债的特点

流动负债的特点包括：

① 偿还期短，为在债权人提出要求时即期偿还或在一年或一个营业周期内偿还。

② 这项义务必须用资产、提供劳务或举借新的负债来清偿。

三、流动负债的分类

（一）按照偿付手段分类

按照偿付手段可分为货币性流动负债和非货币性流动负债。

1.货币性流动负债

货币性流动负债指需要以货币资金来偿还的流动负债，主要包括短期借款、应付票据、应付账款、应付职工薪酬、应付股利、应交税费和其他应付款。

2. 非货币性流动负债

非货币性流动负债指不需要用货币资金来偿还的流动负债，主要为预收账款。

（二）按照偿付金额是否确定分类

按照偿付金额是否确定可分为金额可以确定的流动负债和金额需要估计的流动负债。

1. 金额可以确定的流动负债

金额可以确定的流动负债指有确切的债权人和偿付日期并有确切的偿付金额的流动负债，主要包括短期借款、应付票据、已经取得结算凭证的应付账款、预收账款、应付职工薪酬、应付股利、应付利息、应交税费和其他应付款。

2. 金额需要估计的流动负债

金额需要估计的流动负债指没有确切的债权人和偿付日期，或者虽有确切的债权人和偿付日期，但其偿付金额需要估计的流动负债，主要包括没有取得结算凭证的应付账款等。

（三）按照形成方式分类

按照形成方式可分为融资活动形成的流动负债和营业活动形成的流动负债。

1. 融资活动形成的流动负债

融资活动形成的流动负债指企业从银行和其他金融机构筹集资金形成的流动负债，主要包括短期借款、应付股利和应付利息。

2. 营业活动形成的流动负债

营业活动形成的流动负债指企业在正常生产经营活动中形成的流动负债，可分为外部业务结算形成的流动负债和内部往来形成的流动负债。

(1) 外部业务结算形成的流动负债

外部业务结算形成的流动负债主要包括应付票据、应付账款、预收账款、应交税费，以及其他应付款中应付外单位的款项。

(2) 内部往来形成的流动负债

内部往来形成的流动负债主要包括应付职工薪酬和其他应付款中应付给企业内部单位或职工的款项。

四、流动负债的计价

在会计核算中，会计信息能否正确、真实地反映相关信息显得尤为重要。为了充分体现会计核算中的谨慎性原则，应对负债进行正确计价，这样既能保证会计信息的质量，又能客观、公正地反映企业所承担的债务，从而为报表使用者预测企业未来的现金流量和财务风险等提供会计信息。由于负债存在未来偿还的经济义务，因此为了提高会计信息的有用性和相关性，对所有负债进行计价时都应考虑货币的时间价值，即无论债务的偿还期限长短，均应在其发生时按未来偿付数额的贴现值计价入账。正如《企业会计准则》中规定："各种流动负债应当按实际发生数额记账。负债已经发生而数额需要预计确定的，应当合理预计，等实际数额确定后再进行调整。"但在我国会计实务中，一般按未来应付的金额（或面值）来计量流动负债，并列示于资产负债表上。

学习任务8.2　短期借款

一、短期借款概述

短期借款是借款的一种，与之相对的是长期借款。在会计实务中，短期借款指企业为维持正常的生产经营所需的资金，或者为抵偿某项债务而向银行或其他金融机构等外单位借入的、还款期限在一年以下（含一年）的各种借款。它主要包括经营周转借款、临时借款、结算借款、票据贴现借款、卖方信贷、预购定金借款和专项储备借款等。

二、短期借款的核算

企业在生产经营过程中，会因为各种理由进行短期举债以弥补在资金周转上的难题。因此企业在进行短期借款核算时主要包括三个方面的内容。

（一）取得借款时的核算

短期借款一般期限不长，通常在取得借款日，按取得的金额入账。

为核算企业取得的短期借款，应设置"短期借款"科目，该账户贷方登记取得借款的本金数额，借方登记偿还借款的本金数额，余额在借方，反映尚未清偿的借款本金数额。

（二）借款利息的核算

短期借款利息支出是企业理财活动中为筹集和使用资金而付出的代价，应作为一项财务费用计入当期损益。但由于利息支付的方式不同，其会计核算也不完全一样。若短期借款的利息按月计收，或者还本付息一次进行但利息数额不大，则利息费用可直接计入当期损益；若短期借款的利息按季（或半年）计收，或者还本付息一次进行但利息数额较大，则可采用预提的方式按月预提和确认费用。

在核算企业短期借款利息时，应设置“财务费用”科目，将应计提的利息记入该科目的借方。对于采用预提方式计提利息的，应通过“应付利息”科目核算，在计提利息时记入该科目的贷方，支付时记入该科目的借方。

（三）归还借款时的核算

企业在到期归还短期借款时，应将尚未清偿的借款金额记入“短期借款”的借方，贷记“银行存款”。

三、短期借款的会计处理实例

【例 8-1】 某公司于 2012 年 1 月 1 日向银行借入 100 万元，期限 9 个月，年利率 6%，该借款的利息按季支付，本金到期归还。有关账务处理如下。

① 1 月 1 日借入款项时的会计分录为

借：银行存款	1 000 000
贷：短期借款	1 000 000

② 1 月末预提当月利息 1 000 000×6%/12＝5 000（元），会计分录为

借：财务费用	5 000
贷：应付利息	5 000

2 月末预提当月利息的处理相同。

③ 3 月末支付本季度应付利息时的会计分录为

借：财务费用	5 000
应付利息	10 000
贷：银行存款	15 000

第二季度和第三季度的账务处理同第一季度。

④ 10 月 1 日偿还借款本金时的会计分录为

借：短期借款	1 000 000
贷：银行存款	1 000 000

【例 8-2】 延用例 8-1，如果该企业按月支付利息，则会计业务处理如下。

① 1 月 1 日借入款项时的会计分录为

借：银行存款	1 000 000
贷：短期借款	1 000 000

② 1 月末计提并支付当月利息 1 000 000×6%/12＝5 000（元），会计分录为

借：财务费用	5 000
贷：银行存款	5 000

2—9 月末各月的当月利息的处理相同。

③ 10 月 1 日偿还借款本金时的会计分录为

借：短期借款 1 000 000

贷：银行存款 1 000 000

学习任务 8.3 应付及预收账款

一、应付账款概述

(一) 应付账款的概念

应付/应收账款是同一事物的两个侧面，是会计主体的换位(应收账款与赊销有关，应付账款与赊购有关，即与存货有关)。因此在企业经营过程中，以债务人身份出现所进行的赊购行为归入应付账款的范围内进行核算。那么应付账款到底是什么呢？

应付账款指企业因购买材料、商品或接受劳务供应等而发生的应支付给供应单位的款项。

(二) 入账时间

应付账款入账时间的确定，应以所购买物资的所有权转移或接受劳务已发生为标志。在会计核算工作中，为了避免出现在货物验收入库时，实际物资的金额、品种、数量和质量与合同内容不符，而使货物入账价值和应付账款金额变动的现象，应付账款入账时间应按下列原则确定：

① 在发票账单与物资同时到达的情况下，应在货物验收无误入库以后，才按发票账单登记入账。

② 在所购物资已经到达并验收入库，但发票账单尚未到达的情况下，在会计期末为了真实反映企业的负债情况，应根据所购物资的预估价值暂时入账，待发票到达后在下月以红字冲销后，再以发票金额入账。

(三) 入账价值

按照会计核算中的重要性原则，应付账款的入账价值一般按业务发生时的金额即未来应付金额确定。应付账款的付款期不长，一般为 30～60 天。因此，通常按发票账单上载明的应付金额(包括价、税)入账。如果购入的资产在形成一笔应付账款时带有现金折扣，则应付账款的入账金额仍按发票上应付金额的总额入账。如果企业在折扣期内支付了货款并取得现金折扣，则可将该现金折扣视为因提前付款而取得的利息收入，并用以冲减财务费用。

二、应付账款的核算

企业在进行应付账款核算时，应设置“应付账款”科目，该科目贷方核算企业应付账款，借方核算已付账款，余额在贷方，反映企业应付未付账款。

当应付账款涉及采购业务，在采购物资时，通过“物资采购”、“在途物资”、“原材料”、“应交税费”等科目进行核算。

但需要注意的是，如果在物资验收入库的同时支付了货款，则不须通过“应付账款”科目核算；如果在物资验收入库后仍未付款，则按发票账单登记入账，借记“原材料”、“应交税费”等科目，按应付的价款确认应付账款，贷记“应付账款”科目。

当企业按供应单位所提供的劳务而发生应付款项时，应根据供应商的发票账单借记“生产成本”、“管理费用”等科目，贷记“应付账款”科目。

当企业出现无法支付的应付账款时，应按其账面余额转入“营业外收入”科目，借记“应付账款”予以转销。

三、应付账款的会计处理实例

【例 8－3】　成飞公司 6 月 5 日向志成公司购进甲材料一批，专用发票注明价款 100 000 元，增值税 17 000 元，对方代垫运费 500 元，材料已运抵并验收入库，款项尚未支付。

会计分录为

借：原材料—甲材料	100 500
应交税费—应交增值税（进项税额）	17 000
贷：应付账款—志成公司	117 500

6 月 20 日成飞公司支付货款，并享受现金结算折扣（5/10，3/20，*n*/30）。

会计分录为

借：应付账款—志成公司	117 500
贷：银行存款	114 500
财务费用	3 000

【例 8－4】　6 月 20 日收到电力局发来的电费缴款通知单，当月应付电费 5 200 元，其中基本生产耗用 4 000 元，行政中心耗用 1 200 元。

会计分录为

借：生产成本	4 000
管理费用	1 200
贷：应付账款	5 200

6 月 30 日，转销原中兴公司无法支付的应付账款 5 000 元。

会计分录为

借：应付账款—中兴公司	5 000
贷：营业外收入	5 000

四、预收账款概述

预收账款指企业按照合同规定从购货单位预收的款项。预收账款是买卖双方协议商定，由购货方预先支付一部分货款给供货方而发生的一项负债。与应付账款不同的是，预收账款所形成的负债不是以货币来偿付，而是以货物来偿付。企业在发货前收取的货款，表明企业承担了在未来经济利益会流出的企业所应履行的义务。这项义务从实质上来看就是一项负债。

五、预收账款的核算

将企业从购货单位预先收取货款，并在未来时间交付货物的会计事项，设置为“预收账款”科目进行核算。该科目贷方反映卖方提前实际收取的款项和购货单位补付的货款数额；借方反映企业向购货方发货后冲销的预收金额或退回的多付金额。期末余额一般在贷方，反映已预收货款但尚未向购货方发货的数额；若出现借方余额，则反映企业尚未转销的款项。对于企业预收业务不多的情况，可不设置“预收账款”科目，而直接通过“应收账款”科目核算。

企业在预收货款时，借记“银行存款”，贷记“预收账款”；交付货物时，按销价及税金，借记“预收账款”，贷记“主营业收入”、“应交税费”科目；补付货款时做预收货款时的相同分录；退回多付货款时，做预收货款的相反分录，借记“预收账款”，贷记“银行存款”。

六、预收账款的会计处理实例

【例8-5】 A公司为增值税一般纳税人，7月8日与B公司签订购销合同，向其销售货物一批，价款为50 000元，增值税税额为8 500元。合同规定，B公司在合同签订的10天内，应向A公司预付货款40 000元，剩余货款在A公司交货时付清。7月15日A公司收到B公司交来的预付款并存入银行。7月31日A公司交付该批货物，并开具增值税专用发票，B公司收到货物验收合格后付清了剩余货款。A公司应做会计分录如下：

① 若企业设置“预收账款”科目，则：

ⓐ 7月15日预收货款时的会计分录为

借：银行存款　　40 000

　贷：预收账款—B公司　　40 000

ⓑ 7月31日发货并收到剩余货款时的会计分录为

借：银行存款　　18 500

　贷：预收账款—B公司　　18 500

借：预收账款—B公司　　58 500

　贷：主营业务收入　　50 000

　　应交税费—应交增值税（销项税额）　　8 500

② 若企业不设置“预收账款”科目，则：

ⓐ 7月15日预收货款时的会计分录为

借：银行存款　　40 000

　贷：应收账款—B公司　　40 000

ⓑ 7月31日发货并收到剩余货款时的会计分录为

借：银行存款　　18 500

　贷：应收账款—B公司　　18 500

借：应收账款—B公司　　58 500

　贷：主营业务收入　　50 000

　　应交税费—应交增值税（销项税额）　　8 500

【例8-6】 A公司7月25日失火，导致无法交付全部货物，经友好协商，同意履行合同约定内容的60%。

交付60%货物时的会计分录为

借：预收账款—B公司　　35 100

　贷：主营业务收入　　30 000

　　应交税费—应交增值税（销项税额）　　5 100

借：预收账款—B公司　　4 900

　贷：银行存款　　4 900

学习任务8.4　应付职工薪酬

一、应付职工薪酬概述

（一）应付职工薪酬的概念

应付职工薪酬指企业为获得职工提供的服务而给予的各种形式的报酬及其他相关支出。

从广义上讲，职工薪酬是企业必须付出的人力成本，是吸引和激励职工的重要手段，也就是说，职工薪酬既是职工对企业投入劳动获得的报酬，也是企业的成本费用。职工薪酬在尚未支付给职工之前形成企业的一项负债。

（二）应付职工薪酬的构成

应付职工薪酬包括企业为职工在职期间和离职后提供的全部货币性薪酬和非货币性福利。提供给配偶、子女等的福利也属于职工薪酬的核算范围。从实质上来看，凡是企业为获得职工提供的服务而付出的代价均包括在职工薪酬的范围之内。具体构成包括：

① 职工工资、奖金、津贴和补贴。

② 职工福利费。

③ 医疗保险费、养老保险费、失业保险费、工伤保险费和生育保险费等社会保险费。

④ 住房公积金。

⑤ 工会经费和职工教育费。

⑥ 非货币性福利。

⑦ 因解除与职工的劳动关系所给予的补偿。

⑧ 其他与获得职工提供的服务相关的支出，如以现金结算的股份支付和以权益工具结算的股份支付。

二、应付职工薪酬的核算

企业进行职工薪酬的核算时，应设置“应付职工薪酬”总账科目进行总账核算，并下设“工资”、“职工福利”、“社会保险费”、“住房公积金”、“工会经费”、“职工教育费”、“辞退福利”、“非货币性福利”、“股份支付”等明细科目进行明细核算。

“应付职工薪酬”科目在核算过程中贷方反映计提的各项工资福利，借方反映已经支付缴纳的工资福利，余额一般在贷方反映企业应付未付的职工薪酬。

企业在核算货币性职工薪酬时，应对工资进行分配，并按照工资用途分别计入有关科目：

① 应由生产产品和提供劳务来负担的职工薪酬，借记“生产成本”、“制造费用”和“劳务成本”等科目。

② 应由在建工程和无形资产来负担的职工薪酬，借记“在建工程”和“无形资产”等科目。

③ 管理部门人员和销售人员的职工薪酬，借记“管理费用”或“销售费用”科目。

④ 外商投资企业按规定从净利润中提取的职工奖励及福利基金，借记“利润分配—提取的职工奖励及福利基金”科目。

三、职工薪酬的会计处理实例

(一) 工资总额

工资总额指企业在一定时期内实际支付给职工的劳动报酬总数。它由计时工资、计件工资、奖金、津贴和补贴、加班加点工资和特殊情况下支付的工资六部分组成。

【例8-7】 康诚公司本月工资总额865 000元,工资费用分配表中列示的产品生产人员工资620 000元,车间管理人员工资80 000元,企业行政管理人员工资110 000元,销售人员工资25 000元。尚未完工的在建工程所承担的建设人员工资18 000元。

该企业的有关会计处理如下:

借:生产成本—基本生产成本	620 000
制造费用	80 000
管理费用	110 000
销售费用	25 000
在建工程	18 000
贷:应付职工薪酬—工资	853 000

(二) 应付福利费

企业发生福利费支出时,应借记"应付职工薪酬—职工福利"科目。企业分配职工福利费时,应根据工资用途计入相关科目。

【例8-8】 接例8-7,根据比例计提该企业的职工福利费。

会计分录为

借:生产成本—基本生产成本	86 800
制造费用	11 200
管理费用	15 400
销售费用	3 500
在建工程	2 520
贷:应付职工薪酬—职工福利	119 420

(三) 应付工会经费和职工教育经费

企业应根据职工工资的一定比例,计提工会经费和职工教育经费,并按职工工资的用途进行分配。

【例8-9】 接例8-7,根据工资费用计提该企业的工会经费和职工教育经费。

会计分录为

借:生产成本—基本生产成本	27 900
制造费用	3 600
管理费用	4 950
销售费用	1 125
在建工程	810
贷:应付职工薪酬—工会经费	17 060
应付职工薪酬—职工教育经费	21 325

（四）应付非货币性福利

1. 非货币性福利的支付

非货币性福利指企业以非货币性资产支付给职工的薪酬，主要包括企业以自己的产品或其他有形资产发放给职工作为福利，向职工无偿提供自己拥有的资产供其使用，以及为职工无偿提供类似医疗保健服务等。

2. 非货币性职工薪酬的确认

确认内容包括：

① 企业以自产产品作为非货币性福利发放给职工的，应根据受益对象，按照该产品的公允价值和视同销售计算的相关税费确定应付职工薪酬金额，计入相关资产成本或当期损益，同时确认应付职工薪酬，会计分录为

借：管理费用、生产成本、制造费用等

　　贷：应付职工薪酬—非货币性福利

② 企业无偿向职工提供住房等固定资产使用的，应根据受益对象，将该固定资产每期应计提的折旧计入相关资产成本或当期损益，同时确认应付职工薪酬，会计分录为

借：管理费用、生产成本、制造费用等

　　贷：应付职工薪酬—非货币性福利

同时，还有会计分录为

借：应付职工薪酬—非货币性福利

　　贷：累计折旧

③ 租赁住房等资产供职工无偿使用的，应根据受益对象，将每期应付的租金计入相关资产成本或当期损益，并确认应付职工薪酬，会计分录为

借：管理费用、生产成本、制造费用等

　　贷：应付职工薪酬—非货币性福利

④ 难以认定受益对象的非货币性福利，直接计入当期损益和应付职工薪酬。

【例 8 - 10】 美妆公司为一家化妆品生产企业，共有职工 180 名，其中 160 名为直接参加生产的职工，20 名为总部管理人员。2009 年 12 月，美妆公司以其生产的每套成本为 800 元的高档化妆品作为春节福利发给公司每名职工。该高档化妆品的市场售价为每套 1 000 元，美妆公司适用的增值税税率为 17%，美妆公司向职工发放化妆品作为福利，同时须根据相关税收规定，视同销售计算增值税销项税额和消费税税额。该高档化妆品适用的消费税税率为 30%，美妆公司的有关会计处理为

借：应付职工薪酬—非货币性福利	210 600
贷：主营业务收入	180 000
应交税费—应交增值税（销项税额）	30 600
借：主营业务成本	144 000
贷：库存商品—化妆品	144 000
借：营业税金及附加	54 000
贷：应交税费—应交消费税	54 000

【例 8 - 11】 龙盛集团公司为总部各部门经理级别以上职工提供汽车免费使用，同时为副总裁以上高级管理人员租赁一套住房。龙盛集团公司总部共有部门经理以上职工 30 名，每

人提供一套桑塔纳汽车免费使用，假定每辆桑塔纳汽车每月计提折旧 1 000 元；该公司共有副总裁以上高级管理人员 8 名，公司为其每人租赁一套面积为 100 平方米的公寓，月租金为每套 5 000 元。甲公司每月应做的有关会计处理如下：

① 确认非货币性福利时的会计分录为

借：管理费用	70 000
贷：应付职工薪酬—非货币性福利	70 000

② 计提折旧、支付房租时的会计分录为

借：应付职工薪酬—非货币性福利	70 000
贷：累计折旧	30 000
银行存款	40 000

（五）应付社会保险费和住房公积金

【例 8－12】　大华公司 2012 年 4 月应付工资总额为 124 000 元，其中一线工人工资 60 000 元，车间主管 18 000 元，行政管理部分人员工资 46 000 元，该企业社会保险费的征缴比例为职工缴纳工资的 8％，企业缴纳 20％。则该企业的会计处理如下：

① 计算当月应付工资总额时的会计分录为

借：生产成本—基本生产成本	60 000
制造费用	18 000
管理费用	46 000
贷：应付职工薪酬—工资	124 000

② 应由职工个人负担的社会保险费和住房公积金属于职工工资的组成部分，应根据职工工资的一定比例计算，并从职工工资中扣除，会计分录为

借：应付职工薪酬—工资	9 920
贷：其他应付款	9 920

③ 应由企业负担的社会保险费和住房公积金，应在职工为其提供服务的会计期间，根据职工工资的一定比例计算，并按照规定的用途进行分配，会计分录为

借：生产成本—基本生产成本	12 000
制造费用	3 600
管理费用	9 200
贷：应付职工薪酬—社会保险费	24 800

④ 缴纳社会保险费和住房公积金时的会计分录为

借：其他应付款	9 920
应付职工薪酬—社会保险费	24 800
贷：银行存款	34 720

（六）因解除与职工的劳动关系而给予的补偿

由于被辞退职工不再能够给企业带来任何经济利益，因此辞退福利应当计入当期费用，而不计入生产成本。

【例 8－13】　成力公司职工李林因健康关系不能再继续工作，于 6 月被辞退，主管根据其在职年限及岗位给予 20 000 元的离职津贴。

计算辞退福利时的会计分录为

借：管理费用　　20 000

　贷：应付职工薪酬—辞退福利　　20 000

支付辞退福利时的会计分录为

借：应付职工薪酬—辞退福利　　20 000

　贷：银行存款　　20 000

学习任务8.5　应交税费

一、应交税费概述

（一）应交税费的概念

企业在生产经营过程中会取得一定的营业收入，实现经营利润。而国家为企业的生产经营提供了资源和服务，税收作为一种主要的分配形式使国家能够参与到企业的利润分配过程中。这些应缴纳的税费，应根据权责发生制，提前计入相关科目，在应交税款尚未缴纳之前暂时留在企业，形成企业的一项负债。

应交税费指企业根据在一定时期内取得的营业收入和实现的利润等，按照现行税法规定，采用一定的计税方法计提的应交纳的各种税费，包括应交的增值税、消费税、营业税、关税、资源税、所得税、土地增值税、城市维护建设税、房产税、土地使用税、车船使用税、教育费附加、矿产资源补偿费和个人所得税等。

（二）应交税费的内容

企业应缴纳的税费具体包括增值税、消费税、营业税、关税、城市维护建设税、教育费附加、所得税、资源税、土地增值税、房产税、车船税、土地使用税、矿产资源补偿费、企业代扣代缴的个人所得税等。这些项目均应通过“应交税费”科目进行核算。

“应交税费”科目贷方登记应交纳的各种税费，以及出口退税及退回多缴税费等内容，借方登记已经支付和实际缴纳的税费。余额一般在贷方，表示企业尚未缴纳的税费，如出现借方余额则表示已支付和实际缴纳的税费。同时本科目应按各项目内容设置明细科目，对各项内容进行明细核算。

除此之外，由于税金中的印花税、耕地占用税和契税等项目在发生时直接缴纳而不用提前预提应交税金数额，所以不用通过“应交税费”科目进行核算，而是在发生时直接计入相关科目。

二、应交税费的核算

（一）应交增值税的核算

1. 增值税的含义

增值税是对在我国境内销售货物或提供加工、修理修配劳务及进口货物的单位和个人，就其取得的货物或应税劳务销售额及进口货物金额计算税款，并实行税款抵扣制的一种流转税。从计税原理上看，增值税是对商品生产和流通中各环节的新增价值或商品附加值进行征税，所以叫“增值税”。

2. 增值税的纳税义务人

增值税的纳税义务人是在我国境内销售货物、进口货物及提供加工、修理修配劳务的单位和个人。

根据增值税暂行条例规定，可将纳税义务人按其规模及会计核算的健全程度的不同划分为一般纳税人和小规模纳税人两类。

一般纳税人的应纳增值税税额，根据当期销项税额减去当期进项税额计算确定。小规模纳税人的应纳增值税税额，按照销售额和规定的征收率计算确定。计算公式是

① 小规模纳税人的公式为

应纳税额＝销售额×征税率

② 一般纳税人的公式为

销项税额＝销售额×税率

应纳税额＝当期销项税额－当期进项税额

3. 进项税的核算

按照我国增值税暂行条例规定，企业购入货物或接受应税劳务支付的增值税（即进项税额），可从销售货物或提供劳务规定收取的增值税（即销项税额）中抵扣。准予从销项税额中抵扣的进项税额通常包括：

① 从销售方取得的增值税专用发票上注明的增值税税额。

② 从海关取得的完税凭证上注明的增值税税额。

③ 依据农产品收购发票或农产品销售发票确定。购进农产品时，除上述①、②两种情况外，按照农产品收购发票或销售发票上注明的农产品买价的13%的扣除率计算准予扣除的进项税额。其计算公式为

进项税额＝买价×扣除率

④ 依据运输费用结算单据确定。购进或销售货物及在生产经营过程中支付运输费用并取得运输发票的，按运输费用结算单据上注明的运输费用金额的7%的扣除率计算进项税额。进项税额的计算公式为

进项税额＝运输费用金额×扣除率

⑤ 专门从事旧物资经营的一般纳税人，收购旧物资且不能取得增值税专用发票的，根据主管税务机关批准使用的收购凭证上注明的收购金额，依10%的扣除率计算进项税额，准予抵扣，其进项税额的计算公式为

进项税额＝收购金额×扣除率

会计核算中，如果企业不能取得有关的扣税证明，则购进货物或接受应税劳务支付的增值税税额不能作为进项税额扣税，其已支付的增值税只能计入购入货物或接受劳务的成本。

当企业出现以下情况时，不准予抵扣进项税额：

① 购进的是非生产用固定资产。

② 用于非应税项目的购进货物或应税劳务。

③ 用于免税项目的购进货物或应税劳务。

④ 用于集体福利或个人消费的购进货物或应税劳务。

⑤ 非正常损失的购进货物。

⑥ 非正常损失的在产品、库存商品所耗用的购进货物或应税劳务。

⑦ 纳税人购进货物或应税劳务，未按照规定取得并保存增值税扣税凭证，或者增值税扣税凭证上未按照规定注明增值税及其他有关事项的，其进项税额不得从销项税额中抵扣。

4. 征税范围

纳税人出现下列情况时应计算增值税税额：

① 销售或进口货物(有形资产)。

② 提供的加工、修理修配劳务。

③ 视同销售货物的行为。

企业视同销售货物的行为包括以下内容：

① 委托代销，即收到代销清单时确认收入实现。

② 受托代销。

③ 将自产或委托加工的货物用于非应税项目。

④ 将自产、委托加工或购买的货物作为投资，提供给其他单位或个体经营者。

⑤ 将自产、委托加工或购买的货物分配给股东或投资者。

⑥ 将自产、委托加工的货物用于集体福利或个人消费。

⑦ 将自产、委托加工或购买的货物无偿赠送他人。

⑧ 设有两个以上机构并实行统一核算的纳税人，将货物从一个机构移送到其他机构用于销售，但相关机构设在同一县(市)的除外。

5. 适用税率

(1) 基本税率

一般纳税人销售或进口货物，提供加工、修理修配劳务时，除低税率13%以外的，一律按17%计算应纳税额，这就是通常所说的基本税率。

(2) 低税率

纳税人销售或进口以下货物时，按低税率13%计算增值税纳税金额。实行低税率的货物包括粮食、食用植物油；自来水、暖气、冷气、热水、煤气、石油液化气、天然气、沼气、居民用煤炭制品；图书、报纸、杂志；饲料、化肥、农机、农膜；国务院规定的其他货物。

(3) 征收率

受小规模纳税人经营规模小、会计核算不健全等诸多因素的影响，在计征税额时难以按上述办法计税，因此，在小规模纳税人销售货物或提供应税劳务时，实行简单办法计算应纳税额。按照销售额(不含税)和规定的6%和4%计算应纳税额(现在为3%，不区分工业、商业)，不得抵扣进项税额，可以开具增值税专用发票。其计算公式为

$$应纳税额=销售额\times征收率$$

小规模纳税人销售货物或提供应税劳务时采用销售额和应纳税额合并定价方法的，可把含税销售额换算为不含税销售额计算销售额，即

$$销售额=含税销售额/(1+征收率)$$

从2009年1月1日开始，小规模纳税人的认定标准按新规定执行。小规模纳税人的增值税税率一律调至3%。

6. 一般纳税人增值税的会计核算

为了更好地反映企业应交增值税的发生、抵扣、缴纳、退税及转出等情况，应在“应交税费”

科目下设置"应交增值税"明细科目。该科目的借方发生额反映企业购进货物或接受应税劳务所支付的进项税额,以及实际已经缴纳的增值税税额;贷方反映企业销售货物或提供应税劳务所收取的销项税额、出口货物退税额,以及进项税额转出数;期末借方余额反映企业尚未抵扣的增值税。企业在"应交税费—应交增值税"二级科目下,应设置"进项税额"、"已交税金"、"减免税款"、"出口抵减内销产品税额"、"销项税额"、"出口退税"、"进项税额转出"等明细科目专栏,并按规定进行核算。

在企业涉及出口退税时,出口产品按规定退税的,按应收的出口退税额,借记"其他应收款",贷记"应交税费—应交增值税—出口退税"。收到退税额时,借记"银行存款",贷记"其他应收款"。

【例 8-14】 某企业为增值税一般纳税人,采用直接收款结算方式销售货物,2012 年 4 月发生以下经济业务内容:

① 2 日购进原材料 A 一批,增值税发票上注明货款 30 000 元,货物已验收入库,同时收到购货运费发票一张,注明运输费用 1 000 元,款已付。

② 4 日购进 A 设备两台,一台用于生产一线,一台用于企业职工食堂,增值税发票上注明每台价款 20 000 元,款未付,设备已交付使用。

③ 5 日向当地农户收购原料 B 5 000 千克,收购发票上注明价款 8 000 元,原料已验收入库。

④ 6 日生产车间进行设备定期检修,已取得增值税专用发票上注明的检测维护费2 000 元。

⑤ 8 日缴纳上月未交增值税 2 000 元。

⑥ 10 月开出增值税专用发票,销售甲产品 50 台,单价 8 000 元,并交于购货方,货款未收。

⑦ 12 日将 20 台乙产品分配给投资者,单位成本 6 000 元,没有同类产品销售价格。

⑧ 15 日基本建设工程领用材料 A 1 000 千克,不含税单价 50 元,共计 50 000 元。

⑨ 幼儿园领用材料 200 千克,不含税单价 50 元,共计 10 000 元,领用乙产品一台。

⑩ 本月丢失钢材 8 吨,不含税单价 2 000 元,做待处理财产损益处理。

根据以上资料,该企业的会计处理如下。

① 购进原材料时的会计分录为

借:原材料	30 930
应交税费—应交增值税—进项税额	5 170
贷:银行存款	36 100

当企业发生购入货物退货时,做相反的会计分录。

② 购进设备时,应根据设备的用途分别进行核算。会计分录为

借:固定资产	43 400
应交税费—应交增值税—进项税额	3 400
贷:应付账款	46 800

2009 年 1 月 1 日增值税转型改革后,企业购建生产用固定资产发生的增值税进项税额可从销项税额中抵扣,而非生产用固定资产发生的增值税一并计入固定资产的账面价值。

③ 购进免税农产品的会计分录为

借:原材料　　6 960

　应交税费—应交增值税—进项税额　　1 040

　贷:现金　　8 000

④ 支付检测维护费时的会计分录为

借:制造费用　　2 000

　应交税费—应交增值税—进项税额　　340

　贷:银行存款　　2 340

⑤ 当企业缴纳当月未交的增值税时,应通过"应交税费—应交增值税—已交税金"进行核算;当企业当月缴纳上月未交的增值税时,应通过"应交税费—未交增值税"科目进行核算。会计分录为

借:应交税费—未交增值税　　2 000

　贷:银行存款　　2 000

⑥ 销售甲产品的会计分录为

借:应收账款　　468 000

　贷:主营业收入　　400 000

　　应交税费—应交增值税—销项税额　　68 000

⑦ 当将产品用于非应税项目时,应视同销售处理,并按成本加成的方式计算增值税应税销售额。会计分录为

借:长期股权投资　　142 440

　贷:库存商品　　120 000

　　应交税费—应交增值税—销项税额　　22 440

⑧ 当将企业购进物资用于非应税项目时,购进时的进项税额不能再进行抵扣,而应转出。会计分录为

借:在建工程　　58 500

　贷:原材料　　50 000

　　应交税费—应交增值税—进项税额转出　　8 500

⑨ 将材料和乙产品用于幼儿园改扩建时的会计分录为

借:应付职工薪酬　　18 822

　贷:原材料　　10 000

　　库存商品　　6 000

　　应交税费—应交增值税—进项税额转出　　1 700

　　应交税费—应交增值税—销项税额　　1 122

⑩ 丢失钢材,做待处理财产损益处理,会计分录为

借:待处理财产损益—待处理流动资产损益　　18 720

　贷:原材料　　16 000

　　应交税费—应交增值税—进项税额转出　　2 720

7. 小规模纳税企业的核算

(1) 小规模纳税企业的特点

特点包括:

① 小规模纳税企业销售货物或提供应税劳务，一般情况下只能开具普通发票，不能开具增值税专用发票。

② 小规模纳税企业销售货物或提供应税劳务，实行简易办法计算应纳税额，按照销售额的一定比例计算。

③ 小规模纳税企业的销售额不包括其应纳税额。

采用销售额和应纳税额合并定价方法的，应还原为不含税销售额计算，计算公式为

销售额＝含税销售额÷(1＋征收率)

(2) 小规模纳税企业的核算

核算内容是：

① 小规模纳税企业购入货物无论是否具有增值税专用发票，其支付的增值税税额均应计入购入货物的成本，不计入进项税额，不得由销项税额抵扣。

② 其他企业从小规模纳税企业购入货物或接受劳务支付的增值税税额，如果不能取得增值税专用发票，则不能作为进项税额抵扣，而应计入购入货物或应税劳务的成本。

③ 小规模纳税企业的销售收入按不含税价格计算。

④ 小规模纳税人因其核算简单，则只需设置“应交税费—应交增值税”二级科目，贷方反映企业销售货物或提供应税劳务时应缴纳的增值税税额，借方反映企业已经缴纳的增值税税额，期末贷方余额反映企业应交未交的增值税税额，期末借方余额反映企业多交的增值税税额。

⑤ 小规模纳税企业购进货物和接受应税劳务时支付的增值税，直接计入有关货物和劳务的成本。

【例8－15】 某小规模纳税企业本月购入材料一批，取得的增值税专用发票中注明货款10 000元，增值税1 700元，款项以开出承兑的商业汇票支付，材料尚未收到(企业按实际成本计价核算)。当月还销售产品一批，开出的普通发票中注明的货款(含税)为30 900元，增值税征收率为3%，款项已存入银行。月末，该企业以银行存款上交该增值税。该企业的有关会计处理如下。

① 购入材料时的会计分录为

借：原材料　　11 700

　贷：应付票据　　11 700

② 销售产品时的会计分录为

借：银行存款　　30 900

　贷：主营业收入　　30 000

　　应交税费—应交增值税　　900

③ 月末交税时的会计分录为

借：应交税费—应交增值税—进项税额　　900

　贷：银行存款　　900

(二) 应交消费税的核算

1. 消费税的含义

消费税是对我国境内从事生产、委托加工和进口应税消费品的单位和个人，按其流转额征收的一种税。

2. 消费税的计算

消费税采用从价定率、从量定额及从价从量复合计税的办法计算应纳税额。

(1) 从价定率方法征收的消费税

从价定率指按应税消费品销售额的一定比例计算征收消费税。其中销售额以增值税的销售额为税基，是纳税人有偿转让应税消费品所取得的全部收入，即纳税人销售应税消费品时向购买方收取的全部价款及价外费用。企业的销售收入中包含增值税的，应将其换算为不含增值税的销售额，其计算公式为

应纳消费税税额＝应税销售额×比例税率

应税消费品的销售额＝含增值税的销售额÷(1＋增值税税率或征收率)

(2) 从量定额方法征收的消费税

从量定额指按税法确定的企业应税消费品的数量和单位，来计算确定应税消费品应交纳的消费税。应税消费品数量的确定具体为：

① 属于销售应税消费品的，为应税消费品的销售数量；

② 属于自产自用应税消费品的，为应税消费品的移送使用数量；

③ 属于委托加工应税消费品的，为纳税人收回的应税消费品数量；

④ 属于进口应税消费品的，为海关核定的应税消费品进口征税数量。

应纳消费税税额的计算公式为

应纳消费税税额＝应税销售数量×定额税率

(3) 从价从量复合方法征收的消费税

从价从量复合计税指对应税消费品同时采用从价定率和从量定额办法计征消费税的方法，其计算公式为

应纳消费税税额＝应税销售额×比例税率＋应税销售数量×定额税率

3. 消费税的核算

缴纳消费税的企业，应在“应交税费”科目下设置“应交消费税”明细科目。该科目借方反映企业实际缴纳的消费税和待抵扣的消费税；贷方反映按规定应缴纳的消费税；期末余额在贷方时，反映尚未缴纳的消费税，期末余额在借方时，反映多缴或待抵扣的消费税。

由于消费税属于价内税，即销售额中含有应负担的消费税税额，因此，应将消费税作为费用和成本的内容加以核算，在会计处理过程中通过对应科目，如“营业税金及附加”、“其他业务成本”、“营业外支出”、“应付职工薪酬”等科目进行核算。

(1) 自产销售应税消费品的会计核算实例

【例 8－16】 某化妆品厂当月采取直接收款方式销售化妆品 3 000 套，不含税出厂价 220 元/套，增值税专用发票上注明的税额为 112 200 元，实际生产成本为 140 元/套，款项均已通过银行收讫。化妆品的消费税税率为 30%。账务处理如下：

① 销售实现，确认收入时的会计分录为

借：银行存款	772 200
贷：主营业务收入	660 000
应交税费—应交增值税(销项税额)	112 200

② 计算应交纳的消费税时的会计分录为

借：营业税金及附加	198 000

贷:应交税费—应交消费税　　198 000

(2) 纳税人视同销售应税消费品的会计核算实例

【例 8-17】 某汽车厂将一辆小轿车移交厂部使用,另一辆小轿车捐赠给希望小学。该种型号的汽车不含税售价为 154 000 元,单位成本为 130 000 元,消费税税率为 5%。

会计分录为

借:固定资产　　163 880

　营业外支出　　163 880

　贷:库存商品　　260 000

　　应交税费—应交增值税(销项税额)　　52 360

　　　　　　—应交消费税　　15 400

(3) 委托加工应税消费品的会计核算实例

委托加工应税消费品指委托方提供原材料和主要材料,受托方只收取加工费和代垫部分辅助材料加工的应税消费品。

委托加工应税消费品的消费税税额的计算有如下两种方法:

一是,按照受托方的同类消费品的销售价格计算纳税。

二是,没有同类消费品销售价格的,按照组成计税价格计算纳税,其计算公式如下:

① 从价定率方法下的组成计税价格计算公式为

$$组成计税价格=(材料成本+加工费)\div(1-比例税率)$$

② 复合计税方法下的组成计税价格计算公式为

$$组成计税价格=(材料成本+加工费+委托加工数量\times定额税率)\div(1-比例税率)$$

对委托加工应税消费品进行核算时,应注意根据委托加工物品收回后的处置方式不同,按不同方式进行核算。具体如下:

① 委托加工收回的应税消费品,直接用于对外销售的,不再征收消费税。在这种情况下,委托方应将代收代缴的消费税计入委托加工应税消费品的成本。

② 委托加工收回的应税消费品,用于连续生产应税消费品的,其已纳税款准予按照规定抵扣。在这种情况下,委托方应将代收代缴的消费税计入"应交税费—应交消费税"科目,委托方应代收代缴的消费税款,待委托加工的应税消费品生产出应纳消费税的产品并销售时,再交纳消费税。

【例 8-18】 明丽生物有限公司 3 月 5 日将价值 60 000 元的化妆品原料委托永明化工厂加工。20 日永明化工厂发来加工结算清单代垫辅料 4 000 元,加工费 10 000 元(不含税),以银行存款付清。该加工物资当月收回后已全部直接销售取得收入 20 万元,款已存入银行。化妆品的消费税税率为 30%。账务处理如下:

① 发出委托加工品时的会计分录为

借:委托加工物资　　60 000

　贷:原材料　　60 000

② 收到委托加工清单并付款时的会计分录为

借:委托加工物资　　20 000

　应交税费—应交增值税(进项税额)　　2 380

　贷:银行存款　　22 380

③ 该批化妆品委托加工完毕入库时的会计分录为

借:库存商品 82 380

贷:委托加工物资 82 380

④ 该批化妆品销售时的会计分录为

借:银行存款 234 000

贷:主营业务收入 200 000

应交税费—应交增值税(销项税额) 34 000

【例 8-19】 接例 8-18,该批化妆品收回后全部用于生产成套化妆品。28 日该批化妆品全部销售,不含税总售价为 20 万元,货款已收。化妆品的消费税税率为 30%。账务处理如下:

① 发出委托加工品时的会计分录为

借:委托加工物资 60 000

贷:原材料 60 000

② 收到委托加工清单并付款时的会计分录为

借:委托加工物资 14 000

应交税费—应交增值税(进项税额) 2 380

应交税费—应交消费税 6 000

贷:银行存款 22 380

③ 该批化妆品委托加工完毕入库时的会计分录为

借:库存商品 82 380

贷:委托加工物资 82 380

④ 该批化妆品销售时的会计分录为

借:银行存款 234 000

贷:主营业务收入 200 000

应交税费—应交增值税(销项税额) 34 000

⑤ 该批化妆品应交消费税的会计分录为

借:营业税金及附加 60 000

贷:应交税费—应交消费税 60 000

在不考虑其他情况时,有

当期应缴消费税=60 000-27 000=33 000(元)

(三) 应交营业税的核算

1. 概 念

营业税是以我国境内提供应税劳务、转让无形资产或销售不动产的单位或个人所取得的营业额为征税对象而征收的一种流转税。

应税劳务指交通运输业、建筑业、金融保险业、邮电通信业、文化体育业、娱乐业和服务业税目征收范围的劳务,不包括加工、修理修配等劳务。

转让无形资产指转让无形资产的所有权或使用权的行为。

销售不动产指有偿转让不动产的所有权,转让不动产的有限产权或永久使用权,以及单位将不动产无偿赠与他人等视同销售不动产的行为。

2. 营业税的计算

营业税按照营业额和规定的税率计算应纳税额，其公式为

应纳营业税额＝营业额×税率

营业额指企业提供应税劳务、转让无形资产或销售不动产向对方收取的全部价款和价外费用，其中价外费用包括向对方收取的手续费、基金、集资费、代收款项、代垫款项及其他各种性质的价外收费。

营业税采用不同的比例税率。纳税人兼有不同税目的应当缴纳营业税的劳务、转让无形资产或销售不动产时，应分别核算不同税目的营业额、转让额或销售额，未分别核算的，从高适用税率。

3. 应交营业税的核算

企业核算应交营业税时，应在"应交税费"科目下增设"应交营业税"明细账户，以核算应交营业税的发生和交纳情况。该账户贷方登记应交纳的营业税，借方登记已交纳的营业税，期末贷方余额为尚未交纳的营业税，若为借方余额则为多交纳的营业税。明细账采用三栏的格式。

企业在核算过程中计算的应交营业税，借记"营业税金及附加"(提供应税劳务、出租无形资产)、"固定资产清理"(出售不动产)账户，出售无形资产应交纳的营业税通过"营业外支出"或"营业外收入"账户，贷记"应交税费—应交营业税"账户；实际交纳营业税，借记"应交税费—应交营业税"账户，贷记"银行存款"账户。

【例8-20】 某星级宾馆对外提供客房服务，本月营业收入60万元，适用的营业税税率为3%，当期用银行存款上交营业税1万元。根据该项经济业务计算出

企业应交营业税＝60×3%＝1.8(万元)

企业应做如下会计处理：

借：营业税金及附加　　18 000

　贷：应交税费—应交营业税　　18 000

实际交纳营业税时的会计分录为

借：应交税费—应交营业税　　10 000

　贷：银行存款　　10 000

(四) 其他应交税费

其他应交税费指除上述应交税费以外的应交税费，包括应交资源税，应交城市维护建设税，应交教育费附加，应交土地增值税，应交个人所得税，应交房产税、土地使用税、车船使用税和矿产资源补偿费等。

1. 应交资源税

(1) 概　述

资源税是对在我国境内从事开采矿产品或生产盐的单位和个人征收的税。资源税按照应税产品的课税数量和规定的单位税额计算。开采或生产应税产品对外销售的，以销售数量为课税数量；开采或生产应税产品自用的，以自用数量为课税数量。

(2) 应交资源税的核算

在会计核算时，企业应在"应交税费"科目下增设"应交资源税"明细科目。企业按规定计算应交的资源税，借记"营业税金及附加"等科目，贷记"应交税费—应交资源税"科目；交纳资源税时，借记"应交消费—应交资源税"，贷记"银行存款"等科目。

【例 8－21】　某铁矿 2010 年 10 月销售铁矿石 30 000 吨，另外自用 50 000 吨，该铁矿石适用 15 元/吨的资源税单位税额，请计算并用银行存款交纳本月应交的资源税。

计算的资源税分别为

销售铁矿石应交的资源税＝30 000×15＝450 000(元)

自用铁矿石应交的资源税＝50 000×15＝750 000(元)

计算资源税时的会计分录为

借：营业税金及附加	450 000
生产成本	750 000
贷：应交税费—应交资源税	1 200 000

交纳资源税时的会计分录为

借：应交税费—应交资源税	1 200 000
贷：银行存款	1 200 000

2. 应交城市维护建设税

(1) 概　述

城市维护建设税是以增值税、消费税和营业税为计税依据征收的一种税。这是国家为了加强城市的维护建设，扩大和稳定城市维护建设的资金来源而开征的税种。

城市维护建设税的纳税人为交纳增值税、消费税和营业税的单位和个人，税率因纳税人所在地不同从 1%～7%不等。

城市维护建设税应纳税额的大小由纳税人应交纳的增值税、消费税和营业税的税额决定，其计算公式为

应交城市维护建设税＝(本期应交的增值税＋消费税＋营业税)×适用税率

(2) 应交城市维护建设税的核算

在会计核算时，企业应在“应交税费”科目下增设“应交城市维护建设税”明细科目。在企业按规定计算应交的城市维护建设税时，借记“营业税金及附加”等科目，贷记“应交税费—应交城市维护建设税”科目；在交纳城市维护建设税时，借记“应交税费—应交城市维护建设税”，贷记“银行存款”等科目。

【例 8－22】　甲企业本月实际应上交增值税 400 000 元，消费税 241 000 元，营业税 159 000 元，适用的城市维护建设税税率为 7%，请进行甲企业的会计核算处理。

计算的应交税费为

应交的城市维护建设税＝(400 000＋241 000＋159 000)×7%＝56 000(元)

甲企业计算城市维护建设税时的会计分录为

借：营业税金及附加	56 000
贷：应交税费—应交城市维护建设税	56 000

实际交纳城市维护建设税时的会计分录为

借：应交税费—应交城市维护建设税	56 000
贷：银行存款	56 000

3. 应交教育费附加

(1) 概　述

教育费附加是对缴纳增值税、消费税和营业税的单位和个人征收的一种附加费。其作用

是发展地方性教育事业，扩大地方教育经费的资金来源。

教育费附加的征收率为3%。

根据国务院《关于教育费附加征收问题的紧急通知》的精神，其计税依据与城市维护建设税相同，教育费附加的征收额为“三税”税额的3%。计算公式为

应纳教育费附加=(实际缴纳的增值税+消费税+营业税)×3%

(2) 应交教育费附加的核算

在会计核算时，企业应在“应交税费”科目下增设“教育费附加”明细科目。在企业按规定计算应交的教育费附加时，借记“营业税金及附加”等科目，贷记“应交税费—教育费附加”科目；交纳教育费附加时，借记“应交消费—教育费附加”，贷记“银行存款”等科目。

【例 8-23】　A公司按税法规定计算2010年第四季度应交纳的教育费附加为50 000元，款项已用银行存款支付。请编制A公司的会计分录。

计算应交纳教育费附加时的会计分录为

借：营业税金及附加　　50 000

　贷：应交税费—应交教育费附加　　50 000

实际交纳教育费附加时的会计分录为

借：应交税费—应交教育费附加　　50 000

　贷：银行存款　　50 000

4. 应交土地增值税

(1) 概　述

土地增值税是对在我国境内有偿转让土地使用权、地上建筑物及其附着物并取得收入的单位和个人征收的税种。开征土地增值税主要是对房地产交易中的过高利润进行适当调节。

土地增值税的征收税率采用超额累进税率。

(2) 应交土地增值税的核算

在会计核算时，企业应在“应交税费”科目下增设“应交土地增值税”明细科目。在企业转让国有土地使用权连同地上建筑物及其附着物时，按转让时应交纳的土地增值税借记“固定资产”、“在建工程”等科目，贷记“应交税费—应交土地增值税”科目；企业实际交纳土地增值税时，借记“应交税费—应交土地增值税”科目，贷记“银行存款”等科目。

【例 8-24】　大华钢铁厂对外转让一幢厂房，根据税法规定计算的应交土地增值税为60 000元。请编制甲企业的会计分录。

计算应交纳的土地增值税时的会计分录为

借：固定资产清理　　60 000

　贷：应交税费—应交土地增值税　　60 000

实际交纳土地增值税时的会计分录为

借：应交税费—应交土地增值税　　60 000

　贷：银行存款　　60 000

5. 应交个人所得税

(1) 概　述

按照个人所得税的征收管理办法，个人所得税采用自行申报交纳和代扣代缴交纳两种办法，由于除实行查账核实征收的个体工商户取得的应税所得自行申报交纳后需要会计核算外，

一般的个人取得的收入自行申报交纳后，不必进行会计核算。但是，履行代扣缴交义务的单位和个人代扣代缴税款时，必须进行有关账务处理。

(2) 应交个人所得税的核算

在会计核算中，企业应在“应交税费”科目下增设“应交个人所得税”明细科目。在企业按规定计算代扣代缴的职工个人所得税时，借记“应付职工薪酬”科目，贷记“应交税费—应交个人所得税”科目；企业实际交纳个人所得税时，借记“应交税费—应交个人所得税”科目，贷记“银行存款”等科目。

【例 8-25】 甲企业 2010 年 4 月应支付职工工资总额 400 000 元，根据有关规定，代扣职工个人所得税 8 000 元，实发工资 392 000 元。请编制甲企业的会计分录。

发放工资、结转代扣代缴的个人所得税时的会计分录为

借：应付职工薪酬—工资	8 000
贷：应交税费—应交个人所得税	8 000

以银行存款交纳个人所得税时的会计分录为

借：应交税费—应交个人所得税	8 000
贷：银行存款	8 000

6. 应交房产税、土地使用税、车船使用税和矿产资源补偿费

(1) 概　述

房产税是国家在城市、县城、建制镇和工矿区征收的由产权所有人交纳的税种。

土地使用税是国家为了合理利用城镇土地、调节土地级差收入、提高土地使用效益和加强土地管理而开征的税种。

车船税是由拥有并使用车船的单位和个人交纳的税种。

矿产资源补偿费是针对我国领域和管辖海域开采矿产资源而征收的费用。

(2) 核　算

在企业按规定计算应交的房产税、土地使用税、车船使用税和矿产资源补偿费时，按转让时应交纳的税种借记“管理费用”科目，贷记“应交税费—应交房产税”、“应交税费—应交土地使用税”、“应交税费—应交车船使用税”和“应交税费—应交矿产资源补偿费”科目；企业实际交纳时，借记“应交税费”下的相应科目，贷记“银行存款”等科目。

重点回顾

工作过程 8 主要讲述了与流动负债业务核算有关的内容，其重点内容概括于图 8-1 中。

1. 流动负债

流动负债指企业在一年或超过一年的一个营业周期，需要以流动负债或增加其他负债来抵偿的债务，主要包括短期借款、应付票据、应付账款、预收账款、应付职工薪酬、应付股利、应付利息、应交税费和其他应付款等。

2. 短期借款

短期借款是借款的一种，与之相对的是长期借款。在会计实务中，短期借款指企业为维持正常的生产经营所需的资金，或者为抵偿某项债务而向银行或其他金融机构等外单位借入的、还款期限在一年以下(含一年)的各种借款。它主要包括经营周转借款、临时借款、结算借款、

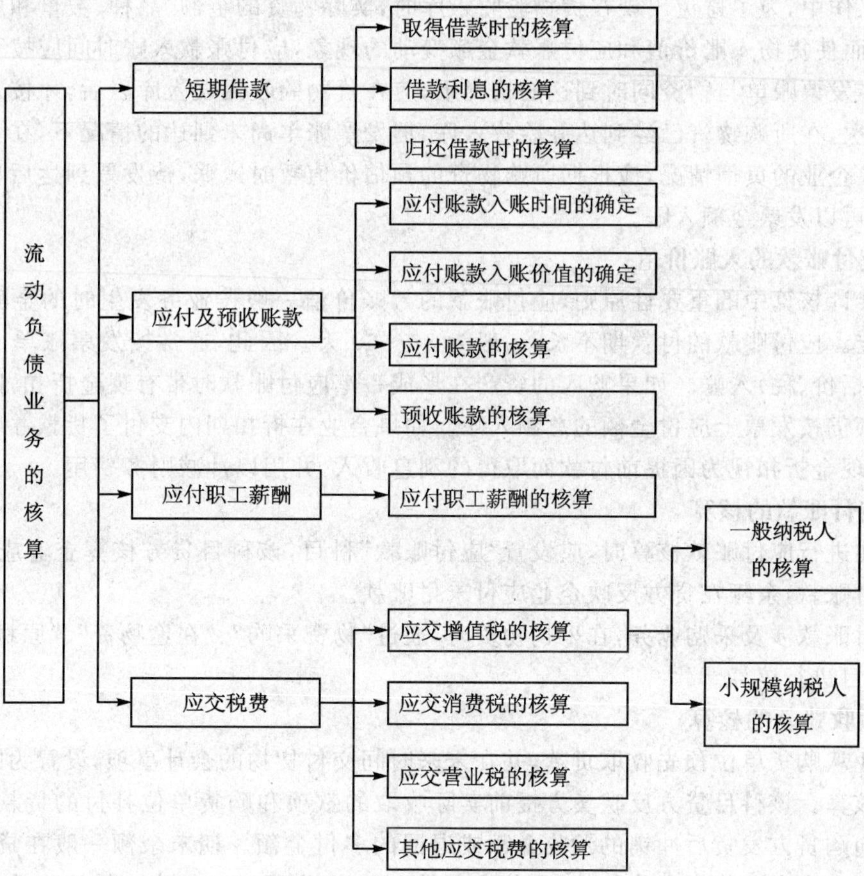

图 8-1　流动负债业务的核算

票据贴现借款、卖方信贷、预购定金借款和专项储备借款等。

短期借款一般期限不长，通常在取得借款日，按取得的金额入账。

短期借款利息支出是企业理财活动中为筹集和使用资金而付出的代价，应作为一项财务费用计入当期损益。但由于利息支付的方式不同，其会计核算也不完全一样。若短期借款的利息按月计收，或者还本付息一次进行但利息数额不大，则利息费用可直接计入当期损益；若短期借款的利息按季（或半年）计收，或者还本付息一次进行但利息数额较大，则可采用预提的方式按月预提和确认费用。

3. 应付及预收账款

应付账款指企业因购买材料、商品或接受劳务供应等而发生的应支付给供应单位的款项。

预收账款指企业按照合同规定从购货单位预收的款项。

预收账款是买卖双方协议商定，由购货方预先支付一部分货款给供货方而发生的一项负债。与应付账款不同的是，预收账款所形成的负债不是以货币来偿付，而是以货物来偿付。企业在发货前收取的货款，表明企业承担了在未来经济利益会流出的企业所应履行的义务。这项义务从实质上来看就是一项负债。

(1) 应付账款的入账时间

应付账款入账时间的确定，应以所购买物资的所有权转移或接受劳务已发生为标志。在会计核算工作中,为了避免出现在货物验收入库时,实际物资的金额、品种、数量和质量与合同内容不符,而使货物入账价值和应付账款金额变动的现象,应付账款入账时间应按下列原则确定:首先,在发票账单与物资同时到达的情况下,应在货物验收无误入库以后,才按发票账单登记入账;其次,在所购物资已经到达并验收入库,但发票账单尚未到达的情况下,在会计期末为了真实反映企业的负债情况,应根据所购物资的预估价值暂时入账,待发票到达后在下月以红字冲销后,再以发票金额入账。

(2) 应付账款的入账价值

按照会计核算中的重要性原则,应付账款的入账价值一般按业务发生时的金额即未来应付金额确定。应付账款的付款期不长,一般为30～60天。因此,通常按发票账单上载明的应付金额(包括价、税)入账。如果购入的资产在形成一笔应付账款时带有现金折扣,则应付账款的入账金额仍按发票上应付金额的总额入账。如果企业在折扣期内支付了货款并取得现金折扣,则将该现金折扣视为因提前付款而取得的利息收入,并用以冲减财务费用。

(3) 应付账款的核算

企业在进行应付账款核算时,应设置"应付账款"科目,该科目贷方核算企业应付账款,借方核算已付账款,余额在贷方反映企业应付未付账款。

当应付账款涉及采购业务,在采购物资时,通过"物资采购"、"在途物资"、"原材料"、"应交税费"等科目进行核算。

(4) 预收账款的核算

将企业从购货单位预先收取货款,并在未来时间交付货物的会计事项,设置为"预收账款"科目进行核算。该科目贷方反映卖方提前实际收取的款项和购货单位补付的货款数额;借方反映企业向购货方发货后冲销的预收金额或退回的多付金额。期末余额一般在贷方,反映已预收货款但尚未向购货方发货的数额;若出现借方余额,则反映企业尚未转销的款项。对于企业预收业务不多的情况,可不设置"预收账款"科目,而直接通过"应收账款"科目核算。

4. 应付职工薪酬

应付职工薪酬指企业为获得职工提供的服务而给予的各种形式的报酬及其他相关支出。

从广义上讲,职工薪酬是企业必须付出的人力成本,是吸引和激励职工的重要手段,也就是说,职工薪酬既是职工对企业投入劳动获得的报酬,也是企业的成本费用。职工薪酬在尚未支付给职工之前形成企业的一项负债。

应付职工薪酬包括企业为职工在职期间和离职后提供的全部货币性薪酬和非货币性福利。提供给配偶、子女等的福利也属于职工薪酬的核算范围。从实质上来看,凡是企业为获得职工提供的服务而付出的代价均包括在职工薪酬的范围之内。

企业进行职工薪酬的核算时,应设置"应付职工薪酬"总账科目进行总账核算,并下设"工资"、"职工福利"、"社会保险费"、"住房公积金"、"工会经费"、"职工教育费"、"辞退福利"、"非货币性福利"、"股份支付"等明细科目进行明细核算。

5. 应交税费

企业在生产经营过程中会取得一定的营业收入,实现经营利润。而国家为企业的生产经营提供了资源和服务,税收作为一种主要的分配形式使国家能够参与到企业的利润分配过程中。这些应缴纳的税费,应根据权责发生制,提前计入相关科目,在应交税款尚未缴纳之前暂时留在企业,形成企业的一项负债。

应交税费指企业根据在一定时期内取得的营业收入和实现的利润等，按照现行税法规定，采用一定的计税方法计提的应交纳的各种税费，包括应交的增值税、消费税、营业税、关税、资源税、所得税、土地增值税、城市维护建设税、房产税、土地使用税、车船使用税、教育费附加、矿产资源补偿费和个人所得税等。

(1) 应交增值税

增值税是对在我国境内销售货物或提供加工、修理修配劳务及进口货物的单位和个人，就其取得的货物或应税劳务销售额及进口货物金额计算税款，并实行税款抵扣制的一种流转税。

根据增值税暂行条例规定，可将纳税义务人按其规模及会计核算的健全程度不同划分为一般纳税人和小规模纳税人两类。

1）一般纳税人

一般纳税人的应纳增值税税额，根据当期销项税额减去当期进项税额计算确定。小规模纳税人的应纳增值税税额，按照销售额和规定的征收率计算确定。

对于一般纳税人，应纳税额的计算公式为

销项税额＝销售额×税率

应纳税额＝当期销项税额－当期进项税额

为了更好地反映企业应交增值税的发生、抵扣、缴纳、退税及转出等情况，应在“应交税费”科目下设置“应交增值税”明细科目。该科目的借方发生额反映企业购进货物或接受应税劳务所支付的进项税额，以及实际已经缴纳的增值税税额；贷方反映企业销售货物或提供应税劳务所收取的销项税额、出口货物退税额，以及进项税额转出数；期末借方余额反映企业尚未抵扣的增值税。企业在“应交税费—应交增值税”二级科目下，应设置“进项税额”、“已交税金”、“减免税款”、“出口抵减内销产品税额”、“销项税额”、“出口退税”、“进项税额转出”等明细科目专栏，并按规定进行核算。

2）小规模纳税人

对于小规模纳税企业，应纳税额的计算公式为

应纳税额＝销售额×征税率

小规模纳税企业的核算内容包括：

① 小规模纳税企业购入货物无论是否具有增值税专用发票，其支付的增值税税额均应计入购入货物的成本，不计入进项税额，不得由销项税额抵扣。

② 其他企业从小规模纳税企业购入货物或接受劳务支付的增值税税额，如果不能取得增值税专用发票，则不能作为进项税额抵扣，而应计入购入货物或应税劳务的成本。

③ 小规模纳税企业的销售收入按不含税价格计算。

④ 小规模纳税人因其核算简单，则只需设置“应交税费—应交增值税”二级科目，贷方反映企业销售货物或提供应税劳务时应缴纳的增值税税额；借方反映企业已经缴纳的增值税税额，期末贷方余额反映企业应交未交的增值税税额，期末借方余额反映企业多交的增值税税额。

⑤ 小规模纳税企业购进货物和接受应税劳务时支付的增值税，直接计入有关货物和劳务的成本。

(2) 应交消费税

消费税是对我国境内从事生产、委托加工和进口应税消费品的单位和个人，按其流转额征

收的一种税。消费税采用从价定率、从量定额及从价从量复合计税的办法计算应纳税额。

从价定率方法的计算公式为

应纳消费税税额＝应税销售额×比例税率

应税消费品的销售额＝含增值税的销售额÷(1＋增值税税率或征收率)

从量定额方法的计算公式为

应纳消费税税额＝应税销售数量×定额税率

从价从量复合计税指对应税消费品同时采用从价定率和从量定额办法计征消费税的方法，其计算公式为

应纳消费税税额＝应税销售额×比例税率＋应税销售数量×定额税率

缴纳消费税的企业，应在“应交税费”科目下设置“应交消费税”明细科目。该科目借方反映企业实际缴纳的消费税和待抵扣的消费税；贷方反映按规定应缴纳的消费税；期末余额在贷方时，反映尚未缴纳的消费税，期末余额在借方时，反映多缴或待抵扣的消费税。

(3) 应交营业税

营业税是以我国境内提供应税劳务、转让无形资产或销售不动产的单位或个人所取得的营业额为征税对象而征收的一种流转税。

营业税按照营业额和规定的税率计算应纳税额，其公式为

应纳营业税额＝营业额×税率

企业核算应交营业税时，应在“应交税费”科目下增设“应交营业税”明细账户，以核算应交营业税的发生和交纳情况。该账户贷方登记应交纳的营业税，借方登记已交纳的营业税，期末贷方余额为尚未交纳的营业税，若为借方余额则为多交纳的营业税。明细账采用三栏的格式。

(4) 其他应交税费

其他应交税费指除上述应交税费以外的应交税费，包括应交资源税，应交城市维护建设税，应交教育费附加，应交土地增值税，应交个人所得税，应交房产税、土地使用税、车船使用税和矿产资源补偿费等。

知识拓展

纳税申报的相关知识

1. 纳税申报

纳税申报指纳税人、扣缴义务人在发生法定纳税义务后，按照税法或税务机关相关行政法规所规定的内容，在申报期限内，以书面形式向主管税务机关提交有关纳税事项及应缴税款的法律行为。

2. 纳税申报的对象

下列纳税人或扣缴义务人、代征人应当按期向主管国家税务机关办理纳税申报，或者代扣代缴、代收代缴税款报告，或者委托代征税款报告。

纳税申报操作的对象包括：

① 依法已向国家税务机关办理税务登记的纳税人。具体指：

ⓐ 各项收入均应当纳税的纳税人；

ⓑ 全部或部分产品、项目或税种享受减税、免税照顾的纳税人；

ⓒ 当期营业额未达起征点或没有营业收入的纳税人；

ⓓ 实行定期、定额纳税的纳税人；

ⓔ 应当向国家税务机关缴纳企业所得税及其他税种的纳税人。

② 按规定不需向国家税务机关办理税务登记，以及应当办理而未办理税务登记的纳税人。

③ 扣缴义务人和国家税务机关确定的委托代征人。

3. 纳税申报的期限

根据不同情况，纳税申报期限也不同，具体内容是：

① 缴纳增值税和消费税的纳税人，以 1 个月为一期纳税的，于期满后 15 日内申报；以 1 天、3 天、5 天、10 天、15 天为一期纳税的，自期满之日起 5 日内预缴税款，于次月 1 日起 15 日内申报并结算上月应纳税款。

② 缴纳企业所得税的纳税人，应在月份或季度终了后 15 日内，向其所在地主管国家税务机关办理预缴所得税申报；内资企业在年度终了后 45 日内、外商投资企业和外国企业在年度终了后 4 个月内，向其所在地主管国家税务机关办理所得税申报。

③ 其他税种，税法已明确规定纳税申报期限的，按税法规定的期限申报。

④ 税法未明确规定纳税申报期限的，按主管国家税务机关根据具体情况确定的期限申报。

4. 纳税申报方式

税务机关应当建立、健全纳税人自行申报纳税制度。但经税务机关批准，纳税人和扣缴义务人亦可采取邮寄或数据电文方式办理纳税申报，或者报送代扣代缴、代收代缴税款报告表。另外，实行定期定额缴纳税款的纳税人，可以实行简易申报和简并征期等申报纳税方式。

5. 纳税申报内容

纳税人办理纳税申报时，应当如实填写纳税申报表，并根据不同情况相应报送下列有关证件和资料：

① 财务会计报表及其说明材料。

② 与纳税有关的合同、协议书及凭证。

③ 税控装置的电子报税资料。

④ 外出经营活动税收管理证明和异地完税凭证。

⑤ 境内或境外公证机构出具的有关证明文件。

⑥ 纳税人、扣缴义务人的纳税申报或代扣代缴、代收代缴税款报告表的主要内容包括：税种、税目，应纳税项目或应代扣代缴、代收代缴税款项目，计税依据，扣除项目及标准，适用税率或单位税额，应退税项日及税额，应减免税项目及税额，应纳税额或应代扣代缴、代收代缴税额，税款所属期限，延期缴纳税款，欠税，滞纳金等。

⑦ 扣缴义务人办理代扣代缴、代收代缴税款报告时，应当如实填写代扣代缴、代收代缴税款报告表，并报送代扣代缴、代收代缴税款的合法凭证及税务机关规定的其他有关证件和资料。

⑧ 税务机关规定应当报送的其他有关证件和资料。

6. 纳税申报的相关规定

《中华人民共和国税收征收管理法》对纳税申报做了如下规定：

① 纳税人必须依照法律、行政法规规定，或者税务机关依照法律、行政法规规定中确定的申报期限和申报内容如实办理纳税申报，报送纳税申报表、财务会计报表及税务机关根据实际需要要求纳税人报送的其他纳税资料。扣缴义务人必须依照法律、行政法规规定，或者税务机关依照法律、行政法规规定中确定的申报期限和申报内容如实报送代扣代缴、代收代缴税款报告表及税务机关根据实际需要要求扣缴义务人报送的其他有关资料。

② 纳税人、扣缴义务人可直接到税务机关办理纳税申报或报送代扣代缴、代收代缴税款报告表，也可按规定采取邮寄、数据电文或其他方式办理上述申报和报送事项。

③ 纳税人、扣缴义务人不能按期办理纳税申报或报送代扣代缴、代收代缴税款报告表的，经税务机关核准，可以延期申报。经核准延期办理所规定的申报、报送事项的，应当在纳税期内按照上期实际缴纳的税额或税务机关核定的税额预缴税款，并在核准的延期内办理税款结算。

根据《中华人民共和国税收征收管理法》的规定：

① 企业、企业在外地设立的分支机构和从事生产、经营的场所，个体工商户和从事生产、经营的事业单位（以下统称从事生产、经营的纳税人）自领取营业执照之日起30日内，持有关证件向税务机关申报办理税务登记。税务机关应当自收到申报之日起30日内审核并发给税务登记证件。

② 从事生产、经营的纳税人，税务登记内容发生变化的，自工商行政管理机关办理变更登记之日起30日内，或者在向工商行政管理机关申请办理注销登记之前，持有关证件向税务机关申报办理变更或注销税务登记。

③ 从事生产、经营的纳税人应当按照国家有关规定，持税务登记证件，在银行或其他金融机构开立基本存款账户和其他存款账户，并将其全部账号向税务机关报告。

④ 纳税人按照国务院税务主管部门的规定使用税务登记证件。税务登记证件不得转借、涂改、损毁、买卖或伪造。

思考与练习

一、单项选择题

1. 企业在资产负债表日，按合同利率计提短期借款利息费用时的会计处理为（　　）。

A. 借记“短期借款”科目，贷记“应付利息”科目

B. 借记“财务费用”科目，贷记“短期借款”科目

C. 借记“财务费用”科目，贷记“应付利息”科目

D. 借记“应付利息”科目，贷记“财务费用”科目

2. 某企业于2007年3月2日，从A公司购入一批产品并已验收入库。增值税专用发票上列明，该批产品的价款为100万元，增值税税额为17万元。合同中规定的现金折扣条件为：2/10，1/20，n/30。假定计算现金折扣时不考虑增值税。该企业在2007年3月21日付清货款时，应享受的现金折扣的金额为（　　）万元。

A. 1.17　　B. 1　　C. 1.12　　D. 1.35

3. 如果企业不设置“预收账款”账户，则应将预收的货款计入（　　）。

A. 应收账款的借方　　B. 应收账款的贷方

C. 应付账款的借方　　D. 应付账款的贷方

4. 企业从职工工资中代扣代缴的职工个人所得税，应借记的会计科目是(　　)。

A. 其他应付款　　B. 应付职工薪酬

C. 银行存款　　D. 应交税费—应交所得税

5. A公司建造办公楼领用外购原材料10 000元，原材料购入时支付的增值税为1 700元；因火灾毁损库存商品一批，其实际成本为20 000元，经确认损失外购材料的增值税为3 400元。则A公司计入"应交税费—应交增值税(进项税额转出)"科目的金额为(　　)元。

A. 680　　B. 1 020　　C. 1 700　　D. 5 100

6. 委托加工的应税消费品收回后连续进行生产应税消费品的，由受托方代扣代缴的消费税，委托方应借记的会计科目是(　　)。

A. 委托加工物资　　B. 营业税金及附加

C. 应交税费—应交消费税　　D. 受托加工物资

7. 下列税金中，不应计入存货成本的有(　　)。

A. 由受托方代扣代缴的委托加工直接用于对外销售的商品负担的消费税

B. 一般纳税企业进口原材料交纳的进口关税

C. 小规模纳税企业购进货物应交纳的增值税

D. 由受托方代扣代缴的委托加工继续用于生产应纳消费税的商品负担的消费税

8. 某企业转让一项专利技术，取得的转让收入应交纳的相关税费是(　　)。

A. 消费税　　B. 增值税　　C. 营业税　　D. 不用交税

9. 某企业出售一项固定资产应交的营业税，应借记的会计科目是(　　)。

A. 其他业务成本　　B. 营业税金及附加

C. 固定资产清理　　D. 营业外支出

10. 某企业本期实际应上交增值税40 000元，消费税20 000元，营业税40 000元，土地增值税20 000元。该企业适用的城市维护建设税税率为7%，则该企业应交的城市维护建设税为(　　)元。

A. 4 200　　B. 5 600　　C. 7 000　　D. 8 400

二、多项选择题

1. 下列各项中，应通过"应付职工薪酬"科目核算的项目有(　　)。

A. 职工工资　　B. 解除劳务关系给予的补偿

C. 职工的社会保险费　　D. 职工离职后提供给职工的非货币性福利

2. 企业在"应交税费—应交增值税"科目借方设置的专栏有(　　)。

A. 销项税额　　B. 进项税额　　C. 进项税额转出　　D. 已交税金

3. 下列各项中，增值税一般纳税人需要转出进项税额的有(　　)。

A. 自制产成品用于集体福利　　B. 外购的货物用于分配给股东

C. 外购的货物发生非正常损失　　D. 外购的生产用原材料改用于自建厂房

4. 企业按规定交纳营业税的项目有(　　)。

A. 销售商品取得收入　　B. 销售不动产取得收入

C. 出租无形资产取得收入　　D. 提供运输劳务取得收入

5. 下列各项中,可以计入利润表"营业税金及附加"项目的有(　　)。

A. 增值税　　B. 城市维护建设税

C. 教育费附加　　D. 矿产资源补偿费

三、判断题

1. 企业在计算短期借款利息时,可以随意选择利率计提利息。(　　)

2. 企业应付各种赔款、应付租金、应付存入保证金等应在"其他应付款"等科目中核算。(　)

3. 资产负债表上的应付账款项目应根据应付账款总账科目的余额填列。(　　)

4. 企业提供运输劳务取得的收入,应该缴纳增值税。(　)

5. 企业购入货物验收入库后,若发票账单尚未收到,则应在月末按照估计的金额确认一笔负债,反映在资产负债表有关负债项目内。(　　)

6. 企业预收账款业务不多时,可以不设置"预收账款"科目,而直接计入"应付账款"科目的借方科目。(　　)

7. 预收账款虽然与应付账款均属于负债项目,但与应付账款不同,它通常不需要以货币偿付。(　　)

8. 小规模纳税企业购入货物无论是否取得增值税专用发票,其支付的增值税税额均不计入进项税额,不得由销项税额中抵扣,而是计入购入货物的成本。(　　)

9. 一般纳税人购入货物或接受劳务在取得规定的凭证后均可以抵扣进项税额。(　　)

10. 职工离职后,企业提供给职工的全部货币性薪酬和非货币性福利,不应通过"应付职工薪酬"科目核算。(　　)

四、业务题

1. 20×6 年 2 月 5 日,A 公司销售一批产品给 B 公司,款项尚未收到。双方约定,B 公司应于 20×6 年 9 月 30 日付款。20×6 年 4 月 1 日,A 公司因急需流动资金,经与中国银行协商,以应收 B 公司货款为质押取得 3 个月期限的流动资金借款 200 000 元,年利率为 6%,利息月末计提,到期一次还本付息。假定不考虑其他因素。

要求:编制 A 公司相关的账务处理。

2. 甲企业于 2006 年 5 月 4 日从某公司购入一批产品并已验收入库。增值税专用发票上注明该批产品的价款为 250 万元,增值税税额为 42.5 万元。合同中规定的现金折扣条件为 2/10,1/20,n/30,假定计算现金折扣时不考虑增值税。该企业在 2006 年 5 月 21 日付清货款。

要求:编制该企业的相关会计处理。

3. A 企业预售产品给 B 企业,要求 B 企业预付 75 000 元,一个月后,A 企业将产品发往 B 企业,开出的发票上注明价款 100 000 元,增值税 17 000 元,B 企业以银行存款支付剩余货款。

要求:做出 A 企业的相关会计分录。

4. 某企业计算本月应付职工工资总额 231 000 元,当年支付生产工人工资 160 000 元,车间管理人员工资 35 000 元,厂部管理部门人员工资 30 200 元,销售人员工资 5 800 元,代扣代缴个人所得税 3 000 元,实发工资 228 000 元。

要求:编制该企业的相关会计处理分录。

5. 某大型工业企业 2006 年 5 月初"应交税费"账户贷方余额为 10 000 元,当月发生下列相关业务，增值税适用税率17%：

(1) 购入一批原材料，价款150 000元，增值税25 500元，以银行存款支付，材料已验收入库；

(2) 销售一批应税消费品，价款300 000元，增值税51 000元，收到的款项存入银行，消费税适用税率10%；

(3) 领用原材料一批用于在建工程，材料实际成本为60 000元，购入时承担的增值税税额为10 200元；

(4) 出售一项专利技术，该无形资产的账面价值为270 000元，收到款项330 000元存入银行，营业税适用税率为5%。

要求：编制以上会计业务的分录。

工作过程9　非流动负债业务的核算

能力目标

1. 能够对企业的非流动负债内容、分类、特征及确认条件正确操作；
2. 能够对债券发行、溢价和折价进行摊销；
3. 能够对应付债券的应计利息及应付债券还本付息进行正确的账务处理；
4. 能够对长期借款和长期应付款等进行正确的账务处理。

知识目标

1. 了解非流动负债的内容、分类、特征及确认条件；
2. 熟练掌握应付债券的发行、溢价和折价的摊销；
3. 熟练掌握应付债券的应计利息及应付债券还本付息的账务处理；
4. 理解融资租入固定资产、分期付款方式购入固定资产的业务实质；
5. 掌握长期借款和长期应付款等非流动负债的账务处理。

案例导入

E公司是一个民营企业，假设你拥有该公司20%的普通股权益。你作为公司总经理，鉴于企业经营规模的扩大，提出一次性扩充厂房设备的建议，其成本预计为1 000 000元。对扩充厂房设备的资金来源有人提出以下两种可供选择的方案：

方案一，以每股20元的价格发行新股10 000股，股票面值为每股10元。另按面值发行公司债券800 000元，期限为20年，利率15%。

方案二，以面值发行公司债券1 000 000元，期限为20年，利率15%。

最近一期的简明资产负债表数据如表9-1所列。

表9-1　E公司资产负债表

单位：元

资　产		负债和所有者权益	
流动资产	1 600 000	流动负债	1 800 000
非流动资产	6 400 000	股本(面值10元)	300 000
		资本公积	150 000
		未分配利润	5 750 000
资产合计	8 000 000	负债和所有者权益合计	8 000 000

该公司过去几年的利润均相对稳定，预计这项扩充计划将使每年的利息费用前和所得税前的利润从800 000元增至1 080 000元。假定所得税税率为25%。

案例思考：

请分析和判断以上两种筹资方案哪一个较为有利？并说明理由。

学习任务 9.1　非流动负债概述

一、非流动负债的概念及特点

非流动负债又称长期负债，指偿还期在一年或超过一年的一个营业周期以上的负债。主要包括长期借款、应付债券及长期应付款等。它是企业向债权人筹集的、可供长期使用的资金。长期负债除具有负债的共同特征外，与流动负债相比，具有数额较大、偿还期限较长、可以分期偿还等特点。

企业为了解决日常经营中的资金困难，满足生产经营需要，特别是为了拓展企业的经营规模，有必要构建大型机械设备、地产及增建或改建厂房等。这样，必然需要企业投入大量需长期占用的资金，而企业所拥有的生产经营资金是无法满足这种需要的。如果等待企业内部形成资本积累再去购置，则可能丧失企业发展的有利时机，因此需要筹集长期资金。筹集长期资金的方式有两种：一是由投资者投入新的资本（或由股东追加投资，增发新股）；二是举借非流动负债（即“举债经营”）。

相比而言，举借非流动负债不会影响企业的控制权；而且可以增加投资者所得的盈余，取得财务杠杆效应；并且还有节税功能。但举借非流动负债也会增加企业的财务风险，影响企业财务的灵活性。因此，企业应进行合理的财务决策，适度举债。

二、非流动负债的分类

根据分类方式不同，非流动负债有不同的种类：

① 按筹集方式的不同，可分为长期借款、应付债券、长期应付款、专项应付款及递延所得税负债等；

② 按偿还方式的不同，可分为定期偿还的长期负债和分期偿还的长期负债；

③ 按债务是否有抵押，可分为抵押贷款和信用借款。

三、利息计算方法

（一）单利和复利

单利指按照固定的本金计算的利息。复利指在每经过一个计息期后，都要将所生的利息加入本金，以计算下期的利息，也就是俗称的“利滚利”。

（二）现值与终值

现值指对未来现金流量以恰当的折现率进行折现后的价值。终值又称将来值或本利和，指现在一定量的资金在未来某一时点上的价值。

（三）年　金

年金是定期或不定期时间内一系列的现金流入或流出。可以分为普通年金（后付年金）、即付年金（先付年金，预付年金）、递延年金（延期年金）和永续年金等类型。

学习任务9.2　长期借款

一、长期借款概述

长期借款指企业从银行或其他金融机构借入的期限在一年以上(不含一年)的各项借款。一般用于固定资产的构建、改扩建工程、大修理工程、对外投资及保持长期经营能力等方面，是企业非流动负债的重要组成部分。

长期借款的利息的计算方法有单利计息和复利计息两种。所谓单利计息指借款期内只对长期借款的本金计算利息，所生利息不加入本金重复计算利息。复利计息指借款期内不仅对长期借款的本金计算利息，而且要将所生利息加入本金再计利息。我国目前采用单利计息的方法。

二、长期借款的核算

长期借款的核算主要包括借款本金借入和归还的核算、借款利率的核算、外币借款发生的汇兑损益的核算等。

(一) 设置账户

长期借款的核算应设置“长期借款”和“应付利息”等科目。

“长期借款”属于负债类科目，用来核算各种长期借款的借入、应计利息、归还和结欠情况。贷方登记借入的款项及预计的应付利息；借方登记偿还的本息数；期末余额在贷方，表示尚未偿还的长期借款本息数额。该账户应按贷款单位和贷款种类，分别设“本金”、“应计利息(一次还本付息的利息)”和“利息调整”等明细科目进行明细核算。

“应付利息”属于负债类科目，用来核算企业按照合同约定应支付的利息，包括分期付息到期还本的长期借款、企业债券等应支付的利息。贷方登记计提的利息，借方登记偿还的利息，期末余额在贷方，表示企业按照合同约定应支付但尚未支付的利息。

(二) 账务处理

1. 企业借入长期借款

按实际收到的款项，借记“银行存款”科目，贷记“长期借款—本金”科目；按其差额，借记“长期借款—利息调整”科目。

2. 计提利息

根据企业会计准则规定，企业取得长期借款所发生的利息费用，应根据权责发生制原则按期预提。属于筹建期间的，应计入“管理费用”账户；属于生产经营期间的，应计入“财务费用”账户；属于符合资本化条件的资产购建或生产的，应当予以资本化，计入相关资产成本，即在资产负债表日，企业应按长期借款的摊余成本和实际利率计算确定长期借款的利息费用，借记“在建工程”、“财务费用”和“制造费用”等科目，按借款本金和合同利率计算确定应付未付利息，贷记“应付利息”科目(对于一次还本付息的长期借款，贷记“长期借款—应计利息”科目，按其差额，贷记“长期借款—利息调整”科目)。

3. 归还借款

企业归还长期借款时，按归还的长期借款本金，借记“长期借款—本金”科目，按转销的利息调整金额，贷记“长期借款—利息调整”科目，按实际归还的款项，贷记“银行存款”科目，按其差额，借记“在建工程”、“财务费用”和“制造费用”等科目。

【例9-1】　某企业为了建造一幢厂房，于2011年11月30日从银行借入资金1 500 000元，期限2年，年利率9%，利息按年计提，到期一次还本付息。所借款项已存入银行。该厂房于2012年11月30日完工，达到预计可使用状态。假设不考虑闲置专门借款资金存款的利息收入或投资收益。

该企业的账务处理如下：

① 取得借款时的会计分录为

借：银行存款　　1 500 000

　贷：长期借款—本金　　1 500 000

② 支付工程款时的会计分录为

借：在建工程　　1 500 000

　贷：银行存款　　1 500 000

③ 2011年12月31日，计算本月应计入工程成本的利息费用为

$$借款利息=1\ 500\ 000\times 9\%\div 12=11\ 250(元)$$

会计分录为

借：在建工程—××厂房　　11 250

　贷：长期借款—应计利息　　11 250

2012年1月至2012年10月每月月末计提利息的会计分录同上。

④ 2012年11月30日，工程达到预定可使用状态时的会计分录为

借：固定资产　　1 770 000

　贷：在建工程　　1 770 000

⑤ 2012年11月30日，到期还本付息时的会计分录为

借：长期借款—本金　　1 500 000

　　　　　—应计利息　　258 750

　在建工程　　11 250

　贷：银行存款　　1 770 000

学习任务9.3　应付债券

一、债券发行概述

债券是在政府、金融机构、工商企业等直接向社会借债筹措资金时，依照法定程序向投资者发行，承诺在一定期限内还本付息的有价证券。债券的本质是债的证明书。

债券在发行价格上有面值发行、溢价发行和折价发行三种。假设其他条件不变，当债券的票面利率高于市场利率时，可按超过债券面值的价格发行，称为溢价发行。溢价是企业以后各期多付利息而事先得到的补偿。如果债券的票面利率低于同期银行存款利率，则可按低于债券面值的价格发行，称为折价发行。折价是企业以后各期少付利息而预先给投资者的补偿。如果债券的票面利率与同期银行存款利率相同，则可按票面价格发行，称为面值发行。溢价或

折价是发行债券企业在债券存续期内对利息费用的一种调整。

企业在发行债券时，必然要有一些开支，如委托他人代销债券支付的手续费或佣金、印刷债券费用及相关的律师费、注册会计师审计财务报告的费用、广告费等，这些费用一般可称为发行费用。如何合理核算债券的发行费用，也是一个重要的会计问题。

债券发行费用应首先用债券发行期间冻结资金所产生的利息收入来补偿。其中不够补偿的金额，按照借款费用资本化或费用化的原则进行处理；如果发行费用大于发行期间冻结资金所产生的利息收入，则按发行费用减去发行期间冻结资金所产生的利息收入后的差额，根据发行债券所筹集资金的用途，属于用于固定资产项目的，按照借款费用资本化的处理原则处理；属于其他用途的，计入到当期财务费用。如果发行费用小于发行期间冻结资金所产生的利息收入，则按发行期间冻结资金所产生的利息收入减去发行费用后的差额，视同发行债券的溢价收入，在债券存续期间于计提利息时摊销，其摊销的费用，按照借款费用的处理原则处理。

二、应付债券的核算

应付债券的核算应设置“应付债券”和“应付利息”等科目。

“应付债券”属于负债类科目，用于核算应付债券的发行、计提利息和还本付息等情况。贷方登记应付债券的本金和利息，借方登记归还的债券本金和利息，期末余额在贷方，表示企业尚未偿还的长期债券。

应付债券可按“面值”、“利息调整”、“应计利息”等明细科目进行明细核算。如果债务到期一次还本付息，则利息的计提和偿还通过“应付债券—应计利息”科目核算；如果债务分期付息，则利息的计提和偿还通过“应付利息”科目核算。

（一）企业发行债券的核算

企业发行债券时，无论是按面值发行，还是按溢价发行或折价发行，均应按实际收到的金额，借记“银行存款”、“库存现金”等科目，按债券票面金额，贷记“应付债券—面值”科目；实际收到的款项与票面价值存在差额的，还应借记或贷记“应付债券—利息调整”科目。

【例 9－2】　某企业于 2011 年 7 月 1 日发行 3 年期、到期一次还本付息、年利率为 8%（不计复利）、发行面值总额为 10 000 000 元的债券。该债券按面值发行。该企业的有关会计处理如下：

借：银行存款　　10 000 000
　贷：应付债券—面值　　10 000 000

【例 9－3】　接例 9－2。如果发行价为 10 300 000 元，则该企业的有关会计处理如下：

借：银行存款　　10 300 000
　贷：应付债券—面值　　10 000 000
　　　　　　—利息调整　　300 000

（二）利息计算及利息调整摊销的核算

企业债券在计息日应当按规定计算应付给债券持有人的利息，同时对因债券溢、折价而形成的利息调整进行摊销。

1. 债券票面利息

债券票面利息即债券发行人定期支付给债券持有人的利息，计算公式为

债券票面利息＝债券面值×票面利率

票面利息一般按年度或半年计算，一方面它是债券利息费用的组成部分，另一方面在未支付债券持有人前，它形成企业的一项负债，按企业会计准则规定，在分期支付债券利息的情况下，它是一种流动负债，即“应付利息”；在到期一次支付债券利息的情况下，它是一种长期负债，即“应付债券—应计利息”。

2. 债券利息费用

债券利息费用按债券的摊余价值和实际利率计算确定，即采用实际利率法计算债券利息费用和对利息调整进行摊销。

实际利率法指每期的利息费用按实际利率乘以期初债券账面的价值来计算。按实际利率计算的利息费用与按票面利率计算的应计利息的差额，即为本期摊销的溢价或折价。计算公式为

债券利息费用＝应付债券的期初账面价值(摊余成本)×实际利率

应摊销的利息调整＝按债券票面利率计算的应计利息－债券利息费用

3. 会计处理

企业发行的债券通常为到期一次还本付息或分期付息、一次还本两种。

资产负债表日，对于分期付息、一次还本的债券，企业应按应付债券的摊余成本和实际利率计算确定债券的利息费用，借记“在建工程”、“制造费用”、“财务费用”等科目，按票面利率计算确定应付未付利息，贷记“应付利息”科目，按其差额，借记或贷记“应付债券—利息调整”科目。

对于一次还本付息的债券，企业应于资产负债表日按摊余成本和实际利率计算确定债券的利息费用，借记“在建工程”、“制造费用”、“财务费用”等科目，按票面利率计算确定应付未付利息，贷记“应付债券—应计利息”科目，按其差额，借记或贷记“应付债券—利息调整”科目。

【例9-4】 接例9-2。该企业发行债券所筹集的资金用于建造固定资产，至2011年12月31日工程尚未完工，该债券产生的实际利息费用全部资本化。2012年7月1日工程完工，该企业持有长期债券期间各年计提利息的有关会计处理如下。

① 2011年12月31日计提的利息为

票面利息＝10 000 000×8%÷2＝400 000(元)

利息费用＝10 000 000×8%÷2＝400 000(元)　(票面利率＝实际利率)

会计分录为

借：在建工程　　400 000

　贷：应付债券—应计利息　　400 000

② 2012年6月30日计提的利息为

票面利息＝10 000 000×8%＝800 000(元)

利息费用＝10 000 000×8%＝800 000(元)　(资本化期间为半年)

会计分录为

借：在建工程　　400 000

　　财务费用　　400 000

　贷：应付债券—应计利息　　800 000

③ 2012年12月31日计提的利息为

票面利息＝10 000 000×8%＝800 000(元)

利息费用＝10 000 000×8%＝800 000(元)　(资本化期间为一年)

会计分录为

借:财务费用　　800 000

　贷:应付债券—应计利息　　800 000

【例 9-5】 2011 年 1 月 1 日,甲公司经批准发行 5 年期一次还本、分期付息的公司债券 60 000 000 元,债券利息在每年的 12 月 31 日支付,票面利率为年利率 6%。假定债券发行时市场利率为 5%。甲公司该批债券的实际发行价格为 62 596 200 元[60 000 000×(复利现值系数,5%,5)+60 000 000×6%×(年金现值系数,5%,5)]

甲公司根据上述资料,采用实际利率法和摊余成本计算确定的利息费用如表 9-2 所列。

表 9-2　利息费用摊销表

单位:元

日　期	现金流出(a)	实际利息费用(b)＝期初账面价值(d)×5%	已偿还的本金(c)＝(a)－(b)	摊余成本余额(d)＝期初账面价值(d)－(e)
2011 年 1 月 1 日	—	—	—	62 596 200
2011 年 12 月 31 日	3 600 000	3 129 810	470 190	62 126 010
2012 年 12 月 31 日	3 600 000	3 106 300.50	493 699.50	61 632 310.50
2013 年 12 月 31 日	3 600 000	3 081 615.53	518 384.47	61 113 926.03
2014 年 12 月 31 日	3 600 000	3 055 696.30	544 303.70	60 569 622.33
2015 年 12 月 31 日	3 600 000	3 030 377.67*	569 622.33	60 000 000
2015 年 12 月 31 日	60 000 000	—	60 000 000	0
合　计	78 000 000	—	62 596 200	—

* 尾数调整:60 000 000+3 600 000−60 569 622.33＝3 030 377.67(元)。

甲公司的账务处理如下。

① 2011 年 1 月 1 日,发行债券时的会计分录为

借:银行存款　　62 596 200

　贷:应付债券—面值　　60 000 000

　　　　　　—利息调整　　2 596 200

② 2011 年 12 月 31 日,计算利息费用时的会计分录为

借:财务费用(或在建工程)　　3 129 810

　应付债券—利息调整　　470 190

　贷:应付利息　　3 600 000

(三) 债券还本付息

采用一次还本付息方式的,企业应于债券到期支付债券本息时,借记“应付债券—面值”、“应付债券—应计利息”科目,贷记“银行存款”科目。

采用一次还本、分期付息方式的,在每期支付利息时,借记“应付利息”科目,贷记“银行存款”科目;债券到期偿还本金并支付最后一期利息时,借记“应付债券—面值”、“在建工程”、“财务费用”、“制造费用”等科目,贷记“银行存款”科目,按其差额,贷记或借记“应付债券—利息调

整”科目。

【例 9－6】　接例 9－5。从 2011 年 12 月 31 日开始支付利息，直到 2015 年 12 月 31 日，归还债券本金及最后一期利息费用时的会计处理如下。

① 2011 年 12 月 31 日支付利息时的会计分录为

借：应付利息	3 600 000
贷：银行存款	3 600 000

2012 年至 2014 年确认利息费用时的会计分录与 2011 年的相同，金额与利息费用一览表的对应金额一致。

② 2015 年 12 月 31 日，归还债券本金及最后一期利息费用时的会计分录为

借：财务费用（或在建工程）	3 030 377.67
应付债券—面值	60 000 000
—利息调整	569 622.33
贷：银行存款	63 600 000

【例 9－7】　接例 9－2。2014 年 6 月 30 日到期一次还本付息时的会计分录为

借：应付债券—面值	10 000 000
—应计利息	2 000 000
财务费用	400 000
贷：银行存款	12 400 000

学习任务 9.4　长期和专项应付款

企业的非流动负债除了长期借款和应付债券外，还包括长期应付款和专项应付款等。

一、长期应付款

（一）长期应付款的概念

长期应付款指企业除长期借款和应付债券以外的其他各种长期应付款，包括以分期付款方式购入固定资产和无形资产时发生的应付账款，以及应付融资租入固定资产的租赁费等。

（二）长期应付款的核算

为了核算长期应付款的发生和偿还情况，企业应设置“长期应付款”和“未确认融资费用”等科目。

1. 科目设置

(1) 长期应付款

“长期应付款”属于负债类科目，用于核算企业除长期借款和应付债券以外的其他各种长期应付款，包括以分期付款方式购入固定资产和无形资产时发生的应付账款，以及应付融资租入固定资产的租赁费等。贷方登记企业尚未支付的各种长期应付款，借方登记应付款项的归还数额，期末余额在贷方，表示企业尚未支付的各种长期应付款。该科目应当按照长期应付款的种类和债权人进行核算。

(2) 未确认融资费用

“未确认融资费用”属于负债类科目，用于专门核算企业应当分期计入利息费用的未确认

融资费用。借方登记形成的未确认融资费用，贷方登记分期转销的未确认融资费用，期末余额在借方，表示企业未确认融资费用的摊余价值，该科目应当按照未确认融资费用项目进行明细核算。

2. 账务处理

(1) 应付融资租入固定资产的核算

企业采用融资租赁方式租入固定资产，虽然在法律形式上资产的所有权在租赁期间内仍然属于出租人，但由于资产的租赁期间基本上包括了资产的有效使用年限，承租企业实际上获得了租赁资产所提供的主要经济利益，同时承担了与资产所有权有关的风险。因此，承租企业应将融资租入资产作为一项固定资产入账，同时确认相应的负债。

企业应在租赁开始日，按照租赁准则确定的应计入固定资产成本的金额，借记“在建工程”或“固定资产—融资租入固定资产”科目；按最低租赁付款额，贷记“长期应付款”科目；按发生的初始直接费用，贷记“银行存款”等科目；按其差额，借记“未确认融资费用”科目。在按期支付租金时，借记“长期应付款”科目，贷记“银行存款”等科目。

履约成本指在租赁期内为租赁资产支付的各种使用费用，如技术咨询和服务费、人员培训费、维修费、保险费。承租人发生的履约成本应计入当期损益。如按履约成本金额，借记“制造费用”、“管理费用”等科目，贷记“银行存款”科目。

或有租金指金额不固定、以时间长短以外的其他因素(如销售量、使用量、物价指数等)为依据计算的租金。由于或有租金的金额不固定，无法采用系统合理的方法对其分摊，因此，或有租金在实际发生时应计入当期损益。

未确认融资费用应在租赁期内的各个期间进行分摊。在承租人分摊未确认融资费用时，应当采用实际利率法，按当期应分摊的未确认融资费用金额，借记“财务费用”科目，贷记“未确认融资费用”科目。

租赁准则确定的应计入固定资产成本的金额，指租赁开始日租赁固定资产的公允价值与最低租赁付款额现值中较低者，加上在租赁谈判和签订租赁合同过程中发生的、可直接属于租赁项目的手续费、律师费、差旅费、印花税等初始直接费用。

最低租赁付款额指在租赁期内，租赁人应支付或可能被要求支付的款项(不包括或有租金和履约成本)，加上由承租人或与其有关的第三方担保的资产余额。

【例 9-8】 某企业采用融资租赁方式租入生产设备一台，按照租赁合同规定双方确定的租赁资产公允价值为 2 000 万元，租赁期限为 5 年，最低租赁付款额为 2 400 万元。支付生产设备的运输费、保险费、安装调试费等共计 30 万元。会计处理如下：

借:在建工程	2 030
未确认融资费用	400
贷:长期应付款—应付融资租赁款	2 400
银行存款	30

【例 9-9】 接例 9-8。该企业在采用融资租赁方式租入生产设备时，支付手续费、公证费、印花税等各项费用共 50 万元。会计分录为

借:在建工程	50
贷:银行存款	50

融资租入固定资产安装调试完工后投入使用时的会计分录为

借:固定资产—融资租入固定资产　　2 080

　贷:在建工程　　2 080

【例9-10】　接例9-9。根据规定,未确认的融资费用应当在租赁期内各个期间进行合理分摊,每年分摊的金额为80万元,每年分摊时的会计处理如下:

借:财务费用　　80

　贷:未确认融资费用　　80

【例9-11】　接例9-10。按租赁合同规定,租金应于每年年初支付,每年支付租金580万元,在支付租金时的会计处理如下:

借:长期应付款—应付融资租赁款　　580

　贷:银行存款　　580

【例9-12】　接例9-11。5年融资租赁期限届满后,企业应将固定资产从"融资租入固定资产"科目转入"固定资产"科目,会计分录为

借:固定资产　　2 080

　贷:固定资产—融资租入固定资产　　2 080

(2) 具有融资性质的延期付款购买资产

企业购买资产有可能延期支付有关价款。如果延期支付的购买价格超过正常信用条件,实质上具有融资性质的,所购资产的成本应当以延期支付购买价款的现值为基础确定,实际支付的价款与购买价款现值之间的差额,应在信用期内采用实际利率法进行摊销,并计入相关资产成本或当期损益。

具体来说,企业购入有关资产超过正常信用条件延期支付价款,实质上具有融资性质的,应按购买价款的现值,借记"固定资产"、"在建工程"、"无形资产"、"研发支出"等科目;按应支付的金额,贷记"长期应付款";按其差额,借记"未确认融资费用"科目。

当按期支付价款时,借记"长期应付款"科目,贷记"银行存款"科目。

【例9-13】　企业购入价值200万元的固定资产,首付价款80万元,税款34万元随首付一次付清,并取得全款发票,余款分两年付清,每月多付5 000元利息,则会计分录如下:

借:固定资产　　2 000 000

　　应交税费—应交增值税(进项税额)　　340 000

　　未确认融资费用　　120 000

　贷:银行存款　　1 140 000

　　　长期应付款　　1 320 000

每月付款时的会计分录为

借:长期应付款　　55 000

　贷:银行存款　　55 000

同时摊销结转未确认融资费用时的会计分录为

借:财务费用　　5 000

　贷:未确认融资费用　　5 000

二、专项应付款

(一) 专项应付款的概念

专项应付款指企业接受国家拨入的具有专门用途的款项,如专项用于技术改造和技术研究等,以及从其他来源取得的款项。

专项应付款的特点是国家拨入,专款专用,不需要企业以资产或增加其他负债偿还的长期负债。

(二) 专项应付款的核算

1. 科目设置

"专项应付款"属于负债类科目,用于核算企业取得的国家指定为资本性投入的具有专项或特定用途的款项,如属于工程项目的资本性拨款等。贷方登记国家拨入的专项拨款,借方登记核销、转入资本公积的专项拨款及结余上缴金额,期末余额在贷方,表示尚未转销的专项应付款。该科目应按照拨入资本性投资项目的种类进行明细核算。

2. 账务处理

账务处理的内容包括:

① 在企业收到资本性拨款时,借记"银行存款"科目,贷记"专项应付款"科目。

【例 9-14】 甲企业 2011 年 1 月 6 日收到市财政专项拨款 5 000 000 元,用于科学实验楼的建设。

会计分录为

借:银行存款　　5 000 000

　贷:专项应付款—实验楼　　5 000 000

② 将专项或特定用途的拨款用于工程项目,借记"在建工程"、"公益性生物资产"等科目,贷记"银行存款"、"应付职工薪酬"等科目。

【例 9-15】 接例 9-14。2011 年 3 月 6 日实验楼开始建设,共消耗工程物资 3 510 000 元(含增值税),支付职工工资 1 000 000 元,其他支出 480 000 元。

分计分录为

借:在建工程　　4 990 000

　贷:工程物资　　3 510 000

　　应付职工薪酬　　1 000 000

　　银行存款　　480 000

③ 工程项目完工,形成固定资产或公益性生物资产的部分,借记"专项应付款"科目,贷记"资本公积—其他资本公积"科目;对未形成固定资产需要核销的部分,借记"专项应付款"科目,贷记"在建工程"等科目;拨款结余需返还的,借记"专项应付款"科目。

【例 9-16】 接例 9-15。2011 年 12 月 31 日实验楼建设完工,交付使用。

会计分录为

借:固定资产　　4 990 000

　贷:在建工程　　4 990 000

同时有会计分录

借：专项应付款—实验楼　　4 990 000

　贷：资本公积—拨款转入　　4 990 000

2011 年 12 月 31 日，拨款结余返还时的会计分录为

借：专项应付款—实验楼　　10 000

　贷：银行存款　　10 000

重点回顾

工作过程 9 主要讲述了与非流动负债业务核算有关的内容，其重点内容概括于图 9－1 中。

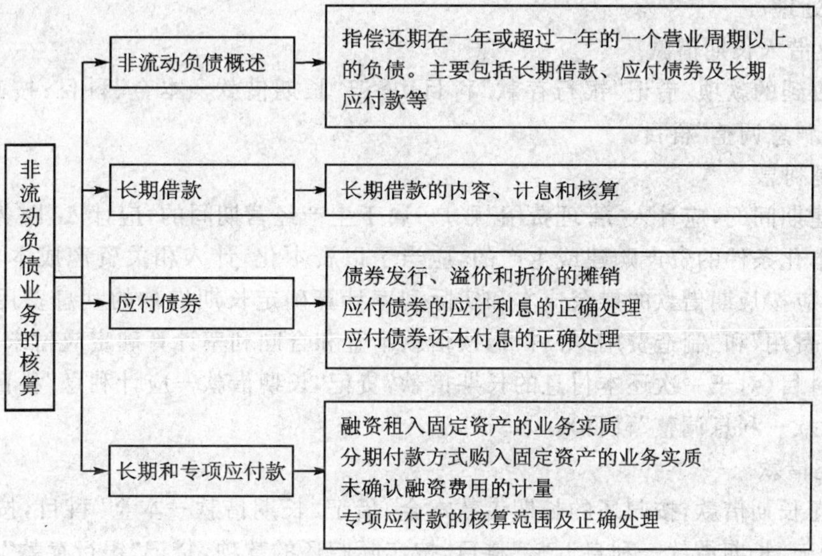

图 9－1　非流动负债业务的核算

1. 非流动负债概述

(1) 非流动负债的概念及特点

非流动负债又称长期负债，指偿还期在一年或超过一年的一个营业周期以上的负债。主要包括长期借款、应付债券及长期应付款等。它是企业向债权人筹集的、可供长期使用的资金。长期负债除具有负债的共同特征外，与流动负债相比，具有数额较大、偿还期限较长、可以分期偿还等特点。

(2) 非流动负债的分类

按筹集方式的不同，可分为长期借款、应付债券、长期应付款、专项应付款及递延所得税负债等。

按偿还方式的不同，可分为定期偿还的长期负债和分期偿还的长期负债。

按债务是否有低押，可分为抵押贷款和信用借款。

(3) 利息计算方法

单利和复利、现值与终值、年金。

2. 长期借款

(1) 长期借款概述

长期借款指企业从银行或其他金融机构借入的期限在一年以上(不含一年)的各项借款。一般用于固定资产的构建、改扩建工程、大修理工程、对外投资及保持长期经营能力等方面，是企业非流动负债的重要组成部分。

长期借款的利息计算我国目前采用单利计息的方法。

(2) 长期借款的核算

1) 设置账户

长期借款的核算应设置“长期借款”和“应付利息”等科目。

2) 账务处理

(a) 企业借入长期借款

按实际收到的款项，借记“银行存款”科目，贷记“长期借款—本金”科目；按其差额，借记“长期借款—利息调整”科目。

(b) 计提利息

属于筹建期间的，应计入“管理费用”账户；属于生产经营期间的，应计入“财务费用”账户；属于符合资本化条件的资产购建或生产的，应当予以资本化，计入相关资产成本，即在资产负债表日，企业应按长期借款的摊余成本和实际利率计算确定长期借款的利息费用，借记“在建工程”、“财务费用”和“制造费用”等科目，按借款本金和合同利率计算确定应付未付利息，贷记“应付利息”科目(对于一次还本付息的长期借款，贷记“长期借款—应计利息”科目，按其差额，贷记“长期借款—利息调整”科目)。

(c) 归还借款

企业归还长期借款，按归还的长期借款本金，借记“长期借款—本金”科目，按转销的利息调整金额，贷记“长期借款—利息调整”科目，按实际归还的款项，贷记“银行存款”科目，按其差额，借记“在建工程”、“财务费用”和“制造费用”等科目。

3. 应付债券

(1) 债券发行概述

债券是在政府、金融机构、工商企业等直接向社会借债筹措资金时，依照法定程序向投资者发行，承诺在一定期限内还本付息的有价证券。债券在发行的价格上有面值发行、溢价发行在折价发行三种。

企业在发行债券时，必然要有一些开支，如委托他人代销债券支付的手续费或佣金、印刷债券费用及相关的律师费、注册会计师审计财务报告的费用、广告费等，这些费用一般可称为发行费用。债券发行费用应首先用债券发行期间冻结资金所产生的利息收入来补偿。其中不够补偿的金额，按照借款费用资本化或费用化的原则进行处理。

(2) 应付债券的核算

应付债券的核算应设置“应付债券”、“应付利息”等科目。应付债券可按“面值”、“利息调整”、“应计利息”等明细科目进行明细核算。如果债务到期一次还本付息，则利息的计提和偿还通过“应付债券—应计利息”科目核算；如果债务分期付息，则利息的计提和偿还通过“应付利息”科目核算。

1）企业发行债券的核算

企业发行债券时，无论是按面值发行，还是按溢价发行或折价发行，均应按实际收到的金额，借记“银行存款”、“库存现金”等科目，按债券票面金额，贷记“应付债券—面值”科目；实际收到的款项与票面价值存在差额的，还应借记或贷记“应付债券—利息调整”科目。

2）利息计算及利息调整摊销的核算

企业债券在计息日应当按规定计算应付给债券持有人的利息，同时对因债券溢、折价而形成的利息调整进行摊销。

（a）债券票面利息

债券票面利息即债券发行人定期支付给债券持有人的利息，计算公式为

债券票面利息＝债券面值×票面利率

在分期支付债券利息的情况下，它是一种流动负债，即“应付利息”；在到期一次支付债券利息的情况下，它是一种长期负债，即“应付债券—应计利息”。

（b）债券利息费用

债券利息费用按债券的摊余价值和实际利率计算确定，即采用实际利率法计算债券利息费用和对利息调整进行摊销。计算公式为

债券利息费用＝应付债券的期初账面价值（摊余成本）×实际利率

应摊销的利息调整＝按债券票面利率计算的应计利息－债券利息费用

（c）会计处理

企业发行的债券通常为到期一次还本付息或分期付息、一次还本两种。

资产负债表日，对于分期付息、一次还本的债券，企业应按应付债券的摊余成本和实际利率计算确定债券的利息费用，借记“在建工程”、“制造费用”、“财务费用”等科目，按票面利率计算确定应付未付利息，贷记“应付利息”科目，按其差额，借记或贷记“应付债券—利息调整”科目。

对于一次还本付息的债券，企业应于资产负债表日按摊余成本和实际利率计算确定债券的利息费用，借记“在建工程”、“制造费用”、“财务费用”等科目，按票面利率计算确定应付未付利息，贷记“应付债券—应计利息”科目，按其差额，借记或贷记“应付债券—利息调整”科目。

3）债券还本付息

采用一次还本付息方式的，企业应于债券到期支付债券本息时，借记“应付债券—面值”、“应付债券—应计利息”科目，贷记“银行存款”科目。

采用一次还本、分期付息方式的，在每期支付利息时，借记“应付利息”科目，贷记“银行存款”科目；债券到期偿还本金并支付最后一期利息时，借记“应付债券—面值”、“在建工程”、“财务费用”、“制造费用”等科目，贷记“银行存款”科目，按其差额，贷记或借记“应付债券—利息调整”科目。

4. 长期和专项应付款

（1）长期应付款的核算

长期应付款指企业除长期借款和应付债券以外的其他各种长期应付款，包括以分期付款方式购入固定资产和无形资产时发生的应付账款，以及应付融资租入固定资产的租赁费等。

为了核算长期应付款的发生和偿还情况，企业应设置“长期应付款”和“未确认融资费用”等科目。

企业采用融资租赁方式租入固定资产，承租企业应将融资租入资产作为一项固定资产入账，同时确认相应的负债。

企业应在租赁开始日，按照租赁准则确定的应计入固定资产成本的金额，借记"在建工程"或"固定资产—融资租入固定资产"科目；按最低租赁付款额，贷记"长期应付款"科目；按发生的初始直接费用，贷记"银行存款"等科目；按其差额，借记"未确认融资费用"科目。在按期支付租金时，借记"长期应付款"科目，贷记"银行存款"等科目。

履约成本指在租赁期内为租赁资产支付的各种使用费用，如技术咨询和服务费、人员培训费、维修费、保险费。承租人发生的履约成本应计入当期损益。如按履约成本金额，借记"制造费用"、"管理费用"等科目，贷记"银行存款"科目。

或有租金指金额不固定、以时间长短以外的其他因素（如销售量、使用量、物价指数等）为依据计算的租金。由于或有租金的金额不固定，无法采用系统、合理的方法对其分摊，因此，或有租金在实际发生时应计入当期损益。

未确认融资费用应在租赁期内的各个期间进行分摊。在承租人分摊未确认融资费用时，应当采用实际利率法，按当期应分摊的未确认融资费用金额，借记"财务费用"科目，贷记"未确认融资费用"科目。

租赁准则确定的应计入固定资产成本的金额，指租赁开始日租赁固定资产的公允价值与最低租赁付款额现值中较低者，加上在租赁谈判和签订租赁合同过程中发生的、可直接属于租赁项目的手续费、律师费、差旅费、印花税等初始直接费用。

最低租赁付款额指在租赁期内，租赁人应支付或可能被要求支付的款项（不包括或有租金和履约成本），加上由承租人或与其有关的第三方担保的资产余额。

企业购入有关资产超过正常信用条件延期支付价款，实质上具有融资性质的，应按购买价款的现值，借记"固定资产"、"在建工程"、"无形资产"、"研发支出"等科目；按应支付的金额，贷记"长期应付款"；按其差额，借记"未确认融资费用"科目。

当按期支付价款时，借记"长期应付款"科目，贷记"银行存款"科目。

（2）专项应付款的核算

专项应付款指企业接受国家拨入的具有专门用途的款项，如专项用于技术改造和技术研究等，以及从其他来源取得的款项。

企业收到资本性拨款时，借记"银行存款"科目，贷记"专项应付款"科目。

将专项或特定用途的拨款用于工程项目，借记"在建工程"、"公益性生物资产"等科目，贷记"银行存款"、"应付职工薪酬"等科目；工程项目完工，形成固定资产或公益性生物资产的部分，借记"专项应付款"科目，贷记"资本公积—其他资本公积"科目。

对未形成固定资产需要核销的部分，借记"专项应付款"科目，贷记"在建工程"等科目；拨款结余需返还的，借记"专项应付款"科目。

知识拓展

经营性租入固定资产与融资租入固定资产的区别

租入固定资产指企业采用租赁的形式取得、使用，并按期支付租金的固定资产。分为经营性租入固定资产和融资租入固定资产两种形式。

经营性租入是临时租入，资产所有权不属于承租人，承租人只定期支付租金。租入固定资产的所有权仍属于租出单位。

经营性租赁是一种临时租赁，不需计提折旧，其有偿使用方式是支付租金，期满后将设备退还给出租方。租金按月预提比到期一次性列为费用更为有利，它能够实现相对节税。

融资租赁是一种将借钱与借物相结合的长期租赁方式，对于出租方来说，能够按时收回本息，投资风险小；对于租入方来说，租入设备视同自有固定资产，按月计提折旧，并冲减利润，可以节约所得税支出。

融资租入固定资产指采用融资租赁办法租入的机器设备。根据现行财务会计制度的规定，工业、农业、施工、商品流通、运输、金融、保险等企业对于融资租入的机器设备，应作为企业增加的固定资产进行管理，在“固定资产”科目中设置“融资租入固定资产”二级科目进行核算。融资租入机器设备在安装调试完毕交付使用时，应将其购置成本（包括买价、运输费、途中保险费、安装调试费）作为机器设备原值，记入“固定资产—融资租入固定资产”科目的借方和“长期应付款”科目的贷方，作为负债进行会计处理。对融资租入固定资产计提折旧时，应按照受益对象将其记入生产成本或管理费用。

简单地说，经营性租入固定资产与融资租入固定资产的区别就是资产的所有权归属不同。

两者在会计处理上的主要区别有：

① 融资租入的固定资产应作为租入企业的一项资产计价入账。相对于经营性租赁而言，融资租赁有租期较长、租约一般不能取消、支付的租金包括了设备的价款及租赁费和利息等、租赁期满承租人有优先选择廉价购买租赁资产的权利等特点。因此，在融资租赁方式下，与租赁资产有关的主要风险和报酬已由出租人转归承租人。企业采用融资租赁方式租入固定资产，尽管从法律形式上资产的所有权在租赁期间仍然属于出租方，但由于资产租赁期基本上包括了资产的有效使用年限，可以说承租企业获得了租赁资产所提供的主要经济利益，同时承担了与资产有关的风险。因此，企业应将融资租入资产作为一项资产计价入账，同时确认相应的负债。

经营性租入的固定资产，主要是为了解决生产经营的季节性和临时性需要，并不是长期拥有，租赁期限相对较短，资产的所有权仍归出租方，企业只在租赁期内拥有资产的使用权，租赁期满后企业将资产退还给出租人，也就是说在这种租赁方式下，与租赁资产相关的风险和报酬仍然属于出租人，所以，对经营性租入的固定资产不需要也不应该作为本企业的资产计价入账。

② 融资租入的固定资产应视同自有固定资产计提折旧。而经营性租入的固定资产则不需计提折旧，其有偿使用方式为支付租金。

③ 融资租入的固定资产在租赁期满后其产权应转入承租企业，作为自有固定资产入账，而经营性租入的固定资产在租赁期满后应将资产退还给出租人。

思考与练习

一、单项选择题

1. 为建造固定资产而发生的长期借款费用，在固定资产交付使用后，应计入（　　）。

A. 当期损益　　B. 固定资产价值　　C. 开办费　　D. 清算损益

2. 债券溢价发行是由于(　　)。

A. 债券票面利率高于市场利率　　B. 债券票面利率低于市场利率

C. 债券票面利率等于市场利率　　D. 债券发行量小

3. 不属于购建固定资产的长期借款利息,在企业筹备期间发生的应计入(　　)。

A. 财务费用　　B. 长期待摊费用　　C. 管理费用　　D. 专项工程支出

4. 企业发行债券筹集建造固定资产的资金,其发行费用的金额较大,在固定资产未交付使用前,发行费用计入(　　)账户。

A. 财务费用　　B. 长期待摊费用　　C. 专项工程支出　　D. 管理费用

5. 债券溢价按直线法摊销其各期利息费用等于(　　)。

A. 各期应付利息　　B. 溢价摊销额

C. 各期应付利息＋溢价摊销额　　D. 各期应付利息－溢价摊销额

6. 债券折价按直线法摊销其各期利息费用等于(　　)。

A. 各期应付利息　　B. 折价摊销额

C. 各期应付利息＋折价摊销额　　D. 各期应付利息－折价摊销额

7. 2003 年 7 月 1 日,甲企业按面值发行 3 年期、到期一次还本付息、年利率 6%(不计复利)、面值总额为 5 000 万元的债券。2004 年 12 月 31 日"应付债券"科目的账面余额为(　　)。

A. 5 150 元　　B. 5 600 元　　C. 5 000 元　　D. 5 450 元

8. 某企业于 2007 年 7 月 1 日对外发行 4 年期、面值为 1 000 万元的公司债券,债券面值年利率为 8%,一次还本付息,收到债券发行全部价款 1 000 万元。2008 年 12 月 31 日该应付债券的账面价值为(　　)万元。

A. 1 120　　B. 1 000　　C. 1 040　　D. 1 080

9. 甲公司于 2008 年 1 月 1 日从银行借入资金 800 万元,借款期限为 2 年,年利率为 6%,利息于每年年初支付,到期时归还本金及最后一年利息。所借款项已存入银行。2008 年12 月 31 日该长期借款的账面价值为(　　)万元。

A. 48　　B. 896　　C. 848　　D. 800

二、多项选择题

1. 下列对长期借款利息的会计处理,正确的有(　　)。

A. 筹建期间的借款利息计入管理费用

B. 筹建期间的借款利息计入长期待摊费用

C. 日常生产经营活动的借款利息计入财务费用

D. 符合资本化条件的借款利息计入相关资产成本

2. "应付债券"账户的贷方反映的是(　　)。

A. 债券发行时产生的债券溢价　　B. 债券发行时产生的折价

C. 期末计提应付债券利息　　D. 债券的面值

3. "应付债券"账户的借方反映的是(　　)。

A. 债券溢价的摊销　　B. 债券折价的摊销

C. 期末计提应付债券的利息　　D. 归还债券本金

4. 长期借款费用主要包括(　　)。

A. 长期借款利息　　B. 长期借款本金　　C. 长期借款到期偿还的本息

D. 汇兑损失　　E. 汇兑收益

5. 为了进行应付债券的核算,应在“应付债券”科目下设置的明细科目有(　　)。

A. 债券面值　　B. 债券溢价　　C. 债券折价

D. 应计利息　　E. 债券种类

6. 摊销应付债券溢价及折价的方法有(　　)。

A. 一次摊销法　　B. 直线法　　C. 加速摊销法

D. 分次摊销法　　E. 实际利率法

7. “长期应付款”账户的核算内容包括(　　)。

A. 应付融资租入固定资产的租赁费　　B. 应付赊销款

C. 应付引进设备款　　D. 应付利息　　E. 应付投资者利润

8. 发行债券的方式有(　　)。

A. 按溢价发行　　B. 按折价发行　　C. 按成本发行

D. 按面值发行　　E. 按费用发行

9. 对债券发行者来讲,采用实际利率法摊销债券溢、折价时(不考虑相关交易费用),以下正确的说法是(　　)。

A. 随着各期债券溢价的摊销,债券的摊余成本及利息费用应逐期减少

B. 随着各期债券溢价的摊销,债券的摊余成本减少,利息费用应逐期增加

C. 随着各期债券折价的摊销,债券的摊余成本及利息费用应逐期增加

D. 随着各期债券溢价的摊销,债券的溢价摊销额应逐期增加

E. 随着各期债券折价的摊销,债券的折价摊销额应逐期增加

三、判断题

1. 应付股利指企业根据董事会或类似机构审议批准的利润分配方案来确定分配给投资者的现金股利或利润,包括股票股利。(　　)

2. 溢价和折价的摊销是发行债券企业在债券存续期间对利息费用的一种调整。(　　)

3. 采用直线法摊销应付债券的溢价和折价,每期的摊销额是相等的。(　　)

4. 采用实际利率法摊销应付债券的溢价,每期计入的费用是逐期增加的。(　　)

5. 采用实际利率法摊销应付债券的折价,每期计入的费用是逐期减少的。(　　)

6. 企业购买固定资产如果延期支付的购买价款超过了正常信用条件,实质上具有融资性质的,所购资产的成本应当以实际支付的总价款为基础确认。(　　)

四、业务题

1. 某企业经批准从2002年1月1日起发行3年期面值为100元的债券10 000张,发行价格确定为面值发行,债券年利率为6%,每半年计息一次,该债券所筹资金全部用于新生产线的建设,该生产线于2003年6月底完工交付使用,债券到期后一次支付本金和利息。

要求:编制全部会计分录。

2. 甲公司于2008年1月1日从银行借入资金1 000万元,借款期限为3年,年利率为6%,利息于每年年初支付,到期时归还本金及最后一年利息。所借款项已存入银行。甲公司用该借款于当日购买不需安装的设备一台,价款为800万元。另支付运杂费及保险费等费用共10万元。设备已于当日投入使用。

要求:编制所有会计分录。

情境五

损益业务的核算

工作过程 10　损益业务的核算

能力目标

1. 基本掌握收入、费用等会计核算岗位的各项工作；
2. 能够准确判断企业收入、费用的性质、类别和主次；
3. 能够正确计算企业当期实现的利润或发生的亏损；
4. 能够按照规范流程和方法根据业务资料完成收入、费用及利润业务的账务处理。

知识目标

1. 熟悉收入和费用的概念，理解收入、费用的确认条件；
2. 理解收入、费用要素各损益类账户的核算范围；
3. 掌握收入、费用等损益业务的会计核算方法；
4. 掌握利润形成业务的会计核算方法。

案例导入

2011 年 12 月，李某进入 A 公司进行会计顶岗实习。A 公司为增值税一般纳税企业，使用的增值税税率为 17%。商品销售价格除特别注明外均不含增值税税额，所有劳务均属于工业性劳务。销售实现时结转销售成本。公司销售商品和提供劳务均为主营业务。2011 年 12 月，公司销售商品和提供劳务的资料如下：

① 12 月 1 日，对甲公司销售商品一批，增值税税专用发票上的销售价格为 300 万元，增值税税额为 51 万元。提货单和增值税专用发票已交甲公司，甲公司已承诺付款。为及时收回货款，给予甲公司的现金折扣条件为 2/10，1/20，n/30（假设计算现金折扣不考虑增值税因素）。该批商品的实际成本为 210 万元。12 月 15 日，收到甲公司支付的、扣除所享受现金折扣金额后的款项，并存入银行。

② 12 月 10 日，收到乙公司来函，要求对当年 11 月 20 日所购商品在价格上给予 10% 的折让（公司在该批商品售出时确认销售收入 700 万元，未收款）。经核查，该批商品外观存在质量问题。公司同意了乙公司提出的折让要求。当日，收到乙公司交来的税务机关开具的索取折让证明单，并开具红字增值税专用发票。

③ 12 月 15 日，与丙公司签订了一项有关特质商品的合同。该合同规定，商品总价款为 100 万元（不含增值税），自合同签订日起两个月内交货。合同签订日，收到丙公司预付的款项 20 万元，并存入银行。商品制造工作尚未开始。

④ 12月20日，收到了甲公司退回的当月1日所购商品的10%。经核查，该批商品存在质量问题，A公司同意了甲公司的退货要求。当日，收到甲公司交来的税务机关开具的进货退出证明单，并开具红字增值税专用发票和支付退货款项。

⑤ 12月25日，与丁公司签订一项设备维修合同，该合同规定，该设备维修总价款为80万元(不含增值税)，于维修任务完成并验收合格后一次结清。12月31日，该设备维修任务完成并经丁公司验收合格。公司实际发生的维修费用为15万元(均为维修人员的工资)。12月31日，鉴于丁公司发生重大财务困难，A公司预计很可能收到的维修款为17.55万元(含增值税税额)。

⑥ 12月31日，与戊公司签订协议，委托其代销商品一批。根据代销协议，A公司按代销协议价收取所代销商品的货款，商品实际售价由受托方自定。该批商品的协议价为50万元(不含增值税税额)，实际成本为38万元。商品已运往戊公司，符合收入确认条件。

案例思考：

李某将如何进行上述收入业务的账务处理？这些业务将会培养他收入、费用和利润核算方面的哪些能力？

学习任务10.1　收入的核算

一、收入概述

（一）收入的概念

收入指企业在日常活动中形成的、会导致所有者权益增加的、与所有者投入资本无关的经济利益的总流入。

（二）收入的特点

1. 收入是企业在日常活动中形成的经济利益的总流入

日常活动指企业为完成其经营目标所从事的经常性活动及与之相关的活动。工业企业销售产品、商业企业销售商品、咨询公司提供咨询服务、软件开发企业为客户开发软件、安装公司提供安装服务、商业银行对外贷款、租赁公司出租资产等活动，均属于企业为完成其经营目标所从事的经常性活动，由此形成的经济利益的总流入就构成收入。工业企业对外出售不需要使用的原材料、对外转让无形资产使用权、对外进行权益性投资(取得现金股利)或债权性投资(取得利息)等活动，虽不属于企业的经常性活动，但属于企业为完成其经营目标所从事的与经营性活动相关的活动，由此形成的经济利益的总流入也构成收入。

收入形成于企业日常活动的特征使其与产生于非日常活动的利得相区分。企业所从事或发生的某些活动也能为企业带来经济利益，但不属于企业为完成其经营目标所从事的经常性活动，也不属于与经常性活动相关的活动，例如，工业企业处置固定资产、无形资产，因其他企业违约收取罚款等，这些活动所形成的经济利益的总流入属于企业的利得，而不是收入。利得通常不经过经营过程就能取得或属于企业不曾期望获得的收益。

2. 收入会导致企业所有者权益的增加

收入形成的经济利益总流入的形式多种多样，既可能表现为资产的增加，如增加银行存款、应收账款；也可能表现为负债的减少，如减少预收账款；还可能表现为两者的组合，如销售实现时，部分冲减预收账款，部分增加银行存款。收入形成的经济利益总流入可以增加资产或减少负债或两者兼而有之，根据“资产－负债＝所有者权益”的会计等式，收入一定能够增加企业的所有者权益。这里所说的收入能够增加所有者权益，仅指收入本身的影响，而收入扣除与之相配比的费用后的净额，既可能增加所有者权益，也可能减少所有者权益。

企业为第三方或客户代收的款项，如企业代国家收取的增值税等，一方面增加企业的资产，另一方面增加企业的负债，并不增加企业的所有者权益，因此不构成本企业的收入。

3. 收入与所有者投入资本无关

所有者投入资本主要是为了谋求享有企业资产的剩余权益，由此形成的经济利益的总流入不构成收入，而应确认为企业所有者权益的组成部分。

（三）收入的分类

1. 收入按企业从事日常活动的性质不同分类

(1) 销售商品收入

销售商品收入主要指企业通过销售商品实现的收入。这里的商品包括生产的产品、为转售而购进的商品、原材料和包装物等。如工业企业生产的产品和商品流通企业购进的商品等，企业销售的其他存货，如原材料、包装物等也视同商品。

(2) 提供劳务收入

提供劳务收入指企业通过提供劳务实现的收入。主要有企业提供旅游、运输、饮食、广告、理发、照相、洗染、咨询、代理、培训、产品安装等劳务所获取的收入。

(3) 让渡资产使用权收入

让渡资产使用权收入指企业通过让渡资产使用权所取得的收入，包括利息收入和使用费收入。利息收入主要指金融企业对外贷款形成的利息收入，以及同业之间发生往来业务形成的利息收入等。使用费收入主要指企业转让无形资产（如商标权、专利权、专营权、版权）等资产的使用权而形成的使用费收入。

提示：企业对外出租固定资产收取的租金、进行债权投资收取的利息、进行股权投资取得的现金股利等，也构成让渡资产使用权收入。

2. 收入按企业经营业务的主次不同分类

(1) 主营业务收入

主营业务收入指企业为完成其经营目标所从事的经常性活动而实现的收入。主营业务收入一般占企业收入的比重较大，对企业的经济效益产生较大影响。比如，工业企业的主营业务收入主要包括销售产品、自制半成品、代制品、代修品、提供工业性劳务等取得的收入；商业企业的主营业务收入主要包括销售商品实现的收入；咨询公司的主营业务收入主要包括提供咨询服务实现的收入。

(2) 其他业务收入

其他业务收入指企业为完成其经营目标所从事的与经常性活动相关的活动而实现的收入。其他业务收入属于企业日常活动中次要交易实现的收入，一般占企业总收入的比重较小。工业企业的其他业务收入的主要内容有：对外销售材料，对外出租包装物、商品或固定资产，对外转让无形资产使用权，提供非工业性劳务，对外进行权益性投资（取得现金股利）或债权性投资（取得利息）等实现的收入。

二、商品销售收入的确认与核算

(一) 商品销售收入的确认与计量

1. 商品销售收入的确认条件

企业销售商品的收入,在同时符合下列五项条件时,才能予以确认。

(1) 企业已将商品所有权上的主要风险和报酬转移给购货方

风险主要指商品由于贬值、损坏、报废等原因造成的损失。报酬指商品中包含的未来经济利益,包括商品因增值及直接使用该商品所带来的经济利益。如果一项商品发生的任何损失均不需要本企业承担,且带来的经济利益也不归本企业所有,则意味着该商品所有权上的风险和报酬已转移给购买方。

判断一项商品所有权上的主要风险和报酬是否已转移给购买方,需要视不同情况而定。主要风险和主要报酬是否转移的类型归纳起来不外乎以下四种情况:

第一,主要风险和主要报酬全部未转移。某生产商通过委托代销方式将其产品分送到各地代销商处,由代销商负责代销,代销商可以按照销售金额的一定比例收取手续费,但不承担包销责任。

第二,主要报酬已转移,主要风险未转移。甲筑路公司为取得一项特定路段建造的政府合同,从乙方制造商处购买了若干台重型推土机,购销合同定明,如果甲筑路公司最后未取得道路建筑的政府合同,可以将推土机退回。

第三,主要风险已转移,主要报酬未转移。甲企业将一块土地以40万元的市场价格卖给乙房地产公司,销售协议规定,甲企业有权在交易结束后的第二年末以等于原价110%的价格回购卖出的土地,但乙房地产公司却没有权利要求甲企业一定要回购。交易结束后房地产市场一直处于低迷状态,预计近两年内也难有起色。

第四,主要风险和主要报酬已全部转移。A企业将一批商品销售给某客户,货已发出,并取得了收取货款的权利,根据与该客户多年来的商业交往经验,A企业在收回货款方面不存在重大不确定因素。

另外,主要风险和报酬是相对于次要风险和报酬而言的,如果企业仅仅保留了所有权上的次要风险,则销售成立,相应的收入应予以确认。例如,某公司在销售B产品时,允许购货企业在三个月内因质量不符合要求等原因退货。根据以往经验,公司估计的退货比例为销售额的1%,在这种情况下,该公司虽仍保留有一定的风险,但这种风险是次要的,与所有权相联系的主要风险和报酬已转移给了购买方,该公司应确认收入。

(2) 企业既没有保留通常与所有权相联系的继续管理权,也没有对已售出的商品实施控制

1) 继续管理权

继续管理权又分为与所有权有关的继续管理权和与所有权无关的继续管理权。

与所有权有关的继续管理权的情况,如甲企业为房地产开发企业,将其尚未开发的土地卖给乙企业,合同规定由甲企业开发这片土地,开发后的土地出售后,利润由甲、乙企业按比例共同享有,这种情况属于甲企业保留了与所有权有关的继续管理权,此交易不属于销售交易,而属于甲、乙企业共同开发土地、共同分享利润的投资交易,因而在出售土地时,不应确认为收入。

与所有权无关的继续管理权的情况，如某开发商将其开发的一住宅小区出售给某客户并对该小区负责以后的物业管理，就属于与所有权无关的继续管理权，开发商出售商品房时，如果同时符合收入确认的其他条件，就应确认为收入。

2) 对售出商品实施有效控制(主要指售后回购)

回购价已在合同中定明。如甲企业将产品销售给乙企业，双方订立的合同回购价格为100万元，假定回购当日的市场价格为120万元，甲企业回购商品时会少支付20万元，甲企业将获得20万元报酬；如回购当日市场价格为90万元，甲企业回购商品时会多支付10万元，甲企业将承担10万元损失。由此可见，体现在商品所有权上的主要风险和报酬就没有转移给购买方，同时又对商品实施了控制，所以甲企业销售产品时，不应确认为收入。

回购价为回购当日的市场价。如A企业将商品以100万元的价格销售给B企业，双方订立合同时明确规定，A企业回购该商品时的回购价格为回购当日的市场价。假定回购当日的市场价格为130万元，则B企业会在A企业回购商品的过程中获得30万元的报酬；假定回购当日的市场价格为85万元，则B企业将在A企业回购商品的过程中蒙受15万元的损失。尽管体现在商品所有权上的主要风险和报酬已经转移给了购买方，但由于A企业对售出商品实施了控制，所以A企业在销售该商品时，不应确认为销售收入。

(3) 收入的金额能够可靠地计量

收入能否可靠地计量是确认收入的基本前提。企业在销售商品时，售价通常已经确定，但在销售过程中由于某些不确定因素，也有可能出现售价变动的情况，则在新的售价未确定之前，即使款项已经收到，也不应确认为收入，而应将实际收到的款项作为预收账款处理。待新的售价确定后，再按预收款销售产品的有关规定，进行确认收入、补收或退回多收款项的账务处理。

(4) 与交易相关的经济利益很可能流入企业

经济利益指直接或间接流入企业的现金或现金等价物。在销售商品的交易中，与交易相关的经济利益即为销售商品的价款。销售商品的价款能否有把握收回，是收入确认的一个重要条件。企业在销售商品时，若估计价款收回的可能性(指经济利益流入企业的可能性超过50%)不大，那么即使收入确认的其他条件均已满足，也不应确认为收入。

例如，甲企业于2008年5月8日以托收承付方式向乙企业销售一批商品，成本为1 000万元，售价为2 000万元，专用发票上标明的增值税款为340万元，商品已经发出，手续已经办妥。此时，得知乙企业在另一项交易中发生了巨额损失，此笔货款收回的可能性不大，意味着与该交易相关的经济利益流入企业的可能性很小或不能流入企业，因此甲企业不应确认为收入。

(5) 相关的已发生或将发生的成本能够可靠地计量

根据收入和费用相配比的原则，与同一项销售有关的收入和成本应在同一会计期间予以确认。因此，如果成本不能可靠地计量，即使其他条件均已满足，相关的收入也不能被确认，若已收到价款，则收到的价款应确认为一项负债。

例如，乙公司本年度销售给M企业一台机床，销售价格为100万元，M企业已支付全部款项，该机床12月31日尚未完工，已经发生的成本为60万元，完工尚需发生的成本难以合理确定。此时乙公司不能确认为销售收入，虽然收入能够可靠地计量，并且已经收到，但成本不能可靠地计量，无法实行收入与费用在同一会计期间的相互配比。

2. 商品销售收入确认条件的具体应用

商品销售收入的确认条件可应用在以下几种情况：

① 销售商品采用托收承付方式的，在办妥托收手续时确认为收入。

② 销售商品采用预收款方式的，在发出商品时确认为收入，预收的货款应确认为负债。

③ 销售商品需要安装和检验的，在购买方接受商品及安装和检验完毕前，不确认为收入，待安装和检验完毕时确认为收入。如果安装程序比较简单，可在发出商品时确认为收入。

④ 销售商品采用以旧换新方式的，销售的商品应当按照销售商品收入确认条件确认为收入，回收的商品作为购进商品处理。

⑤ 销售商品采用支付手续费方式委托代销的，在收到代销清单时确认为收入。

⑥ 附有销售退回条件的商品销售，根据以往经验能够合理估计退货可能性且确认与退货相关负债的，应在发出商品时确认为收入；不能合理估计退货可能性的，应在售出商品退货期满时确认为收入。

⑦ 对于订货销售，应在发出商品时确认为收入，在此之前预收的货款应确认为负债。

⑧ 采用售后回购方式销售商品的，不应确认为收入，回购价格大于原售价的差额，应在回购期间按期计提利息，计入财务费用。采用售后租回方式销售商品的，不应确认为收入，售价与资产账面价值之间的差额，应当采用合理的方法进行分摊，作为折旧费用或租金费用进行调整。

3. 商品销售收入的计量原则

商品销售收入的计量，就是确定收入的入账价值。实现的商品销售收入，应按实际收到或应收的价款入账，具体计量遵循以下原则：

第一，销售有合同或协议的，按合同或协议金额确定入账价值。

第二，销售无合同或协议的，按供需双方的协议价格或都能接受的价格确定入账价值。

第三，不考虑预计可能发生的现金折扣及销售折让。现金折扣在实际发生时计入当期财务费用，销售折让在实际发生时冲减当期销售收入。

（二）商品销售收入的核算

1. 账户设置

在进行商品销售收入核算时，应设置“主营业务收入”账户。该账户属于损益类账户，用于核算企业在销售商品、提供劳务等日常活动中所产生的收入。贷方登记实际取得的商品销售收入，借方登记月末结转到“本年利润”的收入，月末一般无余额。本科目应按主营业务的种类设置明细账，进行明细核算。

2. 商品销售收入的会计账务处理

(1) 一般商品销售的会计账务处理

一般商品销售的会计分录为

借：银行存款/应收账款/预收账款等

　贷：主营业务收入

　　应交税费—应交增值税（销项税额）

【例 10-1】　飞达公司于 2011 年 7 月 1 日销售一批商品，价款为 10 万元，增值税税率为 17%，已办妥托收承付手续。飞达公司的账务处理如下：

借：应收账款　　117 000

贷:主营业务收入　　100 000

应交税费—应交增值税(销项税额)　　17 000

(2) 销售退回

商品销售的退回分为未确认收入的商品销售退回和已确认收入的商品销售退回两种情况。未确认收入的商品销售退回,只需将已计入“发出商品”账户的商品成本转回到“库存商品”账户即可。已确认收入的商品销售退回,不论是当期销售还是上期销售的商品,一般冲减当期收入,并按当期同类商品成本冲减当期的商品销售成本。会计分录为

借:主营业务收入

贷:应交税费—应交增值税(销项税额)(红字)

银行存款

【例 10-2】 东方电机厂 2011 年 3 月 10 日按销售合同规定,发出需要安装的设备 1 台,设备制造成本为 30 万元,开出增值税销售发票一张,设备未安装完毕。4 月 5 日在为对方安装时,发现设备存在一定的质量问题,对方退货。则东方电机厂在对方退货时的账务处理如下:

借:发出商品　　300 000

贷:库存商品　　300 000

【例 10-3】 东方电机厂 2011 年 3 月 25 日销售设备 2 台,售价 200 000 元/台(不含增值税),增值税税率为 17%,该批设备的制造成本为 150 000 元/台,价税款均已收到并存入银行。5 月 8 日,已售的 2 台设备因质量问题被退回,取得增值税红字发票,款项已退。5 月该种设备的制造成本为 140 000 元/台。东方电机厂做账务处理如下。

3 月 25 日,销售时确认收入的会计分录为

借:银行存款　　351 000

贷:主营业务收入　　300 000

应交税费—应交增值税(销项数额)　　51 000

5 月 8 日,收到退回商品时冲销收入的会计分录为

借:主营业务收入　　300 000

贷:应交税费—应交增值税(销项税额)　　51 000

银行存款　　351 000

冲减成本时的会计分录为

借:库存商品　　280 000

贷:主营业务成本　　280 000

(3) 销售折让

销售折让指企业因售出的商品质量不合格等原因而给予的售价减让。销售折让在交易时就标明了的,按折扣后的实际售价计算营业收入;在交易后发生的销售折让,则应在实际发生时冲减当期的营业收入,同时冲减当期增值税的销项部分。

【例 10-4】 龙汇公司于 2011 年 7 月 12 日向成华公司销售 1 000 件商品,增值税发票上标明售价 100 元/件,增值税税额为 17 000 元,双方约定待成华公司验收后完成交易。成华公司 20 日收到货物并办理验收,发现质量不合格的商品有 10 件,要求降价 10%,龙汇公司同意,并于 30 日收到货款和税金。龙汇公司的账务处理如下。

7 月 15 日，成华公司验收完成，龙汇公司确认收入时的会计分录为

借：应收账款　105 300

　贷：主营业务收入　90 000

　　　应交税费—应交增值税（销项税额）　15 300

7 月 30 日，收到价税款时的会计分录为

借：银行存款　105 300

　贷：应收账款　105 300

【例 10－5】　龙汇公司于 2011 年 8 月 5 日向靖江公司销售 200 件商品，每件不含税售价 200 元，龙汇公司已办理托收承付手续。8 月 11 日，靖江公司收货后，发现商品颜色与合同不符，要求龙汇公司售价折让 2 000 元。龙汇公司同意，并于 8 月 20 日收到货款及税金。

8 月 5 日，确认收入时的会计分录为

借：应收账款　46 800

　贷：主营业务收入　40 000

　　　应交税费—应交增值税（销项税额）　6 800

8 月 11 日，发生销售折让时的会计分录为

借：主营业务收入　2 000

　贷：应交税费—应交增值税（销项税额）　340

　　　应收账款　2 340

8 月 20 日，收到货款时的会计分录为

借：银行存款　44 460

　贷：应收账款　44 460

(4) 代销商品

代销商品有视同买断方式和收取手续费方式两种情况。

1) 视同买断方式

视同买断方式指由委托方和受托方签订合同，委托方按协议价收取代销商品的货款，实际售价可由受托方自定，价差归受托方所有的销售方式。委托方在交付商品时不确认为收入，受托方也不作为购进商品处理。受托方将商品销售后，应按实际售价确认为销售收入，按委托方和受托方签订的协议价确认为商品销售成本，并向委托方开出代销清单。委托方收到受托方开出的代销清单时确认为收入。

委托方的账务处理如下：

① 发出商品时的会计分录为

借：发出商品

　贷：库存商品

② 收到代销清单时的会计分录为

借：应收账款

　贷：主营业务收入

　　　应交税费—应交增值税（销项税额）

③ 同时结转委托商品成本时的会计分录为

借：主营业务成本

贷:发出商品

④ 收到代销发出商品的收入时的会计分录为

借:银行存款

贷:应收账款

受托方的账务处理如下:

① 收到代销商品时的会计分录为

借:受托代销商品

贷:代销商品款

② 实现销售时的会计分录为

借:银行存款

贷:主营业务收入

应交税费—应交增值税(销项税额)

③ 同时结转委托商品成本时的会计分录为

借:主营业务成本

贷:受托代销商品

借:代销商品款

应交税费—应交增值税(进项税额)

贷:应付账款

④ 按照合同将款项付给委托方时的会计分录为

借:应付账款

贷:银行存款

【例 10-6】 2011 年 1 月 3 日,飞龙公司委托长城公司代销商品 500 件,双方协议价为 20 元/件(不含税),长城公司自定售价为 50 元/件(不含税)。3 月 1 日飞龙公司收到长城公司开来的代销清单,标明销售商品 500 件,飞龙公司开具增值税专用发票。商品的制造成本为12 元/件。

委托方企业飞龙公司的账务处理如下:

① 发出代销商品时的会计分录为

借:发出商品	6 000
贷:库存商品	6 000

② 收到代销清单时的会计分录为

借:应收账款	11 700
贷:主营业务收入	10 000
应交税费—应交增值税(销项税额)	1 700

③ 同时结转委托商品成本时的会计分录为

借:主营业务成本	6 000
贷:发出商品	6 000

④ 收到代销发出商品收入时的会计分录为

借:银行存款	11 700
贷:应收账款	11 700

受托方长城公司的账务处理如下：

① 收到代销商品时的会计分录为

借:受托代销商品　　10 000

　贷:代销商品款　　10 000

② 实现销售时的会计分录为

借:银行存款　　29 250

　贷:主营业务收入　　25 000

　　应交税费—应交增值税(销项税额)　　4 250

③ 同时结转委托商品成本时的会计分录为

借:主营业务成本　　10 000

　贷:受托代销商品　　10 000

借:代销商品款　　10 000

　应交税费—应交增值税(进项税额)　　1 700

　贷:应付账款　　11 700

④ 按照合同将款项付给委托方时的会计分录为

借:应付账款　　11 700

　贷:银行存款　　11 700

2) 收取手续费方式

收取手续费方式指受托方根据所代销的商品数量或金额向委托方收取手续费的销售方式。其特点是:受托方严格按委托方规定的价格销售商品,自己无权定价。受托方应按收取的手续费确认为收入,委托方在收到受托方开来的代销清单时确认为收入。

委托方的账务处理如下：

① 发出商品时的会计分录为

借:发出商品

　贷:库存商品

② 收到代销清单时的会计分录为

借:应收账款

　贷:主营业务收入

　　应交税费—应交增值税(销项税额)

③ 同时结转委托商品成本时的会计分录为

借:主营业务成本

　贷:发出商品

④ 收到代销发出商品收入时的会计分录为

借:银行存款

　贷:应收账款

⑤ 支付代销手续费时的会计分录为

借:销售费用

　贷:银行存款

受托方的账务处理如下：

① 收到代销商品时的会计分录为

借:受托代销商品

　贷:代销商品款

② 实现销售时的会计分录为

借:银行存款

　贷:应付账款

　　应交税费—应交增值税(销项税额)

③ 按可抵扣的增值税进项税额做会计分录为

借:应交税费—应交增值税(进项税额)

　贷:应付账款

借:代销商品款

　贷:受托代销商品

④ 归还委托单位的货款并计算代销手续费,按应付金额做会计分录为

借:应付账款

　贷:主营业务收入

　　银行存款

【例 10-7】 2011 年 6 月 1 日,飞龙公司委托襄阳公司代销商品 1 000 件,按代销合同规定商品不含税售价为 80 元/件,代销手续费为售价的 10%。8 月 31 日飞龙公司收到襄阳公司开来的代销清单,标明代销商品 1 000 件,飞龙公司开具增值税专用发票。该商品的制造成本为 50 元/件。

委托方飞龙公司的账务处理如下:

① 发出商品时的会计分录为

借:发出商品　　50 000

　贷:库存商品　　50 000

② 收到代销清单时的会计分录为

借:应收账款　　93 600

　贷:主营业务收入　　80 000

　　应交税费—应交增值税(销项税额)　　13 600

③ 同时结转委托商品成本时的会计分录为

借:主营业务成本　　50 000

　贷:发出商品　　50 000

④ 支付代销手续费时的会计分录为

借:销售费用　　8 000

　贷:应收账款　　8 000

⑤ 收到委托代销发出的商品款时的会计分录为

借:银行存款　　85 600

　贷:应收账款　　85 600

受托方襄阳公司的账务处理如下:

① 收到代销商品时的会计分录为

借:受托代销商品　80 000
　贷:代销商品款　80 000

② 实现销售时的会计分录为

借:银行存款　93 600
　贷:应付账款　80 000
　　应交税费—应交增值税(销项税额)　13 600

③ 按可抵扣的增值税进项税额做会计分录为

借:应交税费—应交增值税(进项税额)　13 600
　贷:应付账款　13 600

借:代销商品款　80 000
　贷:受托代销商品　80 000

④ 归还委托单位的货款并计算代销手续费,确认代销收入时的会计分录为

借:应付账款　93 600
　贷:主营业务收入　8 000
　　银行存款　85 600

(5) 分期收款销售

财政部2006年颁布的《企业会计准则第14号——收入》规定,分期收款销售符合融资性质的销售商品的,可在销售成立时一次确认为销售收入,且以公允价值(分期收款总额的现值或商品采用一次性付款时的售价)确认收入金额。

销售时的会计分录为

借:长期应收款
　贷:主营业务收入
　　未实现融资收益

借:主营业务成本
　贷:库存商品

后期收取价款和确认利息收入时的会计分录为

借:银行存款
　贷:长期应收款

借:未实现融资收益
　贷:财务费用

【例10-8】 丰裕公司于2009年1月1日销售一批商品给海潮公司,由于海潮公司暂时有资金困难,双方协议分3年等额付款,每年末支付1 000万元,共计3 000万元(不含增值税)。该设备成本2 000万元,假设必要的报酬率为6%,在不考虑增值税因素的情况下,丰裕公司的账务处理如下:

① 2009年1月1日销售时,确认收入为

$$长期应收款现值=\frac{1\ 000}{1+6\%}+\frac{1\ 000}{(1+6\%)^2}+\frac{1\ 000}{(1+6\%)^3}=2\ 673.02(万元)$$

会计分录为

借:长期应收款　30 000 000

贷:主营业务收入　　26 730 200

未实现融资收益　　3 269 800

借:主营业务成本　　20 000 000

贷:库存商品　　20 000 000

② 2009 年年末收取价款和确认利息收入为

利息收入＝长期应收款本金余额×实际利率

计算过程如表 10－1 所列。

表 10－1　为实现融资收益分摊表(实际利率法)

单位:万元

日　期	收款额(本＋息)	确认的融资收益(本期利息收入)	应收本金减少额(归还的本金)	应收本金余额(本金余额)
	①	②＝期初本金余额④×6%	③＝①－②	④＝期初本金余额④－③
2011 年 1 月 1 日				2 673.02
2011 年 12 月 31 日	1 000	160.38	839.62	1 833.40
2012 年 12 月 31 日	1 000	110	890	943.40
2013 年 12 月 31 日	1 000	56.60	943.40	0
合　计	3 000	326.98	2 673.02	

会计分录为

借:银行存款　　10 000 000

贷:长期应收款　　10 000 000

借:未实现融资收益　　1 603 800

贷:财务费用　　1 603 800

③ 2009 年年末收取价款和确认利息收入时的会计分录为

借:银行存款　　10 000 000

贷:长期应收款　　10 000 000

借:未实现融资收益　　1 100 000

贷:财务费用　　1 100 000

④ 2011 年年末收取价款和确认利息收入时的会计分录为

借:银行存款　　10 000 000

贷:长期应收款　　10 000 000

借:未实现融资收益　　566 000

贷:财务费用　　566 000

(6) 以旧换新销售

采取以旧换新方式销售货物的,应按新货物的同期销售价格确定销售额,不得冲减旧货物的收购价格。销售货物与有偿收购旧货是两项不同的业务活动,销售额与收购额不能相互抵减。账务处理如下:

借:银行存款

库存商品

营业外收入	50 000
投资收益	600 000
公允价值变动损益	150 000
贷:本年利润	7 500 000

② 结转各项费用、损失类损益科目的会计分录为

借:本年利润	6 300 000
贷:主营业务成本	4 000 000
其他业务成本	400 000
营业外支出	250 000
营业税金及附加	80 000
销售费用	500 000
管理费用	770 000
财务费用	200 000
资产减值损失	100 000

经过上述结转后,“本年利润”账户的贷方发生额合计 7 500 000 元减去借方发生额合计 6 300 000元即为税前利润 1 200 000 元。假设该税前合计利润进行纳税调整后,应纳税所得额为 1 000 000 元,则

应交所得税税额 $=1\ 000\ 000\times 25\%=250\ 000$(元)

③ 确认所得税费用的会计分录为

借:所得税费用	250 000
贷:应交税费—应交所得税	250 000

④ 结转所得税费用的会计分录为

借:本年利润	250 000
贷:所得税费用	250 000

通过上述计算,“本年利润”账户现为贷方余额 950 000 元(即净利润)。

⑤ 年度终了,结转“本年利润”账户的会计分录为

借:本年利润	950 000
贷:利润分配—未分配利润	950 000

三、利润分配的核算

(一) 净利润分配的原则

利润分配指企业根据国家有关规定和投资者的决议,对企业当年可供分配的利润进行的分配。企业本年实现的净利润加上年初未分配的利润(或减去年初未弥补的亏损)和其他转入后的余额,为可供分配的利润。利润可按下列顺序分配。

(1) 弥补以前年度的亏损

企业在纳税年度发生的亏损,准予向以后年度结转,用以后年度的所得弥补,但结转年限最长不得超过5年。

(2) 提取法定盈余公积

法定盈余公积按照净利润(减去弥补以前年度的亏损)的10%提取(非公司制企业也可按

照超过10%的比例提取),当企业法定盈余公积累计额已达注册资本的50%时可不再提取。

(3) 向投资者分配利润

可供分配的利润减去提取的法定盈余公积等后,为可供投资者分配的利润。可供投资者分配的利润按下列顺序分配:

① 应付优先股股利,指企业按照利润分配方案分配给优先股股东的现金股利。

② 提取任意盈余公积,指企业按规定提取的任意盈余公积。

③ 应付普通股股利,指企业按照利润分配方案分配给普通股股东的现金股利。企业分配给投资者的利润,也在本项目中核算。

企业如果发生亏损,则既可用以后年度实现的利润弥补,也可用以前年度提取的盈余公积弥补。企业以前年度亏损未弥补完的,不能提取法定盈余公积,在提取法定盈余公积前,不得向投资者分配利润。

(二) 净利润分配的账务处理

1. 账户设置

(1)"利润分配"账户

该账户属于所有者权益类账户,用来核算企业利润的分配(或亏损的弥补)和历年分配(或亏损)后的积存余额。账户的借方登记利润分配数,如提取法定盈余公积、法定公益金、应付投资者利润等;贷方登记年末由"本年利润"账户转入的净利润。该账户年末贷方余额表示历年积存的未分配利润,借方余额表示积欠的弥补亏损。为了反映利润分配的详细情况,在"利润分配"账户下应设置"提取法定盈余公积"、"应付利润"、"未分配利润"等明细分类账户,进行明细分类核算。

(2)"应付利润"账户

该账户属于负债类账户,用来核算应付给国家、其他单位、个人等投资者的利润。账户的贷方登记按照利润分配方案计算的应付利润;借方登记用货币或其他资产支付给投资者的利润。期末余额在贷方,表示应付未付的利润。

2. 利润分配的会计分录编制

税后利润补亏指以已经计算应交所得税后的企业净利润,来弥补企业往年被主管税务机关审核认定不得在税前弥补的亏损额,或者已经超过延续弥补期限的挂账亏损额。企业当年发生的亏损,以往年末未分配的利润或盈余公积来弥补,也应属于税后弥补亏损的范畴。

企业发生的亏损应由企业自行弥补。企业弥补亏损的渠道有以下三条:

第一,用以后年度税前利润弥补,用以后年度税后利润弥补。

第二,用利润弥补亏损时,无论是用税前利润还是用税后利润,都不需要进行专门的账务处理。

第三,用盈余公积弥补。

会计分录为

借:盈余公积

　贷:利润分配—未分配利润

【例10-26】 甲企业经股东大会批准,用以前年度提取的盈余公积弥补亏损50 000元。

会计分录为

借:盈余公积　　　　50 000

6. 下列各项业务中，应通过“营业外收入”科目核算的有(　　)。

A. 存货盘盈　　B. 转销无法偿付的应付账款

C. 无法查明原因的现金溢余　　D. 固定资产盘盈

7. 企业发生的下列费用中，应计入管理费用的有(　　)。

A. 计提的坏账准备　　B. 超标的业务招待费

C. 矿产资源补偿费　　D. 管理用固定资产计提的折旧

8. 下列有关销售商品收入的处理中，正确的有(　　)。

A. 在采用收取手续费的委托代销方式下销售商品，发出商品时就确认收入

B. 当期售出的商品被退回时，直接冲减退回当期的收入、成本、税金等相关项目

C. 当期售出的商品发生销售折让时，直接将发生的销售折让作为当期的销售费用处理

D. 在采用分期收款方式下销售商品时，按照合同约定的时间确认收入

9. 下列各项中，属于让渡资产使用权的收入确认条件的是(　　)。

A. 资产所有权上的风险已经转移　　B. 与交易相关的经济利益能够流入企业

C. 收入的金额能够可靠地计量　　D. 对已售出的商品已经不能实施控制

10. 下列各项中，属于企业期间费用的有(　　)。

A. 销售费用　　B. 制造费用　　C. 管理费用　　D. 财务费用

11. 企业发生的下列各项支出，计入财务费用的是(　　)。

A. 发生的现金折扣　　B. 短期借款的利息

C. 企业发行的应付债券计提的利息　　D. 企业筹建期间的长期借款利息

12. 下列各项中，影响企业销售商品收入金额的是(　　)。

A. 企业与购货方签订的合同或协议金额　　B. 预计可能发生的现金折扣

C. 商业折扣　　D. 代垫购货方的运杂费

13. 收入是企业在日常活动中产生的经济利益的总流入，下列各项中，不属于收入的有(　　)。

A. 对外销售原材料的收入

B. 出售固定资产的收入

C. 收取手续费方式下代销方取得的代销商品的收入

D. 出租无形资产的收入

三、判断题

1. 对需要安装的商品的销售，必须在安装和检验完毕后确认收入。(　　)

2. 企业已经确认销售商品收入发生销售折让时，应冲减当月的销售商品收入，不应冲减销售商品的成本和相应的增值税销项税额。(　　)

3. 2011年11月1日，A公司收到政府补助7 000元，用于补偿A公司已经发生的管理部门的相关费用和损失，甲公司应用来冲减管理费用。(　　)

4. 企业对于在同一会计期间内能够一次完成的劳务，应分期采用完工百分比法确认收入和结转成本。(　　)

5. A公司将一批商品销售给B公司，按合同规定A公司仍保留通常与所有权相联系的继续管理权和对已售出的商品实施控制。因而，A公司不能确认收入。(　　)

6. 企业出售投资性房地产应交的营业税，应列入利润表的“营业税金及附加”项目。(　　)

7. 制造费用与管理费用不同，本期发生的管理费用直接影响本期损益，而本期发生的制造费用则不一定影响本期的损益。(　　)

8. 企业出售固定资产发生的处置净损失也属于企业的费用。(　　)

9. 管理费用、资产减值损失、营业税金及附加和营业外收入都会影响企业的营业利润。(　　)

10. 企业本年实现利润总额 100 万元，发生业务招待费 50 万元，税务部门核定的业务招待费税前扣除标准是 60 万元，假定无其他纳税调整事项，企业在计算本年应纳税所得额时，应该做纳税调减处理。(　　)

11. 某企业 2009 年年初有上一年形成的亏损 25 万元，当年实现利润总额 10 万元，所得税税率为 25%。则企业 2009 年需交纳企业所得税 2.5 万元。(　　)

12. 在收取手续费代销方式下，委托方在发出商品时确认收入。(　　)

13. 企业的收入包括主营业务收入、其他业务收入和营业外收入。(　　)

四、业务题

1. 华西股份有限公司(以下简称华西公司)为增值税一般纳税企业，适用的增值税税率为 17%。商品销售价格均不含增值税税额，所有劳务均属于工业性劳务。销售实现时结转销售成本。华西公司销售商品和提供劳务为主营业务。2009 年 12 月，华西公司销售商品和提供劳务的资料如下：

(1) 12 月 1 日，对 A 公司销售商品一批，增值税专用发票上的销售价格为 100 万元，增值税税额为 17 万元。提货单和增值税专用发票已交 A 公司，A 公司已承诺付款。为及时收回货款，给予 A 公司的现金折扣条件如下：2/10，1/20，n/30(假设计算现金折扣时不考虑增值税因素)。该批商品的实际成本为 85 万元。12 月 19 日，收到 A 公司支付的扣除所享受现金折扣金额后的款项，并存入银行。

(2) 12 月 2 日，收到 B 公司来函，要求对当年 11 月 2 日所购商品在价格上给予 5% 的折让(华西公司在该批商品售出时，已确认销售收入 200 万元，并收到款项)。经核查，该批商品外观存在质量问题。华西公司同意了 B 公司提出的折让要求。当日，收到 B 公司交来的税务机关开具的索取折让证明单，并出具红字增值税专用发票和支付折让款项。

(3) 12 月 14 日，与 D 公司签订合同，以现销方式向 D 公司销售商品一批。该批商品的销售价格为 120 万元，实际成本 75 万元，提货单已交 D 公司。款项已于当日收到，存入银行。

(4) 12 月 15 日，与 E 公司签订一项设备维修合同。该合同规定，该设备维修总价款为 60 万元(不含增值税税额)，于维修完成并验收合格后一次结清。12 月 31 日，该设备维修任务完成并经 E 公司验收合格。华西公司实际发生的维修费用为 20 万元(均为维修人员工资)。12 月 31 日，鉴于 E 公司发生重大财务困难，华西公司预计很可能收到的维修款为 17.55 万元(含增值税税额)。

(5) 12 月 25 日，与 F 公司签订协议，委托其代销商品一批。根据代销协议，华西公司按代销协议价收取所代销商品的货款，商品实际售价由受托方自定。该批商品的协议价为 200 万元(不含增值税税额)，实际成本为 180 万元。商品已运往 F 公司。12 月 31 日，华西公司收到 F 公司开来的代销清单，列明已售出该批商品的 20%，款项尚未收到。

(6) 12 月 31 日，与 G 公司签订一项有关特制商品的合同。该合同规定，商品总价款为 80 万元(不含增值税税额)，自合同签订日起 2 个月内交货。合同签订日，收到 G 公司预付的款项 40 万元，并存入银行。商品制造工作尚未开始。

(7) 12 月 31 日，收到 A 公司退回的当月 1 日所购全部商品。经核查，该批商品存在质量问题，华西公司同意了 A 公司的退货要求。当日，收到 A 公司交来的税务机关开具的进货退出证明单，并开具红字增值税专用发票和支付退货款项。

要求：

(1) 编制华西公司 12 月发生的上述经济业务的会计分录。

(2) 计算华西公司 12 月主营业务收入和主营业务成本。（“应交税费”科目要求写出明细科目，答案中的金额单位用万元表示）

2. 甲工业企业 2011 年 10 月发生如下经济业务：

(1) 销售给 A 公司 A 产品 100 件，每件售价 4 000 元，货款 400 000 元，单位成本 2 500 元，增值税税率为 17%。（已收到款项并存入银行）

(2) 企业出售无形资产一项，该项无形资产账面价值 40 000 元，取得收入 50 000 元，营业税税率为 5%。

(3) 以前月份销售的 B 产品本月退回 20 件，每件售价 2 000 元，单位成本 1 500 元，货款已通过银行退回。

(4) 本月固定资产盘亏净损失 18 000 元，经批准做相应的账务处理。

(5) 接受某企业现金捐赠 20 000 元。

(6) 发生管理费用 3 000 元，销售费用 2 000 元，财务费用 35 000 元，均用银行存款支付。

要求：根据上述资料编制会计分录。

3. 甲公司为一般纳税工业企业，2005 年作为其他业务与乙公司签订了一份劳务合同，为乙公司建造办公楼一幢，总造价 8 000 万元，2005 年 9 月 2 日工程开工，预计在 2006 年 12 月底完工。2005 年 9 月 30 日，甲公司预收乙公司支付的工程款 3 000 万元并存入银行，其余款项等完工交付使用后结算。该工程全部成本为 5 600 万元，2005 年甲公司为该工程实际发生的劳务成本为 2 240 万元。至 2006 年 12 月 31 日，甲公司为该工程累计实际发生劳务成本 5 040 万元，该合同按完工百分比法确认收入。

要求：根据上述业务编制甲公司的相关会计分录。（金额单位用万元表示）

4. 某企业 2011 年的利润表上反映的税前会计利润为 190 万元，所得税税率为 25%。该企业核定的全年计税工资总额为 100 万元，实际发生的工资总额为 110 万元。该企业固定资产折旧采用平均年限法，本年计算的折旧额为 5 万元，按照税法规定采用双倍余额递减法计算的折旧额为 10 万元。管理费用中含有超标的企业招待费 6 万元和差旅费支出 3 万元。投资收益中含有国债利息收入 1 万元和转让股票投资产生的收益 2 万元。

要求：

(1) 计算该企业 2011 年的应交所得税。

(2) 编制计算应交所得税和交纳所得税的会计分录。

5. 某企业 2011 年 3 月发生的业务有：

(1) 发生无形资产研究费用 10 万元。

(2) 发生专设销售部门人员工资 25 万元。

(3) 支付业务招待费 15 万元。

(4) 支付销售产品保险费 5 万元。

(5) 计算本月应交纳的城市维护建设税 0.5 万元。

(6) 计提投资性房地产折旧 40 万元。

(7) 支付本月未计提的短期借款利息 0.1 万元。

要求：假设不考虑其他事项，编制相关业务的会计分录。

6. 大华公司 2011 年 12 月有关损益类账户的资料如下：

(1) 主营业务收入 950 000 元。

(2) 其他业务收入 200 000 元。

(3) 营业外收入 56 500 元。

(4) 主营业务成本 650 000 元。

(5) 主营业务税金及附加 36 000 元。

(6) 其他业务支出 150 000 元。

(7) 营业费用 40 000 元。

(8) 管理费用 122 000 元。

(9) 财务费用 25 000 元。

(10) 营业外支出 70 000 元。

要求：

(1) 根据以上资料，完成以下计算(要求写出计算公式)：

① 主营业务利润；

② 营业利润；

③ 利润总额；

④ 计算应交的所得税(所得税税率为 25%)；

⑤ 净利润。

(2) 编制年末结转的有关会计分录：

① 结转收益类科目的余额；

② 结转费用、支出类科目的余额；

③ 计提并结转所得税。

(3) 按净利润的 10% 提取盈余公积(并做会计分录)。

(4) 按净利润的 80% 计算应向投资者分配的利润(并做会计分录)。

(5) 年终，结转全年实现的净利润。

(6) 年终，结转全年分配的利润。

(7) 计算年末未分配的利润。

情境六

所有者权益业务的核算

工作过程 11　所有者权益业务的核算

能力目标

1. 了解企业注入资金、验资、增资等引起工商登记变更业务的办理；

2. 基本能够完成所有者权益会计核算岗位的各项工作；

3. 能够按照规范流程和方法进行投入资本、资本公积及留存收益等所有者权益的账务处理。

知识目标

1. 熟悉《公司法》等财经法规中关于资本金制度及其相关所有者权益项目的各项规定；

2. 掌握投入资本、资本公积及留存收益等所有者权益业务的会计核算方法。

案例导入

甲公司原由投资者 A 和投资者 B 共同出资成立，每人出资 200 000 元，各占 50%的股份。经营两年后，投资者 A 和投资者 B 决定增加公司资本，此时有一新的投资者 C 要求加入公司。经有关部门批准后，甲公司实施增资，将实收资本增加到 900 000 元。经三方协商，一致同意，完成下述投入后，三方投资者各拥有甲公司 300 000 元实收资本，并各占甲公司 1/3 的股份。协议约定投入资产按评估值入账。各投资者的出资情况如下：

① 投资者 A 以一台设备投入甲公司作为增资，该设备原价 180 000 元，已提折旧 95 000 元，评估确认原价 180 000 元，评估确认净值 126 000 元。

② 投资者 B 以一批原材料投入甲公司作为增资，该批材料账面价值 105 000 元，评估确认价值 110 000 元，税务部门认定应交增值税税额为 18 700 元。投资者 B 已开具了增值税专用发票。

③ 投资者 C 以银行存款投入甲公司 390 000 元。

案例思考：

甲公司接受投资者 A 和投资者 B 增资及投资者 C 初次出资的会计分录如何编制？

学习任务 11.1　所有者权益概述

一、所有者权益的概念

所有者权益指企业资产扣除负债后，由所有者享有的剩余权益。

所有者权益来源于所有者投入的资本，直接计入所有者权益的利得和损失及留存收益等。直接计入所有者权益的利得和损失指不应计入当期损益、会导致所有者权益发生增减变动的、与所有者投入资本或向所有者分配利润无关的利得和损失。利得是由企业非日常活动所形成的、会导致所有者权益增加的、与所有者投入资本无关的经济利益的流入。损失是由企业非日常活动所发生的、会导致所有者权益减少的、与向所有者分配利润无关的经济利益的流出。

二、所有者权益的性质

所有者权益与负债都属于权益，都表现为对企业资产的求偿权，都反映在资产负债表的右边。所有者权益与负债的合计总额等于资产总额，但两者又有明显的区别，主要表现在：

（一）性质不同

表现为负债是债权人对企业资产的求偿权，是债权人的权益，债权人与企业只有债权债务关系，到期可以收回本息；而所有者权益则是企业所有者对企业净资产的求偿权，包括所有者对企业投入的资本及其对投入资本的运作所产生的盈余的要求权，没有明确的偿还期限。

（二）偿还责任不同

表现为企业的负债要求企业按规定的时间和利率支付利息，到期偿还本金；而所有者权益则与企业共存亡，在企业经营期内无需偿还，国有企业按照国家的规定分配收益，股份制企业按照董事会的决定支付股利，其他企业按照企业最高层管理机构的决定分配利润。

（三）享受的权利不同

债权人通常只有享受收回本金和按事先约定的利息率收回利息的权利，既没有参与企业经营管理的权利，也没有参与企业收益分配的权利；而企业的所有者通常既具有参与企业经营管理的权利，也具有参与企业收益分配的权利。企业的所有者不仅享有法定的自己管理企业的权利，而且还享有委托他人管理企业的权利。

（四）计量特性不同

负债通常可以单独直接计量，而所有者权益除了在投资者投资时可以直接计量外，一般不能直接计量，而是通过对资产和负债的计量来间接计量。

（五）风险和收益的大小不同

负债由于具有明确的偿还期限和约定的收益率，而且一旦到期就可以收回本金与相应的利息，因而风险较小，因为债权人承担的风险小，所以相应地债权人所获得的收益也较小；而所有者的投入资本一旦投入被投资企业，一般情况下，不论企业未来的经营状况如何，都不能抽回投资，因而承担的风险较大，相应地收益也较高，当然，也有可能要承担更大的损失。

三、所有者权益的分类

所有者权益按其构成，分为实收资本、资本公积和留存收益三类。

学习任务11.2　实收资本的核算

一、实收资本概述

（一）概　念

实收资本指投资人按照企业章程、合同、协议的约定，作为资本投入到企业中的各种资产的价值。

它是企业注册登记的法定资本总额的来源，它表明所有者对企业的基本产权关系。实收资本是企业永久性的资金来源，是保证企业持续经营和偿还债务的最基本的物质基础，是企业抵御各种风险的缓冲器。

在理解实收资本时，要注意三个概念：一是注册资本，二是实收资本，三是投入资本。

投入资本指投资人实际投入到企业中的财产物资的数额，投资人投入资本，即构成企业的实收资本。

注册资本指企业在工商行政管理部门登记的投资人交纳的出资额。

我国有关法律规定，当企业的实收资本达到法定注册资本的要求时，企业才能设立。但是，在一些特殊情况下，投资人也会因为种种原因超额投入，从而使其投入资本超过企业注册资本。实收资本的增减与变动超过注册资本20%的，应持资金使用证明或验资证明向原登记机关申请变更登记。

（二）分　类

1. 按投资主体不同分类

实收资本按投资主体不同分为国家投资、法人投资、个人投资和外商投资。其中，国家投资是有权代表国家投资的部门或机构以国有资产投入企业的资本。法人投资是企业法人或其他法人单位以其依法可以支配的资产投入企业的资本。个人投资是社会个人或本企业内部职工以其合法的财产投入企业所形成的资本。外商投资是国外投资者及我国香港、澳门和台湾地区投资者投入的资本。

2. 按投入形态不同分类

实收资本按投入形态不同分为货币投资、实物投资和无形资产投资。其中，货币投资指投资人将货币资金投入被投资企业的方式；实物投资指投资人以被投资企业所需的厂房、设备等固定资产和材料、产品等流动资产进行投资的方式。无形资产投资指投资人以专利权、商标权、非专利技术、土地使用权和著作权等无形资产进行投资的方式。

二、一般企业实收资本的核算

在非股份制企业对投资者投入的资本进行核算时，应设置“实收资本”账户。“实收资本”账户属于所有者权益类账户，贷方反映企业实际收到的投资者交付的资本，借方反映企业按照法定程序减资时所减少的注册资本数额，贷方余额为企业实有的实收资本总额。

（一）以货币资金方式投入资本的核算

在会计核算中，对于不同投资者投入的货币资金，“实收资本”账户应分别设置明细账进行明细核算。企业在收到投入的货币资金时，应以实际收到的金额借记“银行存款”科目，按投资者出资享有的企业注册资本的份额，贷记“实收资本”科目，投资者出资超过其占企业注册资本份额的部分，贷记“资本公积—资本溢价”科目。

【例 11-1】 A公司为有限责任公司，该公司于 2011 年 2 月 4 日接到银行通知，B公司投入本公司的 1 000 000 元资金已到账。

会计分录为

借：银行存款	1 000 000
贷：实收资本	1 000 000

（二）以实物资产方式投入资本的核算

在企业接受实物资产投资时，应将实物资产按投资各方确认的价值入账，借记有关资产科目，按投资者应享有的企业注册资本的份额，贷记“实收资本”科目，投资者出资超过其占企业注册资本份额的部分，贷记“资本公积—资本溢价”科目。

【例 11-2】 A公司设立时收到C公司作为资本投入的一批材料。该批材料的投资合同中的约定价值为 100 000 元(不含可抵扣的增值税进项税额)，增值税进项税额为 17 000 元，C公司已开具了增值税专用发票。假设合同约定价值与公允价值相符，该进项税额允许抵扣，不考虑其他因素。

会计分录为

借：原材料	100 000
应交税费—应交增值税(进项税额)	17 000
贷：实收资本	117 000

【例 11-3】 A公司设立时收到D公司作为资本投入的不需要安装的机器设备一台，合同约定该机器设备的价值为 3 000 000 元，增值税进项税额为 510 000 元。假设合同约定价值与公允价值相符，该进项税额允许抵扣，不考虑其他因素。

会计分录为

借：固定资产	3 000 000
应交税费—应交增值税(进项税额)	510 000
贷：实收资本	3 510 000

（三）以无形资产方式投入资本的核算

企业收到以无形资产方式投入的资本，应按投资合同、协议或评估确认的价值入账，借记“无形资产”科目，按投资者应享有的企业注册资本的份额，贷记“实收资本”科目，投资者出资超过其占企业注册资本份额的部分，贷记“资本公积—资本溢价”科目。

【例 11-4】 A公司设立时收到E公司作为资本投入的一项土地使用权，合同约定价值为 2 000 000 元。假设合同约定价值与公允价值相符，不考虑其他因素。

会计分录为

借：无形资产	2 000 000
贷：实收资本	2 000 000

（四）资本变动的核算

资本变动核算的内容包括：

① 符合增资条件，并经有关部门批准增资的，在实际取得投资者的出资时，登记入账。

② 企业按法定程序报经批准减少注册资本的，在实际发还投资时登记入账。采用收购本企业股票方式减资的，在实际购入本企业股票时，登记入账。

企业实收资本增加的渠道大体有以下几种：接受追加投资，将资本公积转增资本，盈余公积转增资本，分配股票股利。

企业实收资本减少的原因大体有两种：一是资本过剩；二是企业发生重大亏损而需要减少实收资本。

在进行账务处理时分两种情况：

① 接受追加投资的核算与前面的接受投资的核算相同。

② 企业返还投资时，按返还投资数额，借记"实收资本"账户，贷记"银行存款"等账户。

三、股份有限责任公司股本的核算

对于收到的股东投资，股份有限责任公司应设置"股本"账户进行核算。当公司因发行股票、债券调换成股票、发放股票股利等原因取得股本时，记入该账户贷方；按法定程序报经批准减少注册资本的公司，在实际返还股款时记入该账户借方。"股本"账户贷方余额表示公司所拥有的股本总额。公司发行股票取得的收入大于股本总额的，称为溢价发行；小于股本总额的，称为折价发行；等于股本总额的，称为面值发行。我国不允许折价发行股票。

股份有限责任公司的设立包括发起式和募集式两种方式。发起式筹资费用低，一般只发生印刷费等少量费用，发生时可直接计入"管理费用"科目。募集式筹资费用高，发行股票时支付的手续费或佣金等相关费用，减去股票发行期间冻结资金的利息收入后的余额，按以下原则处理：属于溢价发行的，记入"资本公积—股本溢价"账户，并从溢价收入中抵消，溢价不够抵消的，记入"财务费用"账户；属于面值发行的，直接记入"财务费用"账户。

企业有时采用发行股票股利的方式来增加股本。股票股利指企业用增发的股票代替现金派发给股东的股利。当企业实现净利润但现金不足时，为了满足股东的要求，通常派发股票股利。分派股票股利，一是不会使所有者权益总额发生变动，而仅仅使所有者权益各项目结构发生内部调整；二是不需要企业拿出现金。在企业实际发放时，借记"利润分配—转作股本的股利"账户，贷记"股本"账户。

股份有限责任公司由于采用发行股票方式来筹集股本，因此在返还股款时，需要收购发行的股票。由于"股本"科目是按照股票面值登记的，因此在收购本公司股票时，亦按面值注销股本。超出面值付出的价格，可区分不同情况处理：属于面值发行的，直接冲减盈余公积和未分配利润；属于溢价发行的，首先冲减溢价收入，不足的部分，依次冲减盈余公积和未分配利润。

【例 11－5】 甲公司发行股票 500 万股，每股面值 1 元，并向受托发放的证券公司支付发行收入的 3%的手续费。甲公司按面值发行股票。

会计分录为

借：银行存款	3 000 000
贷：股本	3 000 000
借：财务费用	90 000
贷：银行存款	90 000

【例 11－6】 接例 11－5，如果甲公司股票的发行价格为每股 2 元，则账务处理如下：

会计分录为

借:银行存款	6 000 000
贷:股本	3 000 000
资本公积—资本溢价	3 000 000
借:资本公积—资本溢价	120 000
贷:银行存款	120 000

学习任务11.3　资本公积

一、资本公积概述

(一) 资本公积的概念

资本公积指企业收到投资者出资额超出其在注册资本(或股本)中所占份额的部分,以及直接计入所有者权益的利得和损失等。

资本公积包括资本溢价(或股本溢价)、直接计入所有者权益的利得和损失等。

(二) 资本公积与实收资本、净利润、盈余公积的区别

资本公积与实收资本虽然都属于投入资本范畴,但两者是有区别的。实收资本一般是投资者为了谋求投资利益而投入的资本,它属于法定资本,与企业注册资本相一致,因此,实收资本在来源和资金上都有严格限制。资本公积是有特定来源的,而且某些来源形成的资本公积并不需要由原投资者投入,也不一定需要谋求投资利益。

在会计核算中通常需要划分资本和收益(净利润)的界限。收益是企业经营活动中产生的结果,可分配给股东。资本公积是企业所有者投入资本的一部分,具有资本的属性,与企业净利润无关,所以不能作为净利润的一部分。

资本公积由全体股东享有,当资本公积转增资本时,按各个股东在实收资本中所占的投资比例计算金额,分别转增各个股东的投资金额。资本公积与盈余公积不同,盈余公积从净利润中提取,是净利润的转化形式;而资本公积有其特定的来源,与净利润无关。

二、资本公积的核算

(一) 资本溢价的核算

资本溢价指股东的出资额大于其在企业注册资本中所占份额的差额。一般来说,有限责任公司初创时,股东按照其在企业注册资本中所占的份额出资,不会出现资本溢价。但在有新的投资者加入时,新股东的出资额往往会大于其在企业注册资本中所占的份额,主要原因如下。

1. 原股东出资时与新股东出资时的资本利润率不同

企业初创时,资本利润率一般较低,而在企业经营一段时间以后,资本利润率会有所提高,这表明企业的原有资本已经增值。因而在新股东加入时,应以高于原股东的出资额占有与原股东等量的股份。

2. 原股东的出资额与其实际占有的资本不同

企业在经营一段时间以后，可能会形成一部分资本公积和留存收益。这部分资本公积和留存收益虽未转入实收资本，但却归原股东所共有。因而在新股东加入时，若想与原股东共享这部分资本公积和留存收益，也应付出高于原股东的出资额而占有与原股东等量的股份。企业收到新股东的出资额时，应根据其实际出资额，借记“银行存款”等科目；根据其在注册资本中占有的份额，贷记“实收资本”科目；根据两者的差额，贷记“资本公积”科目。

【例11-7】　甲公司由A、B、C三家公司各出资200万元组建，经过5年的经营后，D公司加入，此时，注册资本增加为800万元，D公司出资220万元，仅占公司股份的25%。

会计分录为

借：银行存款	2 200 000
贷：实收资本	2 000 000
资本公积—资本溢价	200 000

【例11-8】　乙股份有限公司发行普通股1 000万股，每股面值1元，发行价格为每股1.2元。在股票发行过程中，由证券公司直接支付并从发行收入中扣除的手续费、宣传费、印刷费等共计100 000元。

会计分录为

借：银行存款	12 000 000
贷：股本	10 000 000
资本公积—资本溢价	2 000 000
借：资本公积—资本溢价	100 000
贷：银行存款	100 000

（二）其他资本公积的核算

其他资本公积指股本溢价（或资本溢价）项目以外所形成的资本公积。其中主要包括直接计入所有者权益的利得和损失。其他资本公积是由特定资产的计价变动而形成的，当特定资产处置时，其他资本公积也应一并处置。因此，其他资本公积不得用于直接转增资本（或股本）。

其他资本公积主要包括以下内容：

① 享有的被投资单位资本公积变动的份额。在长期股权投资采用权益法核算的情况下，在被投资单位资本公积发生变动时，企业应按持股比例计算享有的份额，并计入其他资本公积。

② 自用房地产或存货转换为投资性房地产的公允价值与账面价值的差额。在企业将自用房地产或存货转换为采用公允价值模式计量的投资性房地产时，转换当日的公允价值大于原账面价值的差额，应计入其他资本公积；在处置该项投资性房地产时，应转销与其相关的其他资本公积。

③ 持有至到期投资转换为可供出售金融资产的公允价值与账面价值的差额。在企业将持有至到期投资转换为可供出售金融资产时，转换日该项持有至到期投资的公允价值与其账面价值的差额，应计入其他资本公积；在将可供出售金融资产转换为持有至到期投资时，与其相关的原计入其他资本公积的余额，应在该项金融资产的剩余期限内进行摊销。

④ 可供出售金融资产的公允价值变动。可供出售金融资产的公允价值变动所形成的利

得，除由减值损失和外币货币性金融资产所形成的汇兑差额外，借记“可供出售金融资产—公允价值变动”科目，贷记“资本公积—其他资本公积”科目，公允价值变动形成的损失，做相反的分录。

⑤ 以权益结算的股份支付的资本公积主要用于转增资本。企业根据以权益结算的股份支付协议授予职工或其他方提供服务的，应按权益工具授予日的公允价值计入其他资本公积；在行权日，应按实际行权的权益工具数量计算确定的金额，转为实收资本和资本溢价。企业按规定的程序增资时，应按其他资本公积转增资本的数额，借记“资本公积”科目，贷记“实收资本”科目。

⑥ 可转换债券的转换权价值在债券发行时记入“资本公积—其他资本公积”的贷方，实际转换时从贷方转入“资本公积—其他资本公积”的借方。

【例 11-9】 甲公司对乙公司的投资占乙公司可辨认净资产公允价值的 30%，2011 年 12 月 1 日，乙公司接受其他公司捐赠的一台设备，不需要安装，该设备在当时市场上的售价为 50 万元（含增值税），甲、乙公司均适用 25%的所得税税率。

甲公司应按比例享有乙公司所接受的捐赠，应享有的金额为 37 500 元[(500 000－500 000×25%)×30%]，会计分录为

借：长期股权投资—其他权益变动	37 500
贷：资本公积—其他资本公积	37 500

【例 11-10】 某房地产开发公司，将一座自用的办公楼转为投资性房地产，转换日该座办公楼的公允价值为 60 000 000 元，该项办公楼的原值为 50 000 000 元，已提折旧 2 000 000 元。该项资产未曾提取减值准备，不考虑其他因素，请编制相应的会计分录。

会计分录为

借：投资性房地产—成本	60 000 000
累计折旧	2 000 000
贷：固定资产	50 000 000
资本公积—其他资本公积	12 000 000

【例 11-11】 某企业将持有的一项公司债券由持有至到期的投资转为可供出售金融资产，该项债券的面值为 600 000 元，溢价 200 000 元，转换日该项债券的公允价值为 900 000 元。

会计分录为

借：可供出售金融资产—成本	900 000
贷：持有至到期投资—成本	600 000
—利息调整	200 000
资本公积—其他资本公积	100 000

（三）资本公积转增资本金

经股东大会或类似机构决议，用资本公积转增资本金时，应冲减资本公积，同时按照转增前的实收资本（或股本）的结构或比例，将转增的金额记入“实收资本”（或“股本”）科目下各所有者贷方的明细分类账。

【例 11-12】 某公司因扩大经营规模需要，经批准，该公司将 1 200 000 元的资本公积转增为资本金。

会计分录为

借:资本公积　　　　1 200 000

　贷:实收资本　　　　1 200 000

学习任务 11.4　留存收益的核算

一、留存收益概述

留存收益指企业从历年实现的利润中提取或留存于企业的内部积累,它来源于企业的生产经营活动所实现的净利润。

留存收益包括企业的盈余公积和未分配利润两部分,其中盈余公积是有特定用途的累积盈余,未分配利润是没有指定用途的累积盈余。

(一) 盈余公积的组成及用途

盈余公积指企业按照规定从净利润中提取的各种积累资金。

1. 盈余公积的组成

企业的盈余公积分为两类:

一是法定盈余公积。公司制企业的法定盈余公积按照税后利润的10%提取(非公司制企业也可按照超过10%的比例提取),法定盈余公积累计额已达注册资本的50%时可以不再提取。

二是任意盈余公积。任意盈余公积主要是公司制企业按照股东大会的决议提取,其他企业也可根据需要提取任意盈余公积。

法定盈余公积与任意盈余公积的主要区别在于其各自提取的依据不同。前者以国家的法律或行政法规为依据提取,后者则由企业自行决定提取。

2. 盈余公积的用途

(1) 用于弥补亏损

企业发生亏损时,应由企业自行弥补。弥补亏损的渠道主要有三条:一是用以后年度税前利润弥补。按照现行制度规定,企业发生亏损时,可用以后五年内实现的税前利润弥补,即税前利润弥补亏损的期间为五年。二是用以后年度税后利润弥补。企业发生的亏损经过五年期间未弥补足额的,尚未弥补的亏损应用所得税后的利润弥补。三是以盈余公积弥补。当企业以提取的盈余公积弥补亏损时,应当由公司董事会提议,并经股东大会批准。

(2) 转增资本

企业将盈余公积转增资本时,必须经股东大会决议批准。在实际将盈余公积转增资本时,要按股东原有持股比例结转。盈余公积转增资本时,转增后留存的盈余公积的数额不得少于注册资本的25%。

(3) 分配股利

原则上企业当年没有利润时,不得分配股利。若为了维护企业的信誉,在用盈余公积分配股利时,必须符合下列条件:

① 用盈余公积弥补亏损后,该项公积金仍有结余。

② 用盈余公积分配股利时,股利率不能太高,不得超过股票面值的6%。

③ 分配股利后,法定盈余公积金不得低于注册资本的25%。

（二）未分配利润的形成及用途

未分配利润是企业未进行分配的利润。它在以后年度可继续进行分配，在未进行分配之前，属于所有者权益的组成部分。从数量上来看，未分配利润是期初未分配利润加上本期实现的净利润，减去提取的各种盈余公积和分出的利润后的余额。

未分配利润有两层含义：一是留待以后年度处理的利润；二是未指明特定用途的利润。相对于所有者权益的其他部分来说，企业对未分配利润的使用有较大的自主权。

二、盈余公积的核算

对盈余公积进行核算时，应设置“盈余公积”账户，该账户为所有者权益类账户，贷方登记盈余公积的提取数，借方登记用于弥补亏损的数额和转增资本数，余额一般在贷方，表示盈余公积的期末结存状况。明细账户有“一般盈余公积”、“任意盈余公积”和“公益金”等。

（一）提取盈余公积的账务处理

提取盈余公积时，借记“利润分配”科目，贷记“盈余公积”科目。

【例 11－13】　某公司本年实现税后净利润 3 000 000 元，分别按 10%、8% 的比例提取法定盈余公积和任意盈余公积。

会计分录为

借：利润分配—提取法定盈余公积	300 000
—提取任意盈余公积	240 000
贷：盈余公积—法定盈余公积	300 000
—任意盈余公积	240 000

（二）盈余公积补亏

企业用盈余公积弥补亏损，应按当期弥补亏损的数额，借记“盈余公积”科目，贷记“利润分配”科目。

【例 11－14】　某公司用以前年度提取的盈余公积弥补当年亏损 120 000 元。

会计分录为

借：盈余公积	120 000
贷：利润分配—盈余公积补亏	120 000

（三）盈余公积转增资本

根据《公司法》规定，在盈余公积转增资本时，以留存的盈余公积不得少于注册资本的 25% 为限。企业用盈余公积转增资本，应按批准的转增资本数额，借记“盈余公积”科目，贷记“实收资本”科目。

【例 11－15】　公司因扩大经营规模需要，经批准，将 700 000 元的盈余公积转增资本金。

会计分录为

借：盈余公积	700 000
贷：实收资本	700 000

（四）盈余公积分配现金股利或利润

企业经股东大会或类似机构决议，用盈余公积分配现金股利或利润，应借记“盈余公积”科目，贷记“应付股利”科目。

【例 11－16】 某股份有限公司 2010 年 12 月 31 日的普通股股本为 5 000 万元，每股面值 1 元，可供投资者分配的利润为 500 万元，盈余公积 2 000 万元。2011 年 3 月 20 日，股东大会批准了 2010 年度的利润分配方案，以 2010 年 12 月 31 日为登记日，按每股 0.2 元发放现金股利。共需分配 1 000 万元的现金股利，其中动用可供投资者分配的利润为 500 万元、盈余公积 500 万元。

会计分录为

借：利润分配—应付现金股利	5 000 000
盈余公积	5 000 000
贷：应付股利	10 000 000

三、未分配利润的核算

未分配利润是对企业累计可供分配的利润进行分配的结果。它通过“利润分配—未分配利润”账户核算。

未分配利润核算一般在年度终了时进行，年终时，将本年实现的净利润结转到“利润分配—未分配利润”账户的贷方。同时将本年“利润分配”账户下的其他有关明细账户的余额结转到“利润分配—未分配利润”账户的借方。

年末结转后的“利润分配—未分配利润”账户的贷方期末余额反映累计的未分配利润，借方期末余额反映累计的未弥补亏损。

【例 11－17】 甲股份有限公司年初未分配利润为 1 000 000 元，本年实现净利润 3 000 000 元，该公司按净利润的 10%提取法定盈余公积，按净利润的 5%提取任意盈余公积，宣告发放 1 600 000 元的现金股利。假定不考虑其他因素，甲股份有限公司的会计处理如下：

① 结转木年利润时的会计分录为

借：本年利润	3 000 000
贷：利润分配—未分配利润	3 000 000

② 提取法定盈余公积和任意公积并宣告发放股利时的会计分录为

借：利润分配—提取法定盈余公积	300 000
—提取任意盈余公积	150 000
应付现金股利	1 600 000
贷：盈余公积—法定盈余公积	300 000
—任意盈余公积	150 000
应付股利	1 600 000

③ 结转“利润分配”各明细账户时的会计分录为

借：利润分配—未分配利润	2 050 000
贷：利润分配—提取法定盈余公积	300 000
—提取任意盈余公积	150 000
应付现金股利	1 600 000

重点回顾

工作过程 11 主要讲述了与所有者权益业务核算有关的内容，其重点内容概括于图 11-1 中。

1. 所有者权益

所有者权益指企业资产扣除负债后，由所有者享有的剩余权益。

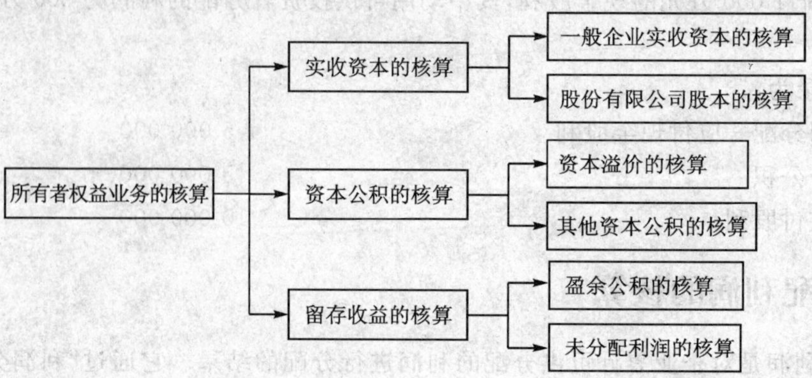

图 11-1　所有者权益业务的核算

所有者权益的来源包括所有者投入的资本、直接计入所有者权益的利得和损失及留存收益四个项目。由股东投资及其他资本性交易而来的是实收资本和资本公积，由经营活动赚取的利润而来的是盈余公积和未分配利润。

2. 实收资本的核算

实收资本指投资人按照企业章程、合同、协议的约定，作为资本投入到企业中的各种资产的价值。实收资本按投资主体不同分为国家投资、法人投资、个人投资和外商投资，按投入形态不同分为货币投资、实物投资和无形资产投资。

(1) 一般企业实收资本的核算

在非股份制企业对投资者投入的资本进行核算时，应设置“实收资本”账户。“实收资本”账户属于所有者权益类账户，贷方反映企业实际收到的投资者交付的资本，借方反映企业按照法定程序减资时所减少的注册资本数额，贷方余额为企业实有的实收资本总额。

(2) 股份有限公司股本的核算

对于收到的股东投资，股份有限公司应设置“股本”账户进行核算。当公司因发行股票、债券调换成股票、发放股票股利等原因取得股本时，计入该账户贷方；按法定程序报经批准减少注册资本的公司，在实际返还股款时计入该账户借方。“股本”账户贷方余额表示公司所拥有的股本总额。

股份有限责任公司的设立包括发起式和募集式两种方式。发起式筹资费用低，一般只发生印刷费等少量费用，发生时可直接计入“管理费用”科目。募集式筹资费用高，发行股票时支付的手续费或佣金等相关费用，减去股票发行期间冻结资金的利息收入后的余额，按以下原则处理：属于溢价发行的，计入“资本公积—股本溢价”账户，并从溢价收入中抵消，溢价不够抵消的，计入“财务费用”账户；属于面值发行的，直接计入“财务费用”账户。

3. 资本公积的核算

资本公积指企业收到投资者出资额超出其在注册资本（或股本）中所占份额的部分，以及直接计入所有者权益的利得和损失等。

(1)资本溢价的核算

资本溢价指股东的出资额大于其在企业注册资本中所占份额的差额。企业收到新股东的出资额时，应根据其实际出资额，借记“银行存款”等科目；根据其在注册资本中占有的份额，贷记“实收资本”科目；根据两者的差额，贷记“资本公积”科目。

(2)其他资本公积的核算

其他资本公积主要包括以下内容：享有的被投资单位资本公积变动的份额，自用房地产或存货转换为投资性房地产的公允价值与账面价值的差额，持有至到期投资转换为可供出售金融资产的公允价值与账面价值的差额，可供出售金融资产的公允价值变动，以权益结算的股份支付的资本公积主要用于转增资本。

4. 留存收益的核算

留存收益指企业从历年实现的利润中提取或留存于企业的内部积累，它来源于企业的生产经营活动所实现的净利润。留存收益包括企业的盈余公积和未分配利润两个部分，其中盈余公积是有特定用途的累积盈余，未分配利润是没有指定用途的累积盈余。

(1) 盈余公积的核算

盈余公积指企业按照规定从净利润中提取的各种积累资金。

企业的盈余公积分为两类：一是法定盈余公积，二是任意盈余公积。盈余公积用于弥补亏损、转增资本和分配股利。

对盈余公积进行核算时，应设置“盈余公积”账户，该账户为所有者权益类账户，贷方登记盈余公积的提取数，借方登记用于弥补亏损的数额和转增资本数，余额一般在贷方，表示盈余公积的期末结存状况。明细账户有“一般盈余公积”、“任意盈余公积”和“公益金”等。

(2) 未分配利润的核算

未分配利润是企业未进行分配的利润。它在以后年度可继续进行分配，在未进行分配之前，属于所有者权益的组成部分。从数量上来看，未分配利润是期初未分配利润加上本期实现的净利润，减去提取的各种盈余公积和分出的利润后的余额。

未分配利润核算一般在年度终了时进行，年终时，将本年实现的净利润结转到“利润分配—未分配利润”账户的贷方。同时将本年“利润分配”账户下的其他有关明细账户的余额结转到“利润分配—未分配利润”账户的借方。

知识拓展

股票发行的相关知识

什么是股票？股票是一种由股份有限公司签发的用以证明股东所持股份的凭证，它表明股票持有者对股份公司的部分资本拥有所有权。由于股票包含经济利益，且可以上市流通转让，因此股票也是一种有价证券。

1. 股票的用途

股票的用途，其一是作为一种出资证明，当一个自然人或法人向股份有限公司参股投资时，便可获得股票作为出资的凭据；其二是股票的持有者可凭借股票来证明自己的股东身份，并可参加股份公司的股东大会，对股份公司的经营发表意见；其三是股票持有人凭借股票可以获得一定的经济利益，参加股份公司的利润分配，也就是通常所说的分红。

在现实的经济活动中，人们获取股票通常有四种途径：其一是作为股份有限公司的发起人而获得股票，如我国许多上市公司都由国有独资企业转为股份制企业，原企业的部分财产就转为股份公司的股本，相应地原有企业就成为股份公司的发起人股东。其二是在股份有限公司向社会募集资金而发行股票时，自然人或法人出资购买的股票，这种股票通常被称为原始股。其三是在二级流通市场上通过出资的方式受让他人手中持有的股票，这种股票一般称为二手股票，这种形式也是我国股民获取股票的最普遍形式。其四是他人赠予或依法继承而获得的股票。

不论股票持有人通过何种途径获得股票，只要他是股票的合法拥有者并持有股票，就表明他是股票发行企业的股东，就享有相应的权利与义务。

2. 股票应具备的内容

股票作为一种重要的金融工具，不但要经过国家有关部门的核准后才能发行，而且在其票面上也必须具备一些基本的内容。在我国，目前所有股票的发行都必须征得中国证券监督管理委员会的审核批准。另外，股票在制作程序、记载内容和记载方式上都必须规范化，并符合有关法律和公司章程的规定。一般情况下，在股票票面上应具备以下内容：

① 发行该股票的股份有限公司的全称，该公司依何处法律在何处注册登记及其注册日期和注册地址。

② 发行的股票总额、股数和每股金额。

③ 股票的类别。根据股票持有人权利及义务的不同，股票可分为多种类型。目前在我国上海证券交易所及深圳证券交易所流通和转让的股票都是普通股票，一般都不注明类型。但如果是特别股票，在票面上就应标明其股票种类。

④ 股票的票面金额及其所代表的股份数。

⑤ 股票的发行日期及股票编号。如果是记名股票，则要写明股票持有者（股东）的姓名。

⑥ 股票发行公司的董事长或董事的签章，以及主管机关或核定发行登记机构的签章。

⑦ 印有供转让股票时所用的表格。

⑧ 股票的发行公司认为应当载明的注意事项。

由于现代科学技术的发展，我国沪深股市股票的发行和交易都借助电子计算机及高科技通信系统进行，上市的股票已实现了无纸化，所以现在的股票仅仅只是计算机系统内的一串符号而已。但在法律上，上市挂牌的股票都必须具备上述这些内容。在沪深股市，每股股票的面额都已标准化，是1元人民币，股票的发行总额为股份公司的总股本数。上市公司的其他相关信息都将定期在中国证监会指定的信息披露刊物如《中国证券报》、《上海证券报》和《证券时报》上刊登。

3. 股票的特征

股票作为一种有价证券，具有如下特征。

(1) 稳定性

股票投资是一种没有期限的长期投资。股票一经买入，只要股票发行公司存在，任何股票持有者都不能退股，即不能向股票发行公司要求抽回本金。同样，股票持有者的股东身份和股东权益也不能改变，但可以通过股票交易市场将股票卖出，将股份转让给其他投资者，以收回自己原来的投资。

(2) 风险性

任何一种投资都是有风险的，股票投资也不例外。股票投资者能否获得预期的回报，首先取决于企业的盈利情况，利大多分，利小少分，公司破产时则可能血本无归。其次股票作为交易对象，如同商品一样，有着自己的价格，股票的价格除了受到企业经营状况的影响之外，还受到经济、政治、社会甚至人为等诸多因素的影响，处于不断变化的状态之中，大起大落的现象也时有发生。股票市场上股票价格的波动虽然不会影响上市公司的经营业绩，继而影响股息与红利，但股票的贬值还是会使投资者蒙受部分损失。因此，欲入市的投资者，一定要谨慎从事。

(3) 责权性

股票持有者具有参与股份公司盈利分配和承担有限责任的权利和义务。根据公司法的规定，股票持有者就是股份有限公司的股东，他有权或通过其代理人出席股东大会、选举董事会并参与公司的经营决策。股东权力的大小，取决于占有股票的多少。持有股票的股东一般有参加公司股东大会的权利，具有投票权，在某种意义上亦可看做是参与经营权；股东亦有参与公司盈利分配的权力，可称之为利益分配权。股东可凭其持有的股份向股份公司领取股息、索偿权和责任权。在公司解散或破产时，股东需向公司承担有限责任，股东要按其所持有的股份比例对债权人承担清偿债务的有限责任。在债权人的债务清偿后，优先股和普通股的股东对剩余资产亦可按其所持有股份的比例向公司请求清偿(即索偿)，但优先股股东要优先于普通股，普通股只有在优先股索偿后仍有剩余资产时，才具有追索清偿的权利。

(4) 流通性

股票可以在股票市场上随时转让，进行买卖，也可以继承、赠与、抵押，但不能退股。所以，股票亦是一种具有颇强流通性的流动资产。无记名股票的转让只要把股票交付给受让人，即可达到转让的法律效果；记名股票转让则要在卖出人签章背书后才可转让。正是由于股票具有颇强的流通性，才使得股票成为一种重要的融资工具而不断发展。

4. 我国股票的类别

由于我国股市经历着先发展、后规范的历程，所以我国股票的通俗分类与国外的有所不同。在上市公司的股票中，一般可将其分为流通股及非流通股两大类。

(1) 可流通股股票

可流通股股票指在上海证券交易所、深圳证券交易所及北京两个法人股系统 STAQ 和 NET 上流通的股票。由于中国证券监督管理委员会(简称中国证监会)是 1992 年 10 月成立的，所以在此之前的股票上市都是由各证券交易系统自己审批的，而在此之后，所有股票的上市流通都统一归口由中国证监会管理。

在可流通的股票中，按市场属性的不同可分为 A 股、B 股、法人股和境外上市股票。

A 股股票指已在或获准在上海证券交易所、深圳证券交易所流通的、以人民币为计价币种的股票。这种股票按规定只能由我国居民或法人购买，所以我国股民通常所言的股票一般都是指 A 股股票。在这种股票中，又分为社会公众股和内部职工股两类，其中社会公众股是由股份有限公司向社会公开招募发行的股票；而内部职工股严格来说是由股份有限公司的职工按有关规定购买的股票，其购买方式、价格及上市流通条件都与社会公众股有所不同。

B 股股票是以人民币为股票面值、以外币为认购和交易币种的股票。它是境外投资者向我国的股份有限公司投资而形成的股份，在上海和深圳两个证券交易所上市流通。

法人股股票指在北京的 STAQ 和 NET 两个证券交易系统内上市挂牌的股票。之所以称为法人股，是因为在这两个系统内，流通的股票只能由法人参与认购及交易，自然人不能在这两个系统内买卖股票。

境外上市股票指我国的股份有限公司在境外发行并上市的股票。目前主要有在香港证券交易所流通的H股，以及在美国证券交易系统流通的N股。

(2) 非流通股股票

在上市公司的股票中，非流通股股票主要指暂时不能上市流通的国家股和法人股，其中国家股是在股份公司改制时由国有资产折成的股份，而法人股一部分是成立股份公司之初由公司发起人出资认购的股份，另一部分是在股份有限公司向社会公开募集股份时专门向其他法人机构募集而来的股票。这一部分股票未上市流通的原因一是国家股的代表人尚未确定，其上市转让难以操作；二是在发行股票时，部分法人股的募集与社会公众股的条件有所不同；三是国家股和法人股在上市公司的总股本中所占比例高达2/3，其上市流通会对现在的二级市场形成较大冲击。但是，随着我国股份制改革的深入、股市的成熟和发展，这一部分股票必将会进入沪深股市的二级流通市场。

5. 股票的性质

(1) 有价证券

有价证券是财产价值和财产权利的统一表现形式，它一方面代表一定量的财产；另一方面可以行使所代表的权利。

(2) 要式证券

要式证券真实、全面地载明法律(《公司法》)规定的内容。

(3) 证权证券

证权证券是权利的载体，是已经存在的权利的物化表现形式。证权证券的权利随证券的制作而产生，以证券的制作为存在条件。

(4) 资本证券

股票是投入股份公司资本份额的证券化，它独立于真实资本之外，是虚拟资本。

(5) 综合权利证券

股票既不是物权证券，也不是债权证券，而是综合权利证券，因为股东的权利是综合的。

思考与练习

一、单项选择题

1. 在用盈余公积弥补亏损时，应借记“盈余公积”科目，贷记(　　)科目。

A. 利润分配—盈余公积补亏　　B. 资本公积

C. 本年利润　　D. 应付股利

2. 下列对于资本公积的使用，符合规定的有(　　)。

A. 资本公积转增资本　　B. 资本公积弥补亏损

C. 资本公积发放股利　　D. 资本公积用于集体福利设施建设

3. 下列各项中，不属于企业留存收益的有(　　)。

A. 法定盈余公积　　B. 任意盈余公积

C. 资本公积　　D. 未分配利润

4. 企业可供分配的利润，应按下列(　　)顺序分配。

A. 提取法定盈余公积，提取任意盈余公积，向投资者分配利润

B. 向投资者分配利润，提取法定盈余公积，提取任意盈余公积

C. 提取法定盈余公积，向投资者分配利润，提取任意盈余公积

D. 提取任意盈余公积，向投资者分配利润，提取法定盈余公积

5. 某企业 2006 年年初未分配利润的贷方余额为 200 万元，本年度实现的净利润为 100 万元，分别按 10%和 5%提取法定盈余公积和任意盈余公积。假定不考虑其他因素，该企业 2006 年年末未分配利润的贷方余额应为(　　)万元。

A. 205　　B. 255　　C. 270　　D. 285

6. 下列各项中，能够引起所有者权益总额变化的是(　　)。

A. 以资本公积转增资本　　B. 增发新股

C. 向股东支付已宣告分派的现金股利　　D. 以盈余公积弥补亏损

7. 某企业经营第一年亏损 10 万元，第二年实现利润 30 万元(税前)，所得税税率为 15%，法定盈余公积的提取比例是 10%，则第二年应提取的法定盈余公积为(　　)万元。

A. 3　　B. 2.55　　C. 1.7　　D. 1.55

8. 下列各项中，最终仅仅影响所有者权益结构变动的是(　　)。

A. 接受捐赠　　B. 宣告分派现金股利

C. 发放股票股利　　D. 接受投资者追加投资

9. 2007 年 1 月 1 日某企业所有者权益的情况如下：实收资本 200 万元，资本公积 17 万元，盈余公积 38 万元，未分配利润 32 万元。则该企业 2007 年 1 月 1 日的留存收益为(　　)万元。

A. 32　　B. 38　　C. 70　　D. 87

10. 下列项目中，属于留存收益的是(　　)。

A. 已宣告而未发放的应付股利　　B. 收到投资者投入的资本

C. 从净利润中提取的法定盈余公积　　D. 资产评估增值

11. 某上市公司发行普通股股票 3 000 万股，每股面值 1 元，每股发行价 5 元，支付各种发行费用 90 万元，则资本公积的入账金额为(　　)万元。

A. 12 000　　B. 14 910　　C. 11 910　　D. 15 000

12. 股份有限公司溢价发行股票所支付的手续费、佣金等筹资费用，应当(　　)。

A. 直接计入财务费用　　B. 直接计入管理费用

C. 直接计入销售费用　　D. 先冲减溢价收入

13. 下列事项中，会引起所有者权益总额发生变动的是(　　)。

A. 用盈余公积弥补亏损　　B. 用盈余公积转增资本

C. 资产评估减值　　D. 计提法定盈余公积

14. 甲股份有限公司委托 A 证券公司发行普通股 1 000 万股，每股面值 1 元，每股发行价 4 元。根据约定，股票发行成功后，甲股份有限公司应按发行收入的 2%向 A 证券公司支付发行费。如果不考虑其他因素，股票发行成功后，甲股份有限公司计入“资本公积”科目的金额应为(　　)万元。

A. 20　　B. 80　　C. 2 920　　D. 3 000

15. 某企业年初的所有者权益总额为160万元，当年以其中的资本公积转增资本50万元。当年实现净利润300万元，提取盈余公积30万元，向投资者分配利润20万元。该企业年末所有者权益总额为(　　)万元。

A. 360　　B. 410　　C. 440　　D. 460

16. 法定公积金转为资本后，所留存的该项公积金不得少于转增前公司注册资本的(　　)。

A. 50%　　B. 40%　　C. 60%　　D. 25%

17. 资本公积转增资本后(　　)。

A. 所有者权益总额变化　　B. 所有者权益总额不变

C. 所有者权益结构不变　　D. 只引起实收资本增加

18. 某企业实收资本50万元，资本公积10万元，盈余公积6万元，未分配利润5万元。经批准用资本公积转增资本10万元后的所有者权益总额为(　　)。

A. 61万元　　B. 66万元　　C. 71万元　　D. 81万元

19. 有限责任公司在增资扩股时，新的投资者缴纳的出资额大于其在该公司注册资本中所占份额的部分，应记入(　　)。

A. "资本公积"科目　　B. "实收资本"科目

C. "盈余公积"科目　　D. "股本"科目

20. 企业收到固定资产投资，应按(　　)贷记"实收资本"账户。

A. 固定资产的原账面价值　　B. 所占注册资本或股本的份额

C. 投资合同或协议约定的价值　　D. 固定资产的评估价值

二、多项选择题

1. 企业所有者除以货币出资外，还可用下述哪些资产出资(　　)。

A. 固定资产　　B. 原材料　　C. 无形资产

D. 应收账款　　E. 长期待摊费用

2. 以下会计事项中，能够引起资产和所有者权益同时变化的有(　　)。

A. 收回应收账款　　B. 宣告并发放现金股利

C. 提取法定盈余公积　　D. 接受投资

E. 宣告股票股利

3. 企业吸收投资者出资时，下列会计科目的余额可能发生变化的有(　　)。

A. 盈余公积　　B. 资本公积　　C. 实收资本

D. 利润分配　　E. 营业外收入

4. 下列项目中，可用于转增资本的有(　　)。

A. 净利润　　B. 未分配利润　　C. 资本公积

D. 盈余公积　　E. 债务重组中债务转为股权

5. 企业在采用权益法核算长期股权投资时，下列各项中，不可能引起投资企业资本公积发生变动的有(　　)。

A. 被投资单位实现净利润

B. 被投资单位增资扩股

C. 被投资单位接受非现金资产捐赠

D. 被投资单位以资本公积转增资本

E. 被投资单位净损益以外的所有者权益变动

6. 下列各项中,能够引起企业资本公积变动的有(　　)。

A. 资本溢价

B. 接受捐赠的固定资产

C. 可供出售金融资产公允价值暂时性变动

D. 盘盈的固定资产

E. 自用房地产或存货转换为以公允价值计量的投资性房地产

7. 下列各项中,属于企业留存收益的有(　　)。

A. 法定盈余公积　　B. 任意盈余公积　　C. 未分配利润

D. 股本溢价　　E. 资产重估增值

8. 下列会计分录中,属于接受投入资本业务的是(　　)。

A. 借:银行存款　100 000
　贷:资本公积　100 000

B. 借:银行存款　100 000
　贷:实收资本　100 000

C. 借:固定资产　100 000
　贷:实收资本　100 000

D. 借:原材料　100 000
　贷:实收资本　100 000

E. 借:银行存款　120 000
　贷:股本　100 000
　　资本公积　20 000

9. 企业按规定从税后利润中提取盈余公积时,涉及的账户有(　　)。

A. 借记"利润分配—提取法定盈余公积"

B. 借记"利润分配—提取任意盈余公积"

C. 借记"利润分配—未分配利润"

D. 贷记"盈余公积—法定盈余公积"

E. 贷记"盈余公积—任意盈余公积"

10. "实收资本"账户的贷方登记(　　)。

A. 投资者投入的资本　　B. 按规定减资引起的投入资本的减少

C. 资本公积转增的资本　　D. 盈余公积转增的资本　　E. 资本溢价

三、判断题

1. 盈余公积的用途主要是弥补亏损和增加资本。(　)

2. 股份有限责任公司溢价发行股票时,股票溢价的净收入计入营业外收入。(　)

3. 资本公积与实收资本一样,都是由投资者对企业直接投入而形成的。(　)

4. 企业用税前利润弥补亏损时,应进行专门的会计处理。(　)

5. 用盈余公积弥补亏损或转增资本,不会引起所有者权益总额的变动。(　)

6. 分派股票股利,既不影响资产和负债,也不影响股东权益。(　)

7. 企业用税后利润弥补以前年度的亏损,不需进行专门的账务处理。(　)

8. 以减资为目的超出面值收购本企业的股票,在收回的股票被注销时,凡属于溢价发行的,对于超出面值付出的价格,应先冲销溢价收入,不足的部分,依次冲销盈余公积和未分配利润。(　　)

9. 股票股利将留存收益转为股本，对于股东权益的总额及每股账面的价值均无影响。(　　)

四、业务题

1. A公司为有限责任公司，共有三个投资者进行投资，公司发生如下经济业务：

(1) 甲投资者投入一项资金60万元，存入银行。

(2) 乙投资者投入一批原材料，材料合同中约定不含税价款为30万元，增值税为51 000元，原材料已入库。A公司确认乙投资者投入资本份额为30万元。

(3) 丙外商投资者投入一批设备，该设备的原价为60万元，已提折旧为25万元，投资确认的资本份额为30万元。

(4) A公司进行长期性股权投资的B公司实现资本公积增加40万元，A公司持有B公司股权25%，对B公司有重大影响。

(5) A公司年末将资本公积40 000元转增资本金。

(6) A公司全年实现净利润60万元，根据规定按10%提取法定盈余公积，并向投资者分配现金股利15万元。

要求：根据上述资料，编制A公司的相关会计分录(分录需写出明细科目)。

2. 甲公司属于工业企业，为增值税一般纳税人，由A、B、C三位股东于2009年12月31日共同出资设立，注册资本800万元。出资协议规定，A、B、C三位股东出资比例分别为40%、35%和25%。有关资料如下：

(1) 2009年12月31日三位股东的出资方式及出资额如表11－1所列(各位股东的出资已全部到位，并经中国注册会计师验证，有关法律手续已经办妥)：

表11－1　股东出资方式及出资额

单位：万元

出资者	货币资金	实物资产	无形资产	合　计
A	270	—	50(专利权)	320
B	130	150(设备)	—	280
C	170	30(轿车)	—	200
合　计	570	180	50	800

(2) 2010年甲公司实现净利润400万元，决定分配现金股利100万元，计划在2011年2月10日支付。

(3) 2011年12月31日，吸收D股东加入本公司，将甲公司的注册资本由原来的800万元增加到1 000万元。D股东以银行存款100万元、原材料58.5万元(增值税专用发票中注明材料价款50万元，增值税8.5万元)出资，占增资后注册资本10%的股份；其余的100万元增资由A、B、C三位股东按原持股比例以银行存款出资。2011年12月31日，四位股东的出资已全部到位，并取得D股东开出的增值税专用发票，有关的法律手续已经办妥。

要求：

(1) 编制甲公司2009年12月31日收到投资者投入资本的会计分录(写出明细科目)。

(2) 编制甲公司2010年决定分配现金股利的会计分录("应付股利"写出明细)。

(3) 计算甲公司2011年12月31日吸收D股东出资时产生的资本公积。

(4) 编制甲公司 2011 年 12 月 31 日增收到 A、B、C 股东追加投资和 D 股东出资的会计分录。

(5) 计算甲公司 2011 年 12 月 31 日增资扩股后各股东的持股比例。

3. 甲公司 2010 年度的有关资料如下：

(1) 年初未分配利润为 100 万元，本年利润总额为 390 万元，适用的企业所得税税率为 33%。按税法规定本年度准予扣除的业务招待费为 20 万元，实际发生的业务招待费为 30 万元。除此之外，不存在其他纳税调整因素。

(2) 按税后利润的 10% 和 5% 提取法定盈余公积和法定公益金。

(3) 提取任意盈余公积 12 万元。

(4) 向投资者宣告分配现金股利 40 万元。

要求：(金额单位以万元表示)

(1) 计算甲公司本期的所得税费用，并编制相应的会计分录。

(2) 编制甲公司提取法定盈余公积和法定公益金的会计分录。

(3) 编制甲公司提取任意盈余公积的会计分录。

(4) 编制甲公司向投资者宣告分配现金股利的会计分录。

(5) 计算年末未分配利润 。

情境七

主要报表的编制

工作过程 12　主要报表的编制

能力目标

1. 能够正确编制资产负债表；
2. 能够正确编制利润表；
3. 能够正确编制现金流量表。

知识目标

1. 了解编制会计报表的意义；
2. 了解财务报表体系的构成内容；
3. 理解基本报表的设计原理与编制程序；
4. 掌握基本报表编制的技术方法。

案例导入

2012 年 5 月 11 日，东方公司的会计人员贾鹏准备去当地国税局申报本公司 4 月份的增值税，他填制并携带了如下资料：

①“增值税一般纳税人纳税申报表”及其附表；

②“增值税发票领用存月报表和分支机构销售明细表”；

③“增值税发票使用明细表”；

④“增值税进项税金抵扣明细表”及电子数据；

⑤“增值税纳税申报表附报资料表”。

结果当地国税局并未受理贾鹏的申报，理由是“纳税人提供申报资料不全”。经检查，贾鹏发现自己没有携带本公司 4 月份的财务会计报表。

2012 年 5 月 15 日，东方公司由于流动资金紧张，准备向当地中国银行申请短期贷款，中国银行要求公司提供以下申请资料以备审核：

① 借款申请书；

② 企业法人代表证明书或授权委托书、董事会决议及公司章程；

③ 经年审合格的企业(法人)营业执照(复印件)；

④ 近三年审计的财务报表；

⑤ 贷款卡。

案例思考：

为什么当地国税局、中国银行均要求东方公司提供财务报表？东方公司应怎样编制财务报表？

学习任务12.1 财务报表概述

一、财务报表的概念与意义

财务报表是对企业财务状况、经营成果和现金流量等所作的结构性表达文件。企业必须按照国家统一制度的规定，定期编制财务报表。编制财务报表对有关会计信息使用者来说，可以产生相应的积极作用，具体表现在以下几个方面。

（一）对于投资人、债权人和其他利害关系人

通过定期报送的财务报表，投资人、债权人和其他利害关系人可以了解和评价企业管理层的经营业绩和受托责任的履行情况，完整、全面地认识和掌握企业的财务状况和经营成果，从而获得对其决策有用的会计信息；有利于投资人、债权人及公众对不同企业的经营业绩和财务实力进行比较和预测，使其确定投资和贷款的方向，其结果将促使社会资源向高收益的行业或企业流动。

（二）对于财政、税务、银行和审计部门

财税部门利用财务报表所提供的资料，可以了解企业的资金筹集和运用是否合理，检查企业税收、利润计划的完成情况及有无违反税法和财经纪律的现象；银行部门利用财务报表所提供的资料，可以考查企业资金的使用情况，分析企业银行借款的物质保证程度，了解银行借款的归还及信贷纪律的执行情况；审计部门利用财务报表可以了解企业的财务状况和经营情况及财经政策、法令和纪律的执行情况，从而为进行财务审计和经济效益审计提供必要的资料。

（三）对于上级主管部门

利用财务报表，可以考核所属单位的业绩及各项经济政策的执行情况，并通过各单位同类指标的对比分析，总结成本，推广先进经验；对所发现的问题，分析原因，采取措施，克服薄弱环节；同时，通过报表逐级汇总所提供的资料，可以在一定范围内反映国民经济计划的执行情况，为国家的宏观管理提供依据。

（四）对于企业管理层

利用财务报表所提供的资料，可以帮助企业领导和管理人员分析、检查企业的经济活动是否符合制度规定；考核企业资金、成本、利润等计划指标的完成程度；分析、评价经营管理中的成绩和缺点，采取措施，改善经营管理，提高经济效益。

二、财务报表体系的基本内容

按照我国企业会计准则的规定，财务报表一般可由资产负债表、利润表、现金流量表、所有者权益（或股东权益）变动表及附注组成。

资产负债表反映企业在某一特定日期所拥有的资产、需偿还的债务及股东（投资者）所拥有的净资产情况。

利润表反映企业在一定会计期间的经营成果，即利润或亏损情况，表明企业运用所拥有的资产的获利能力。

现金流量表反映企业在一定会计期间现金和现金等价物流入和流出的情况。

所有者权益(或股东权益)变动表反映所有者权益各组成部分当期的增减变动情况。

财务报表附注指为便于报表使用者理解会计报表的内容而对会计报表的编制基础、编制依据、编制原则和编制方法及主要项目等所做的文字描述或明细资料。它是财务报表的重要组成部分。

三、财务报表的分类

财务报表可按不同的标准进行分类。

(一) 按服务对象可以分为对外报表和内部报表

对外报表是企业必须定期编制,并定期向上级主管部门、投资者、财税部门等报送或按规定向社会公布的财务报表。这是一种主要的、定期的、规范化的财务报表,要求有统一的报表格式、指标体系和编制时间等。资产负债表、利润表和现金流量表等均属于对外报表。

内部报表是企业根据其内部经营管理的需要而编制的,供其内部管理人员使用的财务报表。它不要求统一格式,没有统一指标体系,如成本报表属于内部报表。

(二) 按报表所提供会计信息的重要性可以分为主表和附表

主表即主要财务报表,指所提供的会计信息比较全面、完整,能够基本满足各种信息需要者的不同要求的财务报表。现行的主表主要有三张,即资产负债表、利润表和现金流量表。

附表即从属财务报表,指对主表中不能或难以详细反映的一些重要信息所做的补充说明的报表。现行的附表主要有:利润分配表和分部报表,是利润表的附表;应交增值税明细表和资产减值准备明细表,是资产负债表的附表。

主表与有关附表之间存在着钩稽关系,主表反映企业的主要财务状况、经营成果和现金流量,附表则对主表做进一步补充说明。

(三) 按编制和报送的时间分为中期财务报表和年度财务报表

广义的中期财务报表包括月份、季度、半年期财务报表。狭义的中期财务报表仅指半年期财务报表。

年度财务报表是全面反映企业整个会计年度的经营成果、现金流量情况及年末财务状况的财务报表。企业每年年底必须编制并报送年度财务报表。

(四) 按编报单位不同分为基层财务报表和汇总财务报表

基层财务报表是由独立核算的基层单位编制的、用以反映本单位的财务状况和经营成果的报表。

汇总财务报表是上级和主管部门将其本身的财务报表与其所属单位报送的基层财务报表汇总编制而成的财务报表。

(五) 按编报的会计主体不同分为个别财务报表和合并财务报表

个别财务报表是在由母公司和子公司组成的具有控股关系的企业集团中,以母公司和子公司各自为主体分别单独编制的报表,用以分别反映母公司和子公司各自的财务状况、经营成果和现金流量情况。

合并财务报表是以母公司和子公司组成的企业集团为一会计主体,以母公司和子公司单独编制的个别财务报表为基础,由母公司编制的、综合反映企业集团经营成果、财务状况及其资金变动情况的财务报表。

四、编制财务报表的基本要求

为了充分发挥财务报表的作用，保证财务报表所提供的信息质量，在编制财务报表时，按照我国企业会计准则的规定，财务报表的编制应遵守以下几点要求。

（一）数字真实、内容完整、附注清楚

编制财务报表必须如实反映财务状况和经营情况，不能用估计数代替实际数，必须做到数字真实、计算准确，以保证财务报表的真实性。任何人不得篡改或授意、指示、强令他人篡改财务报表的有关数字。必须做到按期结账、认真对账和进行财产清查，在结账、对账和财产清查的基础上，通过编制总分类账户本期发生额试算平衡表来验算账目有无错漏，以便为正确编制财务报表提供可靠的数据。在编制完财务报表以后，还必须认真复核，做到账表相符，报表与报表之间的有关数字衔接一致。

每个单位都必须按照财政部规定的报表种类、格式和内容编制财务报表，以保证财务报表的完整性。对不同会计期间（月、季、年）应当编报的各种财务报表，必须编报齐全；应当填列的报表指标，无论是表内项目，还是补充资料，必须全部填列；应当汇总编制的所属各单位的财务报表，必须全部汇总，不得漏编、漏报。

财务报表需要加以附注，附注是财务报表的一个组成部分。附注应对财务报表中主要指标的构成和计算方法，本报告期发生的特殊情况，如经营范围的变化，经营结构的变更及对本报告期经济效益影响较大的各种因素全部加以说明。若在不同会计年度的财务报表中，各项目的内容和核算方法所采用的会计政策有所变更，则应在年度财务报表中加以说明。

（二）以持续经营为基础

企业应当以持续经营为基础，根据实际发生的交易和事项，按照《企业会计准则——基本准则》和其他具体会计准则的规定进行确认和计量，在此基础上编制财务报表，企业不应以附注披露代替确认和计量。在编制财务报表过程中，企业管理层应当在考虑市场经营风险、企业盈利能力、偿债能力、财务弹性，以及企业管理层改变经营政策的意向等因素的基础上，对企业的持续经营能力进行评价。如果对企业的持续经营能力产生重大怀疑，则应当在附注中披露导致对持续经营能力产生重大怀疑的影响因素。企业正式决定或被迫在当期或将在下一个会计期间进行清算或停止营业的，表明其处于非持续经营状态，应当采用其他基础编制财务报表，并在附注中声明财务报表未以持续经营为基础列报，同时披露未以持续经营为基础的原因和财务报表的编制基础。

（三）重要性

企业应当按照重要性要求编制财务报表。

重要性指若会计报表某项目的省略或错报会影响使用者据此做出经济决策，则该项目具有重要性。重要性应当根据企业所处的环境，从项目的性质和金额大小两方面予以判断。判断项目的重要性，应当考虑该项目的性质是否属于企业的日常活动、是否对企业的财务状况和经营成果具有较大影响等因素；判断项目金额大小的重要性，应当通过单项金额占资产总额、负债总额、所有者权益总额、营业收入总额、营业成本总额和净利润等直接相关项目金额的比重加以确定。对于性质或功能不同的项目，如长期股权投资、固定资产等，应当在财务报表中

单独列报，但不具有重要性的项目除外；对于性质或功能类似的项目，如库存商品、原材料等，应当予以合并，作为存货项目列报，但具有重要性的项目除外。

（四）可比性

企业编制的财务报表应当具有可比性。同一企业不同时期发生的相同或相似的交易或事项，应当采用一致的会计政策，不得随意变更。确需变更的，应当在附注中说明。不同企业发生的相同或相似的交易或事项，应当采用规定的会计政策，确保会计信息口径一致、相互可比。需要注意的是，可比性并不意味着企业不能改变会计政策，当法律法规要求改变或企业改变会计政策能够使提供的会计信息更可靠、更相关时，企业可以改变其会计政策，这并不影响会计信息的可比性。而且当期财务报表的列报，至少应当提供所有列报项目在上一可比会计期间的比较数据，以及与理解当期财务报表相关的说明，但另有规定的除外。

当财务报表项目的列报发生变更时，应当对上一期的比较数据按照当期的列报要求进行调整，并在附注中披露调整的原因和性质，以及调整的各项目金额。对上一期的比较数据进行调整不切实可行的，应当在附注中披露不能调整的原因。不切实可行指企业在做出所有合理努力后仍然无法采用某项规定。

（五）报送及时

财务报表必须遵照国家或上级机关规定的期限和程序，及时编制和报送，以保证报表的及时性。要想保证财务报表编报及时，必须加强日常核算工作，认真做好记账、算账、对账和财产清查工作，调整账面工作；同时加强会计人员的配合协作，使财务报表编报及时。按照规定，月度中期财务报告一般应于月份终了后 6 天内（节假日顺延，下同）对外提供，季度中期财务报告一般应于季度终了后 15 天内对外提供，半年度中期财务报告一般应于年度中期结束后 60 天内（相当于两个连续月份）对外提供，年度财务报表应于年度终了后 4 个月内对外提供。

学习任务 12.2　资产负债表的编制

一、资产负债表的定义和作用

资产负债表是反映企业在某一特定日期财务状况的会计报表，主要提供某一特定日期关于企业资产、负债、所有者权益及其相互关系。例如公历每年 12 月 31 日的资产负债表，反映的就是该日的财务状况。

资产负债表的作用包括：

① 可以提供某一日期资产的总额及其结构，表明企业拥有或控制的资源及其分布情况，使用者可以一目了然地从资产负债表上了解企业在某一特定日期所拥有的资产总量及其结构。

② 可以提供某一日期的负债总额及其结构，表明企业未来需要用多少资产或劳务来清偿债务及其清偿时间。

③ 可以反映所有者所拥有的权益，据以判断资本保值、增值的情况及对负债的保障程度。

④ 可以提供进行财务分析的基本资料，如将流动资产与流动负债进行比较，计算出流动比率；将速动资产与流动负债进行比较，计算出速动比率等，由此表明企业的变现能力、偿债能力和资金周转能力，从而有助于报表使用者做出经济决策。

二、资产负债表列报的总体要求

（一）分类别列报

资产负债表列报，最根本的目标就是如实反映企业在资产负债表日所拥有的资源、所承担的负债及所有者所拥有的权益。因此，资产负债表应当按照资产、负债和所有者权益三大类别分类列报。

（二）资产和负债按流动性列报

资产和负债应当按照流动性分为流动资产和非流动资产、流动负债和非流动负债分别列示。流动性通常按照资产的变现或耗用时间长短或负债的偿还时间长短来确定。按照财务报表列报准则的规定，应先列报流动性强的资产或负债，再列报流动性弱的资产或负债。

（三）所有者权益按永久性高低秩序列报

所有者权益类项目应该按照资本的永久性高低进行先后次序列报，永久性高者在前，低者在后。如“实收资本（股本）”项目在前，“未分配利润”项目在后。

（四）列报相关的合计和总计项目

资产负债表中的资产类至少应当列示流动资产和非流动资产的合计项目，负债类至少应当列示流动负债、非流动负债及负债的合计项目，所有者权益类应当列示所有者权益的合计项目。

资产负债表遵循了“资产＝负债＋所有者权益”这一会计恒等式，把企业在特定时日所拥有的经济资源和与之相对应的企业所承担的债务及偿债以后属于所有者的权益充分反映出来。因此，资产负债表应当分别列示资产总计项目和负债与所有者权益之和的总计项目，并且这二者的金额应当相等。

三、资产负债表的结构与格式

资产负债表正表的列报格式一般有两种：报告式资产负债表和账户式资产负债表。我国使用账户式资产负债表。

（一）报告式资产负债表

报告式资产负债表是上下结构，上半部列示资产，下半部列示负债和所有者权益。具体排列形式又有两种：一是按“资产＝负债＋所有者权益”的原理排列；二是按“资产－负债＝所有者权益”的原理排列。

（二）账户式资产负债表

账户式资产负债表是左右结构，左边列示资产，右边列示负债和所有者权益。根据我国财务报表列报准则的规定，资产负债表采用账户式的格式，即左侧列报资产方，一般按资产的流动性大小排列；右侧列报负债方和所有者权益方，一般按要求清偿时间的先后顺序排列。账户式资产负债表中资产各项目的合计等于负债和所有者权益各项目的合计，即资产负债表的左方与右方平衡。因此，通过账户式资产负债表，可以反映资产、负债、所有者权益之间的内在关系，即“资产＝负债＋所有者权益”。具体格式参见“学习任务 12.7”中的内容。

四、资产负债表的列报方法

资产负债表的各项目均需填列“年初余额”和“期末余额”两栏。

资产负债表“年初余额”栏内的各项数字，应根据上年末资产负债表“期末余额”栏内所列的数字填列。如果本年度资产负债表规定的各项目的名称和数字与上年度的不一致，则应对上年末资产负债表各项目的名称和数字按照本年度的规定进行调整，填入表中“年初余额”栏内。

资产负债表“期末余额”栏内各项数字的填列方法如下。

（一）根据总账科目余额填列

如“交易性金融资产”、“短期借款”、“应付票据”、“应付职工薪酬”等项目，根据“交易性金融资产”、“短期借款”、“应付票据”、“应付职工薪酬”各总账科目的余额直接填列；有些项目则需根据几个总账科目的期末余额计算填列，如“货币资金”项目，需根据“库存现金”、“银行存款”、“其他货币资金”三个总账科目期末余额的合计数填列。

【例 12－1】　东方公司 2010 年 12 月 31 日结账后的“库存现金”科目余额为 10 000 元，“银行存款”科目余额为 4 000 000 元，“其他货币资金”科目余额为 1 000 000 元。

东方公司 2010 年 12 月 31 日资产负债表中“货币资金”项目的金额为 10 000＋4 000 000＋1 000 000＝5 010 000(元)。

本例中，东方公司应按“库存现金”、“银行存款”和“其他货币资金”三个总账科目余额加总后的金额，作为资产负债表中“货币资金”项目的金额。

【例 12－2】　东方公司 2010 年 12 月 31 日结账后的“交易性金融资产”科目的余额为10 000 元。

东方公司 2010 年 12 月 31 日资产负债表中“交易性金融资产”项目的金额为 100 000 元。

本例中，由于东方公司是以公允价值计量交易性金融资产的，因此每期交易性金融资产价值的变动，无论是上升还是下降，均已直接调整了“交易性金融资产”科目的金额，因此，东方公司应直接以“交易性金融资产”总账科目余额填列在资产负债表中。

【例 12－3】　东方公司 2010 年 3 月 1 日向银行借入一年期借款 320 000 元，向其他金融机构借款 230 000 元，无其他短期借款业务发生。

东方公司 2010 年 12 月 31 日资产负债表中“短期借款”项目的金额为 320 000＋230 000＝550 000(元)。

本例中，企业直接以“短期借款”总账科目余额填列在资产负债表中。

【例 12－4】　东方公司年末向股东发放现金股利 400 000 元，股票股利 100 000 元，现金股利尚未支付。

东方公司 2010 年 12 月 31 日资产负债表中“应付股利”项目的金额为 400 000 元。

本例中，企业发放的股票股利不通过“应付股利”科目核算，因此，资产负债表中“应付股利”即为尚未支付的现金股利金额，即 400 000 元。

【例 12－5】　东方公司 2010 年 12 月 31 日应付 A 企业商业票据 32 000 元，应付 B 企业商业票据 56 000 元，应付 C 企业商业票据 680 000 元，尚未支付。

东方公司在 2010 年 12 月 31 日资产负债表中“应付票据”项目的金额为 32 000＋56 000＋

680 000＝768 000(元)。

本例中,企业直接以"应付票据"总账科目余额填列在资产负债表中。

【例12-6】　东方公司2010年12月31日应付管理人员工资300 000元,应计提福利费42 000元,应付车间工作人员工资57 000元,无其他应付职工薪酬项目。

东方公司2010年12月31日资产负债表中"应付职工薪酬"项目的金额为300 000＋42 000＋57 000＝399 000(元)。

本例中,管理人员工资、车间工作人员工资和福利费都属于职工薪酬的范围,应当以各种应付未付职工薪酬加总后的金额,即"应付职工薪酬"总账科目余额填列在资产负债表中。

【例12-7】　东方公司2010年1月1日发行了一次还本付息的公司债券,面值为1 000 000元,当年12月31日应计提的利息为10 000元。

东方公司2010年12月31日资产负债表中"应付债券"项目的金额为1 000 000＋10 000＝1 010 000(元)。

本例中,企业应将债券面值和应计提的利息作为"应付债券"填列为资产负债表中"应付债券"项目的金额。

(二)根据明细账科目余额计算填列

如"应付账款"项目,需要根据"应付账款"和"预付账款"两个科目所属的相关明细科目的期末贷方余额计算填列;"应收账款"项目,需要根据"应收账款"和"预收账款"两个科目所属的相关明细科目的期末借方余额计算填列。

【例12-8】　东方公司2010年12月31日结账后,有关科目所属明细科目的借、贷方余额如表12-1所列。

表12-1　例12-8明细科目借、贷方余额表

单位:元

科目名称	明细科目借方余额合计	明细科目贷方余额合计
应收账款	1 600 000	100 000
预付账款	800 000	60 000
应付账款	400 000	1 800 000
预收账款	600 000	1 400 000

东方公司2010年12月31日资产负债表中相关项目的金额为

"应收账款"项目金额

1 600 000＋600 000＝2 200 000(元)

"预付账款"项目金额

800 000＋400 000＝1 200 000(元)

"应付账款"项目金额

60 000＋1 800 000＝1 860 000(元)

"预收账款"项目金额

1 400 000＋1 00 000＝1 500 000(元)

本例中,"应收账款"项目,应当根据"应收账款"科目所属明细科目借方余额1 600 000元和“预收账款”科目所属明细科目借方余额 600 000 元加总，作为资产负债表中“应收账款”项目的金额，即 2 200 000 元。

“预付账款”项目，应当根据“预付账款”科目所属明细科目借方余额 800 000 元和“应付账款”科目所属明细科目借方余额 400 000 元加总，作为资产负债表中“预付账款”项目的金额，即 1 200 000 元。

“应付账款”项目，应当根据“应付账款”科目所属明细科目贷方余额 1 800 000 元和“预付账款”科目所属明细科目贷方余额 60 000 元加总，作为资产负债表中“应付账款”项目的金额，即 1 860 000 元。

“预收账款”项目，应当根据“预收账款”科目所属明细科目贷方余额 1 400 000 元和“应收账款”科目所属明细科目贷方余额 100 000 元加总，作为资产负债表中“预收账款”项目的金额，即 1 500 000 元。

【例 12－9】 东方公司 2010 年 12 月 1 日购入一批原材料的价款为 150 000 元，增值税 25 500 元，款项已付，材料已验收入库，当年根据实现的产品销售收入计算的增值税销项税额为 50 000 元。该月转让一项专利，需交纳营业税 50 000 元，尚未支付，没有其他未支付的税费。

东方公司 2010 年 12 月 31 日资产负债表中“应交税费”项目的金额为：50 000－25 500＋50 000＝74 500(元)。

本例中只有未付增值税和营业税两项。由于本期应交增值税为销项税额减去进项税额，即 50 000－25 500＝24 500(元)，加上未缴纳的营业税 50 000 元，因此，资产负债表中“应交税费”项目的金额为 74 500 元。

（三）根据总账科目和明细账科目余额分析计算填列

如“长期借款”项目，需要根据“长期借款”总账科目余额扣除“长期借款”科目所属的明细科目中将在一年内到期，并且企业不能自主地将清偿义务展期的长期借款后的金额计算填列。

【例 12－10】 东方公司长期借款的情况如表 12－2 所列。

表 12－2 例 12－10 长期借款情况表

借款起始日期	借款期限/年	金额/元
2008 年 1 月 1 日	3	1 000 000
2006 年 1 月 1 日	5	2 000 000
2005 年 6 月 1 日	4	1 500 000

东方公司 2010 年 12 月 31 日资产负债表中“长期借款”项目的金额为 1 000 000＋2 000 000＝3 000 000(元)。

本例中，企业应当根据“长期借款”总账科目余额 4 500 000(即 1 000 000＋2 000 000＋1 500 000)元，减去一年内到期的长期借款 1 500 000 元，作为资产负债表中“长期借款”项目的金额，即 3 000 000 元。将在一年内到期的长期借款 1 500 000 元，应当填列在流动负债下“一年内到期的非流动负债”项目中。

【例 12－11】 东方公司 2010 年“长期待摊费用”科目的期末余额为 375 000 元，将于一年内摊销的金额为 204 000 元。

根据本年相关科目发生额编制利润表,如表12-6所列。

表12-6　利润表

编制单位:东方公司　　2011年度　　单位:元

项　目	本期金额	上期金额
一、营业收入	12 500 000	11 450 000
减:营业成本	7 500 000	5 600 000
营业税金及附加	20 000	30 000
销售费用	200 000	180 000
管理费用	971 000	200 000
财务费用	300 000	200 000
资产减值损失	309 000	250 000
加:公允价值变动收益(损失以"—"号填列)	0	0
投资收益(损失以"—"号填列)	15 000	12 000
其中:对联营企业和合营企业的投资收益	0	0
二、营业利润(亏损以"—"号填列)	3 215 000	5 002 000
加:营业外收入	500 000	250 000
减:营业外支出	220 400	225 000
其中:非流动资产处置损失	0	0
三、利润总额(亏损总额以"—"号填列)	3 494 600	5 027 000
减:所得税费用	873 650	1 256 750
四、净利润(亏损以"—"号填列)	2 620 950	3 770 250

五、编制年度现金流量表

沿用本例资料及编制的资产负债表和利润表,采用工作底稿法编制现金流量表的具体步骤如下:

第一步,将资产负债表的年初余额和年末余额过入工作底稿的期初数栏和期末数栏。

第二步,对当期业务进行分析并编制调整分录。在编制调整分录时,要以利润表项目为基础,从"营业收入"开始,结合资产负债表项目逐一进行分析。本例调整分录如下:

① 分析调整营业收入的会计分录为

借:经营活动现金流量　销售商品收到的现金　　13 742 000
　　应收账款　　3 000 000
　贷:营业收入　　12 500 000
　　　应收票据　　2 117 000
　　　应交税费　　2 125 000

利润表中的营业收入是按权责发生制原则反映的,应转换为现金制。为此,应调整应收账款和应收票据的增减变动。本例应收账款增加3 000 000元,增值税销项税额2 125 000元。应减少经营活动产生的现金流量,而应收票据减少2 117 000元均系贷款。应增加经营活动产生的现金流量。

② 分析调整营业成本时的会计分录为

借:营业成本　　7 500 000
　应付票据　　1 000 000
　应交税费　　583 560
　存货　　27 000
　贷:经营活动现金流量—购买商品支付的现金　　9 110 560

应付票据减少 1 000 000 元,表明本期用于购买存货的现金支出增加 1 000 000 元,增值税进项税额 583 560 元;存货增加 27 000 元,表明本期用于购买商品的现金增加 27 000 元。

③ 调整本年营业税金及附加时的会计分录为

借:营业税金及附加　　20 000
　贷:应交税费　　20 000

这就是本年支付的营业税金及附加。

④ 计算调整销售费用时的会计分录为

借:销售费用　　200 000
　贷:经营活动现金流量—支付其他与经营活动有关的现金　　200 000

本例利润表中所列销售费用与按现金制的确认数相同。

⑤ 分析调整管理费用时的会计分录为

借:管理费用　　971 000
　贷:经管活动现金流量—支付其他与经管活动有关的现金　　971 000

管理费用中包含不涉及现金支出的项目,此笔分录先将管理费用全额转入“经营活动现金流量—支付其他与经管活动有关的现金”项目中,对于不涉及现金支出的项目再分别进行调整。

⑥ 分析调整财务费用时的会计分录为

借:财务费用　　300 000
　贷:经管活动现金流量—销售商品收到的现金　　200 000
　　筹资活动现金流量—偿付利息支付的现金　　100 000

在本期增加的财务费用中,有 200 000 元是票据贴现利息,由于在调整应收票据时已全额计入“经营活动现金流量—销售商品收到的现金”,所以要从“经营活动现金流量—销售商品收到的现金”项目内冲回,不能作为现金流出;而支付长期借款利息 100 000 元,作为偿付利息所支付的现金。

⑦ 分析调整资产减值损失时的会计分录为

借:资产减值损失　　309 000
　贷:坏账准备　　9 000
　　固定资产减值准备　　300 000

本期计提的坏账准备和固定资产减值准备影响净利润,但不影响现金流量。

⑧ 分析调整公允价值变动收益时的会计分录为

借:交易性金融资产　20 000

　贷:投资收益　20 000

本期发生的公允价值变动收益影响净利润,但不影响现金流量。资产负债表日,交易性金融资产公允价值增加20 000元。本期处置交易性金融资产,调整公允价值变动损益20 000元,转入投资收益。

⑨ 分析调整投资收益时的会计分录为

借:投资活动现金流量—收回投资收到的现金　165 000

　交易性金融资产　1 030 000

　投资收益　5 000

　贷:交易性金融资产　150 000

　　投资活动现金流量—投资支付的现金　1 050 000

投资收益应从利润表项目中调整出来,列入投资活动现金流量中。本例投资收益包括两个部分,一是购买交易性金融资产发生了20 000元的交易费用,二是出售交易性金融资产获利35 000元,其中20 000元已在分录⑧中调整。

⑩ 分析调整营业外收入时的会计分录为

借:投资活动现金流量—处置固定资产收回的现金　3 000 000

　累计折旧　1 500 000

　贷:营业外收入　500 000

　　固定资产　4 000 000

编制现金流量表时,需对营业外收入和营业外支出进行分析,以列入现金流量表的不同部分。本例中营业外收入500 000元是处置固定资产的利得,处置过程中收到的现金应列入投资活动现金流量中。

⑪ 分析调整营业外支出时的会计分录为

借:营业外支出　197 000

　投资活动现金流量—处置固定资产收回的现金　3 000

　累计折旧　1 800 000

　贷:固定资产　2 000 000

借:营业外支出　23 400

　经营活动现金流量—购买商品支付的现金　93 600

　贷:经营活动现金流量—销售商品收到的现金　117 000

本例中营业外支出220 400元由两部分组成:一部分营业外支出197 000元是处置固定资产的损失,处置过程中收到的现金应列入投资活动现金流量中;另一部分营业外支出是债务重组损失,债务重组中增加存货和增值税进项税额93 600元,已经计入了"经营活动现金流量—购买商品支付的现金"中,债务重组中减少的应收票据117 000元,也已经计入了"经营活动现金流量—销售商品收到的现金"中,应做补充调整。

⑫ 分析调整所得税费用时的会计分录为

借:所得税费用　873 650

　递延所得税资产　75 000

　贷:应交税费　948 650

将利润表中的所得税费用调入应交税费。

⑬ 分析调整固定资产时的会计分录为

借：固定资产　　14 864 700

　贷：投资活动现金流量—购建固定资产支付的现金　　864 700

　　在建工程　　14 000 000

本期固定资产的增加包括两个部分，一是购入设备 864 700 元，二是在建工程完工转入 14 000 000元。本期处置固定资产已在分录⑪中调整。

⑭ 分析调整累计折旧时的会计分录为

借：经营活动现金流量—支付其他与经营活动有关的现金　　200 000

　　—购买商品支付的现金　　800 000

　贷：累计折旧　　1 000 000

在本期计提的折旧 1 000 000 元中，计入管理费用的 200 000 元，计入制造费用的 800 000 元，基于与第⑬笔分录相同的理由，应做补充调整。

⑮ 分析调整在建工程时的会计分录为

借：在建工程　　4 280 000

　工程物资　　1 500 000

　贷：投资活动现金流量—购建固定资产支付的现金　　3 500 000

　　筹资活动现金流量—偿付利息支付的现金　　2 000 000

　　应付职工薪酬　　280 000

本期在建工程增加的原因包括以下几个方面：一是以现金购买工程物资 1500 000 元及支付工资 2 000 000 元；二是将支付的长期借款利息 2 000 000 元资本化到在建工程成本中；三是将为建造工人计提的福利费 280 000 元资本化到在建工程成本中。

⑯ 分析调整累计摊销时的会计分录为

借：经营活动现金流量—支付其他与经营活动有关的现金　　600 000

　贷：累计摊销　　600 000

无形资产摊销时已计入管理费用，所以应做补充调整。理由与第⑬笔分录相同。

⑰ 分析调整短期借款时的会计分录为

借：短期借款　　2 500 000

　贷：筹资活动现金流量—偿还债务支付的现金　　2 500 000

偿还短期借款应列入筹资活动的现金流量。

⑱ 分析调整应付职工薪酬时的会计分录为

借：经营活动现金流量—购买商品支付的现金　　3 249 000

　　—支付其他与经营活动有关的现金　　171 000

　贷：经营活动现金流量—支付给职工及为职工支付的现金　　3 000 000

　　应付职工薪酬　　420 000

本期应付职工薪酬的期末余额与期初余额的差额为 700 000 元，由计提的职工福利费构成，包括在建工程应负担的职工福利费 280 000 元（已在分录⑪中调整）及为生产人员和管理人员计提的福利费 420 000 元。本例中并没有出现使用应付福利费的情况。若本期使用了应